minzuyuanxiaodaxueshengsixiang
zhengzhijiaoyugongzuoyanjiuyushijian

民族院校大学生思想政治教育工作研究与实践

赵 铸 等编著

民族出版社

图书在版编目（CIP）数据

民族院校大学生思想政治教育工作研究与实践／赵铸等 编著．—北京：民族出版社，2010.10

ISBN 978－7－105－11175－6

Ⅰ.①民… Ⅱ.①赵… Ⅲ.①民族学院—思想政治教育—研究—中国 Ⅳ.①G758.4

中国版本图书馆 CIP 数据核字（2010）第 198565 号

民族院校大学生思想政治教育工作研究与实践

策划编辑：欧光明
责任编辑：千　日
出版发行：民族出版社
地　　址：北京市和平里北街 14 号　邮编：100013
网　　址：http：//www.mzcbs.com
印　　刷：文阁印刷厂印刷
经　　销：各地新华书店经销
版　　次：2010 年 11 月第 1 版　2010 年 11 月北京第 1 次印刷
开　　本：787 毫米×1092 毫米　1/16
字　　数：392 千字
印　　张：24.75
定　　价：65.00 元
ISBN 978－7－105－11175－6/G·1783（汉 835）

该书如有印装质量问题，请与本社发行部联系退换
（编辑室电话：010－64228001　发行部电话：010－64211734）

序

民族院校的功能与其他大学的功能一样，首推培育人才，而培育人才，要在立德。加强和改进大学生思想政治教育，提高各民族学生的思想政治素质和综合素质，把他们培养成为维护祖国统一、民族团结和社会稳定的模范，培养成为中国特色社会主义事业的合格建设者和可靠接班人，这是民族院校的首要任务。为此，民族院校应当牢牢把握社会主义的办学方向和为少数民族、民族地区服务的办学宗旨，坚持把大学生思想政治教育贯穿于教育、教学的全过程。

民族院校的思想政治教育工作乃是一门科学，有着有别于一般院校的特点。科学需要探索开拓，特点则需要研究把握。大连民族学院赵铸等同志编写的《民族院校大学生思想政治教育工作研究与实践》，紧紧围绕民族院校的办学宗旨，结合国际、国内形势和民族院校的学生实际，注重理论和实践相结合、普遍性和特殊性相结合、传承性和创新性相结合，对如何做好新时期民族院校大学生思想政治教育工作进行了系统的研究，其指导思想正确，内容覆盖面广，实践操作性强，具有鲜明的主导性，是一本很有特点、很有创新性的著作。

本书是大连民族学院部分从事大学生思想政治教育工作的同志们集体完成的一本专著，既是多年来民族院校大学生思想政治教育工作实践的一个积累，也是深入研究、探索民族院校大学生思想政治教育工作所取得的一项重要成果。特别值得一提的是，该书作者全部是民族院校从事大学生思想政治教育工作最基层的同志，这些同志辛勤工作在大学生思想政治教育工作第一线，工作辛苦，责任很大，他们边干边学，勤于思索，不断研究，坚持创新，这本著作也就显得厚重，凸显出实践的光芒。他们无私奉献的工作精神，严谨笃实的探索精神，坚持不懈的创新精神，对少数民族学生的深厚情感，对民族教育事业的强烈事业心，令人钦佩，令人起敬，更值得弘扬。

《民族院校大学生思想政治教育工作研究与实践》这本书的问世，对做好新时期民族院校大学生思想政治教育工作有着很好的指导作用，对其他普通院校开展大学生思想政治教育工作，特别是做好普通院校少数民族大学生的思想政治教育工作，也有很好的参考价值。

民族院校的思想政治教育工作不但意义重大，而且任重而道远。希望更多的人关心这项工作，并一起探索，共同推进。

国家民委副主任　吴仕民
2009 年 10 月于北京

目 录

序 …………………………………………………………… 1

第一章　民族院校大学生思想政治教育概述 ……………… 1
　　第一节　思想政治教育概念及民族院校大学生
　　　　　　思想政治教育内涵 ………………………… 2
　　第二节　民族院校大学生思想政治教育的意义 …… 3
　　第三节　民族院校大学生思想基本状况 …………… 7

第二章　民族院校大学生思想政治教育指导思想、
　　　　主要任务和组织保障 ……………………………… 14
　　第一节　指导思想 …………………………………… 14
　　第二节　主要任务 …………………………………… 15
　　第三节　组织保障 …………………………………… 22

第三章　民族院校大学生思想政治教育工作特点 ………… 32
　　第一节　思想政治素质培养 ………………………… 32
　　第二节　因材施教 …………………………………… 36
　　第三节　全员育人机制 ……………………………… 38

第四章　民族院校辅导员队伍建设 ………………………… 46
　　第一节　辅导员队伍建设工作目标 ………………… 46
　　第二节　辅导员队伍建设工作机制 ………………… 56
　　第三节　辅导员基本工作制度 ……………………… 62
　　第四节　辅导员主要工作流程 ……………………… 68

第五章　民族院校班导师及全员育人队伍建设 ……… 79
第一节　班导师制的源起追问与民族院校班导师制的内涵特征 ……… 79
第二节　班导师及全员育人队伍建设的时代蕴意与价值指归 ……… 84
第三节　班导师及全员育人队伍建设的实践探寻 ……… 89

第六章　民族院校学生党建工作 ……… 97
第一节　民族院校学生党建工作的意义 ……… 98
第二节　民族院校学生党建工作的特点 ……… 102
第三节　民族院校学生党建工作的方法及措施 ……… 108
第四节　大连民族学院少数民族学生入党案例 ……… 120

第七章　民族院校共青团、学生会建设 ……… 123
第一节　共青团在育人格局中的地位和特殊的职能内涵 ……… 124
第二节　共青团开展思想政治教育工作的原则和方法 ……… 129
第三节　共青团服务学生成才发展的主要途径及其原则方法 ……… 133
第四节　学生会建设 ……… 135

第八章　民族院校学生社团建设 ……… 141
第一节　我国高校学生社团的起源发展与民族院校学生社团概况 ……… 141
第二节　高校学生社团是大学生思想政治教育工作的重要领域 ……… 146
第三节　民族院校大学生思想政治教育进社团的思路和措施 ……… 148

第九章　民族院校思想政治理论课建设 ……… 153

第一节 办学的特殊性与思想政治
　　　　理论课建设 ·· 153
第二节 思想政治理论课的教学内容
　　　　建设与改革 ·· 155
第三节 思想政治理论课教学方式的
　　　　改革与创新 ·· 158
第四节 思想政治理论课的教学特色
　　　　与师资队伍建设 ······································ 162

第十章 民族院校学风建设 ·· 166
第一节 学风建设概述 ·· 166
第二节 学风建设的内涵特点与遵循的原则 ·············· 171
第三节 学风建设的措施与方法 ······························ 175
第四节 大连民族学院学风建设情况实例分析 ·············· 181

第十一章 民族院校创新教育 ······································ 188
第一节 创新教育的意义 ·· 188
第二节 创新教育的目标 ·· 191
第三节 创新教育的思路和措施 ······························ 194
第四节 创新教育的发展方向 ··································· 199
第五节 大连民族学院创新教育实践与成效 ·············· 202

第十二章 民族院校大学生就业创业教育 ·············· 208
第一节 大学生就业创业教育概述 ······························ 208
第二节 大学生就业工作体系建设 ······························ 219
第三节 大学生创业工作 ·· 225

第十三章 民族院校大学生心理健康教育 ·············· 233
第一节 心理健康教育的基本理念 ······························ 233
第二节 心理健康教育的必要性和理论依据 ·············· 238
第三节 心理健康教育建设模式 ······························ 241

第十四章　民族院校校园文化建设 …… 252
　第一节　校园文化的本质界定 …… 253
　第二节　校园文化建设的作用 …… 259
　第三节　校园文化建设的主要内容、
　　　　　思路和做法 …… 262

第十五章　民族院校学生日常管理工作 …… 269
　第一节　学生管理工作概述 …… 269
　第二节　学生管理工作的特点 …… 277
　第三节　学生管理工作的思路和做法 …… 284
　第四节　危机事件的处理和应对 …… 288

第十六章　少数民族预科学生教育管理工作 …… 296
　第一节　我国少数民族预科教育概况 …… 296
　第二节　少数民族预科学生思想政治教育工作的特点 …… 301
　第三节　少数民族预科教育的队伍建设 …… 312

附录1：在全国民族院校大学生思想政治教育工作
　　　　会议上的讲话 …… 318
附录2：国家民委　教育部关于进一步加强和改进民族院校
　　　　大学生思想政治教育工作的若干意见 …… 328
附录3：大连民族学院班导师制暂行规定 …… 336
附录4：大连民族学院本科生班导师（班主任）工作条例 …… 339
附录5：大连民族学院关于进一步加强辅导员队伍建设的办法 …… 342
附录6：大连民族学院关于进一步加强和改进大学生思想
　　　　政治教育的实施意见 …… 347
附录7：大连民族学院学生工作辅导员岗位职责及考核办法 …… 354
附录8：强化"育人为本，德育为先"观念，构建全员育人有效
　　　　机制，努力开创我校大学生思想政治教育工作新局面
　　　　——在大连民族学院大学生思想政治教育工作会议上的工作报告
　　　　…… 358

附录9：大连民族学院近年来大学生思想政治教育主要成果 371

参考文献 381

后　　记 387

第一章　民族院校大学生思想政治教育概述

2005年1月，胡锦涛同志在全国加强和改进大学生思想政治教育工作会议上的讲话中指出，高等学校"首先要解决好培养什么人、如何培养人这个根本问题"。2006年8月29日，胡锦涛总书记又强调指出，全面实施素质教育，核心是解决好培养什么人、怎样培养人的重大问题，这应该成为教育工作的主题。

民族院校是党和国家为解决国内民族问题而建立的综合性普通高等学校，是培养少数民族高素质人才的重要基地，是研究民族理论和民族政策的重要基地，是传承和弘扬民族优秀文化的重要基地，是展示我国民族政策和对外交往的重要窗口。民族院校在我国高等教育体系中占有特殊地位，在我国民族团结进步事业中发挥着重要作用。办好民族院校，培养少数民族高素质人才，始终是我国民族工作和教育工作的重要内容。

改革开放三十年来，中国共产党团结带领全国各族人民，经过不屈不挠的奋斗和探索，取得了举世瞩目的伟大成就，民族院校能够紧紧围绕办学宗旨，从办学规模到办学质量、水平都发生了很大的变化，民族院校大学生思想政治教育的理论研究和工作实践也取得了很大的成绩。在新的历史起点上，民族院校要以胡锦涛总书记关于大学生思想政治教育讲话精神为指导，认真贯彻落实十七大精神和党的教育方针、民族政策，深入学习实践科学发展观，继续解放思想，坚持改革创新，不断开创民族院校大学生思想政治教育工作的新局面。

第一节　思想政治教育概念及民族院校大学生思想政治教育内涵

一、思想政治教育概念

思想政治教育是一门科学，是说服人的工作。马克思说过，理论只要彻底就能说服人。而所谓彻底，就是要抓住事物的根本。人的根本就是人自身。思想政治教育，是指教育者根据一定社会的思想品德要求和受教育者的思想品德形成与发展规律，对受教育者施加有目的、有计划、有组织的教育影响，促使受教育者产生内在的思想品德矛盾运动，以形成社会所期望的思想品德的过程。

思想政治教育，因其所处的时代和国家的不同而具有不同的表现形式和内涵。"思想政治教育的内容是根据社会发展的要求以及思想政治教育对象的思想实际而确定的。它不仅体现思想政治教育的性质，而且是实现思想政治教育目标与任务的重要保证。"① 在我国原来计划经济体制下，思想政治教育更多的是作为思想政治工作的工具对全社会进行教育。而国外的一些国家，则是把政治、思想、道德等教育合称德育。随着我国社会主义市场经济的发展，社会对大学生综合素质的要求越来越高，教育体制必须要作出相应改革，以适应人才培养的需要，同时，对高校的思想政治教育也提出了新的要求。

从以上定义可以看出，教育目标的实现是通过受教育者内化接受的理论教育，并使之影响自身的活动，使活动达到一定要求的过程。思想政治教育本身必须遵循一定的发展规律，必须是有计划、有组织的行为。

---

① 袁本新、王丽荣等：《人本德育论：大学生思想政治教育的人文关怀与人才资源开发研究》，8页，北京，人民出版社，2007。

二、大学生思想政治教育的内涵

大学生思想政治教育，主要是对学生进行世界观、人生观、价值观教育，是一项以学生思想、道德、心理等为对象的工作，目标是使学生形成良好的思想道德品质、身心素质和文化素质，培养成为社会主义事业合格的建设者和可靠的接班人。大学生思想政治教育事关大学生的健康成长，事关中国特色社会主义事业的建设与发展。

大学生思想政治教育必须以科学的理论为指导，大力推进教育理论创新，丰富和发展思想政治教育理论。大学生思想政治教育分为课内思想政治教育和日常思想政治教育。课内思想政治教育主要由思想政治理论课教师来完成，所有教师都有教书育人的职责。日常思想政治教育主要由专职学生工作者来进行，学校其他人员也都具有管理育人和服务育人的职责。

第二节 民族院校大学生思想政治教育的意义

民族院校大学生思想政治教育，应在确保学校正确办学方向、构筑师生科学发展的思想基础上，凝练以爱国主义为核心的价值体系，培养德、智、体、美全面发展的各民族高素质人才，构建和谐校园，为校园和社会的稳定等方面发挥重要作用。

一、加强和改进民族院校大学生思想政治教育是一项重大而紧迫的战略任务

2004年，中共中央、国务院下发了《中共中央国务院关于进一步加强和改进大学生思想政治教育的意见》（中发［2004］16号）（以下简称中央16号文件），深刻论述了加强和改进大学生思想政治教育的重要性和紧迫性，明确提出了加强和改进大学生思想政治教育的指

导思想、基本原则和主要任务，系统阐述了加强和改进大学生思想政治教育的方法和途径，内涵丰富，体系完备，具有很强的政治性、思想性、指导性和可操作性，是相当长一段时期内指导大学生思想政治教育工作的纲领性文献。

民族院校大学生具有多民族、多文化、多水平的特征，民族院校的大学生思想政治教育具有更加特殊、更加重要的意义。目前，全国共有民族院校15所，在校生（包括专科生、本科生、研究生和预科生）约22万人，专职教师1万多人。在校生中，70%以上的生源来自西部民族省区，65%左右的学生是少数民族。据统计，目前全国少数民族学生中有十分之一就读于民族院校，全国具有大专以上学历的少数民族干部和专业技术人员中的21.2%（约60万人）来自民族院校，民族自治地方的大批领导干部毕业于民族院校。民族院校的毕业生不仅为民族地区经济、社会发展作出了重要的贡献，他们也是维护国家统一、民族团结、反对民族分裂的骨干力量。

国家民委党组书记、副主任杨传堂指出："必须深刻认识到，做好民族院校大学生思想政治教育工作，是关系国家长治久安、社会和谐稳定的大事，是关系少数民族和民族地区繁荣发展的大事，是关于民族院校立校之本和办学方向的大事，是关于各族学生未来、各族群众切身利益的大事。"因此，加强民族院校大学生思想政治教育，对于促进民族地区和少数民族的发展，确保实现全面建设小康社会，加快推进和谐社会建设，确保中国特色社会主义事业兴旺发达、后继有人，具有重大而深远的战略意义。

国家民委、教育部2009年联合下发了《关于进一步加强和改进民族院校大学生思想政治教育的若干意见》（以下简称《意见》），就如何全面贯彻党的教育方针和民族政策，深入落实十七大精神，进一步加强和改进民族院校大学生思想政治教育，培养造就中国特色社会主义事业的合格建设者和可靠接班人，提出了若干重要意见。

《意见》指出，民族院校要高举中国特色社会主义伟大旗帜，以马克思列宁主义、毛泽东思想、邓小平理论和"三个代表"重要思想为指导，深入贯彻党的十七大精神，进一步贯彻落实中央16号文件精神，深入贯彻落实科学发展观和中央关于高等教育和民族工作的决策部署，牢牢把握社会主义办学方向和为少数民族及民族地区服务的办学宗旨,坚持把大学生思想政治教育工作摆在学校各项工作的首位,并贯穿于教育、教学的全过程。坚持民族院校大学生思想政治教育的正确方向,坚持不懈地用中国特色社会主义理论体系武装大学生的头脑,努力把各族学生培养成为德、智、体、美全面发展的中国特色社会主义的合格建设者和可靠接班人,为维护祖国统一和民族团结,实现国家长治久安作出贡献。

《意见》强调,坚持育人为本、德育为先,以促进各民族学生全面发展为目标,以加强大学生思想政治教育工作队伍建设为着力点,加强马克思主义祖国观、民族观、宗教观和文化观(以下简称"四观")教育,警惕和防范境内外敌对势力对民族院校的渗透。

《意见》强调,要坚持不断创新民族院校大学生思想政治教育的机制和方法,积极探索把大学生思想政治教育贯穿于教育、教学全过程的新途径、新手段,探索全员育人有效机制,努力适应新形势、新任务的要求,提高民族院校大学生的思想政治素质,促进各民族大学生全面发展。

二、民族院校大学生思想政治教育挑战与机遇并存

21世纪头20年,是我国现代化建设的重要战略机遇期,是加快少数民族和民族地区经济社会发展,实现各民族共同团结奋斗、共同繁荣发展的关键时期,加强和改进民族院校大学生思想政治教育,确保民族院校牢记办学宗旨,坚持办学方向,具有重大的历史和现实意义。

长期以来,民族院校全面贯彻党的教育方针和民族政策,不断加强和改进大学生思想政治教育,形成了教师爱岗敬业、学生笃学尚德的良好氛围。学生的主流积极、健康、向上,他们热爱党,热爱祖国,热爱社会主义,坚决拥护党的路线、方针、政策,坚决维护祖国统一、民族团结和社会稳定,高度认同中国特色社会主义理论,充分信赖以胡锦涛同志为总书记的党中央,对坚持走中国特色社会主义道路,坚持科学发展观,全面建设小康社会奋斗目标充满信心。

民族院校大学生思想政治教育始终坚持把马克思主义作为根本指

针,深入贯彻《意见》精神,坚持不懈地用马克思主义最新成果武装各民族学生头脑,不断创新工作机制、工作方法和手段,为少数民族人才培养,为民族地区经济和社会发展,为民族团结和社会稳定作出了重要贡献。民族院校大学生思想政治教育取得了许多成绩,积累了一定的经验,有些成功的经验还具有很强的推广价值。

民族院校大学生思想政治教育也面临着严峻考验。当前,国际敌对势力与我争夺下一代的斗争更加尖锐复杂,从2008年和2009年分别发生的西藏"3·14"和新疆乌鲁木齐"7·5"打砸抢烧严重暴力犯罪事件可看出,他们煽动民族情绪,制造民族矛盾,进行宗教渗透,妄想分裂祖国。分裂与反分裂斗争具有艰巨性、长期性和复杂性。

同时,随着社会主义市场经济体制的不断深化,一方面有利于大学生树立竞争意识、创新意识、创业意识、成才意识和自强意识;另一方面也带来了一些不容忽视的负面影响,一些大学生不同程度地存在政治信仰迷茫、理想信念模糊、价值取向扭曲、诚信意识淡薄、社会责任感缺乏、艰苦奋斗精神淡化、团结协作精神较差、心理素质欠佳等问题。

三、民族院校大学生思想政治教育存在的薄弱环节

当今社会正处于转型期,经济飞速发展,社会各种矛盾凸现。在这样的背景下,民族团结进步事业显得更加重要。民族院校承载着为少数民族和民族地区培养人才的重任,承载着为民族团结进步事业培养人才的重任,相比之下,民族院校大学生思想政治教育还有很多薄弱环节,还有许多工作需要进一步加强和改进。

民族院校大学生思想政治教育工作有些还仅仅停留在传统的观念和模式上,已经不能适应当前社会发展以及人才培养的需要,须进一步加强和改进。虽然民族院校对大学生思想政治教育工作高度重视,但是,民族院校结合少数民族学生特点开展的针对性较强、实效性较好的工作还不够,还普遍存在着套用普通院校通用的"大众化"的思想政治教育观念和方法来对待民族教育,民族特色不够突出,效果不够好。例如在国家观、民族观、宗教观和文化观教育,中国近代史、

民族史教育，西方敌对势力和境内外三股势力对民族院校的渗透等教育方面，针对性不够；民族院校辅导员队伍数量和质量都有待于进一步提高；教书育人、管理育人、服务育人的氛围还需进一步形成；对少数民族学生的教育管理因材施教还不够，对学生管理不够严格，教育针对性不够强，实效性还不够好等。

第三节 民族院校大学生思想基本状况

截至2009年9月，全国15所民族院校共有学生近22万人，来自全国31个省（区、市），有的学校在港、澳、台还有招生计划。民族院校中少数民族学生占主体，约占学生总数的65%；民族院校学生民族成分较多，各学校均在50个左右，有的学校，如大连民族学院已连续四年同时拥有56个民族成分；民族院校学生文化基础和受教育程度不同，高考分数差异较大，来自教育发达地区和教育落后地区的学生的入学分数差为200~300分左右。由于民族院校学生来自于不同的民族和地区，其民族文化和风俗习惯等也有差异。

2008年6月，国家民委教科司针对民族院校学生思想政治状况进行了调查。调查采取问卷与座谈相结合的方式，在中央民族大学、中南民族大学、西南民族大学、西北民族大学、北方民族大学、大连民族学院和西藏民族学院、内蒙古民族大学8所民族高校中展开。调查中共发放问卷1800份，回收问卷1700份，其中有效问卷1619份，有效问卷占回收问卷总数的95.24%。参加问卷调查的学生中，本科生1401人，占86.58%，硕士研究生176人，占10.88%，博士研究生42人，占2.54%；学生党员433人，占26.74%；汉族学生779人，占48.12%，少数民族学生840人，占51.88%。

大连民族学院已连续六年对学生思想政治状况进行滚动调查。下面运用国家民委教科司和大连民族学院近三年的调查情况，同时根据学生座谈会和基层辅导员、学生工作者在日常学生思想政治教育中掌握的情况，对当前民族院校学生思想的基本状况进行分析。

一、思想主流

民族院校学生拥护中国共产党的领导,对中国特色社会主义道路高度认同,对我国保持政治稳定、经济持续快速发展、全面建设小康社会和对未来中国发展充满信心,特别是对涉及国家主权、民族利益和民族尊严的大事高度关注,表现出强烈的爱国主义情感。

据国家民委教科司调查显示,学生中选择"推进改革开放就必须坚持中国共产党的领导"占89.6%,选择"中国特色社会主义理论体系是马克思主义中国化的最新成果"占86.3%。学生对2008年"北京奥运会"、"四川汶川发生强烈地震"、"中国共产党第十七次全国代表大会胜利召开"、"拉萨等地发生打砸抢烧严重违法犯罪活动"和"我国南方6省区遭受雪灾"等大事高度关注。调查还显示,89%的学生认为"在考虑利益问题时,应首先考虑国家利益和集体利益",92%的学生同意"人民是历史的创造者",93%的学生认为"做人比做事、做学问更重要",92%的学生认同"诚信受益",78%的学生认为"个人只有在集体中才能得到更好的发展",78%的学生认为"人生的价值在于奉献",62%的学生不同意"金钱是人生幸福的决定因素",67%的学生认为"职业没有高低贵贱之分",73%的学生认为"思想政治素质是最重要的素质",89%的学生同意"贫困的经历是一种人生财富"。不少大学生在"最想说的一句话"中写到"为中华民族的崛起而学习"、"努力学习,报效祖国"、"祖国的强大是个人学习、生活、工作的最大保障","做好本职工作,增强集体力量,为国家的繁荣昌盛贡献自己的力量"。同时,大学生在自我价值实现过程中,寻求个人利益与集体利益相结合,个人命运与祖国命运、民族前途相结合的趋势日益明显。

据大连民族学院近三年调查问卷显示,有近70%的学生递交了入党申请书(2007年为68%,2008年为67.99%,2009年为64.88%),其中,因对党的信仰和想更好地发挥自己的社会作用而申请入党的学生占绝大部分(2007年为70%,2008年为82.15%,2009年为61.08%);对以胡锦涛为核心的中国共产党领导全国人民建设小康社会实现中华民族伟大复兴充满信心的,占80%左右(2007年为77%,

2008年为87.91%，2009年为83.92%），而信心不足的仅在5%左右，并呈逐年递减趋势（2007年为9%，2008年为3.27%，2009年为2.06%）。从以上数据可以看出，广大学生对"在中国共产党的领导下，建设中国特色社会主义"是高度认可的。当问到将来"你希望成为一个什么样的人"时，把成为"政治信仰明确、理想信念坚定、具有民族感情的爱国者"，"有较强社会责任感、具有专业知识的高级管理者"，"成为艰苦奋斗、勤奋敬业的技术专家、教授学者"和"成为恪守诚信社会准则的知识型的科技企业家"放在第一位的，占到了90%左右（2007年为91%，2008年为95.41%，2009年为89.7%）。

国家民委教科司和大连民族学院的调查数据都表明，民族院校的学生思想主流积极、健康、向上。民族院校学生拥护中国共产党的领导，政治上积极要求进步，对以胡锦涛同志为总书记的党的领导集体衷心拥护，对走中国特色社会主义道路高度认同，对实现全面建设小康社会奋斗目标充满信心。

二、成才愿望

国家民委教科司的调查显示，民族院校学生成才愿望非常迫切，表现出积极进取的精神面貌。学生专业学习所占用的时间比重较大，他们自由支配的学习时间相对较少，课堂教学成为大学生获取知识的主要途径。课余时间经常做的事情，排在前两位的是自习和阅读图书和报纸杂志。

据大连民族学院近三年的调查，都显示了学生成才愿望强烈，学习风气较好的状况。三次调查结果非常相近，相差不大，基本不超过1~2个百分点。调查显示，学生平时考虑更多的是自我规划发展、实践能力提高、专业学习、就业等问题，这部分学生占被调查学生的90%左右（2007年为91%，2008年为95.6%，2009年为92.39%）。在问及课余时间投入精力最多的三件事时，有近80%的学生把专业学习排在前三位（2007年为77%，2008年为77.38%，2009年为77.36%）；把专业学习作为精力第一投放点的学生接近50%（2007年为47%，2008年为46.32%，2009年为48.92%）；把外语、电脑知识和技能学习排在前三位的学生占半数左右（2007年为47%，2008年为60.67%，2009年为45.18%）。

由此可见，民族院校学生成才愿望强烈，能够把主要精力用在学习上，图书馆、自习室在学生的学习生活中有着十分重要的作用。

三、就业趋向

国家民委教科司的调查显示，56.58%的学生对自己毕业以后的前途有信心，说不清的占28.39%，信心不足的占12.18%，没有信心的占2.54%。

大连民族学院的调查显示，学生对自己毕业后的出路比较清楚，选择毕业后去工作、自主创业、考研和出国读书、工作的学生均在90%左右（2007年为89%，2008年为91.27%，2009年为88.72%），而选择"尚未考虑"的仅占3%左右（2007年为4%，2008年为1.28%，2009年为2.94%）。学生选择毕业后"去找工作"的占30%以上（2007年为33%，2008年为37.61%，2009年为38.25%）；选择"自主创业"的占10%以上（2007年为12%，2008年为11.43%，2009年为11.66%）；选择"考研"的均在30%以上（2007年为34%，2008年为31.88%，2009年为30.23%）；选择"出国读书和工作"的均占10%左右（2007年为10%，2008年为10.35%，2009年为8.58%）。毕业后"希望去各类企事业单位和自主创业"的占50%以上（2007年为52%，2008年为57.79%，2009年为54.92%），选择"希望去政府机关"的占15%左右（2007年为18%，2008年为13.55%，2009年为16.12%）。

这些数据说明，民族院校大学生在择业和择业区域上十分广泛，比较理性，不拘传统择业模式，呈现多元化趋势。同时，学生已充分认识到就业形势的严峻，部分学生在就业信心方面较为低沉，对未来就业较为担心。

四、心理健康

国家民委和大连民族学院的调查数据，都深刻反映出了由于学习、就业、经济困难等原因，学生具有一定的心理压力。

大连民族学院调查显示,选择"有压力,需要通过心理帮助维持良好"和"有压力,不知怎么办,心理健康状况不好"的学生达10%~20%(2007年为20%,2008年为10.92%,2009年为18.13%),其中选择"有压力,不知怎么办,心理健康状况不好"的,2007年为7%,2008年为3.65%,2009年为8.31%。

导致学生心理压力的最主要的原因,排在前三位的完全一致。"学习压力"排在第一位(2007年为27%,2008年为33.12%,2009年为30.91%),"就业压力"排在其次(2007年为21%,2008年为31.57%,2009年为20.68%),"经济条件"排在第三位(2007年为18%,2008年为11.32%,2009年为15.86%)。学习压力、就业压力和经济条件这三项是导致学生心理压力的最主要原因(2007年为66%,2008年为76.01%,2009年为67.45%)。

调查还显示,民族院校经济困难学生比例较大。除学费外,每个月的平均费用在300元以下的学生,2007年占17%、2008年占5.81%、2009年为9.22%;学生生活费用绝大部分来自于父母的学生,2007年为62%、2008年为78.71%、2009年为68.65%;部分学生不完全依靠家庭,通过社会资助、勤工俭学和社会兼职来补充学习、生活支出的学生,2007年为31%、2008年为20.09%、2009年为30.62%。

五、个别学生的宗教信仰

近年来,我国大学生信教情况有所增多。大学生是祖国的未来,民族的希望,"他们是否有信仰,信仰什么,不仅关系到个人成长、成才的方向,也关系到国家的命运和社会主义事业的兴衰成败。更何况,国内外敌对势力一直把利用宗教进行政治渗透作为'西化'、'分化'我国图谋的一个重要手段。"[①] 在这方面,民族院校的任务更加艰巨。

民族院校有宗教信仰的学生比其他普通院校相对要多一些。调查

---

① 王康:《大学生认识和对待宗教问题的调查分析》,载《中国高等教育》,2009(15、16)。

表明，民族院校绝大部分学生不信仰宗教，只有个别大学生信仰宗教，但数量明显要比普通高校多，其原因主要是民族院校的学生多来自民族地区，并以少数民族学生为主体。他们之所以信教，一是受民族、家庭影响；二是认为宗教能给人以精神寄托；三是由于学习、就业和生活等方面压力过大，或受过人生挫折，而认为宗教能够医治心灵创伤；四是受社区、朋友、同学等环境的影响。

调查还发现，自称信仰宗教的学生有相当一部分并不了解宗教的真正教义，而且绝大部分不是经常参加宗教活动。信教学生中经常参加宗教活动的只占极少数。许多学生自认为"从小就信仰"宗教，其信仰并不是在自觉的情况下选择的，真正在有完全选择能力（即大学阶段以后）或半完全选择能力（即中学阶段以后）情况下选择了宗教信仰的，只占信仰总人数的极少数，有些信教学生也只是因为对宗教文化的认同而信仰宗教。这些说明，在我国主流意识形态的影响之下，经过多年的马克思主义教育，并随着年龄的增长和受教育水平的提高，民族院校的大多数学生还是能够坚持唯物主义的思想方法和科学的宗教观。

另外，大学生正处在成长阶段，对宗教问题没有深入的思考，带有一定的模糊性。在宗教观念的形成和变化方面也呈现出摇摆不定和不稳定性，对于宗教内涵和教义的理解，是不透彻的，对于宗教行为的选择，尚缺乏理性的分析。调查中发现，自称信教的学生，大部分仅仅是对宗教中相关的传统文化和风俗习惯感兴趣，对宗教教义并不了解，而是把文化、风俗习惯与教义混为一谈，他们信教并非是真正了解了教义之后而信仰的。

绝大多数学生认为宗教活动必须服从国家法律、法规、在国家法律法规和政策范围内进行，在宗教活动场所内开展。

六、令人担忧的问题

据大连民族学院问卷调查数据显示，民族院校部分学生存在政治信仰迷茫、理想信念模糊、价值取向趋于实际、学习动力不足、成才意识不强等令人担忧的问题。虽然有近70%的学生递交了入党申请书，但其中约有10%左右（2007年为9%，2008年为12.91%，2009

年为5.9%）的学生是因为从众心理、有助于就业和前途以及父母要求才提出入党申请的。在价值取向调查中，虽然80%以上的学生选择了"对社会贡献的大小"、"人格是否高尚"和"是否有自己的事业"（2007年为91%，2008年为83.06%，2009年为78.8%），但仍有约3%的学生选择了"金钱的多少"、"权力的大小"和"社会名望的高低"（2007年为3%，2008年为3.31%，2009年为4.42%），并逐年略有递增。在课余时间精力投放上，把上网、谈恋爱等与学习无关的事情放在第一位的占到了10%左右（2007年为9%，2008年为9.4%，2006年为10.77%）；校园内还存在一些不文明行为和现象；部分学生学习目的不明确，缺乏大学生涯的合理设计与规划。

第二章 民族院校大学生思想政治教育指导思想、主要任务和组织保障

第一节 指导思想

以邓小平理论、"三个代表"重要思想为指导，贯彻落实科学发展观，深入贯彻党的十七大精神，全面落实党的教育方针和民族政策，紧密结合和谐社会建设和民族教育工作的实际，以理想信念教育为核心，以爱国主义教育为重点，以思想道德建设为基础，以各民族学生全面发展为目标，解放思想、实事求是、与时俱进，坚持以人为本，贴近实际、贴近生活、贴近学生，努力提高民族院校大学生思想政治教育的针对性、实效性和吸引力、感染力，培养德、智、体、美全面发展的社会主义事业合格建设者和可靠接班人。民族院校大学生思想政治教育的目标是："热爱党、热爱祖国、热爱社会主义，服务祖国、服务民族、服务社会。"

民族院校要坚持"打基础、抓建设，争创新、求特色"的大学生思想政治教育工作思路，即坚持"两条腿走路"的工作方法，一是加强基础性建设，把大学生思想政治教育的各项基础性工作做实、做细，把地基打牢实；二是要根据时代的需要和民族院校学生实际，不断创新大学生思想政治教育的方式、方法和手段，不断探索新规律，解决新问题，增强实效性，在坚实的基础上，将大学生思想政治教育向深度推进。

民族院校要坚持"七个相结合"的大学生思想政治教育工作原

则：一是坚持普通院校普遍性教育与民族院校特殊性教育相结合；二是坚持思想教育与行为管理相结合；三是坚持教书与育人相结合；四是坚持教育与自我教育相结合；五是坚持政治理论教育与社会实践相结合；六是坚持解决思想问题与解决实际问题相结合；七是坚持继承优良传统与改进创新相结合。

第二节　主要任务

民族院校大学生思想政治教育，要以理想信念教育为核心，以思想政治素质培育为重点，深入开展树立正确的世界观、人生观、价值观教育和马克思主义祖国观、民族观、宗教观、文化观教育；以爱国主义教育为重点，深入进行弘扬和培育民族精神教育，进行民族团结进步教育；以基本道德规范为基础，深入进行公民道德教育；以大学生全面发展为目标，深入进行素质教育。

一、充分发挥课堂教学的主渠道作用

（一）加强和改进民族院校思想政治理论课、马克思主义民族理论与民族政策课教学，加强形势政策教育

思想政治理论课、民族理论与民族政策课和形势政策课教育，是帮助民族院校大学生树立正确的人生观、世界观、价值观和祖国观、民族观、宗教观、文化观的重要途径，体现了社会主义民族大学的本质要求。民族院校要加强对思想政治理论课程、马克思主义民族理论与民族政策课程和形势政策课教育的领导，完善工作机制和保障机制。

实施民族院校思想政治理论课程和马克思主义民族理论与民族政策课程建设工程，建立评估体系，加强评估检查；建立思想政治理论课程和马克思主义民族理论与民族政策课程教学研究中心，改革教学方法，创新教学模式和手段，强化实践环节，提高教学效果；加强精品课程建设，启动教学名师工程；按规定配齐思想政治理论课和民族理论与民族政策课程教师，保证经费投入；坚持把形势政策教育作为

大学生必修课列入教学计划;建立形势政策报告会制度,学校领导要定期为师生、员工做形势报告,思想政治理论课程的教师、学生辅导员、共青团干部、班主任(导师)和哲学社会科学相关学科的教师,都要积极承担一定的形势政策课程的教学任务,聘请社会知名人士担任客座教授,并定期为学生作报告,组织编写适合少数民族学生特点的形势政策教材。

(二)坚持用马克思主义理论指导民族院校哲学社会科学教学

"高校哲学社会科学对帮助大学生树立正确的政治方向,正确认识和分析复杂的社会现象,提高道德修养和精神境界具有十分重要的作用。"[①]坚持和巩固马克思主义在意识形态领域的指导地位,在哲学社会科学教学中充分体现马克思主义中国化的最新理论成果,用科学理论武装学生,用优秀文化培育学生。加强民族院校哲学社会科学课程体系建设,围绕大学生普遍关心的经济社会发展重大问题开展理论研究,推出一批有深度、有分量、有说服力的精品力作。举办民族院校哲学社会科学骨干教师培训班,鼓励大学生,特别是理工类大学生选修哲学社会科学课程,加强对民族院校哲学社会科学研讨会、报告会、讲座的管理。

(三)构建全员、全过程、全方位育人格局

民族院校要把大学生思想政治教育摆在学校各项工作的首位,并贯穿于教育教学的全过程。高等学校各门课程都有育人功能,所有教师都负有育人职责。坚持把民族院校思想政治教育融入大学生专业学习的各个环节,渗透到教学科研和社会服务的各个方面,做到全员育人、全过程育人、全方位育人,切实使全体教师,尤其是专业课教师履行育人职责。

实施师德建设工程,把师德师风建设作为民族院校大学生思想政治教育工作的重点来抓。所有新上岗的青年教师都要进行思想政治教育和民族宗教知识等方面的专题培训;制定师德规范,教师在职务聘任、评优晋级等方面实行"师德一票否决制",也就是说,把师德作为师资建设的高压线,强化教师德育为先的育人意识;开展师德教育

---

① 李卫红:《深入贯彻落实科学发展观 以改革创新精神推进高校哲学社会科学繁荣发展》,载《中国高等教育》,2009(2)。

活动,树立师德典型,促进广大教师爱岗敬业、教书育人;严格教育、教学纪律,切实加强教材管理,在课堂上和教材中严禁散布违背《中华人民共和国宪法》和党的路线方针政策、破坏民族团结的错误观点和言论。

二、加强祖国观、民族观、宗教观和文化观教育

(一)加强马克思主义祖国观教育

爱国主义思想,是各民族学生为祖国、为人民、为少数民族和民族地区贡献智慧和力量的重要思想基础。中国特色社会主义事业的合格建设者和可靠接班人,必须具有强烈的爱国主义精神。民族院校要加强对广大学生进行祖国观教育,让学生了解祖国的悠久历史和灿烂文化,了解各民族共同缔造中华人民共和国的历史事实,了解新中国成立后少数民族和民族地区发生的历史变化和取得的巨大成就,增强各民族学生的中华民族自尊心和自豪感,坚定走中国特色社会主义道路的信心和决心。

"新时期中华民族的爱国主义,既承接着历史上爱国主义的优良传统,又吸纳着鲜活的时代精神,内涵更加丰富。"① 要使各民族学生深深懂得,中国是各民族人民共有的家园,国家是各民族意志和利益的体现者。只有在社会主义祖国大家庭里,各民族才能拥有平等、尊严和荣誉,才会有光明、美好的未来。每一名大学生都应该把维护祖国的统一与稳定、促进国家的繁荣与发展、捍卫国家的利益和荣誉作为自己的神圣职责。要对各民族学生进行公民意识教育,明确公民的权利和义务,做合格的公民。教育形式要生动,方法要多样,讲求实效,应与课堂教学、社会实践、社团活动等有机结合起来。

(二)加强马克思主义民族观教育

"我国是一个多民族的社会主义国家,祖国的繁荣昌盛必须通过

---

① 教育部思想政治教育司等:《聚焦:大学生关注的思想理论问题》,64页,北京,中国人民大学出版社,2008。

各族人民的团结奋斗，民族团结是各民族间和各民族内部在共同利益基础上结成的平等互助、友好合作的关系，是马克思主义处理民族问题的一项基本原则，也是社会主义民族关系的基本特征和核心内容之一。"① 我国民族众多，坚持马克思主义民族观是民族团结进步的理论基础，要把马克思主义民族观、党和国家民族政策宣传教育同加强和改进民族院校大学生思想政治教育结合起来，贯穿到课堂教学、日常管理、课外活动等各个环节。

要根据民族院校学生的特点，加强思想政治理论课程，特别是马克思主义民族理论与民族政策课程的教育、教学，创新教学模式和教学方法，强化实践环节，提高教学效果，增强教学的针对性和实效性。加强精品课程建设，建立教学实践基地和理论培训基地。加强民族理论与民族政策教师队伍建设，培养在全国有影响的学科带头人。教育引导学生正确认识和处理民族问题，用马克思主义理论武装头脑，在思想和行动上与党中央保持一致，使各民族学生互相团结、互相尊重，取长补短，共同进步。

（三）加强马克思主义宗教观教育

认真贯彻党的宗教工作政策，旗帜鲜明地坚持教育与宗教相分离的原则。以理论武装为首要任务，以宣传引导为有效途径，以依法管理为必要手段，以健全机制为重要保证，进一步加强各民族大学生的马克思主义宗教观教育，加强唯物主义、无神论教育，引导大学生运用马克思主义的立场、观点和方法，牢固树立中国特色社会主义共同理想，正确认识和对待宗教问题。自觉树立唯物主义思想，正确区分民族文化与宗教信仰。

坚持依法对宗教事务进行管理的要求，任何人不得在校内传播宗教，防范境内外宗教组织以及外籍教师在民族院校进行宗教渗透、发展教徒。任何人不得在教育、教学活动中传播宗教，不得在校园举行宗教活动，严禁在学校成立宗教团体和组织，严禁学生参加非法的宗教组织和宗教聚会活动。

---

① 周卫：《对我国少数民族地区大学生思想道德教育特殊性的思考》，载《中国高教研究》，2009（8）。

(四) 加强马克思主义文化观教育

我国具有多民族文化，这些多姿多彩的各民族文化构成了祖国的优秀文化宝库。民族院校是多民族文化共生共存的地方，多民族优秀文化是人才培养的重要资源。因此，对各民族学生进行马克思主义文化观的教育非常重要。通过开设民族文化课，举办民族关系、民族历史和民族文化讲座，开展丰富多彩的民族文化活动，使学生了解马克思主义文化观的基本内涵，了解文化产生的基础、文化发展的主体、文化与经济和政治的关系。

要使学生了解各民族共同创造的文化构成了中华文化的多姿多彩与博大精深，从而使各民族学生更加热爱中华文化，强化中华意识。同时又能使学生珍爱和弘扬各民族的优秀文化，增强学生自尊自信、互尊互信、相依相助、共同进步的意识；要使各民族学生懂得，有中国特色的社会主义文化，渊源于中华民族五千年文明史，又植根于中国特色社会主义的伟大实践，具有鲜明的时代特点，它反映了我国社会主义政治经济的基本特征，要坚持先进文化的方向，做先进文化的建设者。

三、努力拓展新形势下民族院校大学生思想政治教育的有效途径

(一) 开展经常性的深入、细致的大学生思想政治教育工作，要注重进行人文关怀

"人文关怀，就是用人的方式去理解人、对待人、关怀人，特别是关怀人的精神生活，让大学生的生命自由生长，让学校成为师生的精神家园。"① 民族院校要结合学生实际，注重人文关怀，突出各民族学生主体地位，尊重学生追求自由、追求个性，关怀学生生存状况，强调以学生为本，贴近学生、贴近实际、贴近生活。要转变思想政治教育者思想观念，建立健全各项规章制度，如谈心制度、与学生同吃同住制度等，营造良好的人文关怀的育人环境，及时掌握学生动态，

---

① 蒋永华：《人文关怀：高等教育的核心理念》，载《江苏大学学报》（高教研究版），2002（9）。

及时解决学生思想、学习和生活中存在的问题,把平等、关爱和温暖送到每一名学生中去,使各民族学生勤奋学习、全面发展、快乐生活、健康成长。

要重视心理健康教育,加强心理疏导。"从某种意义上考量,大学生心理健康教育是作为我国新时期一种具有很高国情性、科学性的强化思想政治教育个体性功能的重要路径而获得其合法性和价值性存在。"① 根据民族院校大学生的身心发展特点和教育规律,注重培养大学生良好的心理品质和自尊、自爱、自信、自律、自强的优良品格,增强大学生克服困难、经受考验、承受挫折的能力。注重心理疏导,就是思想政治教育工作者要了解学生思想规律,了解其心理特点,特别要搞清楚心理问题与思想道德问题的差别,帮助学生进行心理调试,及时缓解心理压力,宣泄不良情绪,保持良好心态。正确引导各民族学生正确对待困难和挫折,正确对待自己和他人、自己和社会。加强心理健康教育,帮助学生树立自尊、自强、自励和理性、平和、向上的良好心态。建立健全心理健康教育和咨询的专门机构,配备足够数量的专兼职心理健康教育教师。

建立大学生社会实践保障体系,探索实践育人的长效机制,引导各民族学生走出校门,到基层、到民族地区、到工农群众中去,把社会实践纳入学校教育、教学整体规划和教学大纲,规定学时和学分,并提供必要的经费。全面加强校园网建设,主动占领网络思想政治教育新阵地,使网络成为弘扬主旋律、开展大学生思想政治教育的重要手段。

(二) 严格管理与解决学生实际问题相结合

思想政治教育既要教育人、引导人,又要关心人、帮助人。对民族院校的学生,首先要做到在政治上和行为上高标准、严要求,同时在学习上因材施教、个别辅导,在思想、心理和生活上加强引导和关心照顾。

要按照校规校纪要求对学生严格管理,重点抓好上课和住宿两个环节的管理工作,确保学生把主要精力用在学习上,确保学生的安全;

---

① 裴学进等:《改革开放以来大学生心理健康教育的发展脉络与启迪》,载《中国高教研究》,2009 (9)。

改善办学条件,提高教育、教学质量,为大学生成长成才、创造条件;加强对经济困难学生的资助工作,不断完善资助体系,帮助经济困难学生完成学业;加强就业指导和服务工作,帮助大学生树立正确的就业观念,引导毕业生到基层、到西部、到民族地区、到祖国最需要的地方建功立业;满怀深情地开展教书育人、管理育人和服务育人工作,把党和政府对各民族学生的关怀和温暖落到实处。

(三) 大力加强校园文化建设

大学生思想政治教育要落实到大学生的学习生活中,渗透到校园文化中。校园文化具有重要的育人功能,尤其是大学,学生课余时间较多,自由活动空间较大,丰富多彩的校园文化活动是构成大学生活的重要组成部分,校园文化的导向及品位,对学生形成良好的思想道德至关重要。民族院校要建设体现社会主义特点、时代特征和民族院校特色的校园文化,形成优良的校风、教风和学风。

良好的校园文化环境可以在育人过程中起到提升学生思想道德修养方面的作用。加强民族院校大学生文化素质教育,开展丰富多彩、积极向上的学术、科技、体育、艺术和娱乐活动,把德育与智育、体育、美育有机地结合起来,寓教育于文化活动之中。善于利用传统节庆日、重大事件和开学典礼、毕业典礼等契机,开展特色鲜明、吸引力强的主题教育活动。重视校园人文环境和自然环境建设,完善校园文化活动设施,建设好大学生活动中心。加强校报、校刊、校内广播电视和学校出版社的建设。坚决抵制各种有害文化和腐朽生活方式对大学生的侵蚀和影响。积极开展民族团结进步活动,教育引导学生正确认识和处理民族问题,不说不利于民族团结的话,不做有损民族团结的事,用马克思主义理论武装头脑,在思想和行动上与党中央保持高度一致,自觉成为维护民族团结和社会稳定的模范。认真贯彻党的宗教工作基本方针,进一步加强党对高校宗教工作的领导,深入开展理想信念教育,引导大学生正确认识和对待宗教问题。

第三节　组织保障

一、切实加强对民族院校大学生思想政治教育的领导

教育部、国家民委、地方党委要对民族院校大学生思想政治教育加强组织协调、宏观指导和督促检查，把大学生思想政治教育作为对民族院校办学质量和水平评估考核的重要指标。

建立健全民族院校大学生思想政治教育领导体制和工作机制，国家民委要定期听取民族院校思想政治工作情况汇报，定期研究民族院校大学生思想政治教育工作，形成党委统一领导、党政工团齐抓共管、有关部门各负其责，全社会大力支持的领导体制和工作机制。加强对大学生思想政治教育的统一规划、组织领导和监督检查，把大学生思想政治教育作为对民族院校办学质量和办学水平评估考核的重要指标，纳入学校党的建设和教育教学评估体系。建立健全突发事件应急机制，完善应急预案，及时果断处理好各种应急事件，确保民族院校的安全稳定。

加强学校领导班子建设，把握办学方向，牢记办学宗旨，使学校领导班子成为自觉贯彻落实科学发展观、加强和改进大学生思想政治教育的坚强领导集体。民族院校党委要从战略和全局的高度，高度重视大学生思想政治教育，充分认识加强和改进民族院校思想政治工作的重大意义，把"培养什么人"、"如何培养人"这一重大课题摆在重要位置，切实加强对大学生思想政治教育的领导。成立由党委书记任组长，分管学生工作、教学工作的副校长（副书记）为副组长的大学生思想政治教育工作委员会，成立思想政治理论课教学指导委员会、大学生创新与实践教育教学指导委员会和大学生素质与健康教育教学指导委员会等，负责协调组织大学生思想政治教育的有关工作；学校党委要经常召开专题会议，听取大学生思想政治教育工作情况汇报，

及时解决工作中存在的重大问题和突出问题,同时在人力、物力、财力等方面给予充分的保障;建立学校党委书记给大学生讲党课、校领导面对面做学生思想政治工作制度。

二、大力加强民族院校大学生思想政治教育工作队伍建设

(一)为加强民族院校大学生思想政治教育工作提供组织保障

民族院校思想政治工作队伍的主体是学校党政工团干部,思想政治理论课和哲学社会科学课教师、辅导员和班主任(导师)。学校党政工团干部负责师生员工思想政治工作的组织、协调、实施;思想政治理论课和哲学社会科学课教师根据学科和课程的内容、特点,负责对学生进行思想理论教育、思想品德教育、民族宗教教育和人文素质教育;辅导员和班主任(导师)是大学生思想政治教育的骨干力量,辅导员按照党委的部署有针对性地开展经常性的思想政治教育活动和日常管理工作,班主任(导师)负责在思想、学习和生活等方面指导学生的职责。

所有从事大学生思想政治教育工作的人员,必须坚持正确的政治方向,在事关政治原则、政治立场和政治方向问题上必须与党中央保持一致。不能与党中央保持一致的,不得从事大学生思想政治教育工作。广大教职员工都负有对大学生进行思想政治教育的责任。要制定完善有关规定和政策,明确职责任务和考核办法,形成教书育人、管理育人、服务育人的良好氛围和工作格局。

(二)加强思想政治工作队伍的选配和培养、培训工作

民族院校要按照政治强、业务精、纪律严、作风正的要求,按照专职为主、专兼结合、优势互补的原则,研究和制定加强民族院校思想政治工作队伍建设的具体意见,吸引更多的优秀教师从事学生思想政治教育工作。要落实"院(系)的每个年级都要按适当比例配备一定数量的专职辅导员,每个班级都要配备一名兼职班主任"的要求,按照教育部关于高等学校专职辅导员总体上按1:200的比例规定,做好民族院校专职辅导员的配备工作,同时每个班级都要选派优秀教师

担任班主任（导师）。

将从事大学生思想政治教育工作的人员在职攻读学位和国内外业务进修纳入学校教师培训计划；组织辅导员和班主任（导师）开展专职培训、社会实践和学习考察活动，进一步提高其工作水平。

（三）为大学生思想政治教育工作队伍提供政策保障

民族院校辅导员、班主任（导师）工作在大学生思想政治教育第一线，任务繁重，责任重大，学校要从政治上、工作上、生活上关心他们，在政策和待遇方面给予适当的倾斜。完善思想政治教育队伍教师职务评聘政策，民族院校应结合实际，按照学校统一的教师职务岗位结构比例，合理设置专职辅导员的相应教师职务岗位。辅导员评聘教师岗位应坚持工作实绩、科学研究能力和研究成果相结合的原则，对中级以下职称的教师应侧重考察工作实绩。民族院校要建立奖惩机制，对大学生思想政治教育表现突出的先进个人和先进集体进行表彰。国家民委已决定每两年进行一次表彰奖励。

三、充分发挥党团组织在民族院校大学生思想政治教育中的作用

（一）切实做好民族院校党员发展工作

民族院校要高度重视并有组织、有计划地做好发展党员工作，特别要注重做好少数民族学生的组织发展工作。坚持把培养、教育贯穿于发展党员工作的全过程，抓好入党积极分子的队伍建设，坚持和完善发展党员工作的标准和程序，不断加大工作力度，确保把教师、学生中的先进分子吸收到党的队伍中来，使在校大学生党员人数占学生总人数的比例在整体上有较大幅度的提高，努力实现本科生班级"低年级有党员，高年级有党支部"的目标。

（二）充分发挥共青团和学生组织作用

民族院校团组织要充分发挥教育、团结和联系青年大学生方面的优势，引领优秀青年团结在党的周围。切实加强团组织建设，选拔优秀青年党员教师做团的工作，保证民族院校共青团组织机构设置和人员配备。校级团委、院（系）团委（团总支）要独立设置并开展工

作，不得撤销、合并或归属其他工作部门。各级团委书记、副书记应按照同级党委（行政）职务部门的正、副职条件配备，并享受相应待遇。民族院校团委干部职数和日常工作经费，要按照团中央和教育部有关规定落实。发挥民族院校学生会、研究生会和学生社团的桥梁、纽带和自我教育作用，引导大学生自我管理、自我服务、自我成才。

四、努力营造民族院校大学生思想政治教育的良好环境

（一）积极营造大学生健康成长的良好社会环境

各级政府及教育和民族工作部门，要关心大学生的健康成长，支持民族院校大学生思想政治教育工作，要坚持弘扬主旋律，为民族院校大学生思想政治教育营造良好舆论氛围。报纸杂志、电台、电视台、网站要开辟专栏、专版、时段、栏目，反映民族院校大学生思想政治教育的先进典型和优秀大学生的先进事迹。各类网站要开展形式多样的网络思想政治教育活动，牢牢把握正确导向。大力发展文化事业和文化产业，为大学生提供更好的文化产品和文化服务，满足他们的精神文化需求。

加强校园及周边社会治安综合治理，开展专项整治，坚决取缔干扰学校正常教学、生活秩序的经营性娱乐活动场所，严厉打击各种刑事犯罪活动，切实维护大学生的合法权益和身心健康，努力维护学校秩序和社会稳定。

（二）形成大学生思想政治教育的强大合力

动员全社会力量，整合社会各方面的资源，构建学校、家庭、社会相配合的工作体系，全面推进大学生思想政治教育。各级政府及教育和民族工作部门要主动配合民族院校做好大学生思想政治教育工作。民族院校要探索建立与大学生家庭联系沟通的机制，相互配合对学生进行思想政治教育。要把民族院校大学生思想政治教育的各项目标分解到有关部门和单位，采取有力措施，加强督促检查，保证各项任务的落实。

五、不断完善大学生思想政治教育投入保障机制

大学生思想政治教育,不能只落在口头上,需要有一定的经费和物质作保障,民族院校大学生思想政治教育任务重,难度大,更需要加大经费和物质保障,否则,保证思想政治教育工作也就成了一句空话。为了提高民族院校大学生思想政治教育的效果,须加大经费投入,改善教育条件,在经费及物质方面给予有利的保障。

(一)经费投入保障

教育行政部门、高校主管部门和学校,要合理确定思想政治教育工作的经费投入科目,列入预算,逐年加大投入,确保各项工作顺利开展。

中央16号文件明确规定:"要加大大学生思想政治教育工作的经费投入,教育行政部门和学校要合理确定思想政治教育工作方面的经费投入科目,列入预算,确保各项工作顺利开展。学校要为大学生思想政治教育工作提供必要的场所与设备,不断改善条件,优化手段。要把大学生思想政治教育工作作为对高等学校办学质量和水平评估考核的重要指标,纳入高等学校党的建设和教育教学评估体系。"

《中国普通高等学校德育大纲(试行)》(以下简称《德育大纲》)规定:"德育经费要确立科目、列入预算。基本来源为政府拨给的事业费和收缴的学生培养费或学杂费。其投入比例以占同年上述两项经费总数的2%~4%为宜,人数较少的学校比例应高些。还应从预算外'学校基金'(含校办产业收入)中划拨一定比例的金额,弥补德育经费的不足。"高校必须把思想政治教育所需要的经费开支纳入学校支出计划,合理核定大学生思想政治教育工作的投入,列入预算,保障必要的经费支持。按照《中国普通高等学校德育大纲(试行)》的规定,结合各个高校的实际执行情况,民族院校每年要按不低于应收学费总额的3%左右的标准设立大学生思想政治教育专项经费。

《德育大纲》规定:"高校经费投入的范围,包括对学生进行思想政治教育的教学、管理和日常德育活动两部分。思想政治教育的教学、管理经费投入包括马克思主义理论课和思想品德课教学、德育专职教师的培训提高、社会考察与调研、有关教研室的业务条件建设和图书

资料、德育科研。日常德育活动经费投入包括对学生的日常思想教育、假期和课余组织的学生社会实践、大型德育活动以及用于学生和德育队伍表彰奖励（不含奖学金）等所需经费……学校应把建设适应学生德智体全面发展的现代化德育设施、设备和活动场所、基地纳入总体建设规划，并从基本建设费和设备费中给予保证。"

由此可见，大学生思想政治教育经费的投入，不仅包括经常性的思想政治理论课教育经费、宣传教育活动经费，还应包括实践调研、社会考察的经费；不仅包括图书资料的经费，还应包括音像设备、多媒体等方面的经费；不仅要为教育对象提供还包括专职德育教师培训、学习等各方面的经费。《德育大纲》中明确了学生奖学金和学生思想政治教育所涉及的场所和设备不在思想政治教育专项经费之列。

为了使民族院校大学生思想政治教育工作有比较充足和可持续的物质保障，就必须建立健全相应的投入机制，完善投入政策。要积极探索多渠道的经费筹措机制，建立比较牢固的经费来源：一是增加财政拨款，这就要求各级政府和有关部门对民族院校大学生思想政治教育所需的资金投入制定合理的比例，并编入财政预算；二是民族院校建立大学生思想政治教育专项基金；三是依靠社会各方面的力量，多渠道、多形式筹集社会资金，作为其补充经费。

（二）设备设施保障

为保证民族院校大学生思想政治教育工作的顺利进行，就必须不断改善思想政治教育工作条件，建立良好的物质基础。加强校园基础设施建设和综合治理工作，完善校园文化活动设施，重视校园人文环境和自然环境的协调发展，做到基础设施高质量、文化积淀高品位，为大学生思想政治教育提供良好的校园环境。要建立和完善大学生活动中心、大学生社会实践基地、爱国主义教育基地、心理咨询基地等，为大学生思想政治教育提供有力的活动阵地保障。

民族院校要从当代社会的实际出发，善于运用现代化的技术和手段，如网络、多媒体等，开展大学生思想政治教育，以提高教育效果。

六、加强民族院校大学生思想政治教育研究与指导

中央16号文件强调指出:"要加强思想政治教育学科建设,培养思想政治教育工作专门人才。"2005年,国务院学位委员会和教育部已将马克思主义理论确定为一级学科,这对于巩固和加强马克思主义的指导地位,发展马克思主义,增强思想政治教育效果,促进社会主义现代化建设和人的全面发展,具有重大的现实意义和深远的历史意义。

思想政治教育学科是理论性、政治性、综合性、应用性很强的学科,它既要以马克思主义理论为教育内容,坚持以理服人,又要以马克思主义理论为指导,解决人们的实际问题。因此,思想政治教育学科是增强马克思主义理论教育时效性,实现思想政治教育科学化,提高民族院校大学生思想政治教育有效性的学理支撑。

要进一步加强和改进民族院校大学生思想政治教育,不断加强大学生思想政治教育的理论研究,促进理论与实践相结合。思想是行动的先导,理论是实践的指南。加强民族院校大学生思想政治教育研究,就是为了更好地指导和服务于大学生思想政治教育实际,创造性地开展工作。民族院校要组织专家学者,围绕民族院校大学生思想政治教育重大问题开展研究。民族院校大学生思想政治教育研究会等学术研究机构要加强自身建设,发挥在大学生思想政治教育科学研究、决策咨询、工作指导等方面的作用。

中央16号文件是指导大学生思想政治教育的纲领性文件,民族院校必须按照文件要求,与时代同步,研究新情况,探索新途径,解决新问题,不断开创民族院校大学生思想政治教育的新局面。民族院校大学生思想政治教育研究会等学术研究机构,要积极推动大学生思想政治教育工作不断创新,不断取得新成效。

第一,不断推进观念创新。观念创新是做好民族院校大学生思想政治教育工作的前提,民族院校要牢固树立以人为本的观念。坚持以人为本,就是强调学生在教育当中的主体地位,这既是现代教育理论与实践创新的重要成果,也是在教育事业中贯彻落实科学发展观的本

质要求。

研究民族院校大学生思想政治教育,要紧紧抓住民族工作这一主题,贴近学生实际。一要贴近民族院校大学生学习实际。学习对大学生而言是最主要也是最重要的活动。民族院校的学生,来自各个不同的地区,学习基础差异很大。要研究适合民族院校的办法,加强因材施教,帮助和引导各民族学生制定明确的学习目标和学习计划,通过有效的人生观、价值观、成才观、道德观和理想信念教育,引导他们把学习和成才结合起来,把自己的前途同祖国的命运紧密联系起来,提高学习的积极性和主动性。二要贴近民族院校大学生的生活实际。民族院校大学生许多来自民族地区和农村,困难学生较多。对少数民族学生,既要解决经济贫困,又要解决"精神贫困",通过正确的生活观、消费观教育,帮助和引导他们锻炼自立、自强的能力,自主、自觉地驾驭生活,养成良好的生活习惯,形成文明、健康的现代生活方式。三要贴近民族院校大学生的人际交往实际。民族院校的大学生民族成分多,在分班、分寝室的过程中,学校一般把它们分开,这样有利于各民族学生互相交流、互相学习。可是在实际过程中,有些少数民族学生愿意在自己民族的圈子内活动,不愿意和其他民族学生交往。要研究民族院校加强学生人际关系的办法,培养他们愿意与其他民族学生交往、勇于交往、善于交往的性格和能力,建立平等、团结、互助、和谐的民族关系,学会做人、做事,促进各民族学生全面发展,健康成长。

第二,不断推进机制创新。推进机制创新是民族院校大学生思想政治教育工作可持续发展的保障。中央16号文件指出:"思想政治教育工作队伍主体是学校党政干部和共青团干部,思想政治理论课和哲学社会科学课教师,辅导员和班主任。""要建立健全党委统一领导、党政群齐抓共管、有关部门各负其责、全社会大力支持的领导体制和工作机制,形成全党全社会共同关心支持大学生思想政治教育的强大合力。"中央16号文件明确指出了新时期加强和改进大学生思想政治教育工作的领导体制和工作机制,民族院校要按照要求,加强研究,不断创新适合民族院校大学生思想政治教育的新机制,不断提高工作实效性。

第三,不断推进内容创新。内容创新是民族院校大学生思想政治教育工作的坚实基础。工作内容的创新是民族院校大学生思想政治教育工作创新的根本。推进素质教育,全面提高教学质量,根本目的在于教育内容的创新。胡锦涛总书记在全国加强和改进大学生思想政治教育工作会议上强调:"加强和改进大学生思想政治教育工作,要在全面做好各项工作的基础上深入进行以下几方面的教育。一是要以理想信念教育为核心,深入进行正确的世界观、人生观、价值观教育;二是要以爱国主义教育为重点,深入进行民族精神教育;三是要以基本道德规范为基础,深入进行素质教育,促进大学生思想道德素质、科学文化素质和健康素质协调发展。"民族院校要加强对各民族学生祖国观、民族观、宗教观、文化观教育,树立国家利益高于一切的思想,维护国家统一和民族团结,把学生培养成为中国特色社会主义事业合格建设者和可靠接班人。

第四,不断推进方法创新。方法创新是做好民族院校思想政治教育工作的有效途径。胡锦涛总书记指出:"全国高校都要始终不渝地全面贯彻党的教育方针,坚持学校教育、育人为本,德智体美、德育为先,充分发挥大学生思想政治教育主阵地、主课堂、主渠道的作用,全方位推进大学生思想政治教育,多方面促进大学生全面发展。"要加强研究,不断推进民族院校大学生思想政治教育方法和手段的创新。

其一,研究建立以思想政治理论课教育教学为主渠道,其他课程共同育人的大学生思想政治教育机制,实行全程化、全员化育人环境,把思想教育与专业教育相结合、系统教育与专题教育相结合、形势政策与常规教育相结合、理论武装与实践育人相结合,发挥所有教职员工的全员育人作用。

其二,研究营造健康向上、品位高雅的校园文化氛围建设,培育校园精神、人文精神和时代精神,开展各种思想性、艺术性、趣味性相统一的思想政治教育活动。要加强对校风学风建设研究,创造良好的育人环境,陶冶学生热爱集体、刻苦学习、团结互助、文明健康的情操,激发他们爱国主义和献身中国特色社会主义事业的热情。

其三,研究大学生思想政治教育的新资源,要发现和研究大学生思想政治教育新资源,思想政治教育工作者要善于以重大和突发事件为契机,营造更加优质的教育环境和教育氛围,有针对性地对大学生进行热爱党、热爱祖国、热爱社会主义,服务祖国、服务民族、服务社会的教育，引导各民族学生健康成长，提升他们的民族精神和社会责任感。

其四，研究全面加强校园网络建设，使网络成为弘扬主旋律、开展思想教育的重要阵地。网络等新的载体的出现，极大地改变了以往的思想政治教育工作方式。信息网络技术的发展，为开展大学生思想政治教育提供了现代化的载体和手段，拓展了大学生思想政治教育的空间和渠道。

其五，研究社会实践的方法，"注重引导大学生深入社会、了解社会、服务社会"。研究中要注意使社会实践与专业学习相结合、与服务社会相结合、与勤工助学相结合、与择业就业相结合、与创业相结合，使大学生在社会实践中受教育、增才干、长本领，增强社会责任感。

第三章 民族院校大学生思想政治教育工作特点

根据民族院校办学的特殊性和学生的实际特点,民族院校大学生思想政治教育主要有三个突出特点:一是思想政治素质培养;二是因材施教;三是构建全员育人有效机制。

第一节 思想政治素质培养

一、思想政治素质的概念

"政治素质涉及一个人的政治认识、政治理想、人生理念、价值标准、道德观念等一系列重大问题。"[①] 对大学生教育而言,政治素质就是"培养什么人"或"为谁培养人"的问题。政治素质和思想道德素质共同构成思想政治素质,这是大学生素质教育的核心,对大学生其他素质的形成和发展起导向和动力的作用。

二、强化培养学生思想政治素质的原因

"发端于近代中国的高等教育,从一开始就重视对学生进行政治教育,在课程的设置、各种教育理念的争辩等方面,很多教育家都对政治教育有过各种精辟的论述,而对公民进行政治教育的呼吁,是牢

---

① 刘江:《当代大学生的政治素质结构及其优化》,河海大学,硕士学位论文,2003。

牢与民族的独立、国家的振兴联系在一起的。"①

民族院校要结合其自身办学的特殊性,从民族团结和社会稳定的政治高度来认识大学生思想政治教育的重要性。民族院校和其他普通高校在人才培养目标方面,既有共性也有特性,共性都是为国家培养合格建设者和可靠接班人,特殊性是民族院校更应该强调祖国观、民族观、宗教观和文化观教育,使其培养的学生成为维护祖国统一、民族团结和社会稳定的模范。

民族院校在培养少数民族人才,维护祖国统一和社会稳定,促进民族团结进步事业中,具有特殊的重要地位。这些特殊作用,决定了民族院校大学生思想政治教育的特殊性,决定了民族院校必须要突出学生思想政治素质培养,突出强调"四观"教育。

三、培养学生思想政治素质的思路和措施

(一) 确立正确的工作目标

在国际、国内形势发生深刻变化的背景下,民族院校必须把"培养什么人"、"如何培养人"这一重大课题摆在重要位置,坚持把"育人为本、德育为先"摆在学校各项工作的首位,贯穿于教育、教学的全过程。"'培养什么人',主要涉及教育思想、教育理念,其核心是教育的目标;'怎样培养人',主要涉及教育方法、教育模式,其核心是教育的过程。'培养什么人'决定了应该'怎样培养人';'怎样培养人'也决定了能够'培养什么人',从而也决定了这个方法、这个模式、这个过程必须充分考虑到能够'培养什么人'这一思想、这一理念、这一目标。"②

民族院校要把"热爱党、热爱祖国、热爱社会主义"和"服务祖国、服务民族、服务社会"作为民族院校大学生思想政治教育的目标,努力把民族院校建设成为维护祖国统一和社会稳定的模范,成为促进各民族平等、团结、互助、和谐的模范。

---

① 刘沧山:《聚焦:中外高校思想教育研究》,251页,北京,人民出版社,2008。
② 杨叔子、余东升:《关于高等教育中两个根本性问题的思考》,载《中国高教研究》,2009(9)。

(二) 确立正确的工作思路、方针和基本要求

按照中央对大学生思想政治教育和民族教育工作的要求，结合新时期民族院校大学生思想政治教育工作的实际，民族院校要坚持"打基础、抓建设，争创新、求特色"的"两条腿走路"的工作思路和"一个中心、两个移动和一个跟进"的工作方针。

1. 民族院校要坚持"打基础、抓建设，争创新、求特色"的大学生思想政治教育工作思路。"打基础、抓建设，争创新、求特色"是指民族院校大学生思想政治教育工作一方面要着眼于打基础、抓建设，把管理工作做实，把思想工作做细，把平等、关爱和温暖送到每一名学生中去，另一方面要坚持创新、凝练特色，不断创新适合于新时期民族院校大学生思想政治教育工作的新机制、新方法和新手段，不断增强大学生思想政治教育的针对性、实效性和感召力，不断培育民族院校大学生思想政治工作的新特色。

2. 民族院校要坚持"一个中心、两个移动和一个跟进"的大学生思想政治教育工作方针。"一个中心"是指民族院校大学生思想政治教育要坚持以育人为本，以学生为主体，为学生成才这个中心工作服务。"大学以培养人才为基本职责，它的出发点、立足点和归宿点是人，大学教育的目的是要促进人的完善、人的发展、人的进步，促进受教育者在知识与人格方面得到完善。"①

坚持以人为本、德育为先，培养德、智、体、美全面发展的社会主义合格建设者和可靠接班人，是教育事业科学发展的根本任务。以人为本的科学发展观落实到教育工作上，就是要坚持以育人为本，以学生为主体，为各民族学生成才服务，这不仅是民族院校大学生思想政治教育的中心工作，也是一条贯穿民族院校教育发展、教育改革、教育创新和各项教育工作的主线。

"两个移动"是指民族院校大学生思想政治教育工作要"前移"和"下移"。"前移"是指民族院校大学生思想政治教育要防患于未然，把问题解决在萌芽状态，做到早发现、早预防、早解决；"下移"是指民族院校大学生的思想政治教育工作要深入到最基层，深入到学

---

① 胡勇华：《探索特色鲜明的大学和谐文化建设路径》，载《中国高等教育》，2008 (16)。

生内心世界中去,及时、全面和准确地了解学生思想状况,从而有针对性地解决各民族学生最关心、最直接、最现实的问题。

"一个跟进"是指民族院校大学生的思想到哪里,大学生思想政治教育工作的触角就跟到哪里。这种跟进式教育是新形势下应对学生多元思想和个性化突出情况下的一种创新方式。

通过"打基础、抓建设,争创新、求特色"的大学生思想政治教育工作思路和"一个中心、两个移动和一个跟进"的工作方针,体现以育人为本、以学生为主体的民族院校大学生思想政治教育的主导思想,使民族院校大学生思想政治教育工作能够结合学生特点,既强化对学生的思想政治素质和综合素质培养,同时又使教育工作充满生机和活力。

3. 民族院校大学生思想政治教育的基本要求。根据民族院校大学生的特殊性,民族院校大学生思想政治教育要坚持五个基本要求:一是在政治上正确引导,严格要求;二是在学习上因材实施,悉心指导;三是在生活上嘘寒问暖,关心照顾;四是在行为上严明纪律,严格管理;五是在心理上耐心疏导,及时干预。

从以上五个基本要求可以看出,为了确保民族院校正确的办学方向,确保各民族学生的培养质量,特别是确保学生思想政治素质的培养质量,民族院校首先在政治上和行为上对学生要高标准、严要求。同时结合各民族学生的实际,在学习上因材施教、个别辅导,在思想上、心理上和生活上加强引导和关心照顾。

(三) 民族院校学生思想政治素质培养的主要措施

1. 民族院校要重视课堂教学的主渠道、主阵地建设,积极开展民族团结进步活动,培养学生树立正确的祖国观、民族观、宗教观和文化观。大力加强思想政治理论课课程建设、教材建设和教师队伍建设,切实改革教学内容,改进教学方法,改善教学手段,提高教学效果。要求民族院校教师在课堂上进行专业教学的同时,对学生进行民族团结、社会稳定和遵纪守法教育。

民族院校要按照科学发展观的要求,树立科学的教育发展观、科学的教学质量观和科学的人才培养观,正确处理德育首位和教学中心地位的关系,坚持在教学中贯彻育人为本、德育为先原则,在育人中体现教学的中心地位,注重因材施教,加强主渠道教育和载体建设,切实提高人才的培养质量。

民族院校思想政治理论课程教师和民族理论与政策课程教师,要实行集体备课制,统一研究授课内容,制定加强学生思想政治教育理论课程工作方案,将中央和上级的有关指示精神融入思想政治理论课程的教学中,更紧密地把知识传授与实践育人、专题教育结合起来,把普遍性教育和"四观"教育结合起来,提高民族院校思想政治理论课程的质量和效果,不断提高学生的思想政治素质和综合素质。

2. 民族院校要积极开展民族团结进步活动。民族院校要"以民族团结教育为重点,强化大学生的民族团结意识,使各民族大学生深刻认识到祖国大家庭是各族人民最幸福的家园,民族团结是各族人民共同发展进步的生命线"[①]。要组织丰富多彩的活动,如举办民族风情网站、民族知识大赛、少数民族风俗文化节、少数民族历史与发展图片展,组织专家编写民族知识丛书等,教育引导学生正确认识和处理民族问题。

3. 民族院校要加强正面宣传教育的力度,开展经常性的思想教育,及时教育和引导各民族学生。始终坚持正确的舆论导向,加强正面宣传教育,及时将党中央的精神和声音传达到每一名师生,占领宣传的主阵地,唱响主旋律;及时掌握学生的思想动态,主动、积极、及时开展工作,正确引导,化解矛盾。建立民族院校校领导和干部、教师深入学生班级,参加学生班会、团会和座谈会制度,关心学生的学习生活,面对面做好各民族学生思想工作。

第二节 因材施教

民族院校多民族、多文化、多水平的特殊性,决定了民族院校大学生思想政治教育必须注重因材施教。民族院校要结合少数民族学生的成才规律和特点,在学习上注重因材施教和个别辅导,在思想和生

---

① 周卫:《对我国少数民族地区大学生思想道德教育特殊性的思考》,载《中国高教研究》,2009(8)。

活上加强教育、引导和关心照顾,在政治和行为上始终坚持严格要求、严格管理和严明纪律。开展经常性的深入、细致的思想工作,把平等、关爱和温暖送到每一名学生中去,调动学生成才的自觉性和主动性,让每个学生都快乐生活、健康成长,努力不让一名学生掉队。

一、学生管理教育要贯彻"两个覆盖"的思想

民族院校学生的特殊性,决定了民族院校必须要敢于管理、严格管理,同时多关心学生的学习生活,做好深入、细致的思想工作。要坚持"两个覆盖"的思想,即民族院校学生思想政治教育要覆盖到每一名学生,覆盖到每一名学生成长、成才的全过程。这就要求民族院校辅导员虽然不可能知道学生随时、随地在想什么、干什么,但是要知道他们经常想什么。只有这样,民族院校大学生思想政治教育才能有的放矢,增加实效。

二、学生管理教育要落实到第一个人

民族院校要关心每个学生的成长、成才,在管理教育过程中,思想认识上要准确、客观,工作上要做到个位数,做到人头上。每学期开学初的学生思想动态会,汇报的内容不能是笼统的,要有具体的要求。比如没返校学生有多少,原因是什么,能不能和他们联系上;返校学生有没有没上课的,原因是什么,辅导员有没有找他们谈话等等。通过这些过细的学生管理教育工作,努力实现"让每一名各民族学生都成功"、"不让一个少数民族学生掉队"的目标。当研究学生因为学习和纪律等问题退学时,民族院校首先要求教育工作者回答的问题是"你有没有尽到教育的职责"。

三、建立健全学生管理教育规章制度

民族院校必须坚持"质量立校"战略,不断提高教育、教学质量,倡导勤奋好学的优良学风和严谨求实的校风,切实提高人才培养

质量。为了把教育管理活动抓实、抓细，民族院校要建立一整套辅导员工作制度，如谈心制度，与学生同吃同住制度，上课、就寝考勤制度，联系学生家长制度，联系任课教师制度，调查研究制度等。民族院校结合少数民族学生的成才规律和特点，要制定和完善严格的学生管理规章制度，加强学生的行为管理和教学管理，使文明守纪成为各民族学生的自觉行动。

第三节 全员育人机制

民族院校大学生思想政治教育，较之其他普通高校，情况更加复杂，任务更加艰巨。要根据民族院校人才培养的特殊要求，树立大德育观念，营造全员育人的氛围，增强民族院校大学生思想政治教育的实效。大德育观念，即德育教育不单纯是德育教师和学生思想政治教育工作者的事情，全校教师和干部、职工都有育人的责任和义务。要构建全员育人的有效机制，形成全校教职员工共同育人的良好氛围。

队伍建设是增强民族院校大学生思想政治教育针对性和实效性的关键。民族院校要按照中央要求，建立党委统一领导、党政齐抓共管、专兼职队伍相结合、全校密切配合、学生自我教育的领导机制和工作机制。首先要建设好辅导员队伍，这是学生思想政治工作的骨干力量，民族院校要按照"合理模式、科学管理、多样发展"的思路，着力培养一批政治强、业务精、纪律严、作风正的辅导员队伍。同时要建立全员育人的有效机制，增强民族院校大学生思想政治教育的针对性和实效性。

一、制定科学合理的民族院校辅导员工作目标

辅导员是大学生思想政治教育的骨干力量，要根据民族院校大学生思想政治教育的特点，明确民族院校辅导员工作的三个目标具体如下：

首先，由于民族院校办学宗旨的特殊要求，导致民族院校生源比

较复杂，层次差异较大。一是因为历史和地理等方面的原因，民族地区、农村和贫困地区与发达地区教育资源差异较大，学生受教育程度的不同导致入校基础有较大差别；二是因为学生民族习惯、宗教信仰、生活习惯不同，文化差异也较大。因此，不能简单地用高等教育的普遍规律来教育和管理少数民族学生，要根据民族院校学生的实际，开展更加深入、细致的思想政治教育，做好因材施教，处理好"平等、团结、互助、和谐"的民族关系，让学生能够主动地、生动活泼地在德、智、体、美方面全面发展，促进各民族学生健康成长。所以，要"把管理工作抓严，把思想工作做细，把平等、关爱和温暖送到每一名学生中去，努力成为学生成长的指导者、引路人和知心朋友"，这是民族院校辅导员工作的首要目标。

辅导员要完成这个工作目标，就要做到"五个心中有数"。一是对哪些学生德智体美全面发展心中有数，二是对哪些学生学习吃力心中有数，三是对哪些学生生活困难心中有数，四是对哪些学生容易产生心理疾病心中有数，五是对哪些学生信仰宗教或可能信教心中有数。发现问题后，要及时帮助学生出谋划策，真正成为学生成长过程中的良师益友。要主动和学生家长保持联系，请家长到学校来了解、掌握学生的情况，为家长邮寄学生成绩和表现情况，把家长的力量吸纳过来，争取家长的支持，解决学生实际困难，共同做好学生工作。

民族院校辅导员要始终关心学生学习，多与老师和教学部门进行沟通和协调，加强因材施教和个别辅导；要始终关心学生思想和生活，加强教育引导，多关心照顾，多帮助解决实际困难；在政治上和行为上要严明纪律，始终坚持严格要求、严格管理。

其次，讲政策的核心是依法管理、严格管理、按章办事。辅导员是民族院校最基层的学生思想政治教育工作者，辅导员要按照党委的部署，有针对性地开展大学生思想政治教育，把党的路线方针、党的民族政策和党的温暖送到学生中去。

民族院校要始终坚持"带着感情来做民族工作"的理念，从深层次关爱各民族学生的成长与发展。民族院校辅导员必须尊重民族习惯，贯彻落实民族政策，以"平等、团结、互助、和谐"为原则，处理好民族之间的关系、学生之间的关系。只有这样，辅导员才能真正走到各民族学生的内心世界中去，才能得人心、暖人心、稳人心。民族院校的大学生既不好管理也好管理，不好管理是因为他们知识基础、生活习惯和文化差异较大，好管理是因为他们感情淳朴。只有学生和家长从内心信赖辅导员，感受到辅导员对他们的爱，对他们负责任，即使辅导员的工作再严格，方法再生硬，也能够得到各民族学生的理解和信赖，能够真正得到家长的支持和满意。只有辅导员用真心去爱学生，用他的满腔热忱去对待学生，学生才能信赖，家长才能满意，社会对民族院校学生的培养质量才会放心，对民族院校的办学水平才能满意。

民族院校大学生思想教育工作要讲求方法，强调"近、小、实、亲"。"近"就是要贴近学生、贴近实际、贴近生活；"小"就是要避免大而空，从小事做起，从学生成长、成才的身边事情做起；"实"就是要实事求是，着力解决学生最关心、最直接、最现实的问题；"亲"就是要有亲和力和感召力，注重实效性。

所以，民族院校要把"讲政策、讲感情、讲方法，把辅导员队伍建设成为让学生信赖、家长满意、社会放心的队伍"作为辅导员工作的重要工作目标。

最后，只有加强辅导员队伍的学习和研究，提高自身素质，建设成专业化、职业化、专家化的辅导员队伍，才能使民族院校大学生思想政治教育工作能够始终站在时代前沿，增强前瞻性，提高战斗力，增加实效性。

加强民族院校大学生思想政治教育工作的学习和研究，要定期召开研讨会和工作沙龙，组织大学生思想状况滚动调查并及时分析研究对策。鼓励、支持辅导员开展科学研究工作，安排专项经费进行课题研究，努力营造开展大学生思想政治教育研究的氛围。组织心理咨询、大学生职业生涯发展规划咨询、思想政治教育、行为管理等研究团队，辅导员可以按照工作需要和自己的发展方向加入相应的研究团队开展研究工作。积极争取省、部级思想政治教育立项，发挥辅导员队伍在大学生思想政治教育科学研究、决策咨询和工作指导等方面的作用。

二、建立高效适用的民族院校辅导员队伍建设工作机制

民族院校要加强辅导员队伍机制建设,从而使辅导员队伍建设更加规范化、制度化和科学化。重点做好准入机制、培训机制、考核机制、发展机制和保障机制五个方面的机制建设。

第一,建立高起点、高质量的选配机制,从入口严把质量关。要像重视业务骨干的选拔一样重视辅导员的选拔,严格准入机制,坚持高起点,严把入口关。以公开招聘为主要方式,把德才兼备、乐于奉献、潜心教书育人、热爱大学生思想政治教育事业的人员选拔到辅导员队伍中来,形成一支人员稳定、数量充足、结构合理、素质优良、战斗力强的辅导员队伍。

公开招聘的对象以当年应届硕士研究生为主,同时有少量的本校优秀本科毕业生。硕士研究生要求学历起点是全日制本科毕业生,优先选择本科期间就读"211工程"、"985工程"高校的毕业生,所学专业与岗位所在的学院专业相辅,以便为将来转为专业教师做好准备。另外还要求招聘对象必须是中共党员,并有学生干部工作经历。

招聘选拔工作由学校人事部门牵头,学生处、招生就业处、团委、教务处、二级学院和学校纪委等部门负责同志和校内部分专家组成考核小组,共同负责考核工作。资格审查通过后,进行考核。考核分笔试和面试两个部分,主要考察应聘者对从事大学生思想政治教育工作所需基本理论的理解和解决实际问题的能力。根据考核结果,学校党委最终确定录用人员。

第二,建立高标准、高素质的培养机制,通过有针对性地培训,以达到提高辅导员队伍素质的目标。

学校党委和学生工作部门要系统规划和实施辅导员培训工作。从帮助辅导员做好本职工作和长远发展的实际需要出发,制定辅导员培养方案。按照辅导员岗位的基本要求,对全体辅导员开展基础课程培训,培训的主要内容包括教育学、心理学、管理学等基本知识,祖国观、民族观、宗教观和文化观等基本理论,以十七大精神为主题的中国特色社会主义理论,学生学籍管理规定、学分制培养方案、毕业条

例、学位授予条例等与学生学习、成长密切相关的政策，和学生谈心、班级建设等学生工作的基本方法等。按照辅导员不同的发展目标要求，开展有针对性地培训，如怎样做好大学生的职业生涯发展规划的指导咨询，如何做好大学生心理咨询，如何做好经济困难学生的帮扶励志工作等，鼓励他们考职业证书，走职业化道路。

针对不同层次的辅导员，也要开展因材施教。要求新任辅导员参加所在省、市高校工委组织的新任辅导员岗前培训，培训合格后方可持证上岗。此外，新任辅导员还要参加所在省高校师资培训中心组织的教师岗前培训，要求他们必须拿到教师岗前培训合格证，具备教师任职资格。优先安排年度考核为优秀的辅导员参加教育部骨干辅导员培训、国家民委组织的民族院校辅导员培训班和所在省组织的辅导员培训班等，有针对性提高他们的工作能力和水平。请曾经担任过辅导员的社会知名人士和成功人士讲座，不仅能使辅导员开阔眼界，更重要的是能坚定他们做好辅导员工作的信心。

鼓励、支持辅导员在职不脱岗提高学历、学位，提高工作水平。辅导员在职进修提高学历、学位，享受教师同等待遇。

第三，建立高要求、重实效的管理和考核评价机制，以制度管理和有效考评促进队伍发展。实行学校和二级学院两级共同管理辅导员队伍。党委学生工作部统筹辅导员整体工作，并负责考核评价工作，二级学院负责做好辅导员的日常培养、使用、管理等工作。制定辅导员工作考核实施办法，以文件的形式对辅导员的岗位职责和考核内容、考核办法作出明确的要求和规定。

民族院校对辅导员和其他专职学生工作者工作开展情况要进行"两个360°"考评。一是对辅导员工作进行全方位360°考评；二是全体学生工作者都要进行考评。也就是说，考核对象不仅仅是辅导员，全体专职学生工作者都要接受考评，考评对象覆盖面为360°。

对辅导员工作进行360°全方位考评，要体现"以学生为本"的基本原则，把学生满意度和学生工作绩效作为考评的最重要指标。学生、任课教师和班主任（导师）、辅导员、二级学院领导和有关职能部门的领导，都要对被考核辅导员打分评价，其中把学生满意、不满意和工作绩效（包括上课出勤率、文明寝室率、早操出勤率、就业率、学费催缴率、贷款偿还率等）作为分量最重的指标，引导、鼓励辅导员深入课堂、宿舍和食堂，主动为学生解决实际问题。要重视辅导员考核结果的使用，考核排名在前20名的辅导员，授予学校优秀辅导员称号，优先被推荐为省部级优秀辅导员，同时在职称评定、干部提拔等方面给予优先考虑。

考评对象要覆盖到全体专职学生工作者，其中包括学生处、团委、就业指导中心全体同志和各学院负责学生工作的总支书记（副书记）。这种考核方式，不仅体现了公平的原则，而且还促进了学生工作整体水平的提高。

第四，建立高水平、重激励的政策流动机制，确保辅导员队伍的合理有序流动和相对稳定，建立科学的发展机制，做好辅导员队伍发展整体规划，并做好辅导员个体职业生涯规划，民族院校规定了辅导员的三个发展方向。

其一，走职业化道路。部分辅导员素质较高，且热爱辅导员工作，有长期从事辅导员工作并有更高层次、更高水平发展的愿望。因此，民族院校在对辅导员严格管理的同时，要精心培育，为他们提供一个良好的专业化培养和职业化发展的平台，鼓励他们成为思想政治教育或大学生成才指导等方面的专家。

国家规定，辅导员既是教师也是管理干部，兼有双重身份。实行双重身份管理与之相对应的是双轨晋升，既可以按照辅导员职称评审标准评聘思想政治教育学科或其他相关学科的专业技术职务，也可以根据工作年限和实际表现晋升相应的行政职务。这些政策对稳定辅导员队伍、提升辅导员工作层次起到了非常重要的作用。

其二，转为专任教师。部分硕士以上学历毕业的辅导员，业务能力较强，做辅导员工作一定期限后可转为专职思想政治理论课程的教师或专业教师。学校对这些人员要进行统一规划，专门培养。要提前列入师资计划，安排助课，待时机成熟后，再安排他们走上讲台。这样做，既使他们得到了锻炼，也为他们日后转为专任教师做好了准备。

其三，转到机关部门或走上各级领导岗位。把专职辅导员队伍作为学校党政后备干部培养和选拔的重要来源。辅导员可根据学校工作需要交流到学校机关岗位，也可提拔到学校各级领导岗位。这些同志交流到其他岗位或担任领导岗位后，对学生工作有感情，非常有利于学校全员育人氛围的形成。

第五,民族院校辅导员工作任务重,难度大,需要比较充足的经费和物质作保障,只有这样才能确保思想政治教育的实效性。为了使民族院校辅导员工作有比较充足的物质保障,就必须建立健全投入保障机制,完善投入机制不仅要确保辅导员岗位津贴按时发放,给予辅导员一定的通信补贴,为他们提供必要的场所与设备,不断改善工作条件,而且还要设立辅导员研究经费,支持辅导员进行科学研究工作。

三、构建全校师生员工共同育人的工作机制

著名教育家陶行知曾说:"学校是一个能叫坏人变好,也能教好人变坏的地方。这地方既能教人成龙,也能教人成蛇;既能教人多活几岁,也能教人早死几年。"在《南京安徽公学办学旨趣》中,陶行知提出了自己的办学宗旨,他说:"我们学校最注重师生接近,最注重以人教人。"教职员工在与学生同生活、共甘苦的过程中,一定要以身作则。让学生做的事,教职员工一定一起做;让学生学的知识,教职员应该一起学;让学生遵守的规矩,教职员应该一起遵守。只有这样,师生之间才能产生感情,才能教学相长、互相促进,才能做到知无不言、言无不尽,才能消除人和人之间的隔阂。陶行知认为这种共学、共事、共修养的方法,能对学生的人格产生很大影响,是一种真正的教育。

针对民族院校学生多民族、多文化、多水平的特殊性,民族院校要学习陶行知的教育思想,发挥全体教职员工的作用,共同培育各民族学生。"我们在着眼经济社会发展对人才知识、能力、素质提出的新需求,更新教育教学内容,创新教育教学模式,提高管理服务效率的基础上,还必须要深入挖掘和发挥各项工作的育人职能,让教书育人、管理育人、服务育人形成良性互动,为高素质创新人才的成长创造一个良好的成长环境。"①

民族院校要按照"专职为主、专兼结合、优势互补"的原则,构

---

① 刘建平:《高水平大学建设中全员育人理念的思考与实践》,载《中国高等教育》,2009(17)。

建全员育人队伍。要组建专兼结合的全员育人队伍，形成科学的育人模式，使一批政治素质过硬、工作作风优良的教职工直接参与学生管理教育，充分体现中央提出的"育人为本、德育为先"的要求，提高思想政治教育的针对性和实效性。

专职辅导员是学生日常管理和思想政治教育的骨干力量，民族院校要按照1：200的配备要求，配齐、配足。还要配备一定数量的优秀专任教师、优秀机关干部和优秀研究生或高年级学生兼任辅导员、班主任（导师）或指导教师，既作为专职队伍的有效补充，同时还可发挥不可替代的育人作用。优秀专任教师兼任学生辅导员、班主任（导师），可以发挥自身优势，对学生进行深入的学习指导和科研指导，对提高学生的学习能力、实践能力、创新能力等都有很大的帮助，把住了学生受教育的主渠道关，而辅导员在这方面的指导深度是很有限的。"只有优秀老师才能当学生兼职辅导员和班主任（导师）"，"当了班主任（导师）的老师，才是一个完整的老师"，"不当班主任（导师），就不知道如何当二级学院院长"等观念，要成为广大教师的共识。

优秀机关干部兼任辅导员和指导教师，因为他们人生阅历普遍较深，经验比较丰富，有利于帮助学生进行职业生涯规划和人生指导，弥补辅导员普遍年轻、阅历浅的不足。优秀研究生和高年级学生兼任低年级学生辅导员，因为年轻、精力充沛，工作热情高，可以与学生同吃、同住、同学习、同成长，能随时掌握学生的思想动态，便于交流、便于沟通，更加贴近学生、贴近实际、贴近生活，也有利于学校的安全稳定。

第四章 民族院校辅导员队伍建设

2006年9月1日,教育部出台实施的《普通高等学校辅导员队伍建设规定》(以下简称《规定》)指出,辅导员是高等学校教师队伍和管理队伍的重要组成部分,是开展大学生思想政治教育的骨干力量,是高校学生日常思想政治教育和管理工作的组织者、实施者和指导者。正因为辅导员在高校学生教育管理中发挥着重要作用,因此辅导员队伍建设显得尤为重要。对此,胡锦涛总书记在全国加强和改进大学生思想政治教育工作会议上提出,"如何提高思想政治教育工作队伍的素质和能力,形成做好大学生思想政治教育工作的骨干力量"是全国教育部门正在探索的重大实践课题。民族院校承载着为少数民族和民族地区服务的重任,由于学生的民族成分多,语言、文化、信仰的多样性以及思想意识的差异性,使教育管理工作更加艰巨。民族院校要按照"合理模式、科学管理、多样发展"的思路,着力培养一批政治强、业务精、纪律严、作风正的辅导员队伍,在思想政治教育中发挥更大的作用,为各民族学生的发展成才保驾护航,这是民族高等教育面临的重要而又紧迫的任务。

第一节 辅导员队伍建设工作目标

根据有关部门统计,2000年以来,全国少数民族在校大学生占全国在校大学生的比例一直维持在5.7%~5.9%之间,少数民族学生十分之一以上就读于民族院校。① 民族院校中少数民族学生比例较大,

---

① 参见何光芬:《浅谈民族高校辅导员工作方法》,载《中国科技信息》,2009 (1)。

对辅导员队伍的素质要求高。辅导员的素质将影响学生的成长，这直接关系到民族地区的发展建设和国家的安全稳定。加强民族院校辅导员队伍建设，在建设宗旨上要把握方向，力求实现三大目标。

第一，把管理工作抓严，把思想工作做细，把平等、关爱和温暖送到每一名学生中去，努力成为各民族学生成长成才的指导者、引路人和知心朋友。《规定》指出，辅导员是开展大学生思想政治教育的骨干力量，应当努力成为学生的人生导师和健康成长的知心朋友。人生导师和知心朋友是党和国家对新世纪、新阶段高校辅导员队伍的明确定位，同时也是民族院校辅导员队伍建设的目标与要求。

其一，发挥引导作用，成为各民族学子的引路人和人生导师。辅导员的重要职责是通过思想引导、学业辅导、心理疏导等工作引领学生健康成长，把学生培养成思想水平高、道德意识强、综合素质硬的现代化人才。对于民族院校来说，要结合少数民族学生的成才规律和特点，在学习上注重因材施教和个别辅导，对于基础薄弱的学生要多投入精力；在思想和政治上加强教育引导和关心照顾，既要提高政治素养，又能保持自己的个性特征；在日常生活中要悉心呵护，解决困难，帮助学生养成良好的行为习惯，使学生融洽地团结在民族大家庭中。

1. 政治思想教育的导师。《规定》明确了辅导员主要工作职责：帮助高校学生树立正确的世界观、人生观、价值观，确立在中国共产党领导下走中国特色社会主义道路、实现中华民族伟大复兴的共同理想和坚定信念。辅导员要引导学生不断追求更高的目标，使他们树立共产主义的远大理想，确立马克思主义的坚定信念；帮助他们养成良好的道德品质，经常性地开展谈心活动，引导学生养成良好的心理品质和自尊、自爱、自律、自强的优良品格；帮助大学生丰富知识、积累社会经验、认识社会。民族院校尤其要重视学生的祖国观、民族观、宗教观、文化观教育，帮助学生学习民族知识，尊重民族信仰和习俗，正确认识民族矛盾和纠纷，促进各民族融合。针对学生关心的热点、焦点问题，要及时解答，在重大事件发生时要及时了解学生的思想动态，深入进行教育和引导，促进思想成长。

2. 心理发展和个体成长的引路人。辅导员具备丰富心理知识，给学生进行心理咨询和辅导，对学生的成长具有重要意义。进行心理辅导，辅导员有先天的优势，因为他们经常与学生接触，比较了解学生的基本情况，也便于与学生建立良好的关系，有绝对的亲和力和感召力。辅导员可以通过多种方式，把心理健康教育融入平时的学习、生活环节中，通过谈心、走访宿舍、课外活动、户外运动等各种途径了解学生的烦恼、知晓学生的困惑，可以针对不同个体的问题，有目的地进行心理健康教育，建立心理健康档案，加强对相关学生的跟踪教育。建立学生党、团组织和信息员共同参与的心理预警体系，及时发现学生的心理障碍（性格孤僻、偏激、迷恋网络、举止反常、压力过大）并有效地予以缓解和疏导。条件成熟的高校可开设心理健康课，或者根据大学生的成长特点和大学生共同关心的问题举办心理素质教育专题讲座，有针对性地进行教育指导。

3. 学业和生涯规划的指导者。大学期间应该做什么？怎么过？如何处理好学习知识和锻炼能力的关系？这些是大学生经常遇到的问题，也是关乎大学生成长和发展的学业生涯规划问题。辅导员应该做好三个方面的工作，给学生以有效的指导。首先，辅导员要能够经常指导学生，激发学生学习理论知识的动力，强化自学能力，指导学生的科技创新、创业大赛和征文、竞赛等第二课堂实践活动，帮助学生认清自己的兴趣、爱好、特长，激发学生的潜能。其次，辅导员要重视培养学生的综合能力，指导学生到学生团体中锻炼，参加校内外社会实践活动，锻炼学生的组织、协调等能力。最后，辅导员要帮助学生制定专业学习规划，将专业学习规划与职业发展规划有机地结合起来，指导学生的专业实习及社会实践，为学生就业创造机会，并支持学生援助家乡建设或者到民族地区发展。

其二，推进平等交流，努力成为学生信赖的知心朋友。随着社会多元化进程的推进以及大学生群体与社会交融的日益明显，当代传统的权威性教育的话语模式让当代大学生产生抗拒心理而收效甚微。只有和他们成为知心朋友，平等交流，才能深刻了解他们的思想活动和心理变化。实践证明，以"朋友"的身份展开的交往活动，可以使辅导员更容易走进大学生的内心深处，发挥心理沟通和榜样示范的功能。对大学生而言，他们也更愿意将辅导员看成自己的知心朋友，因而真实地将自己的内心想法向辅导员诉说，这是高校辅导员成为学生知心朋友的现实基础。要想成为学生的知心朋友，重点要做到以下三点：

1. 真诚亲切的沟通。哈贝马斯曾就理想的沟通情景提出三个有效性要求,即真理性要求、正当性要求和真诚性要求。真诚是人与人交流的基础,辅导员应该本着亲切、真诚的态度对待大学生,排除年龄界限,寻找共同语言,尽量让学生感觉到你是他们中的一员,能站在他们的角度来考虑问题,这样他们才会主动地接受你。例如,在与生活贫困而又有心理自卑倾向的大学生谈心时,要向对方讲述自己的生活经历,这样既能拉近心理距离、消除自卑心理,又能启发学生对生活的深切思考;与少数民族学生交流时,经常提一些有关少数民族的文化知识和风俗习惯,建立好的平台。

2. 平等交流。在平常的交往过程中,尽可能淡化自己的教师角色,不摆架子,经常与学生进行交流,营造一种平等、宽松的环境,打破学生与辅导员之间那堵无形的墙,让他们对辅导员不设防,这样才能实现与学生交心。平等交流还需要多听、会听,认真听取学生的意见和建议,倾听他们的喜怒哀乐,用心去感受他们的内心世界,站在对方的角度看待问题。微笑着面对每一位学生,努力缩短与学生心理上的"距离",建立起民主、平等、和谐的师生关系。对学生要充满爱心,饱含爱意,尽可能了解学生学习、生活上的困难,想方设法排忧解难。

3. 主动走进学生,拉近心理距离。辅导员应该经常性地深入寝室和自习室,关心学生的学习生活,经常参加学生的文体活动,鼓励支持他们参加比赛,为他们加油;经常参加学生的集体活动或娱乐活动,如和学生们一起登山,参加学生的徒步或野餐,参加他们的节日庆祝活动,还可以通过交流会、座谈会、沙龙等多种形式,与学生交流思想,让每一位学生都乐于参与其中。还可以适当地学习一些学生的语言,如年度流行语、影视中的幽默话语等,偶尔叫叫学生的绰号也能达到拉近师生关系的效果。利用学生喜欢的方式交流,比如博客、QQ、电子邮件、校内网、短信等方式,与学生建立起更加亲密的联系,在这样的互动交流中,既寓教于乐,又能将思想和理念渗透到学生当中。

第二,讲感情、讲政策、讲方法,民族院校要把辅导员队伍建设成为学生信赖、家长满意、社会放心的骨干团队。

辅导员工作责任重大,肩负着学生、家长、社会三个方面的重托,辅导员必须以感情为动力,以方针政策为原则,采取可行有效的方法,做好学生的教育管理工作,促进学生全面发展。

其一,倾注感情,用爱心诠释责任。大学生成人感和自我意识较强,单纯的说教、简单的管理和刻板的条框约束,都容易使他们产生逆反心理,不利于将学校的规章制度、师长的硬性要求转变为自觉行动。只有辅导员付诸真情、真心去爱学生,学生才会充分信任辅导员,才会愿意交流,才会真正地接受和服从,只有他们感到你是在关心着他,你的爱无处不在,他们才会接纳教诲,遵循导引。

情感投入能够为大学生思想教育工作铺平道路。首先,可以缩小师生之间的心理差异,引起共鸣。只有心理差距缩小,学生才愿意把自己的想法告诉辅导员,易于找到更多的共同语言,便于广泛的心理沟通,能及时把握学生心理脉搏,了解更多的真实情况。其次,可提高辅导员的责任心和事业心。师生情感交融,可促使辅导员抛开自我,更多地从教育对象的角度考虑问题,想学生所想,急学生所急,把师生间真挚的感情转化为爱岗敬业的动力。最后,有助于消除大学生接受教育的障碍。居高临下的教育与管理,会引起学生的反感,学校的管理工作不能发挥主动作用。寓理于情,可以更好的调动大学生的主动性,让他们自觉接受教育,自觉、自愿参与学校的管理和建设。

真心关爱学生是辅导员做好工作的基本要求。要关心学生学习,鼓励优秀学生,让他们保持上进的热情,鼓励后进的学生,促进他们改变学习态度,激发学习动力。要关心学生生活,帮助学生解决各方面的困难,给予学生提供便利的服务和力所能及的帮助。如帮助家庭经济困难的学生解决衣、食、住、行等生活上的难题,在经济上和精神上给予双重资助;探望生病的学生,帮助解决难题。要关注学生思想和心理,加强思想引导,帮助学生树立远大的理想和目标,及时解决学生的思想困惑,帮助他们健康成长。及时了解学生的心理变化,对于特殊学生要给予充分的关注,进行心理疏导和沟通。要关心学生能力全面发展,多给学生提供机会以锻炼他们的组织能力和工作能力,充分调动广大学生参与管理班级的主动性,推荐学生参加社会实践活动,鼓励他们发展和锻炼自己。关心学生,时刻把学生的进步看做自己的欢乐,给他们以良好的教育,耐心地诱导和及时地鼓励。这些会激起学生积极的情绪体验,自然地影响和促进学生的进步和成长。

其二，履行政策，严格管理，帮助学生成长。没有规矩，不成方圆。任何组织机构的正常运行都需要严格的管理，遵守一定的规章制度。高校的学生工作仅靠单一的思想教育远远不够，还必须辅之以强有力的管理措施，朝着制度管人的方向发展。高校学生管理工作应该坚持以下三点：

1. 健全学校各项规章制度。做好学生管理，要有一整套完善的管理制度并严格执行校规校纪，在思想、学习、工作、纪律各方面制定出一整套完善的奖励、惩罚、入党、资助、请销假等管理办法，明确大学生应该干什么，不应该干什么，提倡什么，禁止什么，并用这些制度规范学生的行为。

2. 秉公办事，树立正气。辅导员应结合实际，持久地开展纪律教育，将规章制度落实到具体工作中，在规章制度面前一律平等，各民族学生都一视同仁，不能区别对待。时刻保证奖罚分明，维护校规、校纪的严肃性，培养学生养成遵纪守法的意识。严禁徇私舞弊，掺杂个人感情因素。在涉及学生利益的各项工作如评优选先、奖励资助、违纪处理等事件中，做到及时、准确、公开处理，杜绝老师、家长和同学来说情，让学生心服口服，维护学校制度、纪律的严肃性。

3. 注重法律法规教育。辅导员从新生刚入学开始，利用入学教育的时机，结合校园内的案例进行教育，培养学生的遵章守纪意识。经常利用班会或网络向学生讲解相关的案例，指导大学生正确理解权利与义务的关系，结合学校法律课等方式有针对性地加强法律常识学习和违法违纪案例宣传，提高学生法律知识。

学生的教育管理工作，既要以人为本又要严格管理，两者之间如何达到一个平衡，有两点需要注意：一是重情不能越度。辅导员要爱护学生，但不能超过尺度，涉及方针、政策的一定要坚持，不能姑息手软。关心的是学生的学习、生活的状态，帮助他们解决疑难，并不是说学生的任何事情都需要辅导员去代替他完成，要帮助学生掌握为人处世的道理和成长、成才的能力。二是要注重"情"与"理"、"法"的区别和统一，即师生的感情、为人处世的道理和学校的规章制度等的兼顾。辅导员要尽可能理解学生，但也并不是说要去包容学生的错误观点，在学生的错误面前，辅导员要认真讲理，有时也要执"法"，做好自己"导师"的职责，绝不主张对学生的违纪行为姑息迁就,无原则地大事化小、小事化了。对学生的错误行为的不适当宽容,是一种不负责任的行为。

其三,讲求方法,全面实现教育效果。民族院校辅导员工作是一个非常具有挑战性的工作,也是一个动态的工作,不但要求辅导员有较高的素质,而且还要不断总结和探索合适的工作方法。因此应围绕"近"、"小"、"亲"、"实"四个方面下工夫。

"近"即贴近学生,深入学生当中,走进他们的世界,与他们进行全面接触,实现近距离的交流。辅导员要经常到学生中去,如去课堂、去宿舍,不能只局限在办公室或仅限于上班的有限时间。要经常到课堂上听课、到宿舍走访,参加学生的班会、聚会、娱乐、课外集体活动、体育运动,培养与学生的感情,逐渐融入学生当中,成为其中一员。能够与每个学生进行平等交流,不怠慢任何一个人,不排斥经常犯错误或不合群的学生,经常与单个学生谈心,了解每个学生的动态。充分利用网络媒介交流平台,进行点对点或点对面的互动交流,拉近辅导员和同学之间的距离,这样做能提高辅导员的工作效率,帮助辅导员改进工作方法。

"小"即从小处做起,从身边的事情做起,避免大而不当。学生管理工作不仅要做得具体,而且还要追求一种精益求精的境界。辅导员经常深入学生当中,关注学习、生活中的点点滴滴,对于学生取得的微小进步也要及时给予鼓励,增强他们的学习积极性。同时也要关注学生的每一点细微变化,尤其是对一些特殊学生(经济困难、心理障碍、贫困生等),从小处发现大问题或大隐患。建立与他们的特殊联系制度,约定每周一次谈话时间,并建立特殊学生档案,及时追踪他们各方面的情况,确保所管理的每一位学生能够健康成长,顺利完成学业。辅导员应常备工作日志,记录与学生谈话、与家长联络、与任课老师交流等各方面情况。

"亲"即思想教育工作要有亲和力。亲和力是师生之间形成温馨和谐、融洽向上氛围的作用力。首先要有平等的思想。只有把学生当做自己的亲密朋友,教师应做到了解每一位学生,对他们的家庭状况、个性、习惯爱好、兴趣、思想动态、主观愿望要求等应了如指掌,这就要求我们深入学生中去,善于沟通,平等待人,作风民主,一视同仁,把学生当成自己的朋友、自己的子女,尊重他们的生活习惯、听取他们的意见和建议。其次就是宽容信任。信任可以增强人的安全感，增强自信心，产生期待感，满足人的心理需求，可以强化学生学习、生活的主动性和创造性。再次是关心激励。要关心学生的每一处困难和每一点成长、进步，给予恰当的情感激励，形成融洽、宽松、诚挚、友爱的心理环境和学习环境。最后是参与指导。指导学生学习和创新，赢得学生的欢迎和爱戴，凝聚人心。

"实"即脚踏实地，着力解决学生最现实、最直接的难题。辅导员要牢固树立为学生服务的思想意识，一切为学生的利益、成长、发展着想，服务于学生的学习、生活，服务于学生的全面成才，尽一切力量对学生的学习、生活、思想等各方面予以帮助引导。应从是否有利于学生的全面成长、成才出发，从解决学生最关心、关系最密切的问题出发，如帮助贫困生解决申请助学贷款、勤工助学问题，组织课外活动丰富学生的业余生活等等。要注意了解和倾听学生对学校工作不足之处的批评和建议，把合理的意见和建议及时向学校反映。辅导员应把自己摆在服务大学生发展的位置上，保障他们顺利完成学业，成人、成才。

第三，加强培养，坚持创新，把辅导员队伍建设成一支专业化、职业化、专家化的和而不同的辅导员创新团队。教育部《关于加强高等学校辅导员班主任队伍建设的意见》（教社政［2005］2号）提出："要统筹规划专职辅导员的发展。鼓励和支持一批骨干攻读相关学位和业务进修，长期从事辅导员工作，向职业化、专家化方向发展。"培养和造就一批乐于献身民族高等教育事业的辅导员队伍，实现专业化、职业化、专家化，是民族院校辅导员队伍建设的最高目标。

其一，辅导员队伍专业化。高校辅导员队伍专业化是指使辅导员具备从事大学生思想政治教育与管理相关的专业背景、专业知识、专业素质、专业技能，学生工作从传统的自发性、经验型向现代的自觉性、科学型转变的建设过程。辅导员队伍经过长期的专业训练，有完善的知识体系作为从业保障。从目标上看，辅导员队伍专业化是指广大辅导员必须具备相关的专业知识和理论素养；从过程上看，辅导员队伍专业化就是依托一定的专业，培养辅导员科学地从事大学生思想政治教育和管理工作的过程。辅导员队伍建设的专业化应达到以下指标：

1. 具有专门从事学生思想政治教育和管理工作的能力。学校应该把一批政治素质较强、理论水平较高、知识结构全面、综合素质高的优秀毕业生或者校内具有学科专业背景的党员教师、干部选聘为辅导员。这批人员应该有高等学校的思想政治教育等相关学历或经过专门的培训，有从事学生思想政治教育的热情，乐于从事此项工作。走上工作岗位后，辅导员能尽快转换角色，专心投入学生教育管理工作。

2. 具有全面的知识结构和专业技能。辅导员应具备的知识结构体系包括教育学知识、马克思主义理论知识、教育学、心理学、民族学等知识以及工作实践中常用的计算机应用、演讲、写作、调查等相关知识。专业化的辅导员应具备的职业技能结构包括语言文字表达能力与信息获取能力、组织协调能力、调查研究能力、创造能力。《普通高等学校辅导员队伍建设规定》要求，辅导员选聘应当坚持具有相关的学科专业背景，具备较强的组织管理能力和语言、文字表达能力，接受过系统的上岗培训并取得合格证书等标准。

3. 设立辅导员专业，细化专业方向。门类齐全的学科建设是专业化队伍建设的有力支撑。可设立思想政治教育学科下的辅导员专业，同时辅导员应选择研究方向，通过系统专业的学习来完成人才培养、理论研究的任务。

4. 具有明确的工作职责。学校要明确辅导员工作职责，确保他们将主要精力投入本职工作。辅导员的工作职责包括思想政治教育、学业指导、学风班风建设、学生日常管理、困难资助、心理健康教育与辅导、党团建设、素质拓展、职业规划与就业指导、宿舍管理工作和安全稳定工作等内容。

5. 建立良好的工作经验交流机制。学生工作部门应定期召开工作研讨会，交流工作经验，探讨工作新机制。可以邀请校外同行、学校领导、老辅导员等做讲座，理顺工作思路，传授工作心得，通过互相学习和研讨提高辅导员工作效率和效果。

其二，辅导员队伍职业化。辅导员队伍建设的职业化是指高校辅导员经过学习、培训和实践锻炼，达到职业资格要求，形成一种职业，具有相对稳定性，并且具有完善的考核、晋级、分流、淘汰等机制，能够持续发展的过程。职业化是辅导员队伍稳定发展的根本保障。目前，国家已经出台了辅导员队伍建设的相关规定，极大地推动了辅导员职业化的进程。实现辅导员职业化应达到以下要求：

1. 辅导员工作成为长期职业。辅导员不再是过渡性质的工作，而是稳定的、长期的工作；辅导员作为一个职业，社会地位得到认可；有充足的辅导员队伍和有利于辅导员队伍可持续发展的管理制度等。

2. 具有足够的在岗辅导员。《规定》指出："高等学校总体上要按师生比不低于 1∶200 的比例设置本、专科生一线专职辅导员岗位。辅导员的配备应专职为主、专兼结合，每个院（系）的每个年级应当设专职辅导员。"民族院校应该按照这个比例或接近这个比例配备专职辅导员。

3. 具备职业素养。辅导员职业化的基本特征是具备良好的职业素养，包括职业道德、职业意识和职业心态。从职业道德上来说，辅导员应该爱岗敬业、热爱学生、诚实守信、乐于奉献、公正公平、团结协作；从职业意识上来说，辅导员要具备学习意识、敬业意识、奉献意识、创新意识、合作意识；从职业心态上来说，辅导员要有责任感和使命感，要有认真负责、积极进取的心态。

4. 辅导员职业行为规范。辅导员职业化行为规范要求辅导员在进入职业角色后，严格按照行为规范来要求自己，使自己的思想、语言、行动符合辅导员的身份、符合管理规定。

5. 具有职业技能。职业技能是辅导员在工作中应该具备的资质和能力，其中包括职业资质和职业管理能力。职业资质要求辅导员具有足够的知识水平，通过岗前培训获得教师资格证；职业管理能力要求辅导员在工作中具有组织、管理、沟通、协调、创新等能力。

其三，辅导员队伍专家化。辅导员队伍专家化是高校通过培养、引进、建设和管理等措施，使辅导员在大学生思想政治教育方面积累丰富的经验，具有深厚的思想政治教育、心理健康教育、学生事务管理、职业生涯规划、就业指导、法制教育等理论与实践知识，成为此领域的专门人才。专家化是专业化和职业化建设的最终目标，具有多维的发展方向。

1. 工作由广博向专精方向发展。角色定位从起初的"政治辅导员"发展到现在"人生导师"；工作范畴从以前单一的思想政治教育向现在的学风校风建设、职业规划、心理健康教育、事务管理、就业指导等多个领域快速扩展；工作要求从以前的日常生活的"保姆型"

管理为主向掌握相应专业的知识结构、有较高的学术水平。

2. 从事务管理型向研究型转变。除了做好日常的学生管理工作外,结合高校的实际展开思考和研究,深入研讨加强和改进大学生思想政治教育的长效机制、思想政治教育时效性、心理健康、生涯规划和机制保障等难点、热点问题,努力探索新形势下加强和改进大学生思想政治教育工作的新途径、新方法、新手段,不断增强大学生思想政治教育的针对性和实效性。充分发掘科研潜力,进行具体研究实践,积极申报课题、承担项目、多出成果,成为思想政治教育工作的实践指导专家和理论研究专家。

3. 向社会应用型发展。辅导员具有专业技能后,应突破学校的限制,向校外的广阔天地迈进,以学生思想政治教育专家、信息咨询专家、法制教育专家、心理健康教育专家、就业指导专家、职业生涯规划师等身份为更多的需求者提供指导和支持。

第二节 辅导员队伍建设工作机制

随着社会的发展,原有的辅导员工作模式难以适应形势的变化,缺乏规范化和长效机制,跟不上时代的发展。健全和完善辅导员工作机制是高等教育不断发展的需要,也是民族高等院校学生工作提出的迫切要求。关于这个问题,李长春同志在全国加强和改进大学生思想政治教育工作会议上强调,要使辅导员队伍"工作有条件、干事有平台、发展有空间,最大限度地调动他们的积极性和创造性"。完善辅导员队伍建设工作机制,明确辅导员任用、管理、培养等制度,寻找内在的规律性,进一步研究探索经验,使之规范化、程序化、科学化,从而减少工作的盲目性和不必要的失误,是促进民族院校辅导员队伍的可持续发展的必然要求。

一、建立准入机制

加强辅导员队伍建设,入口很重要。辅导员的准入应在学校党委的统一领导下，采取基层推荐和公开招聘相结合的方式进行，遵循公正、公开原则，按照"政治合格、业务精良、结构均衡、稳定持续"的原则，吸纳优秀人才进入辅导员队伍。选留辅导员方面应遵循基本的流程：制订录用计划——发布招聘信息——资格审查——初试——复试——录用。由校领导、人事处、纪委、学工部等职能部门以及相关院系组成招聘工作小组，进行校内外公开招聘。选留辅导员必须为中国共产党党员，本科以上学历，具有相关学生工作经历，具备较强的组织管理能力、沟通能力，具备相关学科专业背景，通过严格审查，把优秀人才选聘到辅导员队伍中来。

高校在辅导员的选聘上要坚持严格的选聘标准和选聘程序，把德才兼备、乐于奉献、热爱大学生思想政治教育工作的优秀人才选聘到辅导员队伍中来，从源头上保证辅导员队伍的质量。辅导员选聘要保证数量，按照教育部要求的比例设置岗位，保证每个院（系）的每个年级都有一定数量的专职辅导员。要遴选具有专业能力的辅导员兼任学生党团建设、职业发展指导、心理咨询辅导、学生事务管理等专业辅导员。在辅导员队伍建设过程中，要考虑配备一定数量的具有本民族语言交流能力、通晓本民族文化背景的少数民族辅导员，以满足民族学生的教育管理需要。这对于民族语言文化特色鲜明的学校来说尤为重要。

二、健全培养机制

在民族院校，健全培养机制是提高辅导员工作能力、促进辅导员快速成长的重要途径。应建立多级培训机构，制定规范的培训体系，进行分层次、分类别、多样性的培训，提高进行大学生思想教育的能力，形成科学的"养用结合"机制。通过系统培训，不断帮助他们坚定政治信念，增强工作责任，提升理论修养，提高综合素质，增强实践能力。辅导员要通过理论学习和社会考察等实践，确立正确的政治方向，坚定马克思主义信仰，深入理解"三个代表"和科学发展观；辅导员要通过工作讲授、团体训练、考察进修等途径，获得教育学、心理学、管理学和社会学等学科一定的理论素养和运用能力。要经常组织辅导员开展社会调研和考察活动，为他们提供机会去关注世情、国情、市情、社情、民情。此外，还要鼓励通过举办工作论坛、研习班，编写出版交流刊物等形式促进辅导员队伍内部的工作经验交流，提高工作水平。对辅导员的业务培养要纳入学校整体师资、人才培养计划中，致力于将辅导员队伍打造成为学习型、研究型、发展型团队。培训应当结合辅导员和高校的工作实际，结合高校学生思想政治工作的最新形势，进行具有针对性、系统性的培训，积极借鉴国内外优秀的教学研究成果和现代教育成果，在内容上、方法上和手段上不断丰富和创新，激发职业发展潜能，提高职业能力，提升队伍的整体素质。

（一）建立培训机构，提供组织保证

设立国家、省市、高校等多级培训基地，举办辅导员培训班，对民族院校辅导员进行轮训，实行严格的教学和实践，颁发培训证书。由于民族院校辅导员队伍存在一定的差别，培训可以采取校际联合的方式进行系列培训，通过互相学习交流，取长补短，共同提高工作实绩。可以学习部分省市的做法，定期举办辅导员沙龙，进行专题研讨，使辅导员工作日益系统化。

（二）进行多样性培训

坚持先培训后上岗的持证上岗制度，建立岗前培训、日常培训、专题培训、骨干培训、在岗培训、脱产培训等方式相结合的培训机制。高校培训应坚持以马列主义、毛泽东思想、邓小平理论、"三个代表"重要思想和科学发展观为指导，以教育学、心理学、管理学、法律基础知识、就业指导、学生事务管理等为主体，采用交流心得、经验报告、学校党政干部授课、聘请专家学者讲学等多样的培训形式。同时，鼓励辅导员继续深造，攻读思想政治教育相关专业的硕士、博士学位，学成以后专职从事大学生思想政治教育工作。定期召开座谈会、年度工作研讨会、少数民族学生教育专题研讨会，分类召开学工办主任、分团委书记、新生辅导员、毕业班辅导员、院系学生工作现场会等不同群体的交流会，探讨专项工作经验，总结教训。采取有效措施，组织辅导员参加社会实践、挂职锻炼、学习考察等活动，不断提高他们的工作能力和水平。

（三）开设辅导员相关专业

民族院校应结合当前高校学生思想政治教育工作的实际和未来发展的需要，可以考虑在原来的思想政治教育专业的基础上，开办能培

养高水平理论素养和实践能力的高校辅导员专业,进行人才培养和理论创新。辅导员专业应设置本科生和研究生两个学历培养层次,在生源模式、目标模式和育人模式上积极创新,并在有条件的高校率先进行试点,然后逐渐在全国范围内推行。

(四) 组建科研团队,促进科研工作

在团队的组建上,民族院校应结合实际工作需要,成立大学生思想政治教育、学风建设与学习事务指导、心理咨询与干预、就业指导与咨询等研究团队,以学生工作中的实际问题为出发点和落脚点,积极开展相关理论研究工作,将实际工作与理论研究相结合,使辅导员多出成果、多出精品,提高辅导员队伍专业化、职业化,促进辅导员发展。学校应划拨学生工作科研基金,由学生工作部管理并负责立项工作,以激励和促进辅导员科研水平和理论水平的提高。

三、强化保障机制

保障机制是增强辅导员工作的持续性、稳定性和吸引力的重要因素。国家文件明确规定,辅导员既是教师,也是管理干部,辅导员发展可以同时走管理和教学两条线。因此,应建立学生工作部门和所属学院共同管理的体系,加强对辅导员的物质保障和精神关怀,在工作条件和工作待遇上给予保障和倾斜,安定人心,稳定队伍,保证辅导员工作顺利开展。

(一) 实施双重管理和发展体系

辅导员工作既与二级学院有直接关系,又与机关学生工作部门有重要关联,因此原来的院系管理的单一模式已不能适应其发展,应实施双重管理模式,即学院和学生处同时管理。辅导员的人事关系放在各二级学院,遵守各学院的管理规定。在学生管理工作中,辅导员也受学生工作部的直接管理,在学校党委的领导和充分授权下,作为对全校辅导员的管理机构,通过垂直管理的方式,担负起"创造条件,优化环境;长远规划,促进发展"的任务,组织辅导员培养和职业化建设方案实施的全过程,在工作考核、职务晋升、职称评定、评优选先等工作中,学生处、人事处、二级学院互相协商,共同发挥作用。这样不仅可以避免过去在辅导员建设上的政令各出、执行不力的状况,

而且也便于学校对辅导员队伍建设步调的统一规划，还可以改变原有院系管理体制下的工作标准尺度的不一，有助于加强对辅导员的科学管理和使用。

（二）给予必要的人文关怀

对于辅导员而言，零散、琐细、随机的工作特点更容易使他们陷入职业疲劳和职业倦怠中。同时，由于做学生工作的特殊性，他们在长期工作中所承受和积蓄的心理压力也需要得到合理、有效地释放。因此，辅导员除自身的意志控制和情绪调节外，也需要来自外界的情感支撑。学校要注重对辅导员的情感关注和人文关怀，从工作、生活和学习等各个方面关心辅导员，了解辅导员的心理需要，帮助辅导员办实事，解难题，形成对辅导员的情感支持系统。同时，可以以复旦大学等学校为参考，成立辅导员协会等组织，将协会办成辅导员业务提高和情感交流的场所。

（三）创造有利的工作环境

为了使辅导员工作持续、稳定的开展，必须加强硬件建设，为辅导员提供良好的办公场所和设备，为他们的工作铺平道路。在经济上给予支持，设立辅导员岗位津贴、科研经费等。

四、优化考评机制

从队伍管理的角度来看，完备的评优奖励制度有利于产生良好的激励作用，增强辅导员的工作主动性。考核评价制度的好坏与否关系到辅导员的职业成就感和职业发展，影响着辅导员工作热情和积极性。在当前条件下，应该建立一套全方位的考核评价体系，对专职辅导员工作进行科学、合理的考核评价。

考核评价机制应充分体现促进民族院校大学生思想政治教育的中心点，坚持以学生为本，以促进学风、校风建设为主线，既要注重工作过程，又要考察工作实绩。考核项目的设计要保证内容全面、重点突出，围绕学风建设，将上课、寝室建设、早操、就业率、学费催缴、党建等项目以及学生工作相关部门（如学生处、就业指导中心）工作人员、所在学院党政领导、辅导员、班导师、相关任课教师和所带学生（随机抽取30%）的评价得分纳入考核范围，各项目按照主次选取不同的权重。在主体构建上，由学生、学生工作管理部门、辅导员所在学院领导、部门教师、部门辅导员、其他工作相关部门六方面组成，形成多维度、全方位的评价群体，涵盖各个群组。在考核形式上，采取定性、定量两种方式，通过检查统计、问卷调查、工作评价等形式完成。在考核结果的处理上，要将考核情况和结果与考核对象见面，并在一定范围内公布，考核结果与辅导员的职称评定、职务聘任、奖惩、晋级、评优等挂钩。对考核不称职的辅导员，给予末尾警示，连续考核不合格者要及时调离工作岗位。

五、拓宽发展机制

民族院校辅导员的个人发展始终是队伍建设良性循环的核心问题之一，只有畅通队伍建设的出口，才能盘活队伍建设的全局。出口的焦点在于专职辅导员的发展。近年来，关于专职辅导员队伍的发展逐渐形成了两条通道：一是把专职辅导员队伍作为学校党政后备干部培养和选拔的重要来源；二是鼓励和支持一批符合条件的骨干选择攻读相关学位和业务进修，使辅导员工作向职业化、专家化方向发展。国家文件明确规定，辅导员既是教师，也是管理干部，辅导员发展可以同时走管理和教学两条路线，因此，其发展道路也按照教师和管理干部的相应序列予以保障。创新辅导员组织人事管理和职称管理制度，鼓励辅导员安心工作，减少后顾之忧。

（一）职称评聘双轨模式

职称评聘双轨模式即辅导员可以在德育教师和职员制中选择自己的走向。评德育教师系列职称时，按照专业思想政治教师的任课情况、课时数、科研成果等评定标准评定，评定时应注重考核思想政治素质、理论政策水平及从事思想政治工作的实绩和能力，适当减少课时量等要求，进行讲师、副教授、教授等职称的评定。评定职称时应考虑德育教师工作随机性大、管理服务事务多、科研时间少等特殊性，采取计划单列、评审委员会单独成立等办法实施。选择职员制遵循机关工作人员评定级别评聘的办法，任职满足规定年限，经考核合格后即升级到相应的级别，享受相应待遇。

（二）建立多向发展口径，拓宽发展渠道

鼓励专业水平高、业务能力强的辅导员转向各教学科研部门，根据个人意愿走上教学科研岗位，或者成为学生工作的骨干。此外，还可以鼓励辅导员走向外发展的道路，如在心理学、职业生涯规划方面有专长的辅导员，可以向心理咨询师、职业咨询师方向发展，或者向省、市有关部门、事业单位推荐优秀辅导员或通过报考公务员，走出学校，寻找更广阔的发展天地。

第三节 辅导员基本工作制度

民族院校辅导员工作应该根据学生的特点和自身工作的特殊性，进一步明确辅导员工作的规章制度，保证辅导员工作科学、规范、有序地开展，形成工作的长效机制，促进民族院校辅导员工作更好的发挥实效性。

一、辅导员例会制度

为切实加强辅导员队伍的自身建设，形成研究工作、探讨问题、相互学习、促进工作的良好氛围，结合辅导员工作实际，特制定本制度。

（一）辅导员例会每月召开一次，总支书记（副书记）例会双周召开一次。辅导员例会侧重工作研讨和理论、业务学习，总支书记（副书记）例会侧重传达会议精神和布置工作、通报情况。

（二）会议的主要内容

1. 传达学校有关会议精神和工作要求，安排布置工作任务；
2. 总结、交流辅导员工作情况及经验、办法；
3. 汇报学生的思想状况及日常管理中存在的突出问题及解决办法；
4. 学习研讨学生管理工作新思路，新方法。

（三）辅导员应认真做好会议记录和会议精神、工作任务的落实

和结果反馈工作。

（四）辅导员必须按时参加例会，因公外出、生病等特殊情况，应提前请假。

（五）工作例会经主管校领导批准后召开，由学生处处长主持会议。

（六）根据工作需要，会议可邀请校内有关人员参加。

二、辅导员听课和联系教师制度

为增进辅导员对学生学习情况的了解，及时发现和解决教学工作中出现的问题，增强学业指导，实施辅导员随堂听课制度。

（一）在正常教学阶段，辅导员每月至少到所带班级中听课两次，并在一学期内要完成所有责任班级的听课任务。

（二）在节假日结束后，辅导员应及时随堂听课，了解学生返校及上课情况。

（三）与任课教师交流，了解任课教师对学生管理工作的意见和要求，反馈学生对课堂教学的评价。

（四）辅导员听课时要严格遵守相关教学要求，不得影响正常课堂教学。每次听课时间不得少于一个学时，并认真填写《辅导员听课表》。

（五）辅导员听课要注意学生的出勤、上课纪律、听讲态度等情况。对缺课的学生，要认真了解情况；对擅自缺课者，要及时予以批评教育。

（六）辅导员要加强与任课教师的沟通，协助解决课堂中学生存在的问题，并向任课教师反馈学生对教学工作的合理化建议。

（七）辅导员于每月的第一个工作日向学生处提交上月份跟班听课表。学生处及时汇总辅导员听课情况，并定期向教学管理部门协调沟通和通报有关情况。

三、辅导员与学生谈话制度

为了准确、及时地了解和掌握学生的学习、生活情况，把握学生的思想脉搏，培养师生感情，及时发现和解决问题，促使学生朝健康的方向发展，特制定本办法。

（一）原则

坚持平等交流、尊重学生、有备而谈、内容保密、解决问题五项原则。

（二）谈话内容

1. 了解学生的思想动态，帮助学生认清当前的政治形势，树立正确的世界观、人生观、价值观和马克思主义祖国观、民族观、宗教观、文化观；

2. 了解学生的具体情况，并根据情况，帮助学生分析所面临的问题，找到问题的根源和今后自己发展的方向，最终寻求解决问题的有效办法；

3. 在与学习成绩差的学生谈话中，应注意挖掘和分析这类学生成绩差的原因，与学生共同商量和制定提高学习成绩的具体有效措施，督促他们在学习上寻求一种促使自己不断进步的学习方法；

4. 定期检查学习、纪律等方面较差的学生的思想状况和学习状况，尽量排除影响其学习进步的不利因素，促使学生加强自我约束能力，以达到提高学习成绩的目的。

（三）要求

1. 每学期辅导员应与每个学生至少谈话 1 次，有问题的学生要定期谈心，增加频率，直至解决问题。

2. 有侧重点

（1）重点关注家庭经济困难、身患疾病、家庭发生变故、违纪的学生以及因人际关系处理不当而使学习成绩较差的学生和处于感情危机、言行异常的学生等，适时与他们谈话，进行有针对性的指导。

（2）要定期与学生党员、学生干部、获奖学生等优秀学生群体谈话，鼓励他们保持继续向上的动力，发挥先锋模范作用，带动广大学生共同进步。

3. 针对不同的学生采取不同的方法，更要注意与学生谈话的方式和谈话的技巧，以热诚的态度积极引导，帮助学生认识和处理他们在成长过程中遇到的各种问题和烦恼。

4. 辅导员与学生谈话可采取多种方式进行，除面谈外，要充分利用各种先进技术手段，如采用网络、电话等方式。

（四）辅导员要将每次与学生的谈话内容认真做好记录，进行及时整理和分析，客观评价谈话效果，为下一步更好地开展工作打下基础。

（五）学生处定期检查，并将结果纳入工作考核范围。

四、辅导员走访学生宿舍制度

为了保证辅导员能及时了解学生的生活状况，促进各宿舍的室风建设，使学生宿舍呈现健康、活泼、向上的良好风气，提高安全、卫生、文明寝室建设等各方面的情况，制定走访宿舍制度。

（一）辅导员要定期走访学生宿舍，原则上每周不少于两次，在寒假暑假前和学生放假返校时必须走访学生宿舍。

（二）辅导员要做好每一次学生宿舍访谈的工作日记以备查。

（三）辅导员应有意识地引导学生注意加强同学间的团结友爱，促进宿舍的安定团结，避免各种矛盾和纠纷的发生。

（四）辅导员应着重关注有困难的学生，关心学生的身体健康和心理健康问题，一旦发现心理有障碍的学生，应及时给予疏导，如果不能解决问题，应立即上报至学校学生心理健康教育咨询中心。

（五）关注学生宿舍的卫生状况，以创造宿舍良好的生活环境。

（六）注重学生宿舍文化建设，以创造宿舍良好的学习氛围。

（七）做好检查记录，并向班级学生干部做好反馈。

五、辅导员联系学生家长制度

为了加强学校与学生家长之间的沟通，帮助家长及时了解子女在校期间的学习、生活等各方面表现，促进学生全面健康的成长，制定本制度。

（一）辅导员要利用新生入学等机会，将学校的有关规章制度和辅导员联系方式等信息通知到学生家长，使学生家长更多的了解、支持学校的各项工作。

（二）对在学习方面出现问题，接近留级或退学的学生应及时向家长通报情况。

（三）对思想、情绪波动较大，对学习、生活产生不良影响，而又不听从辅导员教育、劝导的学生，应及时与家长联系。

（四）对有不良消费倾向或经济支出过大的学生，应及时向家长通报情况，提醒家长关注。

（五）对经常违犯校规、校纪的学生要及时向家长通报情况。受到"警告"以上处分的学生，辅导员应及时向家长通报该生所受处分及其原因。

（六）对申请退学、休学或停学的学生以及申请走读或申请国家助学贷款的学生，均应取得家长同意。

（七）对于优秀学生在条件允许的情况下向家长通报。

（八）其他认为应当通知家长的事项。

（九）与家长联系时应认真做好工作记录以便于进一步分析和研究问题。

六、辅导员学习研究制度

为了提高辅导员的政治理论水平和实际工作能力，推动学生工作再上新的台阶，制定本办法。

（一）辅导员要注重工作积累，建立工作日志，自觉撰写工作日记或周记，注意总结工作经验，研究工作规律，推进工作创新。

（二）辅导员要根据学校及院系学生工作要点，制订年度或学期自身工作计划，对自身工作认真进行年度和工作总结，通过工作计划和总结，不断提高自身的工作能力。

（三）定期召开讨论会，每年召开一次学生工作研讨会，以互相学习、互相促进。

（四）辅导员要结合工作实际积极开展科学研究，每年至少撰写1篇工作研究论文。

七、辅导员指导学生课外活动制度

根据学生的特点与爱好开展的各项学习、学术、文体、科技创作等活动时，辅导员要积极组织、支持和鼓励学生参加各种活动，使学生在活动的参与中提高各方面的能力，增强竞争意识，形成良好的学习氛围。

（一）辅导员要对学生课外学习活动进行指导或者帮助学生联系指导教师

1. 组织学生参加高水平的学术讲座；

2. 组织指导学生参加科技竞赛、社会实践、文娱体育比赛、专业性学习竞赛以及各种资格认证考试等各类比赛和竞赛。

（二）辅导员要加强对学生课外学习活动的管理

1. 要尽可能提供保障条件，使活动能顺利开展；

2. 要注意落实审批程序，加强课外学习活动的过程控制，确保活动安全有序地进行。

八、辅导员值班制度

（一）为进一步加强学校安全稳定工作，维护良好的学习、生活秩序，制定学生工作值班制度。

（二）值班人员包括学生处、就业指导中心、团委工作人员、二级学院的学生工作者。

（三）值班地点为学生处值班室，值班时间为20：00至学生就寝，周末为18：00至学生就寝，法定节日另行通知。

（四）值班要求

1. 按时到岗值班，值班期间到校园、学生宿舍、食堂巡视，发现问题并及时处理，做好重要电话和值班记录；

2. 做好安全稳定工作，如果发生突发事件，要及时启动应急预案，及时通知各院系值班领导、学生处值班领导和值班校领导，按学校突发事件处理流程办理相关事宜；

3. 值班期间，因公务离开学校须提前通知学生处，另行安排其他人员代替；

4. 在节假日和敏感期，学生处、团委的领导以及各院（系）分管学生工作的领导须保持通信畅通，并随时做好回校承办紧急工作的准备。

5. 换班时,值班员应当面做好值班交接和任务衔接工作。

(五) 补充说明

1. 寒暑假值班时间以两办文件为准;
2. 敏感期值班执行学校或上级部门有关文件精神。

第四节 辅导员主要工作流程

辅导员承担着学生管理和日常思想政治教育工作,直接面对复杂的学生群体,工作内容繁重而琐碎。尤其是近几年扩招,致使学生数量猛增且素质参差不齐,给民族院校学生管理和思想政治教育工作带来了巨大的压力,规范辅导员工作流程则显得更为重要。民族院校辅导员要做过细的思想工作和管理工作,要不断规范工作流程,使辅导员无序的工作有序化,有序的工作规范化,规范的工作科学化。民族院校广大学生工作者在实践调查研究的基础上,不断总结工作经验,明确工作步骤和顺序,依照事物内在的规律和先后次序,对相关工作流程进行规范,以此减少工作的无序性、失误率,增强科学性、实效性。但是,规范不是教条,辅导员工作的程序在定型的同时,也随着时代的发展而变化和更新。民族院校辅导员基本工作流程如下:

一、迎新工作流程

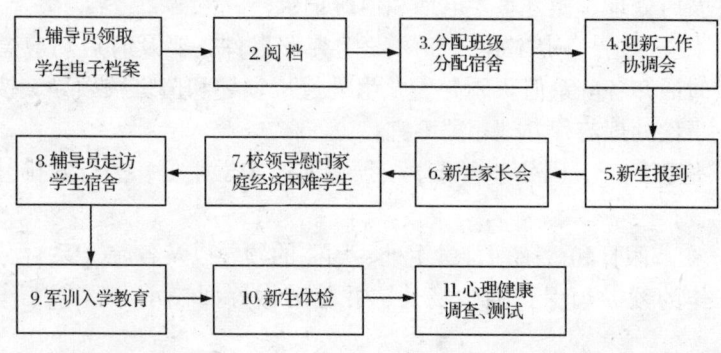

流程说明：

1. 辅导员到招生部门领取打印的学生电子档案和新生信息统计表。

2. 阅档，了解学生基本状况，如家庭、民族、高考分数、特长、兴趣爱好等情况。

3. 根据学生分数、民族、性别，分配班级和宿舍。

4. 学校召开迎新工作协调会，分配布置各项具体工作。

5. 学生报到，设立接待点，办理各项报到手续，入住公寓。

6. 在报到集中的当天召开家长会，介绍学校的基本概况和学生教育管理的要求，争取学生家长配合支持学校的学生教育管理工作。

7. 根据辅导员掌握的信息，校领导慰问首批家庭经济困难学生。

8. 报到截止后，辅导员和其他学生工作者逐一走访学生宿舍，了解学生的现状和要求，帮助解决困难。

9. 军训开始后，辅导员协助教官做好保障工作。军训期间或只有利用空余时间安排入学教育，包括校情校史、校规校纪、专业等教育工作。

10. 发放体检表，组织学生到体检站体检。

11. 心理咨询中心发放测试问卷，进行调查统计。

二、新生报到流程

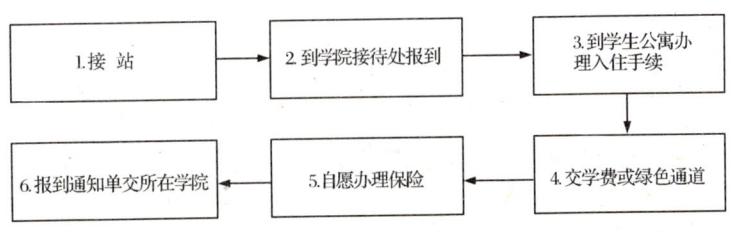

流程说明：

1. 接站车从车站将新生接到校内设立的接待处。

2. 在接待处领取"新生报到通知单"，填写个人信息。

3. 到学生公寓登记,办理入住手续。

4. 到财务部门办理交费事宜。暂时没有学费的学生通过"绿色通道"办理入学手续,入学后在交学费或办理助学贷款。通过"绿色通道"入学的学生需要填写申请并提供家庭经济困难证明,经学院审核后报学校资助管理中心审批。

5. 自愿办理学生保险。

6. 各部门签字后的报到通知单交所在学院,报到完毕。

四、学生助学贷款工作

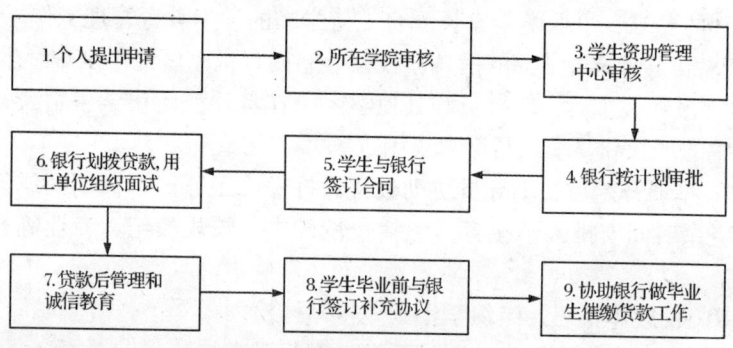

流程说明:

1. 个人提交书面申请,并附带家庭经济困难证明。
2. 辅导员审核学生材料,确认学生是否符合申请条件。
3. 学校学生资助管理中心复核学生材料。
4. 银行审核学生材料,批复名额和贷款额度。
5. 学生与银行签订贷款合同。
6. 银行向学校划拨贷款,学校扣除应交费后,余额返还学生。
7. 签订合同后,银行和学校对学生进行诚信教育。
8. 在毕业生离校前夕,组织贷款学生与银行签订补充协议。
9. 协助银行督促欠款或违约的学生按时还款。

五、经济困难学生认定程序

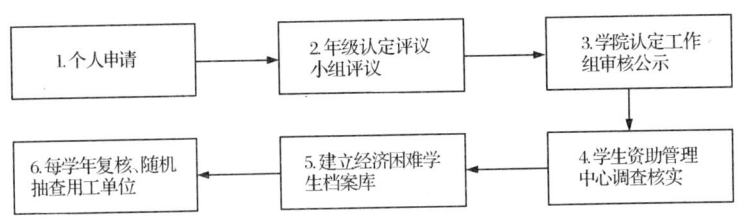

流程说明:

1. 个人提交申请,填写《高等学校学生及家庭情况调查表》和《家庭经济困难学生认定申请表》,并附带家庭经济困难证明材料。

2. 年级认定评议小组参考学生自然状况和日常消费等方面评议,确定人员和贫困等级,报所在学院。

3. 学院认定工作组核实后,向学生公示(至少5个工作日),无异议后确定初审名单,报大学生资助管理服务中心。

4. 根据各学院报送信息建立档案库。

5. 学生资助管理服务中心对学生进行监督和调查,实行动态管理。

六、勤工助学管理程序

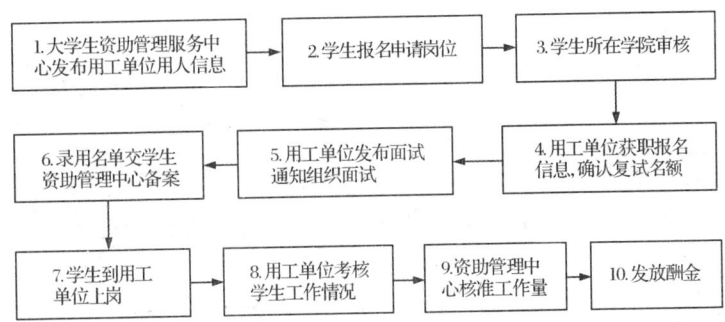

流程说明：

资助管理服务中心根据用工单位岗位申请制订用工计划，发布岗位招聘信息。学生填写《勤工助学岗位申请表》申报岗位，经所在学院审核后送交用工单位。用工单位审核后选择适合岗位的学生参加面试，确定人员，并将学生有关信息报学生资助管理中心备案。学生上岗后，用人单位考核工作情况，资助管理中心核准工作量，发放酬金。

七、学生校外住宿审批程序

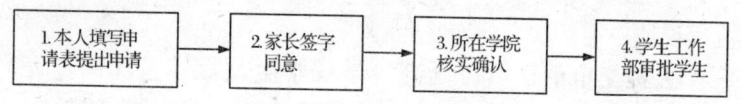

流程说明：

申请人需填写《学生校外住宿申请表》，家长签字同意学生在校外住宿后，由辅导员核实学生申请和家长意见，签字确认，最后报学生工作部审批备案。

八、奖学金评定程序

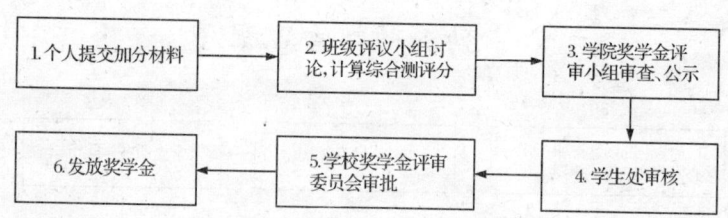

流程说明：

1. 每年9月，学校布置奖学金评定工作，学生提交加分证明材料给班级测评小组。

2. 班级评议小组讨论、按照评选办法加分，计算综合测评分数。

3. 学院奖学金评审小组根据奖学金评选办法评选奖学金，确定名额，进行公示。

4. 各部门的奖学金名单交学生处审核。

5. 审核无异议的奖学金评选结果报学校奖学金评审委员会审批。

6. 检查学生银行卡号，奖学金发放到学生银行卡中。

九、学生违纪处理工作流程

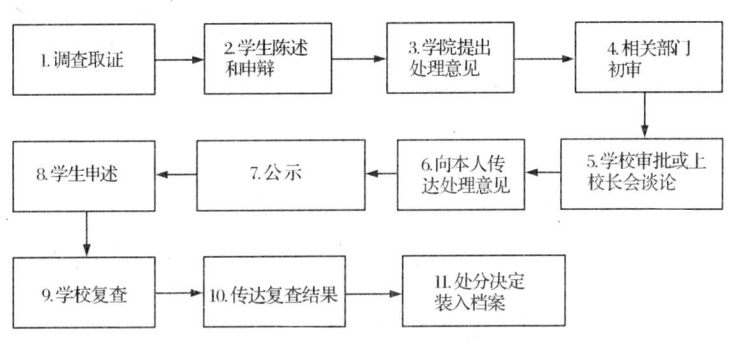

流程说明：

1. 学生处、保卫处、学院等相关部门调查学生违纪事件，查清事实和依据。

2. 学生陈述个人意见。

3. 学院研究，提出处理意见。

4. 相关部门（学生处、教务处）审核学院处理意见。

5. 学校审批处理决定，警告、严重警告由学生处研究确定；记过及以上处分由校长会研究确定。

6. 向本人传达处理决定，违纪学生在通知书上签字。

7. 处理决定在宣传栏向广大学生公示。

8. 学生如对处分有异议，可在5个工作日内提出书面申述。

9. 学校学生申述委员会进行复查。

10. 将复查结果，予以公布，并传达到申述者。

11. 处分决定书在学生毕业时，装入个人档案。

十、学生保险理赔程序

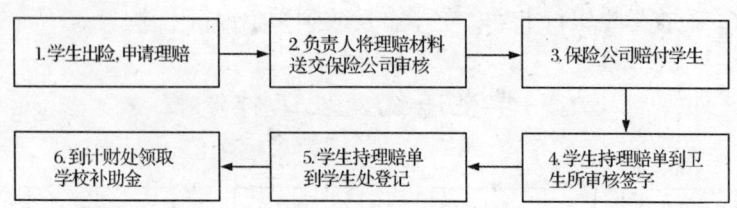

流程说明:
1. 参保学生出险后,应到保险公司指定医院治疗,才能给予赔付。
2. 出险学生将病志本、药费单等材料交由负责人送保险公司审核。
3. 保险公司根据合同赔付学生医药费。
4. 学生持理赔单到卫生所签字审核材料。
5. 学生处签字、登记备案
6. 到计财处领取学校补助部分。

十一、学生科研立项工作程序

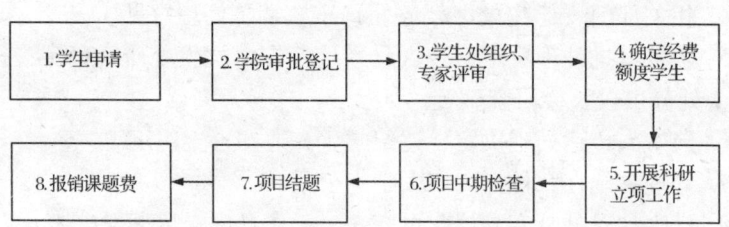

流程说明：

1. 每年4月，学校开展学生科研立项申报工作，学生开展填写科研立项申请书，申请立项。
2. 所在学院审批，登记。
3. 学生处组织专家评审，确定是否准许立项。
4. 立项课题根据价值确定资助额度。
5. 立项后，学生在教师指导下开展科研工作。
6. 12月中旬进行项目中期检查。
7. 第二年3月，撰写项目结题报告，开始结题。
8. 经专家评审合格后报销科研经费。

十二、团员推优工作流程

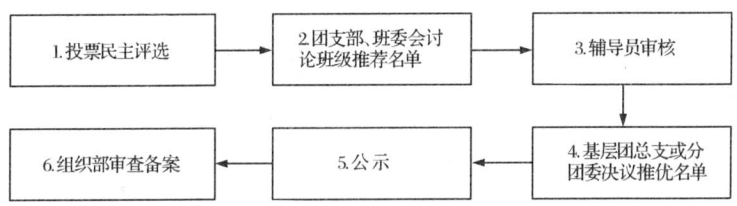

流程说明：

1. 班级团支部召开团员扩大会议，投票推选优秀团员。
2. 班级团支部和班委会讨论推优名单。
3. 辅导员审核成绩、综合表现。
4. 基层团总支或分团委决议本部门推优名单。
5. 在网络或宣传板公示，征求学生意见。
6. 党支部审阅后报组织部备案。

十三、发展党员工作程序

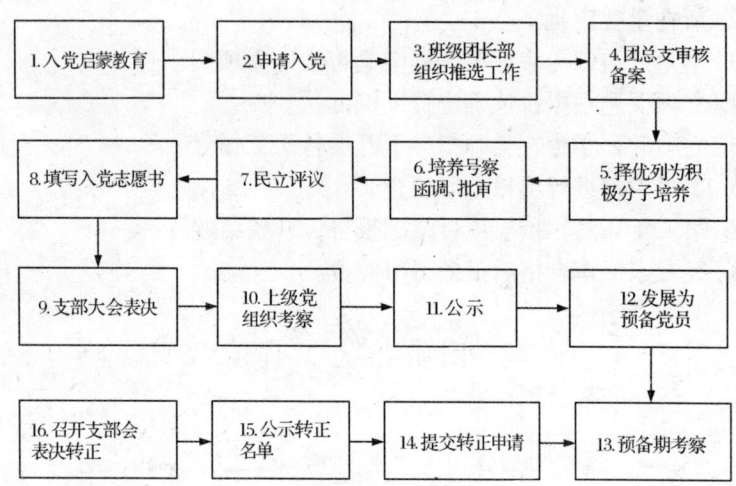

流程说明：

1. 通过党课、团会等对学生进行入党启蒙教育。
2. 指导学生写入党申请书。
3. 团支部组织全班学生投票推荐优秀团员报团总支。
4. 团总支审核后备案。
5. 从推优学生中选择表现优秀的列为积极分子培养。
6. 加强对积极分子的培养和考察，对拟发展对象进行函调和政审。
7. 进行群众民主评议，了解学生群众基础。
8. 填写入党志愿书。
9. 支部大会讨论，表决意见。
10. 上级党组织考察。
11. 公示征求广大学生的意见。
12. 发展为预备党员。
13. 成为预备党员后，党组织进行考察，期限为1年。考察思想、学习、品德等各方面，定期交思想汇报。

14. 考察结束后,个人提交转正申请,党支部成员和群众谈论。
15. 考察合格的党员公示名单,听取群众反馈意见。
16. 公示无异议后,召开支部大会决议,党总支审批,学校党委讨论,转为正式党员。

十四、毕业工作流程

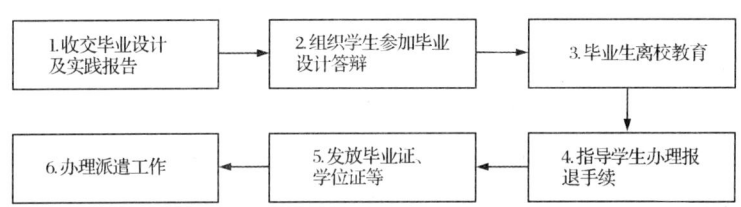

流程说明:
辅导员协助做好学生毕业设计工作,组织学生参加毕业设计答辩。毕业前夕,大力加强毕业生离校教育,保证离校前的稳定。离校期间,指导学生办理离校手续,发放毕业证、学位证、派遣证等。学生离校后,处理学生档案发放事宜。

十五、假期学生管理工作流程

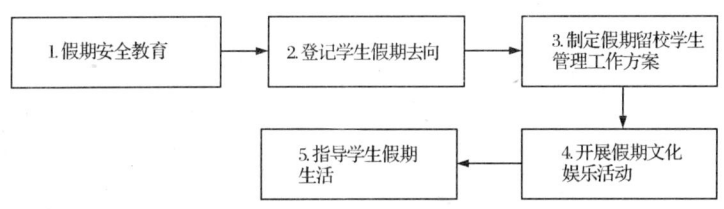

流程说明:
1. 放假前开展安全教育,通报学校规定和要求。
2. 学生填表登记假期留校、离校学生去向、联系方式等信息。
3. 制定假期留校学生管理工作方案,为假期留校学生提供食宿及生活、学习等便利条件。

4. 留校学生团支部组织在校生参加文化娱乐活动。

5. 辅导员定期走访与学生座谈，解决学生问题，节假日期间慰问学生。

十六、毕业生签约工作流程

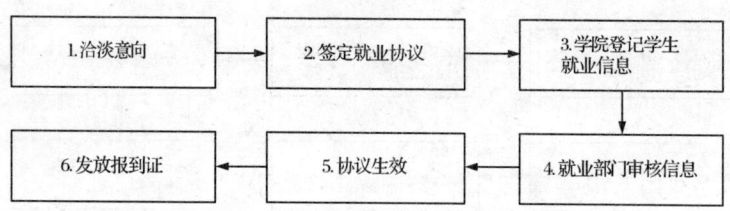

流程说明：

1. 学生与用人单位洽谈就业意向，双向选择。
2. 双方签订就业协议书。
3. 辅导员将学生就业信息录入系统，收回就业协议书。
4. 学校就业工作部门审核信息，上报省就业办。
5. 省就业办确认后协议生效。
6. 毕业离校前发放报到证，学生报到。

第五章 民族院校班导师及全员育人队伍建设

随着我国高等教育改革的不断深入,特别是高等教育由精英教育转向了大众化的教育时代,我国普通高校的培养目标已出现了明显的分化。高等教育模式多样化、学生层次的差异性和学生成才需求的多样化以及市场竞争日趋激烈、就业压力越来越大等方面的原因,使培养方式、管理模式和评价标准也呈现出多样化的特点。而作为培养少数民族人才的民族院校,如何适应时代的发展、如何适应教育多样化的要求、如何体现以人为本的教育理念、如何实现促进少数民族人才的全面发展、如何为少数民族地区的发展服务、如何发挥民族院校的育人功能,这一切都给民族院校的教育管理和人才培养带来了全新的挑战。而在民族院校本科生阶段实施班导师制,无疑是在新的时代发展形势下顺应高等教育发展规律与民族人才培养规律的有益探索,对于培养少数民族优秀人才具有积极的理论与实践意义。

第一节 班导师制的源起追问与民族院校班导师制的内涵特征

一、班导师制的源起追问

导师制(Tutorial System)相传是15世纪初创办"新学院"的温彻斯特主教威廉·威克姆所首创,新学院是牛津大学实行导师制的第一个学院。它从中世纪一路走来,虽然始终受到大学内外的各种批评,但是至今仍然是牛津大学本科教学的核心和基础。牛津大学众多的学院,如默顿(Merton)、艾希特(Exeter)、麦格达兰(Magdalen)、赫福德(Hertford)等,甚至把导师制作为学院的教学管理的特色放在学校网站的显著位置并给予详细描述。导师制"为学生研究专门的话题提供了无与伦比的机会。导师的指导采用导师和一到两个学生间的会面的形式,时间为一个小时。届时,导师和学生将共同阅读或者评论某一篇学术文章,讨论可能会时不时地超出论文本身。指导结束时,导师将会为下周的指导指定话题并给学生列出书单"。20世纪30年代,曾留学于牛津大学的费巩教授对牛津、剑桥等大学的导师制作了这样的描述:"英国牛津、剑桥等大学之学制,与吾国现行大学学制完全不同。学生作业,不重于上堂听讲,而重于导师指导……大学教师主要之任务为任学生导师,授课乃其次要。每一学生不止导师一人,按其专业所分之门类,别为导师数人,而任导师者所收弟子,多或20~30人,少则数人或十余人。分2~3人为一组,每周接见一次,命题作文,指示应读之书,批改课卷纠谬指正而外,相与探讨辩难,导师发问,诱导学生思索,学生质疑,乃得导师薪传。"牛津大学新学院院长史密斯指出:"本科生的学习是培养理解问题和解决问题所必需的耐性、坚韧和决心,对于真理真诚坚定的思想以及从容、沉静的品质。"学生学术精神和学术品格的培养和导师息息相关。导师的"名片效应"自然会激发学生仿效导师的学术和品格,潜移默化之间,"不觉品德与学问俱进也"。[①]

在我国,班导师制可追溯到公元前500年。当时孔子就是采取了导师制的方法教学,他在了解学生的基础上因材施教,取得了巨大的教育成就。宋代以后的书院教学制度对导师制有所继承与发展。

而现阶段的班导师制,是以同一专业的一个自然班为单位设立一名导师的制度。一般班导师应由专业课或专业基础课的教师担任,在实践中他既不同于专职辅导员,也不同于原来意义的班主任,在人才培养中发挥着越来越重要的作用。专职辅导员,主要从事学生的日常

---

① 参见胡永辉:《本科生导师制初探》,载《成都大学学报》(教育科学版),2008(8)。

行为管理和教育工作,侧重对学生进行世界观、人生观、价值观、法纪等方面的教育以及奖学金评定、党团教育、助学贷款申请等日常思想政治教育管理和事务性工作。班导师的主要职责是,依托专业优势,结合学分制改革实践,对学生进行专业指导、科研引导、职业生涯规划,帮助学生端正学习态度,明确学习目的,改进学习方法,提高学习效率,培养学生的学习意识、就业意识、危机意识,引导学生科学地构建知识结构,确立发展方向,培养专业技能,拓展自我优势。由此可见,班导师和专职学生工作者两者职责明确、各司其职、各负其责、协调合作,共同形成专兼结合、结构合理、精干高效的思想政治教育工作队伍。

班导师具有不可替代的作用并表现出其独有的特性,主要归结有三个:一是具有专业性。它弥补了专职思想政治教育工作者,特别是辅导员难以覆盖指导学生学业、引导学生成才等重大问题,适应了新形势下大学生思想状况多样化和日益注重个人成才发展的需求,增加了德育工作的针对性、实效性;二是具有互补性。以专职学生工作者、班导师为主体的专兼结合、结构合理、精干高效的德育工作队伍,进一步优化了队伍结构,整合了资源,提升了德育工作水平,赋予了专职学生工作者主抓日常管理和行为教育、班导师侧重学生成才指导和职业生涯规划的、既抓稳定又抓发展的德育工作新内涵,具有很强的互补性;三是具有导向性。广大班导师率先垂范,为人师表,言传身教,以良好的思想道德品质和人格品质给大学生以潜移默化的影响。班导师成为学生的指导者和引路人,增强了学生的认同感和德育工作的说服力及感染力。

二、班导师制的内涵特征

民族院校是党和国家为解决民族问题、培养少数民族干部而创办的社会主义新型高等院校。这些大学的设置是为了保证少数民族地区的长期稳定和繁荣,它先后培养了一批批具有较高思想政治素质的各民族优秀儿女,这些高素质的民族人才是推动民族地区发展的中坚力量。随着国内外形势的不断发展,民族院校大学生的思想观念也随之发生了较大的变化。一方面,他们受本民族的文化传统、生活习惯和民族心理影响较深；另一方面，进入大学环境后，他们接触了多方面的、与以往不同的思想信息。这样，他们在思想意识、社会心态、竞争意识、学习动机、意志品质等方面出现了许多新情况和新问题，特别是对于那些来自边远民族地区的学生来说，表现得尤为突出。如何结合民族院校各民族学子的特点，更好地为各民族学子的成才成长服务、为少数民族地区发展服务，则成为民族院校在新的历史条件下亟待解决的一个课题。而班导师制的选择无疑为这一问题的解决开辟了一个新的途径，为创新民族院校的发展模式提供了新的动力。

班导师的工作职责体现了素质教育的根本要求。全面提高大学生的思想道德素质、科学文化素质和身体心理素质，既是高等学校的目标和价值追求，也是一个全面的教育过程。在这一过程中，教师起着主导作用。虽然育人是高校教师的共同使命，但班导师与辅导员、一般教师以及研究生导师具有不同的工作职责。班导师在学习指导方面，帮助新生掌握大学的学习规律和学习方法，了解所学学科、专业的发展方向及前景，及时解决学生在学习中遇到的问题，提高学生主动获取知识的能力，指导学生开展社会实践和科研活动，培养学生的创新意识和能力；在思想指导方面，针对民族院校的实际，开展民族理论、民族政策教育，引导各民族学生树立正确的祖国观、民族观、宗教观和文化观；在择业指导方面，特别加强对毕业班学生就业观念与择业技巧的指导；在生活和心理指导方面，帮助学生解决实际困难，用建立在自己生活阅历和生活经验之上的正确态度与方法排除学生的心理负担。

民族院校的班导师制相对于普通高等院校的班导师制来说，其在内涵方面进行了更大的扩展，其"传道、授业、解惑"的特色也更加的鲜明。

（一）传道——以坚持学业指导为主线，完善各民族学生的知识结构

作为班导师，要做好班级学生的成才指导工作。针对学生的个体差异，对学生选课、专业发展方向选择、学习方法、职业生涯规划设计等方面进行指导。班导师要在了解学生个性、志趣、爱好和能力特长的基础上，依据学校有关要求和专业课程计划，因人而异地指导学

生制定科学、合理的学习计划,合理安排好学习进度,进行学习方法的指导,并对每个学生的选课、免修、免听、辅修等事宜给予指导和帮助;定期或不定期地对学生的学习和成长作出客观分析与评价,不断调整、定期反馈指导方案,根据学生的特长和志趣,鼓励学生积极参加社会实践活动,指导学生开展科技创新活动,使学生构建出反映人才培养目标与规格的要求、符合自身特点、比较完整的知识结构。使每个学生都能在班导师因人而异的详细指导下,人尽其才,发挥最大的潜能,取得最大的成功。

(二) 授业——以专业教育为依托,提升学生的专业兴趣爱好,推动专业学习的发展

注重学生学习能力的培养,向学生介绍学科专业的特点、发展动态及其适应社会需求所必备的知识结构,结合专业培养目标,帮助学生端正学习态度,树立正确的学习观念。班导师要根据专业、班级和学生的特点,指导学生开展素质拓展和科技创新等活动,培养学生的团队意识和协作精神,提高学生的综合素质和创新思维能力,使他们的能力和价值能得到充分体现。

(三) 解惑——坚持专业教育与思想教育相结合

树立正确的人生观、世界观、价值观,班导师"切实负起传道授业的光荣职责,注重把教书与育人有机结合起来"。[①] 一方面,班导师制构架了教师与学生沟通的又一重要桥梁,促进了因材施教,强化了以学生为本的理念,推动了教学改革的步伐,提高了教学质量;另一方面,班导师寓思想教育于专业教育之中,关心学生的思想进步,引导学生明确学习目的和成才目标,端正专业思想和学习态度,激励学生刻苦学习、发奋成才,促进学生知识、能力、素质协调发展,采取的基本方法是"润物细无声",紧密结合专业、技能的传授进行社会主义价值观、社会责任感等先进思想的教育。在民族院校中,由于少数民族学生绝大多数来自老、少、边区和文化基础较差的地区,这就要求广大班导师应特别注意因材施教,实行个性化教育,耐心帮助学生解决思想矛盾,树立克服困难的信心,强化社会责任感,引导学生把个人发展进步融入推动国家发展、民族振兴的时代洪流中去。同时,

---

① 胡锦涛同志 2008 年 5 月 3 日在北京大学师生代表座谈会上的讲话。

班导师还通过言传身教，以严谨的治学态度、优良的职业道德影响学生，将教书与育人紧密地结合起来。班导师既教书又育人，对全校教师也是一个很有力的带动，不仅是专业课教师，基础课和公共课教师也要努力做好教书育人的工作。

第二节　班导师及全员育人队伍建设的时代蕴意与价值指归

中共16号文件指出："高等学校的各门课程都具有育人功能，所有教师都负有育人职责……要把思想政治教育融入大学生专业学习的各个环节，渗透到教学、科研和社会服务各个方面。"这就要求所有的教职员工都要承担育人的职责，这既是学生发展的需要，也是培养教师队伍的需要。民族院校要按照"专职为主、专兼结合、优势互补"的原则，构建全员育人队伍。民族院校实行班导师制度，为每个班级配备一名有专业教学经验、思想政治素质较高、具有一定社会阅历和科研水平的教师担任班导师，形成全员育人、全过程育人、全方位育人的工作格局和良好氛围，创新一条大学生思想政治教育方式方法的有效途径，这对于在新形势下增强民族院校大学生思想政治教育的实效性与针对性无疑具有深刻的时代意义与实践价值。

一、班导师及全员育人队伍建设的现实必要性

班导师工作制度是以本科生行政班级为单元的一种组织教育模式。班导师由专任教师兼任，既不同于专职学生辅导员，也不同于原来意义上的班主任，而是承担着教书和育人的双重使命。学生日常的思想政治教育、行为管理和事务性工作由专职辅导员负责，班导师主要负责指导学生学习、科研、专业实践、职业生涯规划、心理疏导、科学精神和文化素质培养以及部分思想政治教育工作。

(一) 实施班导师制度是切实增强大学生思想政治教育针对性和实效性的需要

随着学生独立性、选择性、多变性、差异性的明显增强,传统的思想政治教育工作的方式方法已不能适应新形势的需要,亟待拓宽工作思路,创新方式方法。在实际工作中,专职学生工作者一般都比较年轻,在"人生导航"方面尚显不足。而广大专任教师有着不同的专业背景,一般学识较高、阅历丰富,有着"言传身教,身教重于言教"的天然优势,有着让学生敬佩的人格魅力和受学生欢迎的教学效果。这种丰富的人生经验和学科背景,使他们在对学生进行人文关怀、心理疏导以及开展必要的思想政治教育工作时,不易引起学生心理上的排斥,容易让人信服。

(二) 实施班导师制度是满足学生成长成才的现实需要

随着高校精英式教育向大众化教育的转变以及师生比例的扩大,许多高校存在着教师与学生的互动与交流减少、教书和育人脱节的现象。同时,随着"质量工程"的进一步推进,一些高校还出现了重教学改革的推进、轻教育实际效果的问题,学分制、选课制等改革使学生更加渴望得到专业教师的及时帮助。班导师制度的实施,不仅使广大教师尽到了育人为本的职责,而且在学生学业指导、职业生涯规划等方面发挥着独特的作用,满足了学生成长、成才的现实需要。

(三) 实施班导师制度是民族院校办学特殊性的需要

民族院校在教育对象、学科结构、校园文化和学生思想政治教育等方面具有与其他普通高校不同的特点,在和谐校园构建中承担着特殊的使命和更为艰巨的任务。如大连民族学院,学生来自全国31个省份,涵盖56个民族成分,少数民族学生占到了全校学生总数的65%,学生在语言文化、风俗习惯、生活方式、思维方法以及家庭经济状况等方面存在明显的差异,在入学基础和目标选择等方面也存在不同。学校遵循高等教育一般规律和民族高等教育特殊规律相统一的原则,从实际出发,在满足各民族学生多样化的成才需求、促进学生全面发展的过程中,配置了更多的教育资源。班导师制度正是在这一背景下产生并逐步完善的。

二、班导师及全员育人队伍建设的价值指归

班导师是一种融思想、知识、专业和人生阅历为一体的复合型人才,因而在大学生素质教育和创造性人才的培养过程中发挥着特有的作用。他们既教书又育人,既面向全体学生又因材施教,既注重学生的共性又注重学生的个性发展。

(一)班导师制的实施增强了专业教师的育人作用,形成了全员育人、全过程育人、全方位育人的工作格局和良好氛围

1. 因材施教,实行个性化教育。传统的学生指导制度给予学生更多的是统一性、模式化的要求,很难兼顾不同学生的个性化需求。班导师以培养学生的创新精神和实践能力为重点,以个别交流为基本工作方法,通过个别谈心、网上交流、团队活动等灵活多样的形式对学生进行具体指导,最大限度地挖掘学生的潜力。

2. 以学业指导为主线,进行综合素质培养。提高学生的综合素质是班导师的职责,但以专业指导为核心的学业指导始终是他们工作的主线。他们以专业教育为依托,文以载道、教以载道、耳濡目染、潜移默化,把思想教育与专业教育有机地结合起来。

3. 实施人文关怀,创造和谐师生关系。班导师为学生的思想道德和学业发展提供建议和指导,与学生间的关系建立在平等的基础之上,师生互动是其重要特征,协商与交流实现了教师主导作用和学生主体作用的和谐统一。

(二)班导师制的实施真正解决了学生成长与发展的根本问题,创新了大学生思想政治教育方式方法的有效途径

1. 由于班导师均由专业教师担任,他们多半学历、职称、学术水平较高,而且生活阅历丰富。因此,他们指导学生成长、成才具有很强的说服力、感染力。学生的专业学习得到的是最直接的指导,班导师可依据学生的学习状态和性格特征对其作出职业规划并提供具体的选课指导,有效地进行职业能力和素质的培养;学生由一个应试教育的中学生转变为接受素质教育的大学生这种心理适应的转变离不开专业教师的指导。此外,如何对待人生,如何对待入党,如何对待交友,

如何对待恋爱等等，班导师都能以其特有的身份给学生以深层次的指导。

2. 班导师制的实施实现了思想政治教育贴近学生、贴近生活、贴近实际，体现了思想政治教育的实效性。班导师以指导学生成才和职业生涯规划为主要突破口，以专业为依托，充分发挥专业教师独特的育人功能，将德育融入指导学生专业学习的各个环节，渗透到教学、科研各个方面，班导师以他们的学识和人格培养了学生笃学求知、追求真理、严谨治学的科学态度，增强了学习邓小平理论和"三个代表"重要思想的积极性，推进科学发展观进课堂、进教材、进学生头脑工作的自觉性、主动性，为维护学校稳定和促进学校各项事业发展起到了重要的保证作用。

（三）班导师制的实施为人才培养模式的创新提供了有力支撑

1. 促进了学生的全面发展。现在大学生自理能力普遍较差，对教师和家长的依赖性较大，同时渴望别人的关心和理解。班导师制度构建了学生个性化发展的平台，师生情感交融得到加强，从而使因材施教和学生涉足交叉学科成为可能，也为学生个性发展和创造潜能的发掘提供了机遇。

2. 建立了学生教育管理的新机制。目前高校的学生管理体系中缺乏对学生的指导贯穿始终并能起协调作用的人。班导师制度开拓了学生思想政治教育的新途径，是学生思想政治工作的一种补充。经过选拔的本科生班导师思想政治、专业知识过硬，他们的人格魅力、科学精神和高度的责任感，让学生有学习的动力和成才的榜样。实行班导师制，是一种亲情化管理。学生需要的不仅仅是一个管理者，而且是一个思想品德的塑造者、科学文化知识的传播者、丰富智慧的启迪者、灵活思维的点拨者、健康心理的指导者。班导师的职责不仅是在学生学术和学业方面给以指导，而且要指导学生的学习、生活、修养、成长，还要负责学生的就业指导，是学生全面性发展的导师。班导师根据不同学生的个性发展要求，给学生提供个性化的成才环境，对学生实施中期分流，鼓励学有余力的学生辅修其他专业或攻读第二学位；对学有专长和拔尖学生，班导师积极引导报考研究生，或硕士、博士连读；对特别优秀的学生，有条件的班导师帮助推荐到国内外一流大学或研究机构继续培养。

3. 创新了人才培养模式。推进本科生班导师制度，有助于中国高等教育逐步走出"学科中心论"的历史局限，进一步强化高校的育人功能，有利于促进素质教育的发展和创新型人才的培养。班导师大多从事科研工作，通过言传身教，能成为学生走上科研、学术之路的领路人。班导师与学生的接触与交流，尤其是与学生进行面对面的专业知识与学术方面的交流，为学生提供了打开科研、学术之门的钥匙，有利于学生创新意识和创新能力的培养，也有利于发现学生中的优秀人才。另外，班导师严谨的科学态度、科学的学习方法和丰富的科研经验，必将对学生科学的学习态度、学习方法的形成产生重要的影响。

4. 调动了教师教学与科研的积极性，有助于提高教育教学质量。这一制度要求班导师不仅自身知识功底深厚，还要不断学习各方面的知识，以更好发挥育人的作用。此外，班导师从学生那里得到的反馈，也能迫使自己提高业务水平，改进教学内容和方法，进一步提高教学质量。

5. 有利于激发学生学习的积极性和主动性。作为班导师的专业教师，对本专业在国内外发展状况应该是比较熟悉的，应该经常向学生介绍本专业的发展现状、发展方向，配以自身的成长经历，让学生切身感受到只有不停的探索和掌握新知识，才能为自己将来在本专业领域深造的或就业打基础。有时班导师的成长经历就是现在学生的努力方向。班导师的亲身经历对学生宣讲，学生感到是实实在在的东西，是看得见、摸得着的事实，而不是在空洞的说教。这样学生就会逐渐树立起一个目标，并为这个目标的实现而努力，学习自主性必定加强。班导师经常向学生讲授一些本专业最新科研动态及本人的科研方向及进展，会更加激发学生学习的自主性。到一定的阶段，班导师将一个小课题让学生去做，在做课题的同时布置给学生一定的任务，这样学生就会主动地去查阅资料、书籍，学习主动性会慢慢地增强。

6. 有利于指导学生在本专业领域内全面成材。新生入学前，对本专业的情况基本不了解，更谈不上树立专业理想了。入学后，他们渴望及早了解本专业的具体情况和发展动态，以便适时地制定自己的学习计划和目标。由于辅导员工作的重点在于学生的日常管理和思想政治教育，而基础课教师则侧重于课程的教学，且他们所带学生人数多、专业情况复杂，所以深入、细致且有针对性地对学生进行专业指导，对他们而言具有很大的难度。在这种情况下，由于班导师经常和学生接触，对学生的兴趣、志向、爱好、学习基础、学习状况有针对性地进行有计划的指导，帮助学生及早了解本专业所学内容和社会需求，树立专业理想，使学生从入学之初就把学习专业知识和专业理想结合起来。比如，在大一期间，班导师指导学生应该看哪些课外书籍；在大二、大三期间，班导师指导学生针对基础课、专业课应该着重在哪些方面下工夫，这样就能增强学生对本专业知识的进一步了解，扩展知识面，使学生在本专业领域内全面成材。

第三节　班导师及全员育人队伍建设的实践探寻

把班导师工作制度和学生的全面发展及学校的整体发展战略联系起来，并成为提高高等教育质量和建立现代大学制度的有机组成部分，努力完善和发展民族院校班导师及全员育人队伍建设，为民族院校育人目标的实现贡献积极的力量，创新有效的大学生思想政治教育的途径。

一、建立与完善民族院校班导师工作机制

（一）班导师的工作重点

班导师在学生的培养教育体系中，应充分发挥自己的优势，突出自己的特点，与辅导员、一般授课教师做到优势互补，找准自己工作的重点。班导师在工作中应充分发挥"学术功效"，其工作重点应为"导学、助学、督学"。所谓"导学"，就是指导学生了解专业，掌握科学的学习方法和科研方法，树立专业理想，选择未来发展的道路；"助学"，就是为学生答疑解惑，解决学生的专业思想问题和学习上遇到的实际困难；"督学"，是指督促学生高效地完成学习任务，鞭策他们在学术殿堂中走得更远、更深。将高学历、具有良好专业知识背景、熟悉大学教学的班导师的工作重点放在"导学、助学、督学"上，才

能充分发挥班导师的优势，从"学术"这一层面上配合辅导员工作的开展。

(二) 班导师的工作目标

德国哲学家费希特认为，教育必须培育人的自我决定能力，不是首先着眼于实用性，不是首先要去传授知识和技能，而是要去唤醒学生的力量。因此，班导师工作的目标，不是教会学生掌握某些具体的知识和技能，而是在于让学生学会"自主"学习。"自主"学习包括三个方面：其一，知道为什么学，即有明确的学习目标，这样才能避免学习的盲目性；其二，知道学什么、怎么学，即有一套行之有效的学习方法，这样才能在学习的过程中事半功倍；其三，能体会学习的乐趣，这是让学生达到的较高境界，这样才能真正做到主动学习。班导师应注意发现每个学生的特点，帮助他们认识自我，积极为学生创造发挥潜力的平台，让更多的学生学会自主学习。

(三) 班导师的工作方法

1. 从解决学生的专业思想问题入手，增强学生的学习动力。首先，引导学生全面认识自己的专业，通过各种途径使他们了解本专业的前沿知识，在增强对本专业的了解的同时，激发学生对本专业的学习兴趣，变被动学习为主动学习；其次，引导学生认识所学专业在社会上的应用领域，将现在所学的内容和社会需求联系起来；再次，请一些本专业毕业的，且在工作岗位上取得一定成绩的校友与学生座谈，通过倾听校友们的切身经历和体会，让学生懂得只要结合所学专业，不断优化知识结构，提高自己的综合素质，将来是大有可为、大有作为的。事实证明，这样的座谈，引发了各年级学生对自己未来的积极思考，有助于提高他们学习的热情，增强他们的学习动力。

2. 推行"赏识教育"，帮助学生充分认识自我，发挥潜力。赏识教育是通过欣赏和赞扬受教育者的优点来进行教育的一种教育方式，它的目标是培养学生自信、乐观、向上的人生态度，激发他们的活力，最大限度地调动学生的自觉性、求知欲、上进心和创造性。美国心理学家威谱·詹姆斯有句名言："人性最深刻的原则就是希望别人对自己加以赏识。"因此，班导师应带着欣赏的眼光和积极的心态投入到工作中，去发现每个学生的优点，并毫不吝啬地给予他们实事求是而不是夸张的赞美、真诚而不是虚伪的表扬，帮助每个学生建立自信。

这是"赏识教育"的第一步。但是仅仅做到这些是不够的，班导师不仅要善于发现学生的优点和长处，引导他们设置恰当的奋斗目标，还要善于帮助学生将目标分解为阶段性的可实现的目标，以使他们的自信长久的保持下去，更要鼓励学生看到自己的每一个进步，并加以肯定、加以鼓励、加以强化。

3. 结合自己的科研、教学情况，为学生提供研究型学习的平台。培养创新型人才是大学教育的根本任务，而研究型学习则是培养创新型人才的有效途径。研究型学习是一种新的学习方式，它是在教师的指导下，学生从自己的实际出发，结合学习和社会的需要，选择和确定研究专题，以类似科学研究的方式主动地获取知识，获得、解决问题的学习方法。班导师应及早向学生介绍研究型学习的思想，并结合自己的科研、教学情况，尽可能多地为学生提供研究型学习的平台。具体而言，可采取以下措施：班导师可结合自己的科研设想，多给学生讲解创新思维的过程，尽早让学生参与一定形式的科研活动，并提供到工作现场观摩、实验的锻炼机会。这样，一方面，学生可以在班导师的指导下，将课堂上学到的知识运用于实践，并能较全面地观察、了解和参与一个项目的研究，从中掌握科学的研究方法，积累一定的实践经验，为将来走上工作岗位打下良好的基础；另一方面，通过科研活动，班导师的工作作风和工作思路将对学生科学、严谨的求学态度的形成起到潜移默化的作用。班导师也可有针对性地了解学生的特点，因材施教，有利于创新型人才的培养。另外，还可鼓励学生多参加竞赛，多写论文，将自己的学习所得和学习体会成果化，这样可进一步提高学生的学习兴趣，使整个学习的过程进入良性循环。

二、大连民族学院班导师及全员育人队伍建设的实践探索

大连民族学院是国家民委唯一一所设在沿海开放城市、以工科和应用学科为主的民族院校。从1993年招收第一批学生开始，学校党委从民族院校人才培养的特殊要求和新建本科院校的特殊环境出发，坚持"育人为本、德育为先，德智体美、德育优先"的原则，适时地提出了树立"大德育"观念，构筑全员育人机制，要求所有教师都要负

起育人职责，落实"立德树人"的根本任务。始终坚持教学工作是学校的中心工作，教学活动是育人的主渠道，要求门门课程都有育人职责，在实践中不断探索提高人才培养质量和育人实效。

（一）班导师制的实施

2003年9月，大连民族学院全面推行班导师制度。经过选拔的班导师思想政治素质和专业知识过硬，具有可敬的科学精神和高度的责任感。他们主要依托教学岗位，通过学业上导学、能力上导研、人生职业规划上导航，关注大学生的人格及个性发展，在完成课程的教学目标中，做到教书与育人的有机结合。

1. 把推行班导师工作制度纳入统筹发展的战略目标之中，为班导师工作制度的实施奠定了坚实的基础。大连民族学院早在建院之初，学校党委就针对民族院校人才培养的特殊要求和新建本科院校的办学环境，适时地提出了要树立"大德育"观念，即德育教育不单纯是德育教师和学生思想政治教育工作队伍的事情，全校教师和干部、职工都有育人的责任和义务。为形成思想政治教育和教学工作一盘棋的局面，从源头上避免思想政治教育和教学工作"两张皮"的状况，使班导师工作持之以恒，机制不断完善。近年来，学校党委按照树立科学的教育发展观、教学质量观和人才培养观的要求，正确处理德育首位和教学中心的关系，坚持在教学中贯彻育人为本、德育为先的原则，在育人中体现教学的中心地位，切实提高人才培养质量。正是基于这一系列战略性思考，使班导师工作制度在构筑师生科学发展的思想基础、凝练大学核心价值观、构建和谐校园等方面发挥了不可替代的作用。

2. 营造体现人文关怀和促进各民族师生和谐共进的文化氛围，为推进班导师工作提供体制和环境保障。大连民族学院始终坚持"一切为了学生，为了学生一切，为了一切学生"的理念，从深层次上关爱学生的成长与发展。班导师工作不仅体现了以人为本、因材施教、特色办学的理念，而且融入了大学精神和大学文化的培育过程。学校通过创建大学生创新教育、文化素质教育、就业创业教育和身心健康教育四大教育基地，建立了一站式服务的大学生资助管理服务中心，把思想政治教育、师生情感沟通、解决学生的实际问题融入班导师队伍的工作实践中。同时还通过制度建设规范工作程序，加强科学管理，为学生的全面发展提供了制度保障。

3. 健全激励机制和反馈评价体系，为班导师工作目标的实现提供客观标准。大连民族学院相继制定了《大学生思想政治教育质量保证与评价体系》、《学生工作者管理考核实施办法》、《班导师工作制度暂行规定》等相关文件，建立健全了班导师工作的质量保证与评价体系，并对班导师进行业务培训，定期召开理论学习和经验交流会，组织优秀班导师学习考察，开阔视野。为调动班导师的工作积极性和责任心，对班导师的工作职责、考核奖惩等作了明确的规定，作为教师考核、提职晋级、评优奖励、进修学习的重要依据。班导师除因考核不称职等原因外，在受聘期间享受相应的工作津贴，对不称职者，根据实际情况予以调整。对班导师中工作业绩特别突出者，学校直接授予当年校级先进工作者称号。质量评价和激励机制的建立，极大地调动了广大教师教书育人的积极性，也保证了全员育人的实际效果。

（二）全员育人队伍的建设

班导师的作用不可替代，但绝不是说它可以代替专职学生工作者，学校党委在这一点上有着清醒的认识。专职学生工作者主要从事经常性的思想政治教育工作和学生的日常行为管理，承担事务性工作。在实行班导师制的同时，学校不但没有削弱以辅导员为主体的专职学生工作者队伍的力量，而且一直在不断加强这支思想政治教育主力军的建设。几年来，严格要求，加强管理，促进提高，制定实行了《专职学生工作者考核实施办法》、业务培训制度、新增学生工作者过"五关"制度、全体学生工作者听课制度、辅导员联系家长制度、联系困难学生制度、辅导员深入学生公寓制度和单身辅导员住公寓制度等各项制度，努力建设一支让学生信赖、让家长满意、让社会放心的专职学生工作者队伍。

在加强辅导员和班导师队伍建设的基础上，学校选派优秀机关干部担任学生公寓指导教师，选派优秀机关专职学生工作者到二级学院兼任学生辅导员，选派优秀思想政治理论课教师到二级学院担任学生思想政治教育指导教师，选派优秀体育教师和心理健康教师到二级学院担任学生身心健康指导教师，选派优秀保卫干部和部队转业干部到二级学院担任学生安全指导教师，选派高年级优秀学生担任低年级学生辅导员。各支思想政治教育工作队伍都有各自明确的岗位职责，通过不同的育人途径，发挥着各自特有的作用。"专兼结合"的思想政治教育工作队伍各司其职、协调合作、各尽其能、优势互补，形成了党委统一领导，党政工团齐抓共管，教职员工共同参与，教学、科研、服务为一体的大德育全员育人有效机制。

经过几年的实践与探索，大连民族学院的班导师制度不断完善，全员育人格局初步形成。

首先，学校党委的高度重视是做好全员育人工作的关键和前提。大学生思想政治教育是一项全局性工作，做好全员育人工作，更加需要学校党委的高度重视和正确领导。大连民族学院党委始终围绕着"培养什么人"、"如何培养人"这一根本问题，一直把大学生思想政治教育作为促进改革发展和人才培养的基础与前提来抓细、抓实。学校党委经常听取学生思想政治教育工作汇报，专题研究大学生思想政治教育工作，在加强队伍建设、保证经费投入方面，作出了一系列的科学决策，为做好全员育人工作提供了有力保证。

其次，加强师资队伍建设是做好全员育人工作的基础。教师是教学、科研的主体，也是育人的主体。在大连民族学院，教师要过"三关"，即育人关、教学关、科研关。育人关是所有的教职员工都要承担的育人职责，这既是各民族学生发展成才的需要，也是学校师德建设、师资队伍建设的需要。学校党委坚持以人为本，实施人才强校战略，提出了人才资源是第一资源的理念，不断加大高层次人才的引进力度，不断加强教师队伍的培养、使用和提高工作。建立一支综合素质高、创新能力强、德才兼备、结构优化的师资队伍是大连民族学院班导师和其他所有兼职思想政治教育工作者的人才库，是学校全员育人工作的人力资源基础。

最后，良好的校风是做好全员育人工作的有力支撑。有着繁重教学、科研任务的专业教师，能够积极投身学生思想政治教育第一线，承担班导师工作，更多的原因是出于一种育人的责任感、使命感和荣誉感。大连民族学院的快速发展，把广大教师凝聚在民族高等教育的宏伟事业之中，学校多年来形成的团结爱校、乐于奉献的精神更具有强大的感召力和鼓舞力。因此，在大连民族学院，担任班导师已成为一种荣耀，每年的教师节表彰大会上获得掌声最多的是优秀班导师。大家认为，班导师是教师职业生涯的重要组成部分，只有优秀的教师才有资格做班导师。

三、大连民族学院班导师及全员育人队伍建设的社会效果及案例实录

案例一：来自土家族山寨的土木建筑工程学院2001级学生黄大岸带着憧憬来到大连，基础课的枯燥使其对专业产生了怀疑，在班导师王庆春教授的热心指导下，他明确了学习目标，找到了研究的切入点，在大二到大四的三年时间里，他先后公开发表了9篇学术论文，参与了两项省市社科基金项目，毕业前完成的《土家族建筑文化》专著稿得到了多位专家的好评，择业时在与其他名校对手的竞争中凭借实力脱颖而出，签约葛洲坝工程集团公司。正如黄大岸所言："是班导师王庆春老师培养了我的专业兴趣和做人品格，这一切将影响我的一生！"

案例二：设计学院2002级学生李玉琴，父亲病逝，母亲瘫痪，弟弟从军，家中负债，在班导师于泽勇副教授的关心、帮助下，她毅然背母求学。两年来，李玉琴不仅照料好了母亲的病，还多次获得奖学金。李玉琴背母亲上大学的事迹在社会上引起了强烈反响，先后5次被中央电视台报道，各新闻媒体多次转载。2006年，作为全省各条战线7名杰出青年代表之一，李玉琴被授予辽宁省"五四"青年奖章，时任辽宁省委书记的李克强同志亲自为她颁奖。

案例三：生命科学学院班导师李春斌博士从新生入学教育开始，就将大学四年每个学期要开设的课程名称、学分等信息提供给学生，向学生讲解大学四年的专业学习计划，平日里指导学生开展与专业相关的课题研究，带领学生进行与专业有关的生产实践，广泛寻求信息，建立了生物工程专业历届毕业生信息库，收集建立了二十多个与生物工程专业相关的企业信息库，使学生较深刻地了解到为适应社会需求，合理的知识结构是基础，增强了他们学好课程的决心。

案例四：2005年5月，辽宁省教育厅、省高校工委在大连民族学院召开全省班导师经验交流会，同时将大连民族学院作为辽宁省教育系统四大典型之一向教育部推荐。2006年4月20日，《中国教育报》以"大连民族学院实行班导师制"为题进行了专门报道。文中引用

"班导师培养了我的专业兴趣和做人品格"的话,高度评价了学校的班导师工作。2007年5月,教育部本科教学水平评估专家组组长说:"到学校来,最可亲的是大连民族学院的学生,最感动的是大连民族学院的班导师。"

第六章 民族院校学生党建工作

中国共产党第十六次全国代表大会通过的《中国共产党章程》规定：中国共产党是中国工人阶级的先锋队，同时是中国人民和中华民族的先锋队，是中国特色社会主义事业的领导核心，代表中国先进生产力的发展要求，代表中国先进文化的前进方向，代表中国最广大人民的根本利益。党的最高理想和最终目标是实现共产主义。

党的十七大报告提出："以改革创新精神全面推进党的建设新的伟大工程。"中国共产党自成立以来，已经拥有七千多万党员，党的自身建设任务比过去任何时候都更为繁重。中国共产党领导的改革开放既给党注入了巨大的活力，也使党面临许多前所未有的新课题、新考验。世情、国情、党情的发展变化，决定了以改革创新精神加强党的建设既十分重要又十分紧迫。必须把党的执政能力建设和先进性建设作为主线，坚持党要管党、从严治党，贯彻为民、务实、清廉的要求，以坚定理想信念为重点加强思想建设，以造就高素质党员、干部队伍为重点加强组织建设，以保持党同人民群众的血肉联系为重点加强作风建设，以健全民主集中制为重点加强制度建设，以完善惩治和预防腐败体系为重点加强反腐倡廉建设，使党始终成为立党为公、执政为民，求真务实、改革创新，艰苦奋斗、清正廉洁，富有活力、团结和谐的马克思主义执政党。

党的基层组织是党执政的组织基础。要落实党建工作责任制，全面推进农村、企业、城市社区和机关、学校、新社会组织等的基层党组织建设，优化组织设置，扩大组织覆盖，创新活动方式，充分发挥基层党组织推动发展、服务群众、凝聚人心、促进和谐的作用。以党的基层组织建设带动其他各类基层组织建设。在党的基层组织和党员中深入开展创先争优活动。

以上论述提到要在学校落实党建工作责任制，充分说明了党中央对学校党建工作的重视。民族院校作为高等院校，招生录取的学生在年龄上基本符合入党条件，而且少数民族学生占有较大比例。因此，民族院校学生党建工作必须认真贯彻党的十七大精神，民族院校党务工作者必须做好党的基层组织建设工作和学生党员发展工作。

中央16号文件指出，要发挥党的政治优势和组织优势，高度重视学生党员发展工作，坚持标准，保证质量，把优秀大学生吸纳到党的队伍中来。吸收大量优秀大学生到我们党内来，是使我们党始终成为中国工人阶级的先锋队，始终成为中国人民和中华民族的先锋队的迫切需要；是把我们党建设成为优秀人才高度密集的政党，提高领导水平和执政能力，更好地团结和带领人民群众全面建设小康社会，加快推进社会主义现代化进程的迫切需要；是实施人才强国战略、培养为中华民族伟大复兴而奋斗的一代新人的迫切需要。由此可见，高等院校党建工作是一项重要而紧迫的任务，做好这项工作，具有重要的意义。

第一节　民族院校学生党建工作的意义

当前，民族院校学生党建工作的意义主要体现在以下四个方面：

第一，加强民族院校学生党建工作，是在新的历史条件下增强民族地区党的阶级基础和群众基础，巩固党的执政地位的必然要求。江泽民同志在庆祝建党80周年大会上指出："贯彻'三个代表'，要求我们必须坚持党的工人阶级先锋队性质，始终保持党的先进性，同时要根据经济发展和社会进步的实际，不断增强党的阶级基础和扩大党的群众基础，不断提高党的社会影响力。"这一重要论述，赋予了党的性质、阶级基础和群众基础及执政基础以新的时代内涵。它的提出，对于增强党的凝聚力、创造力、战斗力、社会影响力和保持党的先进性，具有重要的理论意义和实践意义。

阶级归属历来是政党建设的首要问题和核心问题，是一个政党区别于其他政党的显著标志。纵观人类自出现政党以来的历史，世界上从不存在超越阶级界限的政党。任何政党都自觉、不自觉地与一定阶级的利益相联系，并以特定的阶级为其阶级基础。党的阶级基础不是一个空洞的概念，它意味着一个政党主要依靠哪个阶级，主要集中哪个阶级的品质，主要代表哪个阶级的利益，从而决定党的阶级性质和先进性质。

中国共产党自成立以来就一贯地主张共产党作为工人阶级政党，是工人阶级最先进的部分，是工人阶级先进的觉悟的阶层，是工人阶级的先锋队，并强调，这是中国共产党赖以生存和发展的生命线。坚持党的工人阶级先锋队性质，始终是党的建设的根本性问题。党的阶级基础和群众基础是党实现自身先进性的依靠力量，不断增强党的阶级基础和扩大党的群众基础，是新形势下党自身建设面临的重大课题。知识分子作为工人阶级的一部分，大大增强了工人阶级的科学文化素质，而包括知识分子在内的我国工人阶级，是推动我国先进生产力发展的基本力量。

在中国革命和建设实践中，中国共产党始终面临着在中国这样一个经济文化比较落后，农民占绝大多数，社会阶层、成分十分复杂的国家如何建设工人阶级政党以及在大量农民、小资产阶级分子和其他社会阶层加入"工人阶级政党"的情况下如何保持党的工人阶级先锋队性质的问题。中国的少数民族多数聚居在我国的边疆地区，而这些地区政治基础薄弱，地理位置偏远，经济文化相对落后。而民族院校的大学生多数又来自于边疆地区，因此加强民族院校党建工作，尤其是把具有共产主义信念的少数民族大学生纳入到党员队伍中来，势必会对这些地区带来深远的影响。

民族院校肩负的一项重要任务就是为少数民族地区培养具有坚定共产主义信念和先进科学文化知识的高素质人才。少数民族学生在高等院校接受正规教育后变成具有先进科学文化知识的知识分子，必然加大了少数民族地区知识分子的比重，也势必加强了党在少数民族地区的阶级基础。加强民族院校的党建工作，将少数民族学生中的优秀分子纳入到党员队伍中来，而他们势必将先进的马列主义思想传播给身边的同学或是家乡的亲人、朋友。由此以来，党的阶级基础会更加牢固，群众基础也会更加坚实。

第二，加强民族院校学生党建工作，是为民族地区建设高素质党员队伍和干部队伍的必然要求。当今世界各国的竞争，已经成为科技实力的竞争、人才的竞争，这正是我国制定科教兴国战略的依据。目前，我国的高等教育已经从精英教育转化为大众化教育，越来越多的学生受到了高等教育。到2010年，我国同龄人口的高等教育入学率将达到25%左右，也就是说，届时我国普通高等院校在校生将达到3000万人。

目前，高等院校学生中的党员人数大约占到高等院校学生人数的10%左右，高等院校已经成为党员人数相对密集的地方。随着大众化教育时代的到来，高等院校招生规模进一步扩大，高等院校学生党员人数也会继续增加。因此，高等院校的学生党员已经成为新时期共产党新生力量的重要来源，高等院校也将成为新党员重要的发展基地、培训基地和集散基地。因此，民族院校培养出来的高素质党员同样会成为民族地区党的新生骨干力量的重要来源。

加强民族院校学生党建工作，有利于党在民族地区和民族干部战线培养建设一支高素质的干部队伍，是新时期加强党的组织建设的一个重要内容。这是因为党的干部，尤其是领导干部是党的事业的组织领导者，是革命和建设事业的骨干力量。党的干部水平的高低、质量的优劣将直接决定党的战斗力、凝聚力和发展前途。邓小平同志曾经说过，培养和选拔大批能够跨世纪的、担当重任的优秀干部队伍，是一项重大战略任务。必须选拔党性好、作风好、团结好，全心全意为人民服务、群众信任的接班人。民族院校肩负着为加强党的组织建设培养新生力量的重任，特别是在当前国际局势正发生着深刻的变化、国内改革发展任务十分艰巨的情况下，党的建设和组织工作面临着许多新问题、新情况。如何进一步提高党的执政水平和领导水平、如何提高防腐抗变和抵御风险的能力，是保证共产党团结和带领全国各族人民在中国特色社会主义道路上实现中华民族伟大复兴的必然要求，也是时代赋予中国共产党人的神圣责任。解决好这两大历史性课题，最根本的一点，就是要求全党同志，特别是各级领导干部要自觉实践"三个代表"重要思想，坚持全心全意为人民服务的宗旨。历史一再证明，党的领导的成功，依靠的不仅是党的伟大的思想理论武装民众、正确的路线方针指导民众，而且还依靠像焦裕禄、孔繁森、郑培民等这样的领导干部长期在民族地区无私奉献的形象、奋斗在前的行动去感召民族地区广大群众。民族院校学生党建工作承担为民族地区培养优秀学生党员的重任，这些学生党员入党时间早，接受教育程度高、具有较高的科学文化知识和专业能力，对新思想、新问题具有良好的观察思考能力，具备年轻化、知识化、专业化等优势。他们将来可能成为我国民族地区重要的后备力量，他们的素质的高低将会对民族地区党的各级干部的领导水平和工作作风产生重要影响。

第三，加强民族院校学生党建工作，是促进各民族大团结和文化大融合的重要措施。在民族院校发展党员过程中，学校始终是以先进的政治理论、民族观点和民族观念去影响、教育青年学生，让他们更加熟悉党的基本路线、方针和政策，尤其是基本的民族政策和民族理论，在思想上、生活中使他们感受到在中华民族大家庭中各民族学生都是平等、和谐和互相关爱的。

在大学校园里，各民族学生接受着其他民族学生的风俗和习惯，同时也将本民族的风俗和习惯传达给身边的其他同学。这样就在校园内实现了各民族学生的团结和文化融合。而能在大学中就加入到党员队伍中的少数民族学生，必定是与同学联系紧密，具有较好的群众基础的学生党员，他们在民族团结和民族文化融合上肯定会发挥更加积极的促进作用。他们毕业后回到少数民族地区后，同样会带回其他少数民族的文化，这样也就进一步的加深了各民族的了解，同样也就促进各民族的团结。

第四，加强民族院校学生党建工作，是促进民族地区经济快速发展和边疆安全稳定的重要措施。民族院校培养出来的高素质的党员队伍，是用马克思主义、毛泽东思想和中国特色社会主义理论武装头脑的，是树立马克思主义世界观、人生观和价值观的，是具有知识创新、科技创新，推动科技成果向现实生产力转化的高素质人才，是集民族优秀文化与世界先进文明成果于一身的优秀群体。他们回到少数民族地区，势必会提高少数民族地区科学文化知识水平，大大加速民族地区的经济发展，会将建设中国特色社会主义事业在少数民族地区加速推向前进。

众所周知，我国的两万多公里陆地边境线许多都处在少数民族地区。边疆的安全与稳定，历来是一个国家太平的体现和重要保证。良好的民族关系能够促进我国边疆的安全与稳定，同样，边疆的安全与稳定也能够促进民族关系的良性循环和协调发展；不和谐的民族关系不仅会影响边疆的安全与稳定，严重的还会引发骚乱和社会动荡。新中国成立以来，我国为边疆民族地区培养了大量的少数民族干部，但是少数民族干部数量的比例仍然远远低于本民族人口所占当地总人口的比例。现在各级民族自治地方的领导大多为少数民族干部，一些专业部门和职能部门的领导大多数是汉族干部。鉴于此，一些汉族干部认为，汉族干部埋头干活，提拔机会较少，少数民族干部易于提拔，却不安心在民族地区工作。一些少数民族干部看到汉族干部在行政机关中出谋划策且文化技术专业素质较高，产生了"少数民族干部当家，汉族干部做主"的认识，这些错误的认识和做法，影响了民族关系的和谐发展。由此可见，加强民族院校少数民族学生党建工作，把少数民族学生中的优秀分子纳入到党员队伍中来，让他们接受先进的马克思列宁主义、毛泽东思想和中国特色社会主义理论的教育和熏陶，让他们树立坚定的共产主义信念，并用这种坚定的信念来影响和管理自己的边疆民族地区，必将大大有利于边疆地区的安全和稳定。

总之，民族院校培养的学生党员的思想道德素质、科学文化水平如何，将直接关系到少数民族地区社会主义建设事业的发展速度，关系到能否在少数民族地区保持工人阶级先锋队性质、实现党的纲领和路线，关系到能否实现边疆稳定和谐发展。因此，民族院校的学生党员发展工作是具有重要的战略和现实意义的，所以民族院校要加大培养力度、坚持标准、保证质量，把优秀的少数民族大学生吸纳到党员队伍中来，以此来增强党在少数民族地区的阶级基础，巩固党的执政地位。

第二节　民族院校学生党建工作的特点

一、更加重视学生党建工作

培养和发展学生党员，既是民族院校基层党组织的经常性工作，也是民族院校党建工作的一项重要任务，同时也是民族院校为确保办学宗旨和办学方向而需要长期做好的一项重大而紧迫的战略任务。

(一) 高度重视马列主义理论课教育

在当今高等院校中，思想政治理论课已经成为引导大学生树立坚定的共产主义理想和社会主义的信念、增强建设社会主义伟大事业决心的重要途径，也是确保我国高等学校大学生思想政治状况积极、健康、向上的一项艰巨的历史任务。但是，现在很多高等院校的思想政治理论课教学工作还存在着学科建设基础薄弱，课程内容重复，教材质量参差不齐，教学方式比较单一，教学的针对性、实效性不强等情况。一些学校不同程度地存在认识不足、重视不够、管理不到位的情况。

针对以上普通高等学校在思想政治理论课教学过程中存在的缺点和不足，民族院校高度重视思想政治理论课教学，要求所有的思想政治理论课教师在思想政治理论课教学中发挥主导作用，要以丰富的内容充实自己，深入学习和领会马克思基本理论，学习和贯彻落实科学发展观；以高超的教学艺术感染学生，要钻研讲课艺术，使讲课内容贴近生活实际，特别是要贴近大学生活实际；让思想政治理论课教学的基本内容可以紧密结合国内外形势的变化和发展，结合当今社会的热点和难点问题，使理论课教学内容充实而具有活力，让自己赢得各民族学生的信任，让讲课内容赢得各民族学生的喜爱。

另外，民族院校要把思想政治理论课教学延伸到社会这一大课堂，让学生走出校门，向实践学习。组织各民族学生到民族地区、经济发达地区进行社会调查、参观爱国主义教育基地、开展青年志愿者活动等，引导学生在实践过程中树立正确的人生观、世界观和价值观，让各民族学生在社会实践中感受到党的思想政治理论是经过实践经验得来的，是经得起实践检验的，是指导我国社会主义现代化建设事业取得胜利的法宝。

(二) 高度重视党建工作队伍建设

民族院校的党建工作队伍主要是由党务工作者和从事大学生思想政治教育工作的教师队伍组成，他们负责组织、指导和具体实施学生党建与思想政治工作，是民族院校加强和改进大学生党建工作的关键所在。民族院校必须高度重视党建工作队伍的选拔、培养和建设，通过选拔，使一批素质高、业务精、能力强的思想政治工作者加入到学生党建工作队伍，并定期通过远程教育、专家讲课、工作交流、外出考察等多种形式，分类分批对他们进行系统的培训。

（三）高度重视学校党校建设

党校是中国共产党对党员和党员干部进行培训、教育的学校。其任务是，通过有计划地培训，提高学员用马克思主义立场、观点、方法观察和处理问题的能力；结合新的形势，提高学员的政治思想观念和科学文化水平，增强党性，进一步发挥先锋模范作用。党校还承担着党的建设理论的研究以及对党组织和党员状况的调查研究等任务。基层党校还承担对入党积极分子的培训工作。

民族院校学生要成为具有共产主义觉悟的无产阶级先进分子，必须通过基层党校组织的无产阶级世界观和共产主义思想的培训教育。让各民族学生中要求入党的积极分子进学校党校培训，是对要求入党的各民族学生进行共产主义教育的一种好形式，是确保学生党员质量的一个重要环节。因此，民族院校都非常重视党校建设，把党校的建设放在学校各项建设任务的重要位置。

民族院校重视党校建设，主要体现在以下三点：一是重视党校的教师队伍建设。学校在聘任党校教师的时候采取竞聘制度，在全校范围内进行挑选任课教师。这些教师全部由从事多年党员发展和教育工作的党员干部担任，他们具有丰富的教学经验、渊博的学识和严谨的教学态度。二是学校党委严格审核教师的上课内容。这样做是为了确保教师的上课内容确实起到引导以马克思列宁主义、毛泽东思想、邓小平理论和"三个代表"重要思想作为自己的行动指南，引导学生树立共产主义理想、树立为社会主义现代化建设奉献终身的坚定信念。三是控制党校学员的数量。民族院校党校学员占全校学生总数有一定的比例，这样做是为了保证教学质量和生源质量。在学生人数较多的情况下，为了保证教学质量，学校将采取分班授课的做法，以确保学生的听课效果达到最佳。

（四）高度重视安全稳定工作就必然重视党员发展工作

党的"十六大"报告中三次指出，"坚持稳定压倒一切的方针，正确处理改革发展稳定的关系"、"完成改革和发展的繁重任务，必须保持长期和谐稳定的社会环境"、"面对很不安宁的世界，面对艰巨繁重的任务，全党同志一定要增强忧患意识，居安思危，清醒地看到日趋激烈的国际竞争带来的严峻挑战，清醒地看到前进道路上的困难和风险,倍加顾全大局,倍加珍视团结,倍加维护稳定"。

党的十七大报告中指出:"加强党员、干部理想信念教育和思想道德建设,使广大党员、干部成为实践社会主义核心价值体系的模范,做共产主义远大理想和中国特色社会主义共同理想的坚定信仰者、科学发展观的忠实执行者、社会主义荣辱观的自觉实践者、社会和谐的积极促进者。"

高等院校是社会的重要组成部分,担负着为社会主义现代化建设事业培养高素质专门人才的重要任务,是思想、政治和科学极为敏感的区域。民族院校的安全稳定更是国家思想稳定、政治稳定和社会稳定的重要区域。民族院校安全稳定不仅关系教育全局和国家建设的政治任务,而且是经济高效、平稳和快速发展的需要,也是保持民族高等教育持续、和谐、快速发展的重要保证。民族院校安全稳定工作的地位和作用随着高等院校战略地位的提高而显得越来越突出,民族院校作为我国高等教育不可或缺的一部分,其安全稳定工作更是学校各项工作的重中之重。而建设一支高素质的党员队伍和积极分子队伍,必然会大大加强民族院校的安全稳定。

生活在民族院校校园中的学生党员和入党积极分子,他们也是生活在各民族学生中的一员,一方面,他们可以将各民族学生关心、关注的问题及时反馈给学校党组织,使学校职能部门可以在事情处于萌芽状态之时能及时的了解到,这样就给学校职能部门更好地解决事情提供了足够的时间;另一方面,学校职能部门可以将党的路线、方针和政策及时、快速地传达给他们,他们再将这些信息进行广泛宣传,使其他各民族的学生在无形中受到了党的教育。这样,学校职能部门就会对学生的情况了如指掌,工作起来自然也就会得心应手了。民族院校要培养和充分利用好这样一支队伍,让他们在维护学校的安定、团结中发挥监督者、排头兵的作用。

二、学生党建工作的对象更多的是少数民族学生

民族院校的大部分学生长期生活在政治、经济和文化相对落后,信息相对闭塞的少数民族聚居地区,他们社会阅历较少,实践经验比

较缺乏，但思想可塑性极大，只有采用正确的方法和理论进行教育引导，才能使他们不断成才，健康成长。

民族院校中的少数民族大学生具有强烈的民族自尊心、进取心和自豪感。多数少数民族大学生的先辈都在旧中国封建制度下深受了不同程度的民族剥削和压迫，这种民族剥削和压迫使他们更希望能够自立于民族之林。新中国成立后，各个民族之间形成了互相理解、互相帮助、平等相处的新局面，彼此尊重各自的历史文化传统和风俗习惯。社会主义教育事业让少数民族大学生获得更多的受教育和成才的机会，目睹了家乡的贫困和落后面貌的少数民族大学生迫切希望自己能够快速成才，希望用自己所学的科学文化知识去发展民族地区的经济和文化，改变家乡贫困和落后的面貌，使家乡的父老乡亲能尽快脱贫致富。因而与民族院校的汉族学生相比，少数民族学生在学习上会表现出更高的积极性和自觉性，他们勤于学习、思考和钻研，虚心向他人请教，自身素质提高非常快。但是，也有少部分少数民族学生缺乏明确的学习目标和学习动力，加上基础差、底子薄，学习上遇到的困难大，因而非常容易产生自卑心理。

少数民族大学生多来自我国的边疆少数民族聚居地区，具有艰苦朴素、忠厚老实、讲究诚信、吃苦耐劳、能歌善舞、乐于助人等许多优点。他们普遍关心国家的发展和进步，拥护中国共产党的领导，能够树立正确的人生观和价值观，具有拼搏、进取的精神。但有些少数民族大学生愿意接近熟悉的人和事，不善与本民族以外的学生交往，相信自己亲身经历和亲眼所见的东西，防备心理较强；判断是非多以自己的好恶为依据，不善于从事情的发展、联系中分析解决问题，遇事不能及时调整自己的情绪，比较固执和偏激。只有充分认识到民族院校学生的特点，才能有的放矢，开展好经常性的思想教育工作，成为学生的知心朋友，并能够及时引导学生向党组织靠拢。

三、学生的思想政治教育要循序渐进，因势利导

民族院校的学生有的来自东部沿海发达地区、有的来自西部民族地区，其中，来自后一地区的学生占多数。从小生活在沿海发达地区

的学生，亲眼目睹了改革开放以来我国所取得的巨大成就，在他们的内心深处势必充满了对中国共产党的崇敬和向往。他们中的某些学生在中学时就已表达出了加入中国共产党的强烈愿望，个别优秀分子还被发展为预备党员或被列为发展对象。来自西部、边疆、少数民族聚居地区的学生，也亲眼看到了党的民族政策给他们家乡和家庭带来的明显变化，对党充满了感情。但由于其所在地区的历史、地理的特殊性，致使该地区的政治、经济和文化水平都相对落后，在升入大学之前，关于党的理论知识的了解和学习相对缺乏些。因此，民族院校大学生思想政治教育要循序渐进，因势利导。思想政治教育工作者要多下工夫，因材施教，教育方法、教育载体要因人而异。

四、学生党建工作与宗教的影响

我国是一个多民族国家，很多少数民族都有自己本民族的宗教信仰。民族院校大学生民族成分多，少数民族学生比例也高，信教的学生也比其他普通院校要多。目前，民族院校大学生对宗教的认识多数都处于一种模糊意识阶段，缺乏相应的宗教知识，更没有明确的宗教观。例如：有些学生缺乏坚定的理想信念，沉溺于宗教的某些说教不能自拔，缺乏顽强拼搏的坚强意志，错误地把宗教信仰和自己的理想等同起来；个别学生对国家的宗教政策、法律法规不甚了解，未能形成正确的民族观和宗教观，甚至还将一些宗教的教义和教规置于国家法律法规之上，这些都是目前民族院校大学生思想教育亟待解决的问题，也是加强民族院校少数民族学生党建工作中一个急需解决的问题。民族院校大学生对宗教的信仰，大部分是来自少数民族家庭宗教信仰的影响，而少部分来自同学、朋友的引导或是对宗教文化的兴趣，这与当前大学生面临的来自社会、家庭、学习和就业等诸多方面的压力增大有一定的关系。

中国共产党确立了社会主义国家与宗教关系的基本原则就是"政教分离"，即国家政治与宗教相分离的原则。"政教分离"原则的基本含义是：宗教组织不是国家政权的组成部分，不参与国家管理，而是一个社会组织或群众团体。对于国家来说，信仰宗教是公民个人的私事，国家既不会推行某种宗教，也不会禁止某种宗教，同时也不允许任何一种宗教干预国家行政、司法、国民教育、计划生育等。由此可见,"政教分离"的实质是,任何宗教都不得干预政治和政府事务,包括司法、教育、婚姻、计划生育等,不得反对国家基本政治制度的宣传和活动,不得妨碍国家教育制度的制定和实施。

民族院校应该加大党的民族和宗教政策宣传教育力度,让各民族学生可以正确理解和坚持党的国家与宗教、教育与宗教相分离的原则,坚持党对国家和教育的领导地位,自觉抵制宗教对教育的渗透和影响。各民族学生是祖国的未来,民族的希望,是社会主义事业的建设者和接班人,各民族学生都应该懂得,世界上任何一个国家和民族进步、发展,必须依靠科学技术的进步和发展,而科学技术的进步离不开的祖国的教育事业,而不是宗教。

民族院校学生中的共产党员、入党积极分子和共青团员应当是信仰马克思列宁主义的无神论者,都应当严格遵守《中国共产党党章》和《共产主义青年团团章》的规定,带头学习马列主义的辩证唯物主义和历史唯物主义,用正确的思想理论武装自己的头脑,学会用科学的世界观和方法论分析和解决现实生活中遇到的各种问题。各民族学生要树立起国家和民族的进步、发展离不开科技和教育的进步、发展以及各民族平等、团结、互助、和谐、共同繁荣的思想,处理好宗教同民族、同教育的特殊关系,脱离宗教思想的干扰和束缚,努力用先进的科学文化知识武装自己的头脑,扎实地掌握建设社会主义祖国的真实本领,将个人的幸福、理想。人生价值的实现与振兴民族地区经济、发展民族地区事业紧密结合起来,真正成为建设社会主义现代化事业、实现小康社会、实现和谐社会的建设者和接班人。

第三节 学生党建工作的方法及措施

一、重视各民族大学生的入党启蒙教育

(一)做好入学教育,做到"早启发、早引导、早教育"

对于刚刚步入大学校园的新同学,民族院校党建职能部门以及思

想政治教育工作者要做好适应期的思想引导工作。在新生入学的第一个月举办入党启蒙教育，帮助学生确定新的目标。以学校二级党校为阵地，加强对新生的启发、引导和教育，从人生崇高的追求、人生价值的实现和政治信仰讲起，激发学生爱国、爱党的政治热情，启发学生的入党意识，鼓励他们积极主动地向党组织表达入党愿望并及时递交入党申请书，实现从一名普通学生成长为志愿加入中国共产党的有志青年的转变。

（二）以学习小组为载体发挥学生自我教育作用

在做好大范围的思想启蒙教育的同时，要注重对递交了入党申请书的学生，尤其那些思想基础好、入党愿望强烈的学生加强培养。党组织要积极组织学生成立班级或专门的党的基础知识学习小组，以高年级优秀党员为组长，引导他们学习《中国共产党党章》，懂得党的性质、宗旨、党员权利与义务、党员条件等基本知识，学习优秀共产党员的先进事迹，帮助他们逐步树立共产主义理想，端正入党动机，引导他们在积极参加各种活动和社会工作中创造入党条件，同时要特别注意对班级或学生会等学生干部的引导，他们是学生中的骨干力量，一般表现都较好，只要注意启发、引导，他们势必将成为学生中加强党建工作的中坚分子。

二、认真做好入党积极分子的选拔、培养和考察工作

民族院校发展学生党员工作要把着重点放在对各民族学生中要求入党积极分子的选拔、培养和教育上。各民族学生入党积极分子是民族院校学生党员队伍的源泉，各民族学生入党积极分子队伍的选拔、培养工作是民族院校学生党员发展工作的基础。因此，民族院校在学生入党积极分子的选拔、培养工作中，必须坚持"早选拔、早培养和早教育"的原则，从大学一年级新生抓起，建立一支数量较多、素质较高的入党积极分子队伍，这是确保党员发展工作顺利进行和党员发展质量的一个重要环节。在民族院校党员发展建设实践工作中，搞好入党积极分子队伍建设工作的关键是引导和教育各民族学生在思想上实现两个转变，即从一个志愿加入中国共产党的有志青年成长为一名

入党积极分子的转变和从一个入党积极分子成长为一名中国共产党预备党员的转变。实现这一工作目标，民族院校学生党建工作应该在积极分子队伍建设这一环节上做到：一要"早选拔、早培养和早教育"，搞好选拔、培养和教育工作；二要结合当今世界的政治经济形势、党的基本路线方针政策和基本理论知识，针对当代大学生的思想实际，加强对他们的入党动机教育，进一步提高入党积极分子的思想觉悟，解决好他们的思想入党问题。

（一）"重推优"是基础

入党积极分子状况，直接决定着发展党员的数量和质量。因此，民族院校基层党组织应始终把对入党积极分子的选拔、培养和教育作为基础和关键来抓，切实加强对大学生的培养教育工作。建立一支具有高学历、高业务水平的社会主义合格建设者和党的可靠接班人。做好入党积极分子的"推优"工作是确保积极分子队伍的重要环节，"推优"工作既是通过学生党建工作带动团建工作，也是通过加强团建工作，特别是加强团的思想政治建设，促进学生党建工作的一项长期重要工作。抓好"推优"工作，使大批入党积极分子承担团的工作，做好党的助手，进而成为合格的党员，这样既可提高团的工作质量，也为"推优"工作奠定了基础。

在"推优"工作中，民族院校要注意处理好三个关系：一是党组织指导和团组织负责的关系。学校党委组织部、院（系部）党总支负责指导"推优"工作，包括"推优"的方法、步骤和要求。具体入党积极分子的推优工作的实施则由团组织负责，推荐谁、推荐多少、如何评价推荐对象等具体细节，是团组织的权利和责任，基层党组织把关和指导。二是团组织的推优工作与党组织的发展工作的关系。团组织只有"推优"的权利和义务，而没有发展党员的权利。推荐上来的积极分子能否发展入党、什么时候入党都是党组织的权利范围。但是党组织必须要尊重团组织的推荐考核意见，对被推荐上来的积极分子，要认真考察、培养和考核，符合党员条件就要发展其入党，对于不符合党员条件的对象，党组织应该积极的给予改进意见，并向团组织反馈，争取在党组织和团组织的共同帮助下让其早日加入到党组织。三是发挥基层党团组织作用和协调各部门、各方面支持配合的关系。"推优"是一项综合性工作，除了充分发挥学校党委组织部、院（系）

党总支、学生党支部和分团委、团支部的积极作用外，还要协调学校宣传部、学生处等部门发挥共管作用。基层党团组织还要主动与辅导员、班主任（导师）、党员干部、党员教师以及学生党员等取得联系，征求他们对"推优"工作的意见或建议，并分配给他们一定的培养、教育和考察任务，共同做好和完善积极分子"推优"工作。

（二）"重培养"是关键

对于已经推选出来的入党积极分子，重点加强教育培养是保证党员发展质量的关键。要取得教育培养的良好效果，除了积极分子的主观学习态度外，还必须对教育形式、教育内容、教育方式进行研究和创新。

在教育的有效形式上，一是以年级或是专业为主成立党的理论学习小组，利用课余时间加强理论学习，学生党支部加强指导，支部党员下派到各理论学习小组去组织和指导学习，以提高学习效果；二是建立党员联系入党积极分子制度，党员班主任（导师）、辅导员和学生党员要积极联系入党积极分子，针对不同情况做好细致的、有针对性的思想教育工作，指导他们不断进步；三是抓好各级党校的党课教育，首先各院（系部）党校要对各自的入党积极分子进行全面的培训，并分批选送入党积极分子进入党校培训学习，使他们能够比较系统和全面地接受党的理论知识教育；四是充分利用网络等现代化的交流工具，如利用 QQ 群、网络博客等现代网络工具开展适时的网络教育，对于即时的社会问题和时事热点等都可以在这里展开讨论，并在这里发出及时的引导和教育。

在教育的内容上，一是进行党的性质、纲领、宗旨、纪律、党员条件、党员权利和义务等党的基本理论知识的教育和学习，使入党积极分子及时明确自己的缺点和不足，并找到自己的努力方向，加深对党的认识；二是进行马克思主义、列宁主义、毛泽东思想、邓小平理论、"三个代表"重要思想和科学发展观的教育，使入党积极分子了解共产主义理论的历史发展规律，明确自己肩负的使命和责任，进一步端正入党动机，坚定共产主义信念；三是进行党的基本路线、方针、政策和改革开放形势政策的教育，充分认识党在社会主义初级阶段的历史任务，自觉接受党组织的教育和考察；四是进行爱国主义、集体主义、社会主义及共产主义思想教育，正确处理国家、集体、个人之间的利益关系,在改革开放和建设社会主义市场经济的伟大实践中磨砺和锻炼自己,努力成为有理想、有道德、有文化、有纪律的四有新人。

在教育的方式上,要做到五个结合:一是将入党积极分子的培养教育与开展寓教于乐活动相结合。当代大学生具有思想活跃、个性鲜明、爱好广泛的特点,经常开展一些特色鲜明而且具有教育意义的科技、文化、艺术、体育等活动,鼓励和要求入党积极分子在各项活动中树立起骨干和表率作用。二是将入党积极分子的培养教育与参加党的各种活动相结合。经常组织他们参加党的知识竞赛,邀请他们列席参加党员纳新的支部大会、新党员入党宣誓大会以及其他一些有关党的活动,让积极分子在这些活动中增加对党的感性认识,可以更好地接受党的生活的实际教育与锻炼。三是将入党积极分子的培养教育与参加社会实践锻炼相结合。有目的、有计划地利用寒暑假,组织入党积极分子深入社会进行社会调查和理论研究,加深对党的路线、方针、政策的理解和认识,明确一名大学生在社会主义现代化建设中的责任和使命。四是将积极分子的培养教育与团内"双评"相结合,使入党积极分子通过班级民主评议与积极分子之间的互评,自觉开展批评与自我批评,诚恳接受团组织的教育与帮助。五是将入党积极分子的培养教育与有意识的加任务、压担子相结合,使入党积极分子在同学工作中受到锻炼,增加威信。

(三)加强对入党积极分子的考察,为发展党员做好准备工作

加强对学生入党积极分子的全面考察,是组织发展的前提和基础。民族院校党组织必须根据本校学生党建的任务和特点,结合本校实际情况,制定相应政策,把对入党积极分子的全面考察落实到大学生集体学习、生活和社会活动的各个方面,以提高入党积极分子教育培养工作的实效性。

1. 全面考察思想表现,培养入党积极分子良好的政治素养。对于一名共产党员来说,思想表现和政治素养是反映党性修养的核心内容,也是其能否树立坚定、正确的政治方向的关键所在。各级党组织在对学生入党积极分子进行考察培养的过程中,要将考察思想表现放在首位,全面考察其是否认真学习和贯彻马克思主义、列宁主义、毛泽东思想和中国特色社会主义,是否坚持四项基本原则和拥护党的路线、

方针、政策，是否在对待重大政治事件和重大原则问题上能够旗帜鲜明地与党中央保持高度一致，是否具有坚定的社会主义信念和共产主义理想，并有为之奋斗的决心和行动，是否具有良好的道德品质与文明素养，具备良好的服务意识、主人翁意识和社会责任感。通过这些考察，帮助入党积极分子树立正确的世界观、人生观和价值观，树立正确的入党动机和端正的入党态度，全面提高入党积极分子的党性修养和政治素质。

2. 全面考察工作表现，培养入党积极分子良好的工作能力。对入党积极分子在学生会、班级等方面的工作表现进行全面考察，有利于把工作能力强、素质高的优秀大学生吸纳到党员队伍中来，为有中国特色社会主义建设事业培养出高素质的后备人才。因此，在考察培养中要全面考察其是否积极参加学校、学院和班级，尤其是班级的各项活动，具有较强的组织协调能力，乐于接受组织分配的各项任务，并带领同学很好地开展和完成工作任务；是否具有大局意识和高度的责任感，不计较个人得失；是否能够勇于承担各项社会工作。

3. 全面考察入党积极分子的学习表现，培养良好的业务水平。学生学习能力的强弱直接决定其将来的工作能力和水平，而且"三个代表"重要思想要求共产党员要代表新时期先进生产力的发展方向，不断创造和开拓新的生产力，推动社会进步。因此，应该通过全面考察入党积极分子的上课出勤、学习成绩、学习态度和学习目的，培养入党积极分子应当注重对科学文化知识的学习，养成良好的学习方法和习惯，为将来投身社会、实现自身价值打下坚实基础；注重丰富和拓展自己的知识面，构建科学、合理的知识结构体系。

4. 全面考察入党积极分子的生活表现，培养良好的阶级基础。入党积极分子是生活在大学校园里的普通一员，他们在大学生活中的一言一行都会体现他们的综合素养，尤其是他们的思想素质。应当全面考察其自觉遵守学校各项规章制度的情况；全面考察其团结同学，尊敬师长，尊老爱幼的情况；全面考察待人接物、文明礼貌的情况；最重要是全面考察其诚信情况。通过这些方面，考察入党积极分子是否得到老师和同学的认可，是否具备良好的群众基础，是否能够影响和带动周围的同学共同进步。在实施全面考察的过程中，还应当注重使用灵活的考察方式，全方位、多层次的对入党积极分子的表现进行综合考评。

（四）发挥院（系部）党校作用，加大积极分子培养力度

做好入党积极分子的培养教育工作是各学院（系部）党校的一项重要职能。院（系部）党校是在各个院（系部）的党总支直接领导下，培训党员、入党积极分子和广大学生的重要阵地，是进行党性锻炼的大熔炉。目前很多院（系部）党校的工作不够规范，没有充分发挥作用，党校自身建设不到位。有的院（系部）没有单独设立党校，有的没有专人负责，有的没有专门的场所和必要的办公经费，办学指导思想也不明确。对于这些问题，民族院校院（系部）党校要按照学校党委统一要求，在院（系部）党总支的直接领导下，加强组织建设，设立专门的办公场所和办公经费，指定有经验的教师定期对全院（系部）学生、积极分子、预备党员和党员进行培训。尤其各期积极分子的培训，他们是介于普通学生和党员之间的人员，他们的思想水平、政治素质是否高于普通同学，这将严重影响党校、党支部和团委工作的威信。所以，切实加强院（系部）党校对入党积极分子的培训，是加强大学生党建工作的重要内容。

三、处理好数量和质量的关系，严格把关、慎重发展学生党员

积极将优秀的各民族大学生发展到党组织中来，是中组部、中宣部和教育部联合召开的第十二次全国高等院校党建工作会议上提出的一个具有划时代意义的重要课题。在发展大学生党员的过程中，民族院校基层党组织必须严格按照《中国共产党章程》和中组部颁发的《中国共产党发展党员工作细则》等规定，全面把握学生党员的发展数量与发展质量之间的辩证、统一关系，严把质量关，积极、慎重地发展学生党员，实现学生党员质量与数量的有机统一。

（一）严格党员标准，重在质量

没有数量就没有质量，没有质量也就失去了数量存在的意义，但质量是党员发展的关键。然而近年来，在高校学生党员发展中重数量、轻质量的现象时有发生。党在建设有中国特色社会主义事业进程中，不仅需要建设一支数量可观的党员队伍，更需要建设一支高质量的党

员队伍。党员的先进性主要取决于党员的质量,而不是党员的数量,如果只讲数量,不讲质量,就会失去先进性。因此,在发展学生党员的过程中,要根据党员标准对发展对象进行认真、全面的考核。始终把保证质量放在第一位,在保证质量的前提下,逐步增加学生党员的数量。既做到把符合条件的优秀大学生吸收到党内来,又做到宁缺毋滥;既要严格按照《中国共产党章程》的要求掌握党员发展标准,又要坚持用辩证和发展的眼光看待发展对象身上存在的不足。在具体考核过程中,要抓住主流和本质,看其是否有强烈的入党愿望和端正的入党动机,决心为共产主义奋斗终生;看是否坚持全心全意为人民服务的宗旨,正确处理公与私、个人与组织的关系,密切联系群众,热心做群众工作;看是否坚决执行党的决议,自觉遵守党的纪律,认真完成党组织交给的任务;看是否能以实际行动积极创造条件争取入党,特别要注意入党积极分子在关键时刻能否经受住考察,在广大同学中起表率作用。

（二）严把发展程序关

严格履行党员发展程序是确保党员发展质量的重要环节。首先要不断建立和完善团员推优制度、入党积极分子定期考核制度、入党积极分子定期汇报制度、指定党内培养人制度、党委指派专人谈话和党委审查等制度。在此基础之上,要经过学生党支部大会讨论、党内外群众评议、入党材料报上级党组织审查确定拟发展对象。在党员的组织发展工作中,要确保入党材料的完整和入党手续的齐备,要通过召开全体支部党员大会接收新党员,要派专人与新党员谈话,指出其缺点和不足,并给出改进意见以提高其政治素养。所有新党员必须进行入党宣誓,以增强对自己"政治生日"的认识。通过严格的入党程序关,使他们牢记自己入党的每一个环节,理解党组织将其从一名团员培养成中共党员的艰辛,进一步坚定共产主义信念。

（三）处理好培养和发展的关系

大学阶段是民族院校大学生正处于人生观、世界观和价值观的形成黄金时期,是确立科学人生目标和政治信仰的宝贵时机。作为民族院校,担负着为少数民族和民族地区培养优秀毕业生的重任,一定要通过多种途径加强对学生的马列主义思想教育,促使其树立思想上先入党的正确观念,这是民族院校基层党组织处理培养和发展关系的一个侧重点。要让学生明确知道组织上入党是一时的,思想上入党才是一世的。只要树立了为共产主义事业奋斗终生的决心和坚定信念,即使在学校未解决组织发展问题,到了工作岗位上也还是能发展的。民族院校优秀学生党员例子不胜枚举,但是在组织上入了党,而因为缺乏为党的事业努力奋斗的自觉性和信心,而起不到党员模范作用,甚至有损党员形象的现象也时有发生。所以对于大学生党建工作,更要把培养放在首位。

(四)做好党员公示工作,把好监督关

应当建立健全党员发展公示制度,将组织发展工作的情况予以公示,实现真正的公开、公平、公正。首先,公开党员入党标准、入党条件、确定发展对象条件和支部大会讨论结论等。其次,充分发挥群众监督和党内考察监督这两条主渠道,进一步增强发展对象的自律意识和进取精神,将外部监督内化为自我监督,使入党积极分子健康成长和快速成熟起来,同时,公示也是对基层党组织负责人的监督,提高组织发展可信度。

(五)强化责任意识,严把审批关

对发展对象的预审和审批是发展党员的最后一关,各级党组织一定要增强责任意识,把好发展审批关。党员发展必须坚持学院(系部)党总支会集体讨论预审、审批新党员制度和上报校党委审批制度。各级党组织在预审发展对象、审批新党员时,务必坚持原则,做到积极分子必须经过学生推优产生,必须经过学生党支部培养一年以上,必须经过院(系部)和学校党校培训且成绩合格、入党材料、手续齐备,必须政审合格和征求党内外群众意见,必须经过公示和党内外群众监督。各级党委会在进行表决时要慎重,同意或否决党支部意见都要做到证据充分。

四、改进工作方式,健全制度,强化党员再教育工作

民族院校大学生在组织上入党后,有的学生可能在思想上、行动上放松了对自己的要求。如果学生党建工作的重心仅仅放在培养和发展党员上,而忽视了对新党员入党后的再教育,势必会影响大学生党

员队伍的质量和各民族大学生党员在群众中的形象。按照党中央提出的"坚持标准、保证质量、改善结构、慎重发展"的组织工作方针，加大对各民族大学生党员的教育培养力度，进一步加强对各民族大学生党员开展理想、信念和党的性质、宗旨、党员义务的教育。通过反复学习，深入讨论，邀请党员专家、教授为各民族大学生党员讲党课，并采用时事讲座、党校论坛、班级讨论、网上论坛、社会考察调研等多种形式，促使各民族大学生党员认识到组织上的入党并不等于理想信念就十分坚定，入党的过程是一个不断端正入党动机的过程，使各民族大学生党员深刻认识到党员要有超于一般同学的思想见解，要有为党和人民的利益作出任何牺牲的政治觉悟。

民族院校各基层党组织按照"三个代表"重要思想和科学发展观的要求，通过组织生活、理论学习、业务考核、学风建设、宿舍管理和党员责任区等活动，使之达到新时期党员先进性标准的要求。

（一）健全组织生活制度

民族院校要认真坚持"三会一课"，定期过好组织生活，这是党员教育的一个基本形式。各院（系部）党支部争取在组织生活的内容和形式上要有所创新，在组织党员学习党章的同时，也要根据当前的政治经济形势加强对党的路线、方针和政策的学习。明确在当前改革开放和全面建设小康社会的大形势下，学生党员所面临的基本任务，讨论学生党员在优良校风、学风、班风和舍风建设上，在良好校园文化建设上，在维护民族团结和校园安全稳定上如何发挥自己的模范带头作用。

（二）健全预备党员考察制度

对预备党员的再教育和考察是关系到党员质量和党员队伍先进性的重要问题。对预备党员的考察应当做到专人负责，督促其定期向党组织上交自己的思想汇报和学习、工作总结材料，完善培养人定期谈话制度，并针对被培养人的缺点和不足提出改进意见。

（三）健全党员民主评议制度

党员民主评议工作是一项融教育、管理和监督于一体的重要工作，但是这项工作却往往容易被忽视，党的各级组织要明确党员民主评议制度是抓好党员队伍建设、提高党员素质的有效措施。在开展党员民主评议的过程中，要做到以下三点：一是要按照学校党委要求，并结合党员标准合理设置党员测评表,做到真正把党员分开档次;二是将老师评价、党员自评、党员互评和学生评价结合起来,多方位了解党员的综合表现;三是制定健全党员民主评议和警示制度,对评价不好的党员要提出警示和惩罚措施,并限期整改。

(四) 建立党员责任区

对于学生党员要划分党员目标责任区,实施目标管理,这是提高学生党员质量的有力保障。建立学习责任区:要求学生党员要确立明确的学习目标,保持扎实的学习作风和刻苦的学习态度,保持学习成绩处于前列,而且学生党员还要积极帮助班级里学习上有困难的同学。此外,学生党员还要关心当今世界时事,在重大政治事件面前要与党中央保持高度一致。建立工作责任区:要求学生党员要认真履行自己的工作职责,积极完成组织交给的各项工作;大胆创新,任劳任怨,服从组织安排,在学生活动中发挥骨干、带头作用。建立生活责任区:在日常生活中,尤其是在寝室、食堂等公共场所,更要注意自己的党员形象,要用自己的榜样行动和言语去影响自己周围的人,搞好寝室、食堂等公共场所的文明建设。

五、有效整合学校资源,增强民族院校党建工作合力

高校的党建工作是一个科学的系统工程,需要各方统筹兼顾、相互配合。为适应我国当前高校教学管理体制和后勤社会化改革不断深化的需要,民族院校更应该充分调动校内各个部门的力量,形成全员育人的工作格局。通过各种有效渠道整合相关教育资源,充分调动校内各方面关心、支持党建工作的积极性,让民族院校党建工作成为民族院校素质教育和人才培养不可缺少的一部分。

形成校党委统一领导、各部门齐抓共管的新格局的具体表现有以下三点:

一是教师与学生互动。首先,将教师参与党员发展工作明确为党员教师的义务,加强教师党员与被培养人的联系,通过教师党员"传帮带",让被培养人更快地成长。其次,发挥学生党员在学生党建过程中的主体作用。让学生从学生党建工作中的受动者摆脱出来,让其

成为教育培养活动的组织者或参与者。

二是党建与团建互动。共青团作为共产党的得力助手和后备军，在学生党建过程中有着特殊重要的作用。团组织通过"推优"工作，把共青团中具有良好政治素养和业务水平的优秀青年推荐为党的积极分子，并使积极分子在共青团组织的各种社会实践活动中得到锻炼和提高；团组织还可以积极配合学生党支部加强对学生党员的教育、管理和培养工作等。

三是教工党支部与学生党支部互动。教工党支部按系设置，学生党支部按系、年级设置，高年级可按班设置，两个党支部共同对学生入党积极分子进行培养，有效解决学生正式党员少、培养人力量不足的问题。

六、注重创新，增强民族院校党建工作活力

加强民族院校学生党建工作的创新是保证其健康、有序发展的重要途径。面对当今世界变化莫测的国际形势以及国内外民族分裂分子引发的严重暴力事件，这些新形势、新问题，要求民族院校的党建工作必须注重创新，坚持与时俱进。

（一）党建工作载体的创新

当今的时代早已经进入了互联网的时代，实现党建工作向网络的延伸势在必行。建立党建专题网站，开设"网上课堂"，开展网上组织生活，建立"网上支部"等，充分利用网络载体，建立网上党建新阵地，将传统的集中学习和说服教育的党员教育模式向现代网络学习、现代网络教育发展。

（二）加强党建工作机制的创新

机制创新是实现民族院校学生党建工作创新的关键，也是民族院校学生党建工作与时俱进的必然选择。

（三）党建工作制度的创新

结合民族院校党建工作的特点，完善党建过程中的学习培训制度、培养考察制度、考核发展制度、监督评价制度等，使民族院校学生党建工作逐步向规范化、制度化、科学化的轨道发展。

总之，在新的历史形势下，民族院校学生党建工作应当以"三个

代表"重要思想和学习实践科学发展观理论为指导,深入贯彻党的十七大精神,坚持与时俱进,抓好入党积极分子队伍建设,抓好党员的发展、教育和管理工作,整合民族院校资源,注重创新,使民族院校党组织永葆生机和先进,将各民族大学生党员发展工作推向一个新的高度。

第四节 大连民族学院少数民族学生入党案例

希毅力·海比布,女,1987年出生于新疆维吾尔族自治区哈密市,维吾尔族,现就读于大连民族学院生命科学学院应用化学专业,生命科学学院文艺部副部长,班级文艺委员。

综合表现:该学生学习刻苦努力,成绩较好,没有出现不及格现象;自升入大学本科以来,一直担任班级文艺委员和生命科学学院文艺部干事,大二时升任文艺部副部长,曾组织和亲自参加了学校、学院的诸多文艺和体育活动,工作能力突出,方法得当,受到老师和同学们的一致好评;生活上,该学生一直勤俭节约,团结同学,在大连民族学院寝室文明建设、食堂文明就餐等活动中都有上佳表现。

思想演变过程:该学生是一名典型的维吾尔族女孩,自小受到家庭和民族习惯影响而信仰伊斯兰教。2007年10月,即升入大学本科一个月后,她参加了生命科学学院学生党校的培训。经过此次培训,她对中国共产党产生了向往之情,但是又觉得信仰共产主义和信仰伊斯兰教之间是相互矛盾的。辅导员王老师(生命科学学院化学系学生党支部支部书记)在与其谈话过程中及时了解到了她的这种思想,经过进一步的谈话,辅导员老师发现希毅力·海比布的父亲(维吾尔族)也是一名中共党员,而母亲却是一名虔诚的伊斯兰教教徒。辅导员觉得希毅力·海比布的情况比较特殊,所以及时向生命科学学院的党总支副书记王喜春老师汇报,并与班导师赵老师取得联系,共同来做希毅力·海比布的思想工作。同时与其父亲取得联系,动员其父亲来劝说希毅力·海比布积极向党组织靠拢并及时递交入党申请书。在三位老师和其父亲共同的引导和教育下,希毅力·海比布懂得了加入中国共产党是一件神圣的事情,没有共产党,中国的社会主义现代化建设事业不会取得这样举世瞩目的成就,也就没有新疆少数民族同胞现在的幸福生活。因此,希毅力·海比布很快就递交了入党申请书,向党组织表达了自己加入党组织的迫切愿望。

推优及培养过程:希毅力·海比布在向党组织表达了入党愿望以后,每个季度都按时向辅导员老师汇报自己的思想、学习和生活情况,辅导员老师也会有针对性的给出意见和建议。由于其各个方面的良好表现,希毅力·海比布在班级团支部推优工作中顺利的被推选为入党积极分子。学生党支部在公示积极分子推优结果并确认公示结果良好后,特意指派了两名优秀的老党员担任其入党介绍人,以加强对其的培养。同时,学生党支部的支部委员会通过讨论认为应该加强对希毅力·海比布的政治理论水平的培养,以提高其党性修养和思想政治素质,从而使其树立坚定的共产主义信念。经过党支部一年的培养和定期考察后,发现该同学的政治理论水平有了很大的提高,尤其在经过生命科学学院入党积极分子培训班的培训后,政治素质有了明显的提高。综合该学生各个方面的良好表现,学生党支部召开大会讨论后,建议将其列为2009年大连民族学院党员发展计划。学生党支部在生命科学学院党总支的会议上详细汇报了希毅力·海比布同学的具体情况及将其列为2009年大连民族学院党员发展计划的想法。学院党总支在认真讨论和考察后认为,该同学各个方面已经基本具备了一名中国共产党党员的要求,同意将其列为发展对象,并在全院范围内进行公示。经过为期十天的公示后,反馈意见很好,学院党总支决定将其列为2009年大连民族学院党员发展计划,并上报大连民族学院校组织部审查备案。

2009年3月,希毅力·海比布作为学院重点培养的积极分子被选送到大连民族学院党校学习。经过一个月的党校培训,希毅力·海比布熟知了党的基本理论知识,从而更加坚定了加入党组织的信念。2009年6月,在函调其直系亲属和主要社会关系无任何历史问题、广泛征求党内外群众意见和严格公示无异议后,希毅力·海比布成为一名光荣的中国共产党预备党员。

意义分析:将希毅力·海比布发展为中共党员,是民族院校党建工作的一次重要实践。希毅力·海比布加入到党组织后,必然会用自己的实际行动带动和影响周围的人,这样必然会给学生党建工作注入新的活力。希毅力·海比布毕业后有志于回到自己的家乡新疆去工作,这样她会把大学里学习到的科技文化知识应用到新疆的发展和建设中,为我国边疆少数民族地区的经济发展贡献一份力量。作为一名党员,她还会用自己的共产主义思想去影响和教育身边的人,教育本民族的兄弟姐妹,这势必也会对我国边疆的安全和稳定工作产生有利的影响。

第七章　民族院校共青团、学生会建设

"中国共产主义青年团是中国共产党领导的先进青年的群众组织，是广大青年在实践中学习中国特色社会主义和共产主义的学校，是中国共产党的助手和后备军。"[①]

"学生会是学生自己的群众组织，在党组织的领导和团组织的指导帮助下，依照法律、学校规章制度和各自的章程，独立自主地开展工作。"[②]

高校的重要使命是培养人，高校的核心工作是育人，高校的重要主体是学生，高校的首要成果是"学生"。按照自身性质的必然要求，同时作为中国高校中最基本、最重要的学生群体组织，高校共青团、学生会在高校整个教育体系和育人格局中一直占据极为重要的位置，发挥着不可替代的作用，是高校思想政治教育阵地上一支非常重要的生力军。

民族院校的办学宗旨和任务，使民族院校的共青团、学生会肩负着较一般高等院校更为神圣、更为艰巨的使命和责任。民族院校要"努力把各民族学生培养成为德、智、体、美全面发展的具有中国特色社会主义的合格建设者和可靠接班人，为维护祖国统一和民族团结，实现国家长治久安作出贡献"。[③] 这就为民族院校的共青团、学生会建设提出了政治上标准更高、工作方法上更细、工作效果更实的要求。

民族院校共青团、学生会建设有其特殊要求，在密切联系各族青年学生，履行思想引导、组织引领、成才服务等职能方面都有其内在

---

① 《中国共产主义青年团章程》，2008。
② 《中华全国学生联合会章程》，2007。
③ 国家民委、教育部：《关于进一步加强和改进民族院校大学生思想政治教育的若干意见》，2009。

规律，具有其他任何组织不可替代的重要作用。民族院校共青团、学生会的建设和发展，要紧紧围绕民族院校的中心任务，既要遵循普通高等院校共青团、学生会建设的一般规律，又要把握民族教育的特殊性，只有这样，才能充分发挥民族院校共青团和学生会在思想政治教育和为学生成才发展服务中的重要作用。

第一节 共青团在育人格局中的地位和特殊的职能内涵

一、共青团在高等院校育人格局中的地位和职能

根据共青团的性质，按照党对共青团的具体要求，总结新中国成立以来高校共青团的发展历史，归纳概括起来可知，当前高校共青团组织主要承担着两大职责：一是在党的领导下开展思想政治教育，团结、教育、凝聚、引领各族青年学生坚定不移地跟党走；二是服务学生成长成才、建设校园文化、塑造学生人格、培养学生科学精神、推动学风、促进学生就业和全面发展。

高校共青团的职能和自身特点，使其在高校的整体育人格局中占有不可替代的重要地位，体现出其他组织不可比拟的优势。

第一，共青团在思想政治教育中具有联系、引领青年学生的优势。共青团组织是党领导下的先进青年的群众组织，在党和各民族青年之间，通过教育宣讲、组织学习、主题团会、座谈会等形式，及时、准确地将党的思想、路线、方针、政策传达到各民族青年之中。共青团组织贴近学生、了解学生，是党和各民族青年之间的桥梁和纽带，团组织了解学生的思想动向，反映学生的诉求和呼声，维护学生的权益，通过召开学生同党政领导的座谈会、校领导接待日等形式，解答和解决学生的疑惑和困难，学生的思想和动态被及时掌握，为高校增强思想政治教育工作实效发挥了重大作用。团组织在党的领导下开展的各

项学生活动,由青年学生自己组织、参与,活动形式贴近青年,符合青年人特点,与学生亲密联系在一起,使团组织在青年学生中比较容易产生凝聚力、号召力和影响力。

第二,完备的体系使共青团在高校思想政治教育中具有组织动员优势。现在,各民族院校的团组织一般都是实行三级管理体制,即团校委、院(系部)二级团组织、班级团支部。高校共青团完备的组织体系是其在学校党委的领导下开展思想政治教育的有力抓手和有效渠道,为实现其上级团委明确规定的任务提供了一切前提。团组织通过推荐优秀团员入党,团校培养团员干部骨干,优秀团干部、团员和先进团组织的评比表彰,突出事迹以及优秀品质团员的立功表彰等组织行为,充分发挥凝聚引导的优势和作用。目前高校学生自我教育、自我管理、自我服务的最大最主要组织是学生会和社团联合会,两者在校党委的领导下,接受团委的指导,这也是共青团具备的重要组织优势。

第三,共青团在服务学生成才发展上具有一些传统的品牌项目和有效平台。新中国成立以来,高校共青团在开展文化素质教育、举行丰富多彩的文体艺术活动以及倡导科学精神、提高大学生专业素质和实践能力、促进就业等服务学生成才发展方面形成了一些品牌项目。高校团委旗下的这些品牌活动,为青年学生全面发展带来巨大的推动,甚至成为更多学生一生的记忆和财富,这些品牌主要有:团中央和教育部等四部委联合举办的当代大学生科技奥林匹克的"挑战杯"大学生课外学术科技作品竞赛和创业计划大赛,"三下乡"暑期社会实践和"四进"社区活动,纪念"五四"运动、"一二·九"运动及相关评比表彰活动,各高校传统的一年一度的文化艺术节,科技学术节及各类讲坛活动。

二、民族院校共青团特殊的职能内涵

在党的关心和指导下,特别是改革开放以来,我国民族高等教育事业迅猛发展,截至2009年,全国15所民族院校的在校大学生近22万人,民族高等教育粗具规模。一直以来,各民族院校始终坚持为少数民族和民族地区服务的办学宗旨,为培养具有较高素质、较高水平的具有中国特色社会主义的建设者和接班人而努力。当前，国家民委直属的6所民族院校均是面向全国招生（部分高校还具有在港澳台招生资格），学生来自不同地域，民族成分语多。以委属民族院校为例（2009年9月数据），其中，中央民族大学、西南民族大学和大连民族学院有56个民族，中南民族大学和西北民族大学有55个民族，最少的北方民族大学也有41个民族。面对这样的青年群体，民族院校共青团始终把加强大学生思想政治教育放在首要位置，教育、团结、凝聚56个民族的团员和青年学生高举团旗跟党走，开创性地开展团建和思想政治教育工作，充分发挥了党和青年之间的桥梁和纽带作用，引领校园文化，推动学生成才，协助学校有关部门做好学生管理，在民族高等教育事业的第一线一直发挥着生力军的突出作用。

民族院校首先是一所普通高等院校，民族院校共青团和一般高校共青团同样发挥着自身优势，承担着基本职责，但由于民族院校的特殊性，民族院校共青团在其职能上具有更为丰富的内涵，在履行职责的过程中也有其特殊要求。

（一）思想政治教育有更高的标准和要求

"育人为本，德育为先"，思想政治教育在高校人才培养中占据首要位置，高校共青团无一例外的将思想政治教育作为首要任务。需要强调的是，民族院校共青团要在思想认识和具体行动上时刻把思想政治教育放在突出位置，要求确立更高标准，投入更多精力，务求最实效果。民族院校的团干部必须具有高度的政治敏锐性，自觉地和党中央保持一致，时刻不忘民族院校的办学目的，绷紧政治这根弦。民族院校共青团在传达贯彻党的方针政策时，不仅要及时，更要准确，还要讲究方式方法，尤其是在一些特定的阶段和时间内，如西藏"3·14"打砸抢烧事件后，按照党中央的要求，要将事件真相和性质及时、准确地向全体学生传达，这时就要特别考虑向藏族学生传达的方式方法。据调查，全国各高校大一报到新生的团员率已达90%甚至以上，因此一般高校团委往往忽略新团员的发展工作，而民族院校的非团员新生大多是来自偏远民族地区的少数民族学生，对他们积极进行教育和培养，发展他们成为共青团员，也是民族院校团委必须高度重视一项工作。

(二) 思想政治教育有更丰富的内涵

国家民委、教育部《关于进一步加强和改进民族院校大学生思想政治教育的若干意见》进一步强调:"民族院校要切实加强爱国主义教育,加强马克思主义民族观教育,加强马克思主义宗教观教育,加强马克思主义文化观教育,要警惕和防范境内外敌对势力对民族院校的渗透。"这就要求民族院校共青团,不仅要开展一般院校共青团所要开展的理想信念教育、爱国主义教育和基本道德规范教育,还要开展民族团结教育,加强树立正确的祖国观、民族观、宗教观、文化观教育。这就为民族院校共青团思想政治教育工作明确了更为丰富的内涵和职责。当前人类已逐步进入信息化时代,互联网已成为当代青年生活的重要部分,学生很容易听到社会上的各种声音,各民族学生也容易受到宗教极端势力、民族分裂势力的影响,民族院校共青团必须占领更多的阵地,改进工作方式方法,创新机制,保持对青年学生的重要影响力,做青年学生思想潮流的引领者。

(三) 引领校园文化要求多元一体

共青团一直是高校校园文化建设的重要力量。民族院校是党的民族政策的硕果,也是中华民族文化大包容的具体体现。面向全国招生、具有诸多民族成分的民族院校,从一开始就有着先天的、雄厚的文化基础,这就注定它是开放、博大、兼收并蓄的,是学术争鸣发展的殿堂,具有鲜明的民族多样性。民族院校是"弘扬中华文化,建设中华民族共有精神家园"[①] 的重要领军力量。民族院校共青团在进行文化素质教育、开展各类文化艺术活动过程中,既要突出各少数民族的特点,保护和发扬少数民族传统文化,更要注重在多样中坚持主体,在多元中坚持主流,使各民族学生树立科学、正确的马克思主义文化观,认识到56个民族的文化都是中华民族文化的一部分,中华民族文化从古至今都是多元一体的,各民族文化在融合中发展,在发展中融合,共同创造了伟大灿烂的中华文化。

---

① 胡锦涛在中国共产党第十七次全国代表大会上的报告,2007。

(四) 服务学生成才发展要求多层次、多角度、全覆盖

"竭诚服务青年"① 是共青团的一项基本职责。来自全国不同区域的各民族学生带着不同的民族特点，以不同的高考成绩步入民族大学，他们在理解能力和认知水平上都存在差异，一方面，他们成才的要求和渴望强烈；另一方面，他们成才的需求呈现出多层次、多样化。在此情况下，民族院校共青团服务学生成才发展，开展文化艺术教育，促进学风和专业水平提高，增强实践能力和综合素质都要从各民族大学生的实际情况和实际需要出发，切忌搞"一刀切"，切忌以点带面，必须增强吸引力、感染力以及针对性和实效性。共青团泛泛地开展一些面上的团学教育活动，显然是不能满足各族学生成才发展需求的。

三、团委和学生处、校党委学生工作部的关系

有人提出，现在大学生中的团员人数比例已占全体学生总数的90%以上，基本上是"学生即为团员、团员即为学生"，团员的先进性已经不明显，在这样的情况下，团委已经没有存在的必要了，完全可以和学生处合并，这是一种不讲政治，而且是非常错误的认识。从表面上看，两者的确有很多的共同点，工作上都是和学生打交道，都以学生为服务对象，但是两者的性质完全不同，工作的职责和角度也不一样。共青团是党领导下的一级重要的先进青年的群众性组织，是党的助手和后备军，而高校学生处是学校从事学生日常事务管理的一个行政部门。共青团的主要任务是思想政治教育，进行自身的组织建设和思想建设，指导学生会和社团建设，开展丰富多彩的课外学术科技和文化艺术活动，引领青年服务青年。学生处的主要任务是学生日常行为管理，如奖惩评定、特困生资助等，当然也承担思想政治教育的职能，但这一职能往往是通过管理和服务来实现的。

如果说团委和学生处还比较好区分的话，那么，团委和党委学生工作部就让很多人难以区别。党委学生工作部是在1989年之后，党中央为了加强大学生思想政治教育专门设立的，是学校党委的一个职能

---

① 胡锦涛与团中央新一届领导班子成员和团十五大部分代表座谈时的重要讲话，2003。

部门，其主要职能就是贯彻执行党的思想政治教育方针政策，做好具体的思想政治教育工作。它既不能涵盖共青团，更不能代替共青团。当前委属民族院校学生处和党委学生工作部都是合署办公，学生处处长、学生工作部部长由一人担任。各民族院校的团委书记多数也同时担任党委学生工作部副部长一职，少数团委书记还同时兼任学生处副处长。一些院校还将团委、学生处、学生工作部合署办公，需要指出的是，团委、学工部、学生处只是工作上的合署，而不是"吞并"了团组织，更不是取消了团组织，也不是共青团力量被削弱了，实际上，这样可以充分发挥党和团组织的政治优势和组织优势，把学生的日常教育管理工作、文化科技活动、成才发展服务和思想政治教育结合起来，提高学生工作的有效性和整体性，有利于形成育人合力。

第二节 共青团开展思想政治教育工作的原则和方法

一、突出政治方向的鲜明性

共青团的性质和民族院校的办学目的、力学宗旨要求民族院校共青团在思想政治教育中必须突出政治方向的鲜明性。民族院校共青团要团结带领各民族青年学生坚定不移地跟党走，用建设中国特色社会主义的共同理想凝聚各民族学生，用社会主义核心价值观教育各族青年必须鲜明地把握两个主题。

第一，团结各族学生坚定不移地跟党走。来自不同民族地区的少数民族大学生将是祖国各条战线建设上的主力军，甚至一些学生还会成为各少数民族或民族地区经济社会发展的领军人物。大学时期，很多青年学生都对政治表现出极大的热情，这就要求我们要抓住有利时机，把他们的正确政治信仰打牢。民族院校团组织可以通过举办主题鲜明的团会加强政治理论学习，提高大学生的政治素养，其中主题团会中的政治学习和传达内容比例要求大大高于以成才学习为主的内容。在团校优秀学生干部的培训计划中，应把培养干部的政治素质看得比提高一般工作水平和能力更为重要。在优秀团员、优秀团干部的评比表彰中，一般院校更注重学习成绩和工作贡献，而民族院校团组织在看重团的两优竞评对学生成才学习的推动作用的同时，还要重点把一些少数民族团干部、团员的政治素质放在首位来考虑，降低一些对学习成绩的要求。一般院校团组织在向党组织推荐优秀团员入党的过程中，往往把学习成绩、学生干部级别、团支部推荐票等视为硬项指标。而民族院校基层团干部要做更细致、更深入的教育和情况调查，真正把那些政治素质高，具有坚定的信念、纯正的动机的优秀民族大学生吸收到党组织中来。

第二，高举爱国主义的伟大旗帜。以爱国主义为核心的民族精神是社会主义核心价值体系四个基本内容之一，在民族院校共青团工作中，高举爱国主义伟大旗帜是思想政治教育的核心内容。每个人可以有不同的信仰、不同的生活方式，但必须有一个共同的也是最基本的要求，就是爱国。中华人民共和国是中国共产党领导的全国各民族人民共同缔造的、统一的、多民族国家，无论是西藏还是新疆都是祖国不可分割的一部分，56个民族同属一个国家。"五十六个星座五十六支花，五十六族兄弟姐妹是一家，五十六种语言汇成一句话，爱我中华，爱我中华，爱我中华！……"这首脍炙人口的歌曲唱出了全国各民族人民维护统一、反对分裂的共同心声，歌曲的传唱也是对各民族青年学生对民族团结的一种教育形式，让人体会着祖国各族人民休戚与共、唇齿相依的血脉之情。这首歌已经成为各民族院校师生合唱的保留曲目，在大连民族学院就是大学生合唱团必备的一届传唱一届的拿手歌曲。此外，中央民族大学举办的"五四"红歌会，大连民族学院、西北民族大学举办的"一二·九"长跑活动，北方民族大学举办的"我和我的祖国"书法绘画摄影展以及各民族院校举办的各种以纪念祖国成立六十周年为主题的活动都是对学生进行爱国主义教育的有效具体形式。

民族院校共青团政治的鲜明性还表现在一定的特殊时期，如西藏"3·14"事件和新疆乌鲁木齐"7·5"打砸抢烧事件后，团委高度自觉和党中央、校党委保持一致，政治立场坚定，认真、准确、及时传达贯彻中央精神,密切关注学生的思想动态,及时向学校党委传递有效信息,成为党做好民族团结工作的得力助手。

二、强调民族团结的重要性

民族院校是我国作为多民族国家在促进民族团结和各民族共同发展、共同进步、共同繁荣的前提下设置的高等学校,在民族团结的进步事业中发挥着重要作用。民族院校共青团要围绕民族院校的基本任务,以开展多种形式的活动来加强大学生的民族团结教育。团组织可以通过举办民族风采展示大赛、成立具有民族特色的社团、民族知识大赛、民族知识讲座和专题报告等形式进行民族文化风采展示和宣传,利用网络、报纸、宣传栏等进行民族知识的正面报道,增进和民族大学生之间的了解,促进各民族大学生之间的交流,形成民族和谐、共同进步的校园文化氛围。中南民族大学的"民族文化艺术节"系列活动,北方民族大学的"民族之花"评选活动,中央民族大学的"民族团结"之星评比,中南民族大学开展的"认识民族问题,维护民族团结"主题团会,西北民族大学"民族团结教育活动月"以及大连民族学院承办的高校大学生民族知识大赛等活动,都是进行民族团结教育、宣传民族知识的有效途径。

民族院校团委要从国家长治久安的战略高度来重视少数民族优秀学生干部、骨干的教育和培养。加强正确的祖国观、民族观、宗教观、文化观的教育,把他们培养成为祖国统一的坚定维护者、民族团结的中坚力量。民族院校要着重做好新疆和西藏学生骨干的思想政治教育工作,教育他们在具有民族分裂性质的活动中要始终和党中央保持一致,做好本民族其他学生的思想工作,成为民族院校共青团开展思想政治教育工作的得力助手。民族院校共青团还要积极引导各民族学生骨干向党组织靠拢,为我党的建设和发展增添新鲜血液。

三、组织团学活动的细致性

共青团要紧紧围绕党的中心工作,根据青年特点,积极组织有影响、有实效的活动,充分发挥团的战斗力,带领团员青年在各项团学活动中受教育、长才干。民族院校共青团要考虑各族青年学生的特点，结合民族院校的特殊性，了解、关心和满足青年的要求，采取青年学生喜闻乐见的生动、活泼的形式，强调细致性、分层次、多角度、全覆盖做好各项团学活动。所谓分层次就是要根据各个民族大学生的实际情况，做好班级团组织、学生会组织以及社团组织的建设；多角度就是组织活动要注重民族多样性，考虑问题要全面，不出现任何有伤害民族团结的事情；全覆盖就是让更多的各民族大学生参与到各类活动中。

例如，在大学生志愿服务西部民族地区以及当地省、市的"三支一扶"工作中，细致性是做好此项工作的前提和基础。志愿奉献是一种崇高的理想信念，也是报国爱民的具体实践。只有把志愿奉献精神的教育贯穿在学生思想政治教育的始终和各个环节，根植于每名大学生心中，才能使学生对志愿服务计划有正确而深刻的理解，确保年轻人不是因为一时冲动，不是因为找不到合适工作才参加志愿服务计划，保证志愿者在服务中不患得患失，能吃苦，不寂寞，以苦为乐，有干劲，不后悔，以奉献青春为荣，成为真正的志愿者。大连民族学院等民族院校先后被团中央等六部委评为大学生志愿服务西部计划全国示范高校。此外，中央民族大学和大连民族学院团委还在寒假期间专门成立临时团总支，专职团干部放弃休息时间，热忱为春节不回家的民族学生服务，保证各项工作细致入微，合理安排好学生的文化生活，把党的关怀和温暖送给每一名学生。大连民族学院为了做好民族文化交流协会（学生社团）的工作，防止由于民族知识不准确、不正确而引发的不同民族学生之间的矛盾的出现，团校委专门聘请东北少数民族研究院的专家学者作为指导教师全程指导，团委老师全程参与，从而使这一少数民族集中的社团不仅从未出现过不同民族学生之间的矛盾，还成为民族团结的模范集体。

民族院校共青团在组织活动中要注意细致性，在不做伤害学生自尊心的事情的同时，还要制定科学、详细的活动计划和规章制度，积极发挥二级学院（系部）团组织以及班级基层团组织的积极作用，上下信息及时沟通，务求实效，使各项工作落到实处，做到事事有人做，人人有事做，使各族青年学生在参加团学活动之后，真正有所收获。

第三节　共青团服务学生成才发展的主要途径及其原则方法

培养和服务少数民族大学生成才发展是民族院校的教育目标，民族院校共青团工作不仅覆盖面广，工作量大，而且还要保证寒暑假、休息日的照常运转。在这其中，如何做到始终能够围绕大局，不迷失方向，不偏离方向，取舍详略得当，让党放心、让青年学生满意，就必须时刻牢记和把握一条原则：把服务学生成长成才作为共青团一切工作的出发点和落脚点，这是共青团有为和有位的基石。对此，共青团主要通过组织第二课堂的文化艺术、学术科技和社会实践两个主要途径来实现服务学生成才的需要。

一、组织开展校园文化和科技活动的原则和方法

大学生的成长成才不仅需要课堂中系统的专业教育，还需要共青团组织丰富多彩的"第二课堂"活动的洗礼。民族院校共青团组织开展的校园文化和科技活动要突出主题，注重实效，抓住各种有利契机，与专业教育相结合，促进学生全面发展，构建主流文化，促进学风和校园文明和谐，积极为各民族大学生的成长成才服务，培养大学生要具有人文精神和科学精神，重点做好文化素质教育活动和学术科技创新活动。

民族院校共青团开展文化素质教育、引领校园文化要以突出中华民族大文化主旋律为原则。文化素质教育活动主要有专题讲座类和文体艺术类等活动。近年来，各个民族院校都开展了丰富多彩的校园文化活动，为民族院校建设健康高雅、积极向上的校园文化起到了推动作用。为了提高大学生的人文素养和内涵，大连民族学院团委积极与大学生文化素质教育中心合作，充分调动师生参与文化素质活动的积极性和创造性。大连民族学院和贵州民族学院的"文化艺术节"、中

南民族大学的"民族文化艺术节"、北方民族大学的"学生团体文化艺术节"以及西南民族大学的"学生社团文化节"等活动,都是校园文化素质教育活动的具体形式。实践证明,那些形式新颖、具有吸引力的活动是有生命力的,能够调动学生的积极性。

民族院校共青团开展的学术科技活动,要以覆盖面广,让更多的民族学生参与受益为原则。当前,高校中各类学术科技活动往往是少数专业水平高的学生的竞技场,拿共青团领域最具影响力的品牌"挑战杯"来说,它就是当代大学生的科技奥林匹克,是对高、精、专的挑战。但是民族院校共青团应把"挑战杯"作为培养学生科学精神和创新意识,激发学习信心和兴趣,提高专业素养的有效途径,更要注重学生的参与率和受益面。大连民族学院共青团按此原则,精心组织,使每年参与"挑战杯"的各族学生几乎达到两千人,在高校众多的辽宁省,先后于2006年和2009年分别捧得创业计划大赛和课外学术科技作品竞赛辽宁省"挑战杯"(只有总分第一才能捧杯),"挑战杯"在广大师生中成为传统,深入人心。在此基础上,民族院校共青团也不应放松对拔尖学生和优势项目的培育和打造,中南民族大学、大连民族学院等民族院校多次在"挑战杯"全国总决赛中获得好成绩。通过参加"挑战杯"大赛,民族院校的各民族学子大大提高了专业知识的应用能力和综合素质。此外,共青团还要结合学生专业特点,鼓励学生参加各类专业学科竞赛,如数学建模大赛、ERP沙盘模拟大赛、测绘技能大赛、电子设计大赛、会计知识大赛以及外语演讲比赛等活动。大连民族学院、西北民族大学和北方民族大学等民族院校举办的以"挑战杯"为核心,以专业学科竞赛为基础的"科技学术节"活动,学生的参与度和热情非常高,使更多学生感受到浓厚的学术氛围,加深了对专业方向的认知和理解。

二、组织学生社会实践的原则和方法

社会实践活动,对于引导各民族青年学生在中国特色社会主义建设的伟大实践中,认识国情,了解社会,激发报国责任心、社会责任感、成才自觉性,运用自己所掌握的专业知识发现和思考现实生活中的各种问题,提高素质,服务社会,把爱国热情和成长成才的强烈愿望转化为全面建设小康社会的实际行动具有重大的意义。

民族院校大学生的社会实践，除了上述提到的意义外，还有一个很重要的任务，就是促进各民族学生对大一统国家的认识，增进对民族地区的感情，增进各民族的相互了解和信任，认识到党对民族地区和少数民族的关怀和照顾，激发爱国情感，增进民族团结。在此前提下，民族院校共青团组织大学生参与社会实践应遵循以下原则：一是在项目课题选择上要本着促进民族团结、服务少数民族和民族地区的基本原则；二是地域互派和混合编队原则，来自民族地区或偏远山区的学生到东部沿海开放城市，来自城市的汉族学生到民族地区，不同性别和民族混合搭配；三是教师指导原则，要求实践小分队必须有专业教师指导方可立项，有助于保证社会实践活动的安全和效果，专业教师亲自指导学生，实现了专业技术与地方实际需要的对接，真正把"作贡献"与"长才干"结合起来；四是在民族地区建立基地原则，使学生实践和民族地区经济社会发展有机地结合起来。

近年来，各民族院校在社会实践方面参与的人数多，覆盖面广，成果丰硕，受到了团中央、教育部等部委的高度肯定。其中，大连民族学院共青团紧紧围绕民族院校的办学宗旨，把"三下乡"社会实践活动作为加强学生思想教育工作的有效载体，作为提高学生专业素质和综合能力的重要途径，坚持推进基地化、项目化、机制化、长期化，在实践中教育青年、培养青年，成果显著，连续五年获得大中专学生暑期"三下乡"社会实践全国先进单位荣誉称号。

第四节　学生会建设

在中国漫长的社会发展史上，早期的学生群体和组织，对中国传统文化的传承和发展，对异国文明的传播和借鉴以及对推动社会的进步和变革都产生了深远的意义。当前，在党的领导和团的指导下，我国共有的15所民族院校的各民族学生朝气蓬勃，对学校的发展和稳定起到了重要的推动作用。

在大学阶段，学生的群体镜像，即学生会，在不同的历史时期及背景下承担了不同的使命和责任。民族院校是培养少数民族高素质人才、维护民族团结的重要阵地，各民族大学生又是一个特殊的群体，他们的成长环境、民族风俗习惯、思维方式等方面都有别于其他普通高校的大学生，其中相当一部分是来自民族地区或偏远地区，不仅要适应大都市和大学生活，而且还要适应多民族背景下不同文化和风俗习惯的融合与碰撞，更容易产生一些新问题、新情况。这也给共青团指导下的学生会提出了新的课题和挑战，这要求学生会的建设和发展，要时刻遵循民族教育的特殊规律，使学生会真正成为各民族大学生实现根本利益的学生组织。

可以这样说，无论是在民族院校的大学生思想政治教育工作中，还是在学生获取专业知识、提高综合素养、建设校园文化、参与学校的管理中，学生会都占据着重要位置并发挥了特殊作用。

一、学生会的内涵及其特点

（一）高校学生会的一般特点

学生会是在学校党委领导和学校团委的指导下的青年学生自己的群众性组织，是学校和学生之间联系的桥梁和纽带。高校学生会在自身建设和发展过程中形成了以下特点。

1. 组织性。学生会是一个有章可循、有制度可依的组织，它不仅有完善的组织制度、管理条例和章程，还有严格的干部选拔制度、详尽的工作流程。组织性是学生会最基本的特点，任何团体要想健康发展，必须要具有组织性。

2. 开放性。学生会不是一个封闭的组织，它会根据不同的工作需要，与不同的职能部门、学生社团以及各个指导教师保持密切的联系，能够接触到学校学生工作的方方面面，是一个相对开放的组织。

3. 流动性。学生会每年都要按照具体的干部选拔办法进行换届选举，还要根据学生干部考核条例实行末位淘汰制度，随着老生的退出和新鲜血液的加入，人员必将发生变动。

4. 稳定性。学生会的稳定性主要是指在每年的干部选拔过程中，干事、副部长、部长、副主席和主席的人员具有一定连续性，其中，部长级以上的学生干部大部分是从干事、副部长中选拔出来的，这样既保证了学生会人员的相对稳定性,又能够使学生会工作更加迅速有效地展开。

5. 相似性。因为各个高校学生会组织都要遵循《中华全国学生联合会章程》,所以,无论是组织结构的设置,还是规章制度的制定,都有严格的规范性,即使各个高校根据自身需要设置一些特殊部门,但是总体机构设置以及运行模式基本相似。

（二）民族院校学生会的特点

由于民族院校的特殊性,民族院校学生会除了具有普通院校的一般特点外,还具有以下三个特点。

1. 具有独特的使命。民族院校学生会不仅是加强和改进大学生思想政治教育的重要依靠力量和大学生自我教育的组织者,还肩负着民族团结教育,帮助各民族大学生树立正确的马克思主义祖国观、民族观、宗教观、文化观,促进各民族和谐发展、共同繁荣进步的历史使命,这也是民族院校的办学宗旨所决定的。

2. 人员的复合性。民族院校学生会人员的复合性的主要表现是民族成分复杂。按照国家民委对民族院校招生比例的要求,即少数民族大学生要达到65%以上,注定民族院校学生会必然是一个多民族优秀青年的集合体。民族院校学生会人员的组成也应是一种自觉行为,应充分考虑学生会的民族成分的丰富性和少数民族干部的比例。

3. 团结协作性。由于各民族都有各自的特点和风俗习惯,这就导致了学生干部在为人处事和待人接物的方式上存在差异,在平时的与人沟通、协作方面更容易出现问题。民族院校学生会组织的各项活动,最基本的要求就是要了解不同民族的基本特点,尊重彼此的风俗习惯。如果学生会在运行中过程中处理不好各个民族之间的关系,将会直接影响学生会作用的发挥,甚至破坏和谐稳定的校园环境。

4. 干部选拔机制的特殊性。为了让更多不同民族的大学生有机会参与到学校的管理中,针对各个民族的特点,民族院校学生会在干部的选拔过程中,把公开选举和组织选任结合起来,对于个别岗位的评选标准,根据不同民族的实际情况和实际需要作出调整,适当降低学习成绩要求,突出特长,真正选择那些政治素质高、民族团结意识强的少数民族大学生作为学生会干部,并且对少数民族学生干部要做到多关心、多培养、多爱护、多鼓励。

二、学生会建设的特殊要求

（一）必须成为民族团结的模范集体

民族院校是民族团结的模范，是培养民族团结中坚力量的重要基地，民族院校学生会是各民族优秀大学生共同工作、共同进步的先进组织。学生会的形象、学生干部的言行在各民族大学生中具有很强的影响力和感染力。民族院校学生会必须成为民族团结的模范集体，学生会干部必须成为民族学生团结进步的榜样。学生会工作要求各民族学生干部经常沟通、相互协作，而在这一过程中，难免出现不同民族学生在干部岗位上的竞争、不同思想和方法的碰撞，从某个角度上看，民族院校学生会就像一个在党的领导下的民族自治地方的政府缩影，各民族学生干部在一起必须牢固树立"汉族离不开少数民族、少数民族离不开汉族、各少数民族之间也相互离不开"的"三个离不开"思想，要相互包容，互相帮助，取长补短，共同进步，其中汉族学生干部要积极主动地和少数民族学生干部打成一片。

学生干部要不断加强民族政策和民族理论的学习，树立各民族团结协作、共同进步的意识；还要结合不同民族的特点，加强学生会自身的组织建设，根据形势需要设置相关的职能部门，组织各种民族团结教育活动，充分发挥少数民族学生干部的文体特长，宣扬各民族文化，展示各民族特色，团结各民族大学生。例如，西北民族大学开展的"民族团结进步教育月"活动就是民族团结教育的好形式、好方法。

（二）应建设成为少数民族优秀干部的摇篮

培养少数民族优秀干部是民族地区建设和发展的特殊要求，也是民族院校的重要任务。民族院校学生会对于少数民族学生干部的培养主要体现在两个方面：一是加强少数民族学生干部关于民族政策、民族理论教育，使他们成为让党放心、让各族人民满意的中国特色社会主义的合格建设者和可靠接班人；二是民族院校学生会在干部考核机制中，适当降低对于学习成绩等硬性指标的要求，注重政治素质和民族团结贡献。民族院校可以通过民族团结优秀个人、民族文化先进个人和民族工作贡献奖等评比活动，来提高学生会干部对民族工作重要性的认识。这样既能体现出民族院校的特殊性,又能调动不同民族学生干部的积极性和创造性,以便更好地协调各民族大学生之间的关系。

(三) 对学生会干部的政治素质要求更高

政治素质过硬是对少数民族干部素质的第一要求。民族院校学生会的学生干部,无论是少数民族学生,还是汉族学生,都必须自觉与党中央始终保持一致,具有大局意识,在大是大非面前时刻保持清醒的头脑,遇到问题能够及时、准确地向党、团组织汇报。民族院校学生会可以通过举办民族知识竞赛、到民族地区考察及社会实践、与少数民族大学生团队协作加强沟通交流活动等方式,使学生干部对各个民族有正确的认识,增强自我认同感和民族认同感,能够站在不同民族学生的角度考虑问题,加强交流与理解,时刻铭记民族团结、和谐发展、共同进步的观念,提高自己的政治敏锐度,为真正实现民族高校的民族平等、民族团结,为各民族大学生的共同进步奠定基础。

三、学生会与共青团的关系

共青团和学生会是高校中最基本、最重要的两大学生群体组织,两者虽有诸多相似,但并不相同,两者既紧密联系又有明显区别。

高校共青团和学生会都是党领导下的先进青年群众组织。共青团是以政治面貌(共青团员)为标准的青年集合体,学生会是按照自身章程由一部分有志于从事学生会工作(不分民族、宗教信仰、政治面貌)的学生组成的集合体。共青团是广大青年在实践中学习中国特色社会主义和共产主义的学校,是中国共产党的助手和后备军。学生会是学生进行自我教育、自我管理、自我服务的学生代表群体。学生会接受团委的指导,按照学生会章程学生会应聘请团委专职人员担任学生会的秘书长,具体指导协助学生会工作。共青团具有严密的组织性,配有专职的团干部,工作的稳定性和连续性较强,而学生会是一个兼职的集体,成员本身首先是一名肩负学习任务的学生,又由于学业压力、工作经验和能力水平等方面的影响,工作的稳定性和连续性较差。在高校,两者的组成群体和工作内容都有极大的交叉性,学生会的一些主要干部一般都会被提名作为团委委员,学生会的一些主要干部往往也兼任共青团各职能部门职务(如校学生会主席兼任团校委办公室副主任)。此外,在一些具体的工作上,两者也是一体的,共同承担。

民族院校共青团、学生会要更加自觉地听从党的领导,紧跟党走团委在尊重有关章程的前提下对学生会的指导要更及时、更全面、更细致。当然,这不是说团委要将学生会作为自己的一个部门来安排布置工作,而是要通过科学有效的指导,增强学生的自我教育、自我管理、自我服务的能力和水平。民族院校团委对学生会的指导要把握两个重点:一是把握好学生会的政治方向;二是选拔、培养、造就一批优秀少数民族学生干部。

在党的领导下,民族院校共青团和学生会要按照各自的章程,协调一致,相互配合,优势互补,形成合力。

第八章 民族院校学生社团建设

第一节 我国高校学生社团的起源发展与民族院校学生社团的概况

一、高校学生社团的内涵

共青团学校战线素有"一体两翼"工作格局的说法,所谓"一体"是指团组织,"两翼"是指学生会和学生社团。"高校学生社团是在高校共青团组织领导下,由高校学生依据兴趣爱好自愿组成,按照章程自主开展活动的学生组织。"①

高校学生社团以"能力培养、开阔视野、提高素质"为目的,以"实践活动"为纽带,打破专业学科和年级的界限,正日益成为学生课堂、寝室之外的重要活动空间。同时,高校学生社团是高校校园文化的重要载体,是高校第二课堂不可或缺的重要组成部分,是学生扩大求知领域、陶冶思想情操、展示才华智慧的广阔舞台。高校学生社团活动是实施素质教育的重要途径和有效方式,在加强校园文化建设、提高学生综合素质、引导学生适应社会、促进学生成才就业等方面发挥着重要的作用,是新形势下有效凝聚学生、开展思想政治教育的重

---

① 《共青团中央、教育部关于加强和改进大学生社团工作的意见》(中青联发〔2005〕5号)。

要组织动员方式和重要补充。新时期加强高校学生社团建设，积极引导青年学生参加健康向上的社团活动，是关系到青年学生健康成长和素质教育全面推进的大事，也是关系到共青团事业不断发展和党的青年工作永葆生机与活力的大事。

二、我国高校学生社团的起源和发展

我国高校学生社团有一百多年的历史，最早的学生社团组织成立于1904年，由北京大学的前身，京师大学堂的抗俄铁血会的青年学生以社团的形式组织起来，通过集会、发传单、游行等形式，抗议俄国、日本在我国东北地区发动战争。随后，提倡新生活方式的进德会、宣传新文化的新潮社等都成为现代意义上的，我国高校早期有影响力的社团代表。

新中国成立以来，特别是改革开放以后，高校学生社团得到了蓬勃发展，如成立于1989年4月1日的北京大学山鹰社，是全国首家以登山、攀岩为主要活动的学生社团。其社团精神是"存鹰之心于高远，取鹰之志而凌云，习鹰之性以涉险，融鹰之神在山巅"。山鹰社已成为北京大学第一大社，并被评为北京大学十佳社团之首，也是中国民间登山运动最有实力的登山团体，领导着中国民间登山运动新潮流。

复旦大学演讲与口才协会，其辩论队曾获得1993年国际大专辩论会（又被誉为"狮城舌战"）冠军、1995年名校辩论赛冠军、2004年海峡两岸辩论赛冠军。复旦大学党委书记秦绍德博士曾以"历史的翅膀"形容"狮城舌战"，认为这次辩论赛"使得复旦的能量在一刹那集中在一个点上迸发出来，造成了令社会炫目的光芒。更重要的是，辩论赛充分体现了复旦的精神和品格"。复旦大学出版社出版的《狮城舌战》一书，原只为纪念之用，首版1万册，不料立即告罄，再次加印，又是销售一空，经过二十多次印刷，该书共销售了60万册，而坊间的盗版书也有七八种之多，总数超过了100万册。从1994年开始，复旦大学的生源明显"更上一层楼"，"复旦"这块金字招牌更加鲜亮了。一个小小的高校学生社团，对一所学校，甚至对一代人，乃至对整个社会都产生了重大的影响。聪慧，伶俐，幽默，机敏，一时间，青年辩手们取代歌星、影星，成为人们心中的文化明星、精神偶像。

许多高校有影响力的学生社团在校园内外广泛开展了理论学习、社会实践、科技学术、志愿服务、体育竞技等丰富多彩的活动,既营造、活跃了健康、高雅的校园文化,又在实践中融入了生动、有效的思想政治教育的内容,使广大青年学生在参与活动的过程中培养了兴趣爱好、拓展了求知领域、掌握了一技之长、发展了个性、健全了人格。高校学生社团成为大学生成长成才的摇篮,在校内外有较大的影响力和知名度,学生自身的综合素质和发展也取得了突出的成绩。自2004年起,共青团中央、教育部、全国学联每年都组织开展全国高校"优秀学生社团"及其标兵评选活动,贵州民族学院的青年志愿者协会、中南民族大学月亮化石剧团等多所民族院校优秀的学生社团先后获得了表彰。

三、我国高校学生社团的基本情况

据统计,"目前全国高校现有学生社团类别主要包括:理论学习、科技学术、文化娱乐、社会实践、体育竞技、文学创作、社会公益等,高校学生参加社团活动高达66%,84%的学生认为学生社团所举办的活动基本符合大学生的需求;社团规模大小不一,1000人以上的社团占15%,500~1000人的社团占20%,500人以下的社团占65%,表明学生社团普遍规模不大;社团活动经费来源情况:36%来源于学校拨款,40%来源于社会赞助,13%来源于会员会费,9%来源于其他方面,表明学生社团活动经费主要靠社会赞助;在社团规章制度中,96%的社团有自己的章程,89%的社团有指导老师,大部分采取理事会的管理模式;在社团管理体制中,大部分高校成立学生社团联合会,统筹管理校内学生社团,也有个别高校直接受团校委、学生会的指导管理"。[①] 进入21世纪以来,高校学生的自主意识不断增强,对实践能力的要求也在逐步增高,同时,学生对于业余文化生活的质量要求也有所提升。这样,作为一个实践的载体,学生社团的重要作用也日益彰显出来。近年来,随着素质教育的逐步推进,高校学生社团迎来了一个蓬勃发展的时期,其活动异常兴盛,其数量、规模和质量都大大超过以往。

---

① 王占军:《高校学生社团运作及功能研究论述》,载《江苏高教》,2006 (5)。

四、民族院校学生社团的概况

在全国现有的 15 所民族院校中,国家民委直属的民族院校有 6 所。国家在民族高等教育方面采取了许多有力的、有针对性的措施,如实行高校招生对少数民族考生优惠政策,在普通高校开办民族班、预科班,开办内地西藏班和新疆班,实施少数民族高层次骨干人才培训计划,定向培养少数民族硕士研究生和博士研究生等。

据不完全统计,截至 2009 年 9 月,国家民委直属的 6 所民族院校中,中央民族大学现有学生社团 74 个,分为学术类、公益类、文艺类、实践类四大类别,年均拥有会员 3000 人,占在校学生总人数的 25%;中南民族大学、西南民族大学、西北民族大学现分别拥有 50 余个学生社团,70% 左右的学生能够参与到社团活动中来;大连民族学院现有学生社团 70 个,分为公益类、专业类、文学类、素质类、文艺类、体育类六大类,其中,邓小平理论研究会是辽宁省优秀理论社团,国旗护卫队、阳光英语协会、舞蹈队等是辽宁省示范性社团,社团中 80% 左右的学生在校期间参与过社团组织的活动,全校有影响力的学生社团全年举行的超过千人的大型活动达到 10 次以上,这些社团的负责人在同学们当中具有很高的威望。大连民族学院在文化艺术节期间,每年都要进行星级社团评比活动,对一年来管理规范、活动新颖、成绩显著的社团进行评比,评选出来的星级社团将得到表彰和奖励。

五、目前民族院校学生社团建设存在的主要问题

(一)高校学生社团在目标定位和传承发展等方面存在缺陷,成为制约社团发展的瓶颈[①]

1. 学生社团发展目标和宗旨不明确,高质量、有品位、有号召力的社团仍占少数。目前,相当一部分师生对于"为什么要成立社团,成立社团干什么,怎样建设高水平的社团,优秀社团在高校校园文化

---

① 参见史明涛、李钊:《关于高校学生社团建设的思考》,载《大连民族学院学报》,2007(4)。

建设中的作用和地位,社团成功的标志是什么,高质量的社团活动如何开展"等问题上认识不明确,评价标准不统一,这直接导致创意新、规模大、质量高的学生社团活动比较少,有的学生社团逐渐失去了具有自己特色的精品活动,有的高校社团活动泛滥、不够规范,得不到同学们的支持,失去了活动的意义。

2. 学生社团主要干部的综合素质不高,学生社团良莠不齐的状况比较明显,社团负责人亟须必要的理论学习和培训。多数高校的学生社团是学生主动发起并在短时间内成立的,社团负责人本身缺乏足够的理论水平、内涵和经验,其内部凝聚力、活动组织情况与社团负责人的个人魅力关系很大,负责人综合素质基础好,社团感召力就强,社团传承的氛围就好,社团活动也会有声有色,否则社团就会软弱涣散,甚至销声匿迹。由于社团流动性强,社团负责人的换届容易导致社团波浪式低位徘徊的局面。从参加社团学生的年级来看,低龄化现象明显,高年级学生除了担当社团骨干力量之外,继续参与社团的比较少。社团的兴衰存亡与主要发起人联系在一起,往往是一个人离开了,一个社团也随之消亡了。

(二)高校学生社团发展的外部环境、对其扶持的力度有待进一步改善提高

1. 学校对学生社团地位和作用认识不足,学生社团建设理论的研究和积淀太少,社团管理方式、方法陈旧。虽然也有一些实践工作者对学生社团建设的经验进行了总结,但是还没有形成一整套指导性强、适用性广的成熟理论。由于缺少必要的理论指导,造成高校学生社团的建设比较混乱,主要表现在学校、学生对社团建设的认识不一致,社团建设的方向不明、方法不多、重复建设较多等,学生社团的发展水平难以持续稳定提高。学校、学生个人和社会对学生社团在观念上存在偏差,没有正确认识高校社团对人才培养的作用;学校对社团的管理没有更新理念,管理有余,引导不足,采取传统学生组织管理模式;社团内部的管理比较松散甚至混乱。

2. 社团指导教师力量不足,未能发挥应有的作用,社团缺乏具体、全面的指导,社团建设深度有待加强。从整体来看,无论是有专业教师介入的社团,还是由团委教师直接指导的社团,其指导力量都显得薄弱,甚至一名教师指导多个社团的现象比较普遍。由于对社作用认识不到位，对指导教师的考评奖励机制不健全，影响了社团指导教师的积极性，指导教师投入的时间和精力不够，对社团的扶持和指导不够，使学生社团缺乏必要的指导和引导，社团在自身组织建设、把握正确方向以及增加社团活动的内涵、提高活动的档次和质量等方面比较困难。

3. 学生社团活动经费缺乏保障，活动场地不足，社团建设缺乏后劲。学生社团没有稳定、成熟的资金渠道，学校对社团建设在软硬件上的投资与社团发展的实际需求差距很大。同时，物质条件的短缺影响了学生社团积极性的发挥，导致了有些学生社团在活动中出现偏差，本末倒置，一味追求经济效益，偏离了活动的宗旨和预期的目的。社团活动简单化、商业化，很多社团活动只停留在开会、出海报、挂喷绘的层次上，没有实质性的内容。还有的社团做活动只是为了解决经费紧缺问题，商业气氛太浓厚，对社团成员没有多大帮助，反而影响校园的学术科技氛围。

4. 学校对学生社团的建设缺少规划，社团整体布局不合理。当前，高校各类学生社团虽然很多，但是由于对学生社团建设的规划和引导不够，学生社团的整体布局还不是很合理。主要表现为理论学习型、科学技术型社团虽然很多，但是与文体和娱乐型社团比较，数量还明显偏少，因此，学生社团活动的总体质量和品位不高，离大学生的需求还有很大的差距。

高校学生社团发展中存在的问题不容忽视，这些问题的存在，影响了高校社团的健康发展。上述这些问题在民族院校也普遍存在，不利于社团成员在参与社团活动期间，其公共道德与社会责任感的全面提升，影响了社团大学生思想政治教育作用的充分发挥。这也是我们在今后的社团建设实践中必须认真予以解决的问题。

第二节　高校学生社团是大学生思想政治教育工作的重要领域

"随着我国高等教育改革的不断深化，青年学生学习、生活、娱乐方式较之以往出现了巨大的改变,传统的班级建制不再稳固。"① 目前,国内大多数高校普遍实行学分制,班级、团支部的概念逐渐弱化,校园文化的形式和风格已不适合整齐划一,不再围绕院系、专业,甚至班级、团支部的领域开展,而是趋向于小型化、新型化、个性化。民族院校也面临同样的情况,学生社团以其组织的自发性、活动的自主性和符合青年学生重个性张扬、求个人发展的价值取向,越来越受到青年学生的欢迎。学生凭借共同的兴趣、爱好,在社团活动当中寻找归属感,在社团交流过程中获得认同感,在社团的发展和壮大中增强了责任感和荣誉感。新时期大学生思想政治教育工作进社团,对加强学生社团的建设和管理,推进大学生素质教育和维护高校稳定有着十分重要的作用,主要表现在以下三个方面。

第一,高校学生社团活动为大学生思想政治教育工作提供了新的载体。学生社团是高校大学生思想政治教育的重要载体,包括学生社团活动在内的高校校园文化活动,反映和体现着学生对校园文化的需要,是当代大学生内在思想的外在流露。健康、高雅的校园文化如同超市,供给和满足学生需要的同时也必将创造和渲染着高校的文化氛围,是高校德育工作不可忽视的因素,是学校思想政治工作重要组成部分。目前,随着高等教育大众化,国内万人以上大学比比皆是,要想同时满足不同兴趣、不同爱好的大学生的需要,仅仅依赖高校团干部、学生工作者或者极少的一部分人是远远不够的。因此,牢固树立阵地意识,坚决抵制各种错误思想和腐朽文化对大学生的侵蚀,自觉运用马克思主义理论占领社团,培养青年马克思主义者,是进一步加强和改进大学生思想政治教育工作的重要内容。

第二,高校学生社团活动是培养青年学生自我成才意识,引导和牵动大学生健康成长的有效途径。学生社团在高校校园文化中正发挥着越来越大的作用,已经发展成为高校第一课堂的重要补充,成为不可或缺的力量。培养增强青年学生的团队意识、竞争意识和实践能力、动手能力以及社会交往能力等,对增强其个人在社会上的生存能力极其重要。社团的建设和发展能够在更大的范围内调动学生的积极性,和学生会相比,其自我管理、自我服务、独立且创造性地解决实际问

---

① 尹冬梅、丁力:《中国当代高校学生组织研究》,122页,北京,时事出版社,2008。

题的意识更强,正确引导、规范社团的发展,更灵活地使人生观、价值观、世界观以及爱国主义和集体主义教育融入多样化的社团活动中去,从而能够达到大学生思想政治教育工作进社团,引导好社团,培养好人才,延伸共青团的手臂,发挥育人功能的效果。

第三,高校学生社团活动是大学生思想政治教育方式方法的创新。政治学习、开会、作报告是高校学生思想政治教育的传统载体,今天,仅靠这些传统的教育方式已远远不够,必须要不断创新方式方法和手段,不断提高大学生思想政治教育的实效性。社团不是靠利益凝聚起来的,更多的是靠精神、靠价值、靠理念,所以更应重视凝聚共识,强调思想的高度统一,把大学生思想政治教育的内容和大学精神的内涵融入社团章程和社团活动中,使学生在参与社团活动的过程中,其思想道德水平和综合素质潜移默化地不断得到提升。

第三节 民族院校大学生思想政治教育进社团的思路和措施

针对民族院校大学生思想政治教育进社团工作的开展,特提出如下的思路和措施。

第一,民族院校大学生思想政治教育进社团工作应全面贯彻落实科学发展观,制定正确的指导思想、明确的工作目标和完备的工作规划。

其一,正确的指导思想。大学生思想政治教育工作进社团要有正确的指导思想,要以邓小平理论和"三个代表"重要思想为指导,全面落实科学发展观,贯彻党的教育方针,适应时代进步、社会发展、教育教学改革和学生成才的需要,积极探索思想政治工作进社团的新模式、新方法、新途径;要积极发挥社团的凝聚功能、激励功能、培养功能、导向功能、调节功能,以学生社团活动为依托,营造全面提高大学生成长成才的校园文化氛围,使学生社团真正成为高校大学生思想政治教育工作的重要阵地,成为高校素质教育的有效载体。

其二,明确的工作目标。大学生思想政治教育工作进社团要在学校党委的领导下,在共青团的指导下开展工作,要研究、分析新时期青年学生的思想特点,把握时代的脉搏,建立健全社团管理、发展的规章制度,形成科学合理的机制,保障社团良性、持续发展。充分激发学生自我教育、自我管理、自我发展的积极性,提高大学生的综合素质,使学生社团成为理想信念坚定、道德情操高尚、知识结构完善、文化健康高雅、能力全面、身心健康的学生组织。

其三,完备的工作规划。大学生思想政治教育工作进社团要有完备的工作规划,学校一方面要给予社团必要的监督,同时也不能对社团的管理设置过多的障碍,影响学生社团发展的积极性。任何一个组织的发展壮大都有其内在的客观因素,学生组织也是同样。要降低社团的准入门槛,由学生自主决定社团的人事安排,使用比较宽松的财务制度,鼓励学生社团参与社会活动与实践。

第二,突出特色,科学管理,扎实推进民族院校大学生思想政治教育进社团工作。为确保民族院校学生社团的繁荣发展,在校园文化建设中发挥更大的作用,民族院校要把学生社团工作列入学校学生工作的整体规划中。党委宣传部、学生工作部等职能部门要高度重视,团委要切实承担起职责,把民族院校社团工作纳入学校共青团工作的整体格局,团结各民族学生,积极形成共同参与、繁荣和谐的良好局面,保障大学生思想政治教育进社团工作健康发展。

其一,将"两个共同"、"三个离不开"作为民族院校大学生思想政治教育进社团工作的首要前提。"两个共同"即"共同团结进步,共同繁荣发展","三个离不开"即"汉族离不开少数民族、少数民族离不开汉族、各少数民族之间也相互离不开"。因此,在工作中,要积极教育和引导学生热爱祖国、热爱党、热爱人民、热爱中国特色社会主义,立志为民族地区发展和中国特色社会主义事业作贡献;要结合民族院校学生的特色,充分发挥和调动各民族学生的积极性和文艺特长;要注重内涵,鼓励各民族学生刻苦学习科学文化知识,使民族院校学生社团成为民族融合、团结进步、成长成才、展示自我的绚丽舞台。

其二,建立健全民族院校学生社团管理机制和模式。民族院校共青团组织负责学生社团的领导和管理工作,按照"一体两翼"的思路,在团校委的直接指导下组建社团联合会,面向全校招收会员;以促进学生专业学习为目的的专业型学生社团,可以依托各院(系部),由院(系部)团委负责指导。根据学生社团的面向对象,经团校委批准,社团可以跨院(系部)招收成员。社团联合会应该有计划、有组织地组织各类学生社团进行评优活动,以此调动社团健康发展的积极性。社团联合会有权对社团活动、财务管理等工作进行监督检查,要建立评价和激励机制,但为鼓励社团发展的积极性,不宜对学生社团进行过多的干预和束缚。由共青团组织管理和引导学生社团,有利于发挥共青团的组织优势,有力地开展大学生思想政治教育工作。

其三,科学构建,注重方式方法。由于学生社团是根据学生的爱好和兴趣自发组建起来的学生组织,因此要对其进行科学的构建,以便于大学生思想政治教育工作的渗透。当学生对"邓小平理论研究会"等理论学习型社团不感兴趣的时候,共青团组织要进行深入、细致的思考,提高这类社团的趣味性和实践性,以高质量的社团活动、灵活多变的形式吸引学生,比如纪念红军长征胜利70周年时,用图文并茂的影音资料,或者让学生自己阐述长征的历史,会比单纯的说教更有效,"完善学习方法,健全学习制度,丰富学习内涵,培养学习骨干"。

第三,加大对学生社团的扶持,促进民族院校学生社团的健康发展。

其一,建立高水平的学生社团指导教师队伍。要使社团,尤其是理论研究型社团和专业学习型社团能够健康发展。社团活动的水平和质量能够提高,必须建立一支学生社团教师指导队伍。学校要聘请政治素质高,理论素养和专业素养深厚的教师担任社团指导教师,对社团进行必要的指导。同时,学校也可以邀请社会知名人士和专家指导学生社团。

其二,下大气力培养社团骨干。社团干部在社团活动中能够发挥牵动作用,在学生中也具有天然的"明星级"影响力,从某种程度上来说,一个社团有无发展潜力,很大一部分取决于社团负责人及骨干成员的素质和能力。共青团组织可以通过干部培训班、经验交流会,有意识地组织他们学习,提高他们的政治觉悟,增强他们把握全局、服务大局的意识和能力,明确工作职责,帮助他们克服工作和生活中的困难,为他们开展工作创造条件。引导他们学会营造团结奋进、务实创新的社团内部氛围,增强社团成员的集体荣誉感、责任感和成就感，增强社团的凝聚力和战斗力。

其三，加大对学生社团的投入。要多渠道筹措经费，划拨专项经费支持社团的发展，为学生社团提供必要的活动场地和活动设施，并鼓励学生社团利用社会资金开展社团活动。学校对社团指导教师的工作应进行考核评定，对优秀的社团指导老师要予以表彰和奖励，提高社团指导教师的工作积极性。

其四，团支部设在学生社团，发挥共青团组织在学生社团中的作用。学生社团的性质决定了其相对自由、松散的特点，民族院校在开展大学生思想政治教育进社团工作中，可以选择在一些规模较大、影响力广泛、条件成熟的学生社团中建立学生团支部，发挥共青团组织在学生社团中的作用，履行团支部的思想政治工作功能和监督功能，保障学生社团正确的发展方向。民族院校团组织要结合民族院校大学生和学生社团的实际，有针对性地引导学生社团开展主题教育等活动，探索大学生思想政治教育的有效途径。在团校中专门举行社团团干部培训，加强理论学习，将学习效果好、综合素质强、学生威信高的学生推荐为入党积极分子或加入党组织，提高社团团支部的凝聚力和战斗力，使社团成为共青团组织信赖的学生组织，方便共青团组织及时了解和掌握社团活动情况，有的放矢地开展工作。团支部设在学生社团，团的工作重心下移，有效拓展和延伸了共青团的工作手臂，保证将团支部的工作落到实处。

其五，以校园文化活动为有效载体，以"挑战杯"、社会实践等有实际意义的活动为阵地，为民族院校学生社团提供广阔的空间和舞台。

一是建设健康、高雅的校园文化。民族院校要组织丰富多彩的校园文化活动，丰富社团活动内容，提升社团活动质量，催生并促进一大批学生社团走向成熟，激发广大学生的学习兴趣，浓郁校园学习氛围。以大连民族学院为例，学校开展的"大学生科技学术节"和"大学生文化艺术节"已经有十余个年头了。通过举办"结构设计大赛"、"数学建模比赛"、"英文戏剧大赛"、"会计知识大赛"、"旅游风采大赛"、"校园热舞大赛"、"校园十大歌手大赛"等活动，不仅孕育、产生了高质量的学生社团，同时，以学生社团为主体，由众多高水平教师参与的社团活动，也为校园文化注入了蓬勃的生机和活力，壮大了社团的力量和影响力。

二是在"挑战杯"、社会实践活动中不断检验学生社团的能力和水平。

不同专业的学生在社团活动中开阔了视野,提高了对专业学习的兴趣,形成团队,各展所长,也就能够在"挑战杯"大学生创业计划大赛、"挑战杯"大学生课外科技学术作品竞赛等活动中得到进一步的锻炼和检验。共青团中央举办的"挑战杯"等赛事,就是将人才培养作为"挑战杯"竞赛的首要目标。据不完全统计,20年来有超过200万的大学生直接或间接参与了这项赛事,这一活动的开展,有效地扶持了校园学术科技类学生社团的发展、壮大,成为人才培养、人才选拔的重要渠道。

在社会实践中,民族院校应鼓励专业学生社团走出校园,勇于实践,到祖国和人民需要的地方去开展社会实践活动。如大连民族学院的"法学研究会"深入农村、社区开展的普法活动,公益环保类的学生社团开展的专业调研、宣传活动,"阳光英语协会"参加的社会志愿服务活动等。

三是弘扬"奉献、友爱、互助、进步"的志愿者精神,积极开展大学生青年志愿者活动。开展青年志愿者活动是贯彻落实《公民道德建设实施纲要》的重要措施,是社会主义精神文明建设的一项重要内容,更是培养民族院校大学生良好道德素质的重要途径。在奥运会、抗震救灾等具有重大历史意义的事件和灾难面前,青年志愿者表现出了巨大的爱国热情和力量。目前,国内大多数高校的青年志愿者协会都是校园内最庞大的学生组织,民族院校可以在现有大学生青年志愿者规模的基础上,进一步加大青年志愿者招募和培训力度,努力建立相对稳定的志愿者队伍,扩大志愿者行动的影响。

总而言之,学生社团既是民族院校学生思想政治教育工作的重要阵地,又是民族院校育人的有效途径。民族院校大学生思想政治教育工作要从民族院校学生社团的实际情况出发,努力探索和实践新时期高校大学生思想政治教育这项关系党和国家民族的重要课题,开拓创新,勇于探索,及时总结经验,使大学生思想政治教育工作在体制、机制、内容、方法、手段等各方面得到不断完善和深化,推动民族院校大学生思想政治教育工作不断向前发展。

第九章　民族院校思想政治理论课建设

民族院校大学生的思想政治教育与其他普通高校相比，既有共性，也有其自身的特性，民族院校思想政治理论课，也要结合自身的特性，在课程设置、教学内容、教学方法以及师资队伍建设等方面进行创新，发挥其在大学生思想政治教育中的特殊作用。

第一节　办学的特殊性与思想政治理论课建设

一、思想政治理论课的重要性

"教育是民族振兴的基石"。胡锦涛总书记在中国共产党第十七次全国代表大会上再次强调了教育的重要性，提升了教育的战略地位。民族高等教育是教育的重要组成部分，是党的民族政策在高等教育中的落实和体现，是国家为少数民族地区和少数民族培养人才、促进民族地区经济社会发展的重要举措。在我国全面建设小康社会新的历史时期，如何进一步办好民族高等教育，充分发挥民族高等教育的功能，是时代提出的新课题。

如何办好教育，党中央明确了方向。胡锦涛总书记在党的十七大报告中指出，教育"要全面贯彻党的教育方针，坚持育人为本，德育为先，实施素质教育，提高教育现代化水平，培养德智体美全面发展的社会主义建设者和接班人"。这就是说，教育培养的人才应该德才兼备，德即思想政治素质，是最为重要的素质，而良好的思想政治素质的形成离不开思想政治教育，思想政治教育使学生学会做人，学会认知，学会学习，能提高学生认识自我、认识社会、建设社会主义现代化的能力。思想政治教育工作进行得如何，将直接关系到人才素质的优劣。所以，学校要把思想政治教育放在首位，思想政治教育应成为民族高等教育的基础和重点。

在高校，对学生进行思想政治教育的途径是多方面的，而思想政治理论课教学是主渠道。对学生进行正确的政治方向的引导和思想教育在任何阶段都是需要的。大学阶段是世界观、人生观、价值观形成的重要时期。由于大学生年纪轻，知识不够丰富，社会经验不足，人生阅历浅，判断是非的能力不强，加之社会生活极为复杂，各种文化思潮在全球化背景下相互碰撞，由此对学生产生了诸多的、无时无处不在的影响。在这种情况下，如果学生得不到正确的教育和引导，就可能走入歧途。因此，这个阶段的思想政治理论的学习不能削弱，只能加强。

二、办学宗旨与思想政治理论课建设

民族院校的办学宗旨是为少数民族和民族地区培养高素质人才。这种特殊性，要求民族院校大学生思想政治教育要突出民族性，思想政治理论课的课程设置也应该有自身的特色。

在20世纪90年代以前，大部分民族院校除了开设与普通院校相同的思想政治理论课之外，还普遍开设了《民族学概论》、《民族政策概论》、《民族区域自治法概论》等具有鲜明民族特色的课程作为所有学生的必修课。实践证明，这些课程对于民族院校大学生普及马克思主义民族理论和党的民族政策，提高学生对少数民族和民族地区的认识起到了非常重要的作用。

民族院校的思想政治理论课与普通院校的思想政治理论课既有联系又有区别。对于民族院校而言，除了将本科阶段的必修课调整为《马克思主义基本原理》，《毛泽东思想、邓小平理论和"三个代表"重要思想概论》，《中国近现代史纲要》和《思想道德修养与法律基础》等课程之外，还开设了《马克思主义民族理论与政策》课程，这是民族院校思想政治理论课课程设置的一个重要内容。除此之外，还要开设《民族区域自治法概论》、《民族经济概论》等有民族特色的公共选修课，有利于更好地实现民族院校的办学目标。这样能够提高学生对民族问题重要性的认识和对党的民族政策的了解，避免了民族院校大学生对少数民族和民族地区认识的模糊，使民族院校能够始终围绕办学宗旨，保证少数民族和民族地区高素质人才的培养。

第二节 思想政治理论课的教学内容建设与改革

一、人才培养规格的特性与思想政治理论课教学内容建设

民族院校培养的人才主要是为民族地区的社会经济发展服务，因此，在人才培养的规格上民族院校与普通高校应该有所差异。民族院校要教育、引导大学生热爱民族地区，了解少数民族，并且了解党和国家的民族政策。民族院校人才培养的特殊性需要相应的思想政治教育内容加以保证。民族院校思想政治理论课的教学内容，除了在《马克思主义基本原理》、《马克思主义民族理论与政策》等课程中系统地讲授马克思主义世界观、人生观、价值观之外，在所有课程的教学内容中都可以适当增加民族问题的专题，使各民族大学生牢固树立马克思主义祖国观、民族观、宗教观、文化观，自觉地维护民族团结和祖国统一，促进各兄弟民族间相互了解，发展社会主义新型民族关系，更好地为构建社会主义和谐社会服务。

例如，在《中国近现代史纲要》课程的教学内容中，应该强调我国是一个统一的多民族国家，一部波澜壮阔的中国近现代史，就是一部各少数民族与汉族人民一道，为反抗封建统治者的残酷剥削和帝国主义的野蛮侵略而进行不屈不挠的革命斗争的壮丽史诗。

在《毛泽东思想、邓小平理论和"三个代表"重要思想概论》课程的教学内容中，可以更多地介绍毛泽东、邓小平、江泽民和胡锦涛关于民族区域自治理论的论述以及加快民族地区进步和发展的相关论述，使各民族大学生充分了解党的历代领导集体都一贯重视我国的民族问题以及民族地区的发展对于祖国统一、社会稳定的巨大作用，牢固树立各兄弟民族唇齿相依、荣辱与共的观念和为中华民族的伟大复兴而努力学习的理想信念。

在《思想道德修养与法律基础》课程的教学内容中，可以适当地论述各少数民族的优秀传统道德文化在市场经济条件下和构建社会主义和谐社会进程中的当代价值和现实意义；介绍《民族区域自治法》在我国社会主义法律体系中的重要地位以及该法对于促进少数民族和民族地区的发展、繁荣所具有的重要意义。

在《形势与政策》课程的教学内容中，可以引用一些最新的资料和鲜活的案例，使学生了解我国解决民族问题的成功实践和广大少数民族地区在落实科学发展观、推进西部大开发进程中所取得的伟大成就。

二、思想政治理论课与民族精神培育

在新的历史时期，在国内外多种思潮的冲击下，民族院校思想政治理论课必须高度重视当代大学生民族精神培育工作，通过创新教学思路、改革教学内容、拓宽教学手段等方法，进一步提高思想政治理论课的针对性和实效性。

民族精神，堪称民族之魂，它是一个民族在长期的共同生活和实践过程中逐渐形成的，为大多数社会成员所认可和接受的思想品格、价值取向和道德规范的总和，是一个民族区别于其他民族的精神特质。党的十六大报告指出，在五千多年的历史发展过程中，中华民族形成了以爱国主义为核心的团结统一、爱好和平、勤劳勇敢、自强不息的伟大民族精神。这一民族精神，始终是中华各族人民团结和睦、共同奋斗的精神纽带，是中华民族赖以生存和发展的精神支柱，是推动中华民族走向繁荣富强的精神动力。历史证明，一个民族如果没有振奋的民族精神和高尚的民族品格，就不可能自立于世界民族之林。中华民族在漫长的历史发展过程中，虽历经磨难，却百折不挠；虽饱经风霜，却生生不息，自强自立于世界民族之林，为世人瞩目，靠的就是伟大的民族精神。在当今世界，要实现中华民族的伟大复兴，要全面建设小康社会，更需要我们与时俱进，大力弘扬民族精神，为构建社会主义和谐社会提供重要保证。胡锦涛同志还指出："必须大力弘扬民族精神，不断赋予民族精神以新的时代内涵，使民族精神牢牢扎根于人民群众的心灵中，见诸人民群众的行动上，成为推动中国特色社会主义事业不断发展的强大精神力量。"

时代要求我国各族人民要树立强烈的民族自豪感、荣誉感。高校是一个国家和民族文明的思想库，是建设高品位文化的主阵地，通过教育方式培养具有高贵精神气质的社会成员，影响并引导社会主流文化，是高校责无旁贷的历史使命。胡锦涛同志在共青团第十四次全国代表大会上的祝词中指出，一个有远见的民族，总是把关注的目光投向青年；一个有远见的政党，总是把青年看做是推动历史发展和社会前进的重要力量。青年学生是祖国和民族的希望与未来，承担着建设中国特色社会主义的历史重任，他们的思想道德状况和精神面貌将直接关系到中国特色社会主义事业的成败以及国家、民族的荣辱、兴衰。因此，在当代大学生中大力弘扬和培育民族精神，是实现中华民族伟大复兴和新时期各项事业取得胜利的必然要求。民族精神的内涵十分丰富和深刻，对民族院校的思想政治理论课教学而言，应重点突出以下三个方面。

第一，爱国主义是中华民族精神的核心和灵魂，是中华民族优良传统和民族凝聚力的重要源泉。胡锦涛总书记在全国加强和改进大学生思想政治教育工作会议上强调指出："要以爱国主义教育为重点，深入进行民族精神教育。"在我国历史上，爱国主义从来都是动员和鼓舞人民团结奋斗的一面旗帜，是各族人民共同的精神支柱。弘扬和培育民族精神，最根本的就是大力培养当代大学生的爱国主义精神。我们在课程的内容设计中，应该重点加强对学生的爱国主义教育，培养学生的爱国主义情感，增强学生的爱国主义意识，引导学生自觉树立以热爱祖国、报效祖国为最大光荣；以损害国家利益、民族尊严为最大耻辱的荣辱观念。

第二，团结统一精神是形成中华民族向心力和凝聚力的重要基础。

维护民族团结和国家统一，是中华各民族共同的价值取向和奋斗目标，这一精神对于中华多民族的国家来讲，意义非凡。

第三，必须重视中华民族历史和传统文化的教育。民族精神根植于中华民族历史和传统文化之中，由传统文化积淀而成，是民族文化精髓的集中体现。因此，培育民族精神离不开历史知识和革命传统教育，更离不开传统文化的弘扬，应将它们有机地结合起来。党的十七大报告指出："中华文化是中华民族生生不息、团结奋进的不竭动力。""弘扬中华文化，建设中华民族共有精神家园。"值得强调的是，在高校的思想政治理论课教学中，要更多地侧重于对学生进行深层次的引导，不能停留在一般的知识介绍层面上，只有这样，才能使学生对民族精神的内涵和实质有更加深刻的理解和认识。例如，结合《中国近现代史纲要》等课程的教学，可以通过深入解读井冈山精神、长征精神、抗洪精神、载人航天精神等，让学生体会伟大的中华民族精神在我国历史发展进程中的巨大推进作用，自觉地继承和发扬中华民族优良传统，坚定对祖国的信心和热爱，感受自身肩负的民族振兴的伟大历史使命。

第三节　思想政治理论课教学方式的改革与创新

一、教育对象的特殊性

在民族院校，少数民族大学生的人数比例较高，即使是汉族学生，也有不少来自民族地区，这和普通高校相比有着明显的差别。由于民族地区特殊的历史文化传统和相对落后的社会发展状况，来自民族地区的大学生，尤其是少数民族大学生在文化素质和心理素质上与普通院校大学生相比有着一定的差异。民族院校学生的特殊性主要有以下三点。

第一,与普通高校相比,民族院校大学生由于历史和地理等方面的原因,教育资源相对落后,学生入学分数较低,文化基础较差。因此加强因材施教、全面提高学生综合素质,是民族院校当前以及今后一段时期需要长期解决的重要问题。

第二,民族院校中有相当一部分学生来自偏远农村、牧区的经济贫困家庭。一方面,学生强烈渴望自立自强,以尽快适应现代社会的需求;另一方面,现代社会激烈的竞争又使他们一时不知所措,从而陷入迷茫;再加上沟通交流能力不强等因素,使一些学生产生一定的心理问题,影响到正常的学习和生活。

第三,一些少数民族学生看问题比较直观,眼见为实,而不太擅长抽象的逻辑思维。

民族院校教育对象的特殊性,使得民族院校思想政治理论课的教学方式也应该进行创新,以适应这些特性。例如,在《思想道德修养与法律基础》课程的教学过程中,可以列举一些虽身处逆境却自强不息的各民族先进模范人物的典型事例,以激励学生增强自信心;也可以请一些先进模范人物或社会成功人士走进课堂,现身说法,直接与学生面对面地交流。在《马克思主义基本原理》与《毛泽东思想、邓小平理论和"三个代表"重要思想概论》等课程的课堂教学过程中,教师应该深入浅出地解释理论体系的基本内涵,同时要理论联系实际,充分运用多媒体课件等教学工具,把教学内容与学生能够切身感受到的身边事物的发展变化联系起来,加强课堂上的师生互动;教学素材也要不断更新,与时俱进,反映最新的时代内容,切忌简单地从理论到理论、从抽象概念到抽象概念。

二、思想政治理论课的教学手段和方法

民族院校思想政治理论课涉及教和学的关系,教和学是双边活动的过程,教学的成败取决于教和学双边配合的默契程度,这种配合不是简单的知识输出与输入、授与受,它应充分体现教学双方的主动性、积极性和创造性,体现出教学双方在知识、观点、情感上的交流与共鸣。当然,教与学双方在教学活动全过程中的作用并不是对等的,教师是"传道、授业、解惑"者,是教学的主导方面,这种主导作用不

仅表现为教师将知识正确、准确地传授给学生,而且表现为教师有效地调动学生的学习积极性,尤其表现为教师通过言传身教,培养学生正确的世界观和人生价值观、科学的思维方法、严谨的治学态度和出色的创新能力,从而改善和优化学生的全面素质。学生是教学的主体,是教学过程的另一重要方面,如果没有学生的参与,没有学生的努力,没有学生主体作用的最大限度发挥,教学目的也不能实现。因此,为取得良好的教学效果,教师要通过不断的学习、锻炼,以提高自身的知识素养,增强人格魅力,同时还要在教学手段和教学方法上下苦工夫。

(一)重视讲授法的运用与创新

讲授法是中国共产党长期以来形成的宣传、教育方法,是思想政治教育的主要形式,是对学生进行政治理论灌输的重要方法。语言作为表达人类思想、情感的载体,其功能永远不会被技术手段的取代。上好思想政治理论课,离不开讲授,讲授是一切教学过程中使用最早、应用最广的教学方法要想使这一传统教学法在新时代焕发出更加灿烂夺目的光辉,这就需要教师在讲授中突破传统,避免填鸭式的满堂灌,增加与学生的互动,精心设计一些带有启发性的问题,用启发性的语言激发学生的探求欲望,引导学生独立思考、积极思维,促使每个学生的大脑不断受到信息刺激,去发现和思考更多的问题,并通过质疑、讨论、阅读去寻找答案,进而锻炼学生寻求解决问题的能力,学到更多的知识。师生之间的互动,能活跃课堂气氛,增强学生的主体意识,调动学生参与教学的积极性和主动性,同时也让每个学生都有机会开口,与老师对话,拉近师生间的距离,培养师生间的情感,增加课堂教学效果,形成教与学相互融合的良性循环。

(二)充分运用现代技术教育手段

当今世界,人类已经进入了信息时代,人们的实践活动无论在广度上还是在深度上都得到了革命性的发展,使大学课堂教学对信息的需求量大大扩充。随着计算机网络技术、通信技术和信息处理技术的高度发展,以多媒体为核心的现代教学方法正在教育领域得到普遍重视和运用,学生也广泛接触了计算机和互联网。在这种情况下,如果教师仍然只会用粉笔在黑板上大量板书,显然会使教学效果大打折扣。而学生大都希望老师在讲授的同时,能够采用幻灯片、图文、声像、动态视频等多媒体技术进行教学。多媒体教学方法，具有直观、生动、具体、形象、信息量大等优点，能使学生的听觉、视觉等多种感官得到刺激，不仅激发学生学习抽象理论的兴趣，调动他们的学习积极性和主动性，而且有利于突出重点，突破难点，增加信息量，弥补讲授法的单调枯燥、呆板的缺陷，优化教育效果，从而促进教学内容的深化和教学质量的提高。

思想政治理论课教师必须要有时代紧迫感，增强运用现代多媒体技术辅助教学的自觉性，坚持传统教学手段与现代技术教育手段相结合，充分运用互联网上的资源，下载所要讲授专题的相关视频资料，并运用到教学中，这样可以大大增加课堂教学的吸引力。

（三）多开展课堂讨论，多方面锻炼学生能力

《中国教育改革和发展纲要》指出："要精心组织学生进行自由活泼的课堂讨论。"课堂讨论对学生的锻炼是多方面的，学生为了参与讨论，进图书馆或上网查资料，这可以增加更多的相关知识，学会查阅资料、运用资料，锻炼思考能力和文字写作能力；在讨论的过程中，每个学生都要开口说话，各抒己见，要允许不同意见、不同观点的交锋，让学生自己得出结论，这能够锻炼学生的胆量，充分调动学生思维的积极性，锻炼学生分析问题的能力和提高口头表达能力，还能活跃课堂，有利于消化和运用所学知识。在教学实践中我们体会到，学生喜欢课堂讨论形式，并积极参与。教师可以多运用这一教学方式，每讲解一个专题，布置一次作业，作业可以是书面形式，也可以是讨论方式。教师要精心挑选课堂讨论的主题并提前告诉学生，要求学生围绕讨论的主题认真做好讨论前的准备工作，如利用课外时间收集查阅相关资料等。在课堂讨论中，教师要进行有效的控制和引导，对学生独到的见解和正确的观点要予以肯定，对一些模糊甚至错误的认识要予以纠正，对学生多表扬、多鼓励，帮助学生增强自信心。

综上所述，要提高学生的思想政治素质，必须提高对高校思想政治理论课重要性的认识，优化思想政治理论课的设置，改进教学方法，通过加强思想政治理论课的学习，引导学生去关心人类的命运，关注国家、民族的发展，探索社会的真谛，追求人生的真理。

第四节 思想政治理论课的教学特色与师资队伍建设

一、思想政治理论课的教学特色

高校思想政治理论课的教育教学必须按照当代马克思主义大众化的要求，充分体现实践特色、民族特色、时代特色。民族院校思想政治理论课的教学要体现其特色，就一定要贴近广大学生的思想实际，解决实际问题，用发展着的中国化的马克思主义的立场、观点武装广大学生的头脑。

（一）实践特色是思想政治理论课的本质特征

思想政治理论课的实践特色，首先体现在课堂教学中必须从客观存在的现实出发，不能回避现实生活中的问题，空洞的说教只能引起大学生的反感，这只会使思想政治理论课失去吸引力。只有面对现实，解决现实中的要害问题，理论联系实际才是受大学生欢迎的大众化方式。这就要求在思想政治理论课各门课程的教育教学过程中必须立足新的实践，勇于面对现实生活中出现的种种问题，运用当代中国的马克思主义基本原理去分析这些问题，使中国特色的社会主义理论体系在解决现实问题的过程中不断得以升华，并成为各民族大学生共同团结奋斗的思想基础。

思想政治理论课的实践特色还体现在课外的实践教学中。思想政治理论课的理论观点是否具有真理性和指导性，仅凭思想政治理论课教师的理论教学是难以让学生信服的，理论还必须回到实践中去经受检验。思想政治理论课的实践教学依据课程的教学内容和要求，要求学生积极参与实际生活和社会实践，从中获得思想道德方面的直接体验，加深对所学理论的理解和把握，使大学生逐步由对思想政治理论课的理论观点的认知转化为认同，由认同升华为信仰，再由信仰外化为行动,实现知、信、行的有机统一,使当代中国马克思主义无论是在理论上,还是在实践中真正进入大学生的头脑。

(二) 民族特色是高校思想政治理论课的主要特征

所谓民族特色,就是在内容上要符合中华民族优秀的传统文化,在形式上要为中国的老百姓喜闻乐见,符合中国人的思维习惯和接受方式,总之,就是具有中国作风和中国气派。

毛泽东思想、邓小平理论、"三个代表"重要思想和科学发展观都是中国化的具有中国作风和中国气派的马克思主义,特别是党的十七大把后三者称之为"中国特色社会主义理论体系",是当代中国的马克思主义。在这里可以看到,中国化的马克思主义由两个部分组成,一是毛泽东思想,二是中国特色社会主义理论体系。前者主要是解决中国民族独立、人民解放的历史任务,后者主要是解决国家富强、人民富裕的历史任务。它们都是马克思主义基本原理与中国具体实际相结合的产物,其内容是新鲜活泼的、为中国老百姓所喜闻乐见的,而不是抽象的、空洞的、教条似的马克思主义。这些具有中国特点的马克思主义是已经解决和正在解决中国问题的思想武器,是无可辩驳的真理。高校思想政治理论课的主要任务,就是用这些已被实践证明是真理的、具有中国特点的马克思主义来武装当代大学生,以此推动当代中国马克思主义大众化的进程。

高校思想政治理论课的民族特色除了体现在教学内容上以外,还体现在教学形式上,即用深入浅出的生动语言把深奥的马克思主义理论转化为通俗易懂的道理,以广大大学生喜闻乐见的教学形式,如启发式、参与式、研究式等多种形式来传输这些道理,形成一种生动活泼的、既有历史感又有现实感的良好的教学氛围。只有这样,才能使学生坐得住、听得进、学得好,并引起兴奋点和共鸣点,真正实现当代中国的马克思主义在大学生中的普及,以此推动当代中国马克思主义的大众化。

(三) 时代特色是高校思想政治理论课的重要特征

所谓时代特色,就是在思想政治理论课的教育教学中要体现马克思主义与时俱进的理论品质。其教学内容必须充分体现马克思主义中国化的最新理论成果,克服教材内容陈旧,忽视实践中的马克思主义的问题,使思想政治理论课的教材内容和中国现代化的进程相一致,和时代发展的步伐相一致,以全面反映世界科学文化进步的新的实际。在教学过程中,要始终坚持用发展着的当代中国马克思主义武装大学生的头脑,引导大学生不断提高运用当代中国马克思主义最新成果认识新情况、分析新矛盾、揭示新规律、解决新问题、总结新经验的能力,使之成为推动时代前进的动力。同时,还要采取富有时代气息的、鲜活的教学手段和表现形式,使当代中国马克思主义从内容到形式都具有鲜明的时代感。

教学有法,教无定法,贵在得法。高校思想政治理论课教育教学是一门科学,也是一门艺术。在已经有了好教材的情况下,改进教学方法对增强课程的吸引力和感染力、提高教学的实效性、针对性显得尤为重要。因此,要努力使思想政治理论课的教学方法适应大学生的特点,通过精心设计和组织教学活动,如专题讲座、课堂讲授、课堂讨论、专题演讲、社会实践、社会调查、志愿服务、公益活动、写调查报告、写论文和心得体会等,使学生能够学有所得,学以致用。只有这样,才能使当代中国的马克思主义走近大学生,使大学生走近当代中国的马克思主义,从而实现马克思主义的大众化。离开时代性,思想政治理论课就无法满足时代的发展和大学生的需要,就会失去生命力,就不可能完成推进马克思主义大众化的历史重任。

二、思想政治理论课教师队伍建设

民族院校思想政治教育工作者,尤其是直接从事思想政治理论课教学的教师,除了必须具备与普通高校同样的高尚政治品格和较强的理论素养之外,还应该有更严格的要求,即必须充分掌握党的民族理论和民族政策,了解少数民族和民族地区的风俗习惯和文化特征,尊重和理解少数民族学生,如此才能更好地开展有针对性的大学生思想政治教育工作。这就意味着,在民族院校思想政治理论课教师队伍建设方面,必须努力创新,突出民族特色,保证广大各民族学生始终拥有一个良好的思想政治教育环境。

首先,在思想政治理论课教师的聘任和引进过程中,除了考察其教学水平和科研能力之外,还要重点考察其对少数民族和民族地区有无感情,对民族政策和民族知识有无基本的了解。尤其要重视从应聘的少数民族博士生、硕士生中选拔出来的优秀的专业人才来充实教师队伍,这样更有利于对少数民族学生的教育教学。

其次,在师资队伍的培训过程中,要使思想政治理论课教师在上岗前就系统掌握民族法律法规和党的民族政策,了解和掌握少数民族和民族地区的风俗习惯和文化特征,尊重和理解少数民族学生。另外,还可以通过组织少数民族知识竞赛、民族法律法规和民族政策知识竞赛等活动,不断加深教师对民族问题的认识。

最后,要经常组织思想政治理论课教师到民族地区参观考察,通过参观学习,教师们不仅加深了对少数民族和民族地区的了解和感情,而且也看到了改革开放以来民族地区发生的翻天覆地的巨大变化,为课堂教学积累了丰富的案例素材。

综上所述,民族院校思想政治理论课的教育教学与推进当代中国马克思主义大众化的历程是相辅相成的,一方面,民族院校思想政治理论课成为推进当代中国马克思主义大众化的主阵地;另一方面,推进当代中国马克思主义大众化为民族院校思想政治理论课的教育教学提供了一个全新的视角。因此,只有加强民族院校思想政治理论课的建设,才能使之承担起宣传和普及中国特色社会主义理论体系的历史重任。

第十章 民族院校学风建设

学风建设是学校科学发展的命脉工程,大学学风状况的好坏,将直接影响学校的办学质量,影响人才的培养水平。

第一节 学风建设概述

一、学风的蕴涵

从广义上说,学风是一所学校师生在教学活动中表现出的精神状态和文化风气,是学校校风的集中反映,是校园文化的重要体现;从狭义上说,学风是学生的学习风气,是学生在校学习、生活过程中所体现出来的精神风貌以及学生在校园中经过长期教育和影响而逐渐形成的道德标准和行为风尚,是学生学习态度的综合体现。学风主要包括学习目标、学习目的、学习方法、学习兴趣、学习纪律、学习氛围和文明素养等要素。

优良的学风可以帮助学生树立正确的学习目的,产生巨大的学习动力,端正良好的治学态度,养成良好的学习方法。不良的风气使人消沉,没有目标,浑浑噩噩地度日,把大学的宝贵光阴虚度。

对于民族院校而言,为少数民族和民族地区培养适应社会经济发展要求的高素质人才是其办学的根本目标。学风问题直接影响其教育质量和人才培养水平。对学生来说,学风问题不仅影响在校期间自身的学习成绩,乃至今后的成长和进步。如果一所学校真正形成了勤奋、严谨、求实的优良学风,就会对在这个环境中学习、生活的每位学生产生潜移默化的影响。"春风化雨、润物无声"的熏陶和影响，对于提高民族教育教学质量、促进少数民族人才培养具有直接的推动作用。而这种推动作用和所产生的积极影响不仅仅反映在学生学习阶段，还将对学生毕业后的职业发展发挥重要作用。

当前，随着招生规模的不断扩大、在校学生数量的迅速增长，高等院校在校学生生源质量有不同程度的下降。民族院校招生生源分布全国，偏重于边远少数民族地区，文化风俗、语言交流、生活与学习习惯和文化基础均和普通高校有较大的差别。如何树立良好的学风，为少数民族和民族地区培养优秀人才成为民族院校的治学关键所在，并直接关系到民族院校教育教学质量的高低和长远发展。

二、当前高校学风存在的问题

当前高校学风从总体来说尚好，勤奋学习、努力成才是学风的主流。但由于受社会大环境、高校小环境等客观因素以及学生自身原因等主观因素的影响，高校学风也存在着不少问题。

(一) 学习目的不明确，自觉性差

根据调查了解到，部分学生没有树立正确的世界观、人生观，对于学业没有明确认识，对于学习生活随波逐流。在应试教育体制下，很多学生自主性学习的能力较弱，只是被动学习，升入大学后无法适应大学的学习生活。部分学生没有远大志向，对于日后生活缺少规划，学习缺乏动力。有些学生仅是为了获得毕业文凭，学习精力投入不足，学习不用功，平时时间只在吃喝玩乐中混日子。

由此出现上课迟到、旷课、课堂纪律松散、沉溺电脑游戏和网络等现象。就上课迟到的现象来分析，主要原因是学生的生活习惯懒散、内心对课堂知识不重视，有的学生宁可牺牲上课的时间去吃早饭或者睡觉，特别对于高年级来说，第一堂课的出勤率较低年级下降很多。旷课同样也是现在高校比较普遍的一种状况，就学生旷课来说影响的原因是多方的，一方面，由于教学安排不合理及教师讲授内容不生动而无法引起学生的兴趣，学生在课堂中收获很少，或者学生片面地认为有些科目不重要，没有必要在此门课程上投入太多时间，使得学生去图书馆、自习室自行安排学习；另一方面，由于学生平时的家教或

其他兼职直接挤占上课的时间，他们把兼职当成主业，把学习当成副业，抱着考试时临时突击的态度应付学业。还有的学生认为大学是锻炼综合能力的最好场所，利用上课的时间参加校园文化活动。更有甚者利用上课时间上网、沉迷网络游戏，这类学生可以说从小就没有养成自主学习的能力，来到大学后失去家长及高中模式的监管，放任自由。

（二）功利色彩明显，缺乏专业思想

由于受到就业率和社会上对于专业的需求影响，有的学生自认为所学的课程与将来工作联系不紧密而不喜欢这个专业，由此产生迷茫的现象，迷茫过后，又因找不到奋斗的最佳途径而选择了沉迷网络，或者认为自己所学的专业和就业的关系不大，而选择其他专业的知识来学习，其后果就是本专业的基础知识掌握的不精通，外专业的知识不牢靠的"两面夹生"的局面；有的学生简单、片面地认为获得各种等级证书与工作报酬相联系，放弃对本专业基础知识的学习；还有的学生自认为大学用来"提高能力"，热心于各种社会活动而荒疏学业。

（三）诚信缺失，考风考纪不良

尽管各地教育行政部门和各高等学校三令五申，并出台相关严厉的处罚条例和措施，可是学生考试作弊现象依然存在且手段高超。部分学生由于人格修养缺乏，平时不努力刻苦，考试时投机取巧，部分学生甚至跟风作弊，帮人作弊，造成的影响和风气都十分恶劣。

诚信的缺失，不仅反映在考试的过程中的作弊行为，而且还反映在日常生活中的抄袭作业、抄袭实验报告、抄袭论文。在近几年的大学生助学贷款的还款过程中，拖欠利息及不还款的学生也在逐年上升。以上的种种行为都和学生的个人品德、诚信缺失有着相互的关系。

以抄袭作业、抄袭实验报告为例，每次上交的前夕便是班级大部分学生集体忙碌的时候，一个作业基本只出现几个版本，其他的均是复制品。有些学生认为做这些作业没有什么意义并浪费时间，有些学生则是由于平时的时间被丰富的活动挤占而无法完成，还有的学生只是为了平时成绩能够获得高分。他们对抄袭作业的问题，抱以习以为常的态度。长此以来，形成了浮躁、不严谨的风气。

考试作弊相比抄袭作业来说表现得就更加恶劣，小到平时的考试，大到国家的统一考试，作弊现象屡见不鲜。夹带、交头接耳、左顾右盼、买答案、利用手机、利用无线耳机等招数都是作弊的惯用手段。通过调查和了解，我们发现学生作弊的因素主要有四个：一是害怕挂科，铤而走险。这部分学生平时学习不用心，仅靠考试前短时间的突击复习，考试时心里难免底气不足；二是部分学生追求高分，有些学生平时的成绩较好，但为了能获得奖学金更加的保险也选择了作弊；三是照顾朋友面子，有些学生的作弊需要互相配合，平时关系较好，对于别人的请求不好拒绝，协助他人完成考试作弊；四是从众的心理，看到身边的同学作弊后取得优秀的成绩，而没有作弊却成绩平平，因此心理上的不平衡也让一些人选择了作弊。

从作弊的内在原因中不难发现，作弊风气的盛行和考场纪律及监考老师有一定的联系，有些学生在考试的过程中私自更换座位并屡次成功，就是因为监考老师在监考的过程中怕麻烦，根本没有核实学生的实际座位和规定座位是否相符。同时，考试内容的死板和考试形式的单一也为学生作弊提供了可能。对于一些考试科目，运用大段公式来计算，如果在试卷中印有公式，或者允许学生携带相关的资料进行查阅都是可以减少作弊现象的，毕竟考试的目的是让学生掌握学习知识的方法。另外，现在考试多是利用教师在考场中监考的形式，考场面积和考试人数都对监考教师存在着一定困难，如果利用高科技的手段，如在考场中安装摄像头、采用计算机随机题库的题型完成考试等来弥补不足，也可以避免作弊现象的出现。

三、民族院校学风存在的特有现象

（一）风俗习惯不同，学生学习动力存在较大差异

少数民族大学生由于受到民族地区特殊的社会、自然、政治、经济等各种条件的影响，故有其独特的民族风俗习惯。

通过调查发现，来自云南、海南、贵州等南方地区的少数民族学生，他们的性格较内向，思维单纯，这和当地的生活环境有着非常大的关系。这些省份经济相对滞后，大部分家庭依靠土地维持生活，而相对闭塞的环境也促使学生带有独特的心理特征，有些学生因为家庭经济情况的影响，产生了自卑感，内心封闭，不愿和同学过多地接触，即使在学习中产生疑问也不会及时、主动地向老师或同学求解，在学

习的过程中缺乏合作及互助,长此以往,学习成绩提高得很慢,考试成绩不理想,进而产生了非良性循环。有的学生由于民族地区方言较重,在交流的过程中,特别是英语教学的过程中不敢参与和教师的互动,对英语的学习产生了抵触情绪,丧失学习兴趣。还有的学生,以海南省部分少数民族地区为例,整个环境生活节奏较慢,甚至有的地方一直以来是男性在家休养,女性工作的生活状态,由来已久的生活习惯也让一部分学生不适应当代社会的快节奏生活和校园的激烈竞争,还一贯保持以前早睡晚起的生活习惯,对于学习上时间投入不足,对校园生活不感兴趣,只沉浸在自己的生活当中。

(二) 教学水平不同,学生基础知识掌握存在较大差异

对于民族院校,尤其是对于来自新疆、西藏、青海等地的学生来说,当地的教育教学水平和中东部地区存在着一定的差异。刚刚进入大学便将他们与来自中东部发达地区的学生同等划齐,在学业上确实存在很大的困难,这些学生经过一段时间的学习后,无法在短期内弥补不足,而挫伤了学习热情,对学习有了心理上的恐惧。由于民族语言和文化的不同,很多考生在高中阶段使用本民族语言学习及参加考试,对初入大学便转变为汉语授课还一时难以习惯和接受。

不可否认,中国的教育资源的发展存在不平衡现象,少数民族聚集的多为经济较为落后地区,当地对教育的投入相对于中东部地区较少,师资水平和办学条件存在着很大差距,所以升入大学后的学生的实际水平也有所不同,甚至差异过大。如来自新疆、西藏、延边等地的学生都是民族语言授课,他们在大学求学的过程中首先需要克服的困难是语言关,有的学生因汉语语速稍微过快,便听不懂,只能猜测,工科的很多专业的专业课中出现的名词和民族语言授课的高中课本完全不同,全部需要学生重新接触并记忆,对于这些学生来说,要牢固掌握大学知识确实存在很大的困难。新疆和西藏是我国少数民族聚集较多的省份,能够从新疆和西藏考到内地的考生在本地一直都是非常优秀的学生,并且保持着优越感,他们承载着父母和亲朋好友的期望,自身也承受着很大的压力。而来到内地后,由于基础知识水平的不同,他们的成绩在短期内很难达到班级领先的状态,甚至可能处在中下游,由此带来的心理上的落差使一些学生产生了消极、自卑的情绪,降低了学习热情。

(三) 学习方法不适应，事倍功半

很多少数民族学生来到大学后，脱离了原有的环境，不适应于新的环境。对于少数民族学生而言，他们较汉族学生适应环境的能力偏弱，这些新生往往还会沿袭他们在高中时代的学习方法，尽管非常努力地投入大量的时间和精力，但是收效甚微，事倍功半。

大学的学习和高中有着本质的区别，大学的课程涉猎众广，课程多，与高中的几门课程的讲解不同，大学课堂的传授渠道也与高中有明显的不同，需要学生利用课余的大量时间查阅图书，自己领会精髓，通过自学来完成自身知识的提高，大学的学习主体也由高中的教师为主体转变到学生自己为主体，不再需要教师的监督而变成引导，这种授课方式都是独具特色，需要学生能够主动适应，并尽快转变。

第二节 学风建设的内涵特点与遵循的原则

一、学风建设的特点

正确理解与把握民族院校学风建设的特点，对于推进民族院校学风建设、提高教育教学质量、培养合格人才、履行民族高等教育使命起着至关重要的作用。民族院校学风建设是一项系统工程，优良的学风不是自然形成的，而是诸方面教育管理的必然结果。学风建设是随着学校的改革、发展而不断推进的，它既有历史的积淀和传承，又有实践的创新和突破。坚持社会主义大学的办学宗旨，坚持党的教育方针，遵循高校办学规律和少数民族学生身心特点，坚持从学校实际出发，帮助学生树立孜孜求索、勤奋刻苦、调查研究、开拓创新的求学之风，引导学生养成团结友爱、诚实守信、勤俭朴实、品行高尚的生活作风，培养学生树立自尊自信、勤于实践、勇于竞争、求真务实的人生品格，最终形成学生群体人格化的整体精神风貌，展示和反映学

校特色和大学精神。一般讲，民族院校学风建设的内涵应包括以下四个方面。

第一，志存高远、树立崇高的志向，勇于追求科学和真理。这是社会主义大学办学目标决定的。少数民族大学生作为少数民族青年中的优秀部分，理所当然地在理想信念、人生追求、素质能力等方面体现出与党和国家的希望、人民利益相一致，与时代需求相统一的特征。因此，各民族大学生要刻苦学习科学知识、科学思想、科学方法，培育开拓创新精神，与时俱进，不断提高实践能力和创造能力。

第二，博学多技，真正成为知识和技能的富有者。各民族大学生作为民族地区社会主义现代化建设的潜在力量，面临着实现民族地区社会、经济、文化的建设和发展，维护边疆稳定、民族团结、国防巩固的艰巨任务。如果没有足够的知识、能力储备，远大的理想、美好的愿望只能是空谈。因此各民族大学生要树立只争朝夕、时不我待的紧迫感和立志民族地区现代化建设的责任感。利用有限的时间博览群书、博学多思、实践锤炼，用知识和技能武装自己。俗话说"技多不压身、证多出路广"，在全球经济一体化的今天，面对考试的社会，各民族大学生只有做到"证"、"能"统一，才能适应社会发展的需要。

第三，遵纪守法，明礼诚信，努力陶铸高尚的人格。遵纪守法、明礼诚信是社会主义公民道德规范的起码要求，也是各民族大学生必须履行的基本义务。自觉遵守国家法律、法令以及《普通高等学校学生管理规定》、《高等学校学生行为准则》等规章，遵守学校的相关规章制度，也就很自然地成了学风建设的重要内容之一。此外，少数民族大学生作为少数民族青年群体中的佼佼者，还应努力陶冶高尚的人格，成为社会主义道德建设、精神文明建设、和谐校园建设的倡导者、实践者、示范者。

第四，团结友爱，互相关心，做优秀民族文化的传承者弘扬人。民族院校与一般普通高校最大的区别就在于，民族院校是各民族青年团结和睦、共同生活的大家庭，是各民族优秀文化的汇集地和交流窗口。从某种意义上讲，民族院校是民族地区社会、经济、文化发展的缩影。少数民族大学生除了学习知识、苦练技能外，还肩负着继承、弘扬各民族优秀文化的光荣任务，因此，团结友爱、互相关心、互相帮助、共同进步也是民族院校学风建设的重要内涵。

民族院校学风建设的内涵极其丰富，除了上述四个方面外，还涉及学生心理、各民族风俗习惯等多方面的内容。总之，通过学风丰富内涵的展开和延伸，逐步形成具有学校特征、体现大学精神的学习风气、生活氛围和人生品格。这是学风建设追求的目标，也是一所学校成功办学的标志。这种学校精神的外化应该使每个学生的个性得到张扬，境界得到升华，素质得到提高，从而促进学校的建设和发展。

二、学风建设遵循的原则

根据民族院校学风建设的内涵特点，民族院校学风建设应坚持以下原则。

第一，系统性原则。从学校层面来看，学风建设涉及学校的方方面面，需要凭借学校及有关职能部门的引导与推动，需要教师、学生的共同努力，需要在学校内部形成一个有利于优良学风形成的环境；从社会层面来看，学风建设还受社会各种因素的影响，社会环境以及各种社会价值观念都在不同程度地影响着大学的学风建设。

第二，协同性原则。学校对学风建设要有总体规划，各职能部门要明确各自在学风建设中的任务、职责及学风建设的实施措施和方法。学风建设每一个方面的具体工作情况都可能影响到学风建设的成效。学校各职能部门不能推诿，要互相协同，各负其责。教师和学生也应认真履行学风建设中所承担的职责。

第三，层次性原则。学风建设既有教师的教学之风、学术之风，又有学生的求学之风、勤学之风；既有班风建设的规定，又有学生个体的优良学风培养要求。学校各职能部门和师生员工要明确各自在学风建设中承担的工作职责，确定不同的工作重点，增强学风建设的有效性。同时，学风建设的层次性还体现在师生个体的变化和不同阶段上。只有掌握了学风建设的层次性特点，就能在学风建设工作中做到有的放矢、事半功倍。

第四，复杂性原则。学生是学风建设的主体，学风建设的复杂性是由生活在大学这一特殊的社会组织群体中的人的身心发展特点所决定的。大学生的身心发展既受自身的生理特征、主观努力等因素的影响,又受到学校、社会等因素的制约。从学校内部来看,影响学风建设的因素主要有大学的教育理念、管理制度、大学文化、师资力量、教师教风、学生的学习目的、学习态度、价值取向等;从社会因素来看,在市场经济条件下,社会上存在的功利思潮、拜金主义、假冒伪劣、弄虚作假、急功近利等不正之风都时刻冲击着大学的学风建设。大学学风建设不仅仅是由大学本身所决定的,而且是由大学中的主体、环境、条件以及社会思潮等各种因素的集合体所决定的,这就增加了大学学风建设的复杂性。因此,加强学风建设,必须真正把学风建设作为一项齐抓共管、常抓不懈的系统工程。

三、学风建设中重点解决的问题

学风虽然由学生群体作为载体来体现,但是学风的内涵却与学校工作的方方面面紧密联系。其中,与教风和管理作风的关系最为密切。学风、教风、管理作风共同构成校风,三者相辅相成、互为联系、互相制约。也就是说,我们不可能抛开教学、生活的其他方面单纯地来谈论学风。换句话说,学风建设表面上看学生是主要的对象,其核心则指向学校的办学目标、办学条件、办学理念等学校赖以存在和发展的基础。在学风建设过程中,民族院校普遍存在办学条件改善缓慢、专业设置老化、师资力量参差不齐、教学科研缺乏后劲、管理服务有待规范等综合性问题,这些问题联系、反映到学风上,表现为:

第一,学习目的不明确,学习动力不足。不少学生从进校到毕业,没有很好地思考过四年大学的安排和计划,满足于课堂教学的内容,停留在及格的低层次目标上,更谈不上有计划、有目标地自学来调整自己的知识结构和能力视野。更有甚者把学习当做学校或家长压给他的负担,上课"三天打鱼、两天晒网",复习"复印笔记",考试夹带作弊。

第二,理想信念模糊,精神萎靡不振。个别学生在纷繁复杂的社会生活感染下,人生理想信念坐标发生了动摇,整天无所事事、怨天尤人,追求不切实际的享乐生活,有的由此走向违纪违法的邪路。

第三,缺乏纪律观念,集体意识淡漠。部分学生由于家庭"宠爱",养成了较强的"中心"意识,凡事以"我"为主,我行我素,缺乏起码的纪律意识和观念。热衷自我表现，很少参与、过问公益事务、集体活动，缺乏奉献精神。

第四，依赖心理突出，创新精神不足。在校的大学生基本上都是20世纪80年代中后期出生的独生子女，成长环境较之以往任何时期的学生都好。正是这种片面的优越环境养成了他们"大家闺秀"式的性格。生活上依赖父母，"上学父母送，铺盖父母背，衣服不会洗，花钱很大方"。学习上缺乏独立自主的学习精神，能够自己安排学习、独立学习的只占了学生总数的较少部分，而视力不良、身体素质差的学生却越来越多。特别是在毕业、择业、就业的过程中，依赖心理突出、自立意识不足的问题显得尤为明显。从一定意义上讲，毕业生初次就业率低与此不无关系。

上述现象反映了作为学风建设主体的学生群体的基本特征，是受社会经济文化综合因素影响的。学校是社会的一部分，社会转型过程中的一些特征也必然要在校园中得到反映，这也就是新时期民族院校必须加强学风建设的理由所在。同时，这些特征也说明学风建设仅有学校的努力是不够的，其外延应扩展到社会、家庭等各个方面。

第三节 学风建设的措施与方法

一、拓宽思想政治教育渠道作为促进民族院校学风建设必要手段

（一）加强学生工作者的日常管理与教育

加强思想政治教育是为学风建设提供强大而有力的思想政治保障。《中共中央国务院关于进一步加强和改进大学生思想政治教育的意见》（中发［2004］16号）指出，学生工作者应把学生思想政治教育与帮助学生解决实际问题相结合，将思想政治教育渗透到日常管理中来，培养学生具有明确的学习目的。

首先,如何帮助学生树立正确的世界观和价值观而开展的思想政治教育则是一个长期和系统的工作。随着社会主义市场经济的发展和改革开放的不断深入,社会上的一些不良风气也通过各种渠道渗透到高校中来,直接影响了高校的学风建设。这就要求学生工作者要深入学生生活、关心学生生活、了解学生的思想动态及政治立场、价值观念,使学生能够明确自身所承担的历史责任,增强学生的使命感,树立"为中华崛起而读书"的追求与信念。其次,学生工作者选取特别事件作为弘扬爱国主义精神的教育典型。例如奥运年、四川地震等一系列事件都可以成为爱国主义教育的宣传典型,通过多样的教育活动,将大学生的祖国观、责任感不失时机地引导回归主流。只有培养学生树立远大理想,树立正确的学习态度,才能提高学生学习的内在兴趣,激发内在动力,才能达到学风建设的长期建设目标。

（二）提高从事教育教学的教师对民族文化民族习俗的通晓水平

由于少数民族学生心理的特殊性,教师在教育教学过程中更要尊重少数民族大学生,不断学习和了解民族文化和风俗习惯,得到学生的接纳和认可,关心他们的生活,激发少数民族大学生自强不息的拼搏精神,让少数民族大学生认识未来的竞争就是知识的竞争,要想在竞争中获胜,就必须勤奋学习,勇于拼搏,进而不断增强思想政治教育工作的针对性和实效性。

从事教育教学的教师与少数民族学生交流的首要条件是通晓该民族语言,或者通晓该民族的传统文化,用文化拉近彼此的距离。参与到少数民族大学生的民族文化活动中可以很好的了解学生,对于教育和沟通少数民族大学生是行之有效的方法。

（三）加强思想政治理论课的课堂教学效果

不难发现,部分学生存在着重视专业知识的学习,轻视思想政治理论课程学习的现象,很多学生敷衍了事,没有热情,课堂上纪律涣散。随着大学生就业形势的日趋严峻,学生们将更多的精力和时间放在专业知识的学习上,要么选择逃课,要么选择在课堂上补做其他专业课的作业。出现这种现象的原因是多方面的,首先,这是由来已久的观念问题,高中的文理分科后,政治课就淡出了理科生的课堂,大家一贯对"学好数理化,走遍全天下"的观点比较认同,对于思想政治类课程则采取考前突击复习的方式,这种轻视的态度也一直带到了大学的学习之中。其次，考试的形式发生改革，除了研究生入学考试需要闭卷考试外，原来的"两课"闭卷考试一般都改为开卷或者提交论文的考试形式，该形式的更改让部分学生有了可乘之机，对于理论内容并不采用理解和贯通，随便在网络上摘抄一篇就应付了事。同时由于思想政治课的理论过多，教师容易照本宣科，内容枯燥，不能引起学生的兴趣。所以，改革思想政治理论课的授课形式与授课内容是必要的，让思想政治理论课真正成为教育学生树立正确的人生观、世界观和价值观的主渠道与主阵地。

二、将奖惩制度、行为规范、诚信教育作为民族院校学风建设的有力支撑

（一）完善奖惩制度

根据马斯洛需求层次理论和动机激励理论可知，人的需求是天生的，从最基本的生理需要到最高级的社会需要构成需要等级。在学风建设中，我们有必要建立学风激励机制，坚持物质激励与精神激励相结合、以精神激励为主的模式。首先，健全学风监督评估机制，建立学校、学院、班级三级立体检查和督促机制。其次，对学生个体而言，健全学生各类奖学金评定规则，以充分调动每一名学生的学习主动性和积极性，培养学生自我教育、自我管理、自我约束的能力。同时加大对考研学生、各类获奖优秀学生、先进班集体的宣传力度，大力开展树立先进、树立典型的活动，极大地发挥先进个人和先进集体的模范带头作用，掀起学有榜样、争有目标的学习和创优热潮，进一步激励和促进形成奋发向上的良好氛围。

有效的学风激励机制能激发学生的学习热情，对优良学风的形成起着催化剂的作用。激励机制的选择要以精神激励为主，把物质激励与精神激励相结合。精神激励要与时代精神相契合，除了对学生中的先进典型进行宣传外，更要满足当代青年学生对被别人认同与接受的成就感与自豪感，从而形成"比、学、赶、帮、超"的、积极向上的优良学风。

(二) 强化行为规范

在日常的管理中，坚持教育与管理相结合，并注重管理育人，强化行为日常规范。在实施的过程中要"严"字当头，严格执行各项规章制度。对于学生无故旷课、考试作弊、擅自离校等问题严抓共管，决不姑息，充分发挥制度规范、激励、制约、导向作用。通过严格的管理，规范学生日常的学习行为，达到学生自觉养成良好的行为习惯，顺利完成现阶段学业，并为其今后的发展奠定夯实的基础。行为规范的强化又能有效地推进学风建设的进程，实现全面成才的美好愿望。

(三) 考前教育和诚信教育

每当考试前夕，不仅是学生忙碌复习的紧张阶段，也是个别学生由于平时的不努力，开始侥幸心理通过作弊来完成学业的阶段，在这样的时间段，开展行之有效的宣传方式和教育方式来杜绝作弊。在考前召开班会，用以往的反面例子来提醒学生"一时的冲动，将带来终生的遗憾"，在班级开展"诚信考试，拒绝作弊"的承诺活动，抓住时机，有针对性地开展考前的诚信教育。诚信是一个人的立身之本，做人之道，也是全面建设小康社会和完善社会主义市场经济体制的最基本要求，诚信教育的目的是要让学生体会到信誉和道德的庄严效力和约束力，也在某种程度上规范学生的行为，并为他们将来走入社会成为社会主义民族地区建设的栋梁之才打下有力的基础。

三、以教学改革创新作为民族院校学风建设的重要途径

(一) 加强教师队伍建设，促进教师严谨治学、爱岗敬业

教师作为学风建设的主体之一，对学生的行为具有显性和隐性的影响。教师在教学过程中占据主导地位，教风的好坏直接影响着学风。因此，要求教师通过研究民族生源的学习基础和特点，研究基础教学和专业教育的规律，研究课程体系培养方案和社会的需求，研究教学质量和提高就业考研率，来达到促进优良的学风的形成。诚然，教师的职责是教书育人，但现今大学却出现了只教书不育人、只授课不管理的职责缩水现象。他们误认为育人的功能只属于学生工作者，课堂

出勤、作业批改都不予重视。长此以往，学生无法对课堂产生浓厚的兴趣而不能达到良好的学习效果，教师也没有起到严谨治学的典范作用，抓教风促学风一句空谈。所以，建立健全教育教学体系，完善教学督导制度，制定并严格执行教学管理制度，约束教师行为，以保证教学工作良好有效的运行。

（二）加强教师教书育人意识，定期举办学科专业发展讲座

有些专业的学生存在由于就业市场的影响对本专业不感兴趣，有些专业的生源大部分为调剂生，刚入学便从心理上存在对本专业的排斥，对于这种情况的出现，开展好入学教育是非常有必要的。可以说良好的开端是事业成功的一半，新生的可塑性强，抓住刚入学的有利时机，为以后学风建设奠定坚实的基础。充分利用所有的资源进行和开展专业教育，灌输专业思想，组织学生参观教研室、实验室，邀请专业教师与学生座谈介绍所学专业的专业前景，有条件的可以召开学院领导和新生家长见面会，为家长介绍专业设置、就业情况和学生在学校期间应该注意的问题等，全面地让学生和家长了解专业情况，转变心理，培养学生对专业的学习兴趣。每学年聘请教授给本院（系部）学生举办"学科专业发展讲座"，主要介绍专业发展及对社会的贡献、经济社会发展中对专业的需求、专业上成功的科学家和企业家的成功经历、诺贝尔奖获得者的科学故事，在讲授过程中融入或引入专业学习的必要性、专业知识对于解决科学问题与实际问题的重要性，牢牢把握大学一年级、大学二年级的学生学习生活转换的关键时期，培养学生专业学习兴趣，挖掘学生自主性、创新性学习潜能。

（三）实施因材施教，分层次教学

对于少数民族学生的专业教育问题，民族院校经过多年来的不断探索，形成了因材施教、分层次教学理念和教学体系。针对基础知识薄弱的少数民族学生开设预科班教育，针对英语、高等数学等基础学科底子过薄的学生开设分班教学，针对一些偏远地区学生的英语水平过低安排英语辅导班，利用节假日单独授课，对于使用本民族语言或者小语种的学生，考虑到语言的实际情况，在试卷出题的过程中要有所不同，这些举措对学生的学业起到了很大帮助，通过这些针对少数民族学生的特殊教育，极大地帮助了这些学生从民族地区和民族语言环境向汉语授课的大学教学模式转变，拉齐与周

围学生的程度差异，达到个体与整体相互协调、共同促进的效果。

（四）建立健全网络教育新平台，为学生自主学习创造条件

互联网作为信息传播的新媒介，以其信息量大、传播速度快、覆盖面广、高度开放、交互即时、广泛便捷等特色，越来越成为高校学生获取知识和各种信息的重要渠道，并对学生的学习、生活乃至思想观念产生了广泛而深刻的影响。利用网络教育的各种有利特性，改变课堂传授知识在时间和内容等方面的缺点，进一步培养学生养成自我教育的良好学习习惯。专业教育的形式也从过去单一的课堂传授向网络教育及课堂讲解相辅相成的模式进行转变。

目前，许多民族院校开通了网络教学功能，将作业的布置和批改均放在网络上，摆脱了时间和空间对于学生学习和教师教授上的束缚，甚至可以把优秀教师的课堂录像、精品课件放到网络上，方便学生将传统课堂中没有领略透彻的知识到课下温故知新，也可以为学生提供互相交流、互相切磋的平台，改变学生对学习专业知识兴趣淡薄的不良现状。

四、营造和谐、团结的民族院校校园文化并作为民族院校学风建设的载体

（一）积极营造多民族和谐团结的校园文化，形成学生快乐学习氛围

民族院校少数民族学生占60%以上，部分民族院校的学生中具有56个民族成分。校园是多民族学生学习生活的环境，校园文化建设也是民族院校学风建设的一个重要载体。民族院校学生的民族文化习俗多元化，这种多元文化结构也存在着学生个性鲜明、宗教色彩浓厚、民族关系复杂的现实问题。因此，尊重各民族文化以及基于宗教而形成的民族文化是构建和谐民族校园的前提，加强民族团结、增进民族间文化交流是和谐民族校园的关键所在。

（二）加强校园文化建设载体建设，营造学生健康成长成才环境

通过开展校园内外的各种科技创新竞赛和丰富多彩的校园活动，培养学生的创新精神、创造能力以及团队协作和参与竞争的意识。通过学术含量的提升，提高校园文化的整体品位。同时培育良好的校园

文化，是学风建设长远而重要的工作核心之一。通过学校的学术文化、科技文化、体育文化、文艺文化、课余文化等，影响学生群体文化的形成，引导学生开展学习、运动、娱乐等各种活动。

鼓励学生开展课外学术创新科技活动，对于较优的项目进行专门立项，给予科研经费。对学生开放实验室，让学生把课本知识和动手能力相结合，设立课外学术科技课程，鼓励学生选修创新学分，以校园科技文化艺术节为契机，开展"挑战杯"大学生创业计划大赛，因势利导，加强社会实践活动，开展青年志愿者利用寒暑假到民族地区服务考察等活动，在实践的过程中增长才干，服务社会。此举的目的在于培养和引导学生关注社会的需求，关注老百姓的需求，关注社会发展对科学、技术、人才的新要求，并根据这些要求设计自己的知识结构、能力结构、培养自己适应社会需求的综合素质，在宽松、自由的学术氛围中度过大学生活，在吸收知识的同时，练就过硬的本领和实力，成为具有创新意识和开拓精神的一代新人，为民族地区经济建设提供人力支持。

第四节 大连民族学院学风建设情况实例分析

大连民族学院以人才培养目标为依据，以教学改革质量工程为契机，积极开展教学改革，优化课程体系，实现全员育人的工作理念，强化校规校纪，以此带动学风的建设和发展。

一、培养教师的师德修养和敬业精神

（一）学校重视师德师风建设

大连民族学院高度重视师德师风建设，形成了党委统一领导、各部门分工负责、协调一致、广泛开展的师德师风建设活动。学校制定了《关于进一步加强教师师德师风建设的实施意见》、《教师教学工作规范》、《教师课堂教学质量评价办法》、《教师职业道德规范》、《"三育人"工作条例》等一系列文件，把教师的师德师风与年度考核、推

荐和遴选各类人才、晋级评优等工作挂钩，坚持师德一票否决制。

学校注重开展师德师风教育活动，组织学习《高等教育法》、《教师法》等法律法规，开展教师岗前培训、校情校史专题教育、参观考察、培训进修和学术交流等活动。学校定期举办"优秀班导师"、"优秀课外活动指导教师"等评选活动，开展"三育人"标兵等表彰和奖励活动，结合青年教师培养导师制度的实施，从思想品德到业务能力，全方位对青年教师进行"传、帮、带"培养，在实际工作中增强教书育人的责任感。学校在教师年度考核办法、教师专业技术职务评聘管理办法、津贴分配等制度中，将教师师德规范考评列为首要条件。通过领导干部和教师听课制度、教学督导制度和学生评教制度，引导广大教师严格履行岗位责任。

完善的管理体系、有效的激励措施和健全的约束机制，为学校师德师风建设提供了有力的保障，在全校教师队伍中形成了政治上积极进取、业务上严谨治学、品行上为人师表、事业上有所建树的良好风气，涌现出了一批师德高、业务精、务实奉献的优秀教师。

（二）教师严谨治学、从严执教，爱岗敬业、教书育人

广大教师认真遵循育人为本的教育理念，严谨治学、从严执教。在教学工作中严格执行各教学环节的质量标准，在培养方案和教学大纲制定，课堂讲授、答疑解惑、批改作业、实践教学和考试阅卷等各个教学环节一丝不苟，严肃认真；在教学活动中，严格考勤、严肃课堂纪律、严格考试纪律和规范评卷，积极改进教学方法，因材施教，循循善诱，重视现代化教学手段的运用，不断增强教学效果；帮助学生树立正确的世界观、人生观和价值观，增强学生的心理健康水平和社会适应能力，与学生建立了关系和谐、积极沟通、平等坦诚的亦师亦友的新型师生关系，以高尚的人格品德、严谨的治学精神，树立了良好的教师风范。学生网上评教结果显示，教师整体师德状况良好。

广大教师心系民族教育事业，爱岗敬业，教书育人，先后有数名教师分别获得国家级、省市级"五一"劳动奖章、优秀党员、优秀党务工作者、"三育人"先进个人的表彰。有多个集体分别获得省市级先进党支部、先进集体称号。外国语言文化学院大学英语教师李晓梅教授，曾获得全国优秀教师、市级"三八红旗手"、劳动模范、师德标兵等荣誉称号。她作为优秀的教学带头人，多年来始终如一地坚持利用业余时间为学生补课;她所教授的学生在大学四级、六级考试中,过级率和优秀率名列全校前茅;她的教学成果多次获国家级、省级奖励。她在课堂教学中,始终围绕学生生活的实际,针对学生的现实困惑与身心特点,将人生哲学与德育渗透于教学的各个环节之中,将课堂作为有效载体,加强对学生的思想教育,用汗水与辛劳诠释着一名教师神圣而又光荣的职责。2005年校党委作出了《向"三育人"标兵李晓梅同志学习的决定》,号召全校教职员工向李晓梅同志学习,立足本职岗位,刻苦钻研业务,关心学生成长,不计个人得失,为人师表,淡泊名利,无私奉献,牢固树立为各民族学生服务的思想观念。在以李晓梅老师为代表的大批优秀教师的师德风范的启迪和带动下,学校广大教师教书育人、为人师表,已蔚然成风。

二、培养学生遵守校纪校规

(一) 加强遵纪守法意识教育,学生自觉遵守校纪校规

加强管理制度建设,结合《高等教育法》和《普通高等学校学生管理规定》,学校三年中先后三次修订《大连民族学院大学生手册》,对有关规章制度进行修改和完善,先后修订《大连民族学院学生管理规定》等32个涉及教学管理、行政管理、生活管理、活动管理和校园管理等方面的制度和规定。学校建立了学生违纪处理申诉制度,明确了学生和学校的权利与义务,学生处理和处分标准更加明确清晰,违纪处理程序更加规范,三年中受理学生违纪处理申诉3起,切实维护了学生的合法权益。

1. 强化校纪校规教育。学校通过抓好新生入学教育、日常教育和毕业教育等,全面提高学生遵守校纪校规的自觉性。学校将入学教育作为新生开学的"必修课",集中组织进行规章制度教育、校情校史教育,帮助学生明确学习目的,端正学习态度,掌握学习方法,遵守学习生活纪律。在日常教育活动中,通过专题讲座、班会、团会、课堂教学以及"知荣辱,树新风,争做文明大学生"等主题教育活动,将校规校纪教育、自律教育、诚信教育和社会主义荣辱观教育贯穿学校教育的始终。学校重视学生综合素质的培养和提高,实行了《学生综合素质考评办法》,考评结果与学生评奖、评优挂钩。学校将毕业

和就业教育作为学生教育的重要环节,增强学生的爱校、爱师热情和对母校发展的依恋情感,形成了安全、文明和愉快离校的良好风气,激发了学生在今后工作岗位上建功立业的信心。

2. 提高学生的"三自"能力。在学生管理中,特别注重学生会和学生社团联合会的作用,除此之外,相继建立了大学生科技协会和大学生青年志愿者协会;在学生生活园区设立了学生生活园区学生会,建立了公寓楼管委会、学生勤工助学服务中心、大学生记者团、学生教学信息中心和大学创新自主学习平台等学生自我学习、自我管理和自我服务组织,使学生参与到日常管理之中,调动了学生遵守校规校纪的内在积极性,锻炼了学生的组织协调能力。

3. 加强学生工作队伍建设。经过学校长时间的探索,形成了学校党委统一领导、党政工团齐抓共管、以专职辅导员为核心、以班导师为骨干的专兼职相结合的全员育人、全过程育人、全方位育人的新格局。学工部、就业指导中心、团校委和大学生资助管理服务中心作为学校层面的学生教育管理服务机构,全面负责学生的日常教育管理和服务;各学院和有关职能部门分工负责,共同完成各项学生工作任务。学校现有52名专职辅导员、345名专任教师担任班导师,同时建立了由70名同志组成的思想政治教育指导教师、身心健康指导教师、学生公寓指导教师、安全指导教师、兼职辅导员等8支队伍,参与学生的教育和管理。同时出台、实施了《大连民族学院大学生思想政治教育质量保证与评价体系》、《大连民族学院学生工作者管理考核实施办法》。2005年1月,《光明日报》头版报道了大连民族学院班导师的做法;2006年5月,辽宁省普通高等学校班导师工作经验交流会在学校召开,大连民族学院在大会上做了经验介绍;2006年8月,学校全员育人工作经验在大连市思想政治教育骨干培训班上作了介绍。

(二)严肃考试纪律,学生考风优良

在加强考风考纪教育工作方面,学校重点把好考前"教育关",认真组织学生学习《大学生手册》中的相关规章制度,明确考试纪律是学校纪律中的高压线,不可逾越。加大宣传力度,利用校园广播、校园网络、校报等媒体宣传考试纪律,营造良好的考试氛围。每学期考试前均公布举报电话、举报信箱,使每名学生既是被监督者,又是监督员,做到学生自律与他律相结合,增强学生遵守考试纪律的自觉性和主动性。每次期末考试和全国大学英语四级、六级考试前,均组织学生自觉开展"诚信考试、杜绝舞弊"宣传和签名等多种形式的活动,重申考试纪律;对违反考试纪律的学生,严格按照有关规定及时作出处理并送达本人,将违纪处理作为教育的一个重要环节,各民族学生学习态度端正,自律意识增强,考风优良。三年来,学生违纪率分别为0.92%、0.86%、0.71%,其中,考试违纪率分别为0.46%、0.20%、0.26%,呈逐年下降趋势。

三、组合多项措施建设优良学风

(一) 措施得力

1. 思想教育促学风。在思想教育方面,充分发挥思想政治理论课教学主渠道的作用。学校认真组织实施思想政治理论课程设置新方案,坚持做好邓小平理论和"三个代表"重要思想的"三进"工作,帮助学生树立正确的世界观、人生观、价值观和马克思主义祖国观、民族观、宗教观、文化观。认真开展入学教育、军训教育、时事政策教育、心理健康教育和毕业生教育等主题教育活动,引导学生明确学习目的,端正学习态度,增强成才意识,树立崇尚真知、追求卓越、团结自强、求是进步的优良学风和校风。

2. 师德教风促学风。学校注重优良教风示范作用,发挥班导师在人格养成、思想教育、业务学习和科技创新等方面的指导作用,使学生在教师的指导下更好地规划人生、自我设计和选课学习,促进学生自主学习的积极性。学校从1993年起实行班主任制,2003年转变为班导师制,实现了由协助学生管理的班主任到指导学生学习成才的班导师的角色转换。几年来,班导师共指导学生"太阳鸟"科研立项633项,学生公开发表论文320篇,在国内外各种竞赛中频获佳绩。

3. 激励机制促学风。学校实施优良学风先进集体申报制,开展优良学风班、学风进步班、三好学生、优秀学生干部、优秀团员、大学生标兵、优秀毕业生等创建评优活动;实施学习成绩优秀的学生转专业制度;设立多项奖学金制度,设立大学生科研立项资助制,通过"奖、贷、勤、助、补"等措施,确保经济困难学生安心学习,完成学业。2003年以来,为9024人次发放奖学金730.9万元,为2750人次发放 354 万元勤工助学金，为 4148 人次发放 332.87 万元特困补助金，1435 人次获国家和社会资助 345.55 万元；为 4998 人次办理 2566.58 万元的国家助学贷款。

4. 教育管理促学风。由专职辅导员、班导师、兼职辅导员、思想政治教育指导教师、学生公寓指导教师、安全指导教师、身心健康指导教师、学生兼职辅导员 8 支队伍，构成了全员育人管理体系；建立学生工作值班制度和辅导员进驻学生公寓制度；在学生的教育和管理中根植人本意识，学生工作人员关爱学生的学习、生活和身心健康；通过有针对性的谈心和指导，听取学生的心声，理解、帮助学生，使学生不仅受到管理制度的约束，更能感受到学校和老师对他们的关爱。

5. 教育创新促学风。实施大学生人格培养教育、创新教育、创业教育、文化素质教育、"太阳鸟"大学生科研教育等一系列教育创新活动，积极营造追求真理、崇尚科学的学术氛围，开设大量学科前沿知识讲座、举办人文素质报告等，向学生传授先进的科学知识和高雅的文化知识。

(二) 效果好

学生学习的积极性、主动性和创造性明显增强。学生听课、自习和创新的积极性日益增高，涌现出一批优秀学生。教室、实验室和图书馆利用率日益增高；近三年以来，图书馆平均每天接待学生 2000 人次；创新工作室每天接待学生 100 多人次；有 9000 人次获校级以上三好学生、优秀学生干部、优秀团员、大学生标兵、优秀毕业生等称号，有 395 个集体获校级以上奖励，有 258 个班级获学校优良学风班，81 个班级获学校优良进步班，有 1555 人次获省级以上科技创新奖励。关于"创新教育促学风、班导师带学风"的成功经验，被国家级、省级的各种媒体报道 70 次。

在十几年的办学实践中，学校始终坚持新校新办的原则和以人为本、因材施教、特色办学的理念，始终坚持高等教育一般规律和民族高等教育特殊规律的有机结合，充分运用地处沿海开放城市的区位优势和良好外部环境，不断积累优质的办学资源，在为少数民族和民族地区培养优质人才、为民族地区发展提供优质服务、取得优秀的教学成果、培育各民族师生和谐共进的优秀大学文化等方面成效突出，促进了本科教育教学质量的稳步提高和学校事业的跨越式发展，逐步形成了以"民族、创新、质量、和谐"为主要内涵的办学特色,比较成功地走出了一条在沿海开放地区发展优质民族高等教育的创新之路。2009年学校被评为"全国民族团结进步模范集体"。

第十一章　民族院校创新教育

民族院校肩负着加快少数民族地区经济社会发展、实现各民族共同繁荣的重要使命。而要实现这一使命，民族院校就必须保证源源不断地输出具有高素质的各民族人才。当今时代，掌握知识的多少已不再是衡量人才的唯一标准，更重要的是，是否具有迅速学习掌握知识的本领和进行创新的能力。

综观历史，影响一个国家的进步与发展速度的原因主要包括两个：一是创新，包括制度创新和技术创新，尤其是科学技术研究和开发的创新水平；二是教育，包括教育的普及、教育的质量和教育的效果。而创新与教育又有着内在的、必然的、不可分割的相互联系，创新教育思想就是为了适应知识经济时代的到来和未来竞争的需要。江泽民同志曾多次强调，创新是民族进步的灵魂，是国家兴旺发达不竭的动力，创新的关键在人才，人才的成长靠教育。高等学校是知识创新、知识传播和知识应用的主要基地，是培育创新精神和创新人才的重要摇篮。

第一节　创新教育的意义

民族院校是少数民族和民族地区政治经济、社会文化发展的人才和智力支持的重要基础，是我国高等教育体系的重要组成部分。当前，随着知识经济时代的到来，高等教育以信息化、国际化和教育、科技、经济一体化为标志，正在飞速发展，我国科教兴国战略和西部大开发战略向深层次的推进，少数民族地区全面建设小康社会、构建社会主义和谐社会等形势，势必要求担负着为少数民族和民族地区服务重任的民族院校，要充分发挥自身的人才培养、知识创新和社会服务等功能。如何抢抓这些机遇、应对这些挑战，民族院校只有正确分析当前所面临的困难，进一步加强对创新教育的理论思考，积极开展教育创新实践活动，大力推进教育创新，才能既跟上高等教育发展的步伐，又充分体现自己的办学优势，实现自身的跨越式发展。

一、创新教育的驱动力

民族院校经过多年的建设与发展，积累了丰富的教育教学经验，创造了一定的教育教学条件，探索了一条适宜自身发展的办学道路，尤其是近几年，我国的民族高等教育更是获得了飞速的发展。但我们也应清晰地认识到，面临高等教育的发展，面对新时期全面建设小康社会的宏伟目标以及我国民族工作的艰巨任务，进一步办好民族院校，目前仍面临着许多前所未有的压力。根据教育部本科教学水平评估要求，学生创新教育也是一个重要的评价指标，学生创新教育成果是人才培养质量的重要标志。为民族地区经济社会发展提供创新人才也是民族院校义不容辞的义务。

（一）民族院校自身发展的驱动力

面对高等教育重心的转移和对高等教育提出的更高要求，人才培养模式与教育教学改革面临着严重的压力和挑战，如办学规模相对较小，办学水平、办学层次相对不高，有些学校专业设置不尽合理等，这些对进一步办好民族高等教育、培养创新型少数民族人才有一定的制约。因此，民族院校要发展就必须尽快解决这些问题，从而促进创新教育水平的提高。

（二）高校间竞争的驱动力

面对高校间以学科水平和师资水平为核心的激烈竞争，民族院校的基础条件、办学理念、筹资能力、地理位置等方面明显处于劣势地位，尤其是高等教育的国际化，更凸显出这一压力。民族院校多数是教学型院校，或教学研究型院校，学科前沿竞争很难，教育教学竞争可以参与。但是，民族院校生源质量不占优势，因此，必须在教育创新方面下工夫，提高大学生创新能力的培养，让具有创新能力和创新精神的少数民族学生在民族地区更大地发挥作用，这才是民族院校竞争的优势所在。

(三) 社会对民族院校更高要求的驱动力

面对不断增长的少数民族群众对高等教育,特别是优质高等教育的需求,民族院校的进一步发展面临着资源紧张的严重压力。

(四) 西部大开发与建设小康社会对人才需求的压力

西部大开发是我国在相当长的时期内发展国内经济的一项重要政策,民族院校大多位于西部,在西部开发中肩负着培养千百万建设人才的重任,而目前民族高等教育无论在人才培养的数量、质量上,还是在专业结构上,都还不能满足西部大开发的需要。因此,民族院校必须基于民族地区人力资源的需求,为民族地区输送高素质的创新型人才。

二、创新教育对民族地区发展的影响

(一) 创新教育对民族地区社会和谐和经济建设产生的重大影响

民族院校为民族地区建设和谐社会提供人力资源。和谐社会建设需要人来完成,要构建一个民主法治、公平正义、诚信友爱、充满活力、安定有序、人与自然和谐相处的社会,就需要培养具有这种理想追求的人,这是实现社会主义和谐社会建设宏伟目标的重要保证。教育首先作为培养人的事业,可以为构建一个拥有高度精神文明和政治文明的社会夯实基础。民族高等教育通过向民族地区和谐社会建设源源不断地输送高素质的人才,一方面,提高了本地居民的文化科技素质和劳动技能,改善了本地人力资本的结构,增加了地区人力资本的存量;另一方面,人力资本水平的提高又为资本的形成提供了人才基础,增加了资本的形成量。最终的结果是从整体上提升了本地科技进步的水平,提高了经济发展的质量,为民族地区经济可持续增长和社会可持续发展创造了先决条件。

(二) 创新教育对民族地区政治建设产生的重大影响

民族高等教育是国家对少数民族和民族地区公民依法享有受教育权的合理保障,它代表了党和政府对民族地区群众接受教育的支持和保护。教育权是公民最基本的权利,民族院校的发展,一方面可以充分保障民族地区的教育资源,另一方面可以培养出更多的地方人才,带动民族地区的发展，保持民族地区与其他地区发展的均衡性，推动民族地区和谐社会建设，从而促进国家的和谐社会建设。

民族院校对和谐社会建设的政治影响，还表现在通过教育实现了不同民族之间的交流，推动各民族之间的和谐发展。一方面，民族院校融合了不同民族的学生，让各民族学生平等享受高等教育，实现民族大团结；另一方面，为民族地区培养了一批具有较高素质的管理、法律等人才，有利于推动各种政策制度的建设和实施，从而为促进民族地区的和谐社会建设、维护民族地区的和谐稳定发展产生良好的作用。

民族院校对民族地区和谐社会的政治建设的意义还在于为区域经济与文化建设提供强有力的政治保障。只有政治和谐才能保证经济建设和文化建设朝着和谐的方向发展。经济和文化的发展，需要一个稳定的内外环境，民族院校不仅可以通过开办法律、经贸、民族学及其他应用性专业，为民族地区培养经济与文化建设所需的各类人才，促进区域经济和文化快速发展，而且还可以采取多种途径，对区域公民进行在职培训，提升民族地区公民的政治和法律意识，维护人民的合法权益，为稳定的政治环境打下基础，使民族地区朝着有利于和谐社会建设的方向发展。

第二节　创新教育的目标

创新教育是通过教育创新以激发和培养人的创新精神和创新能力为重点，以提高人的创新素质，塑造现代创新人格，培养创新人才为目的的教育。创新教育是以培养受教育者的创新精神、创新意识、创新思维、创新能力和创新习惯为目标的教育形式。而创新人才的培养则要通过实施创新教育来实现。

一、培养创新意识

培养创新意识也就是培养学生推崇创新、追求创新、以创新为荣的观念和意识。创新意识是一种精神状态,属于性格结构中对现实、现状的态度范畴。它以思维活跃、不因循守旧、不盲从、富于创造性和批判性,具有敢于标新立异、独树一帜的精神和追求为特征。只有在强烈的创新意识的引导下,人们才可能产生强烈的创新动机,树立创新目标,充分发挥创新潜力和聪明才智,释放创新激情。20世纪五六十年代,许多科学家都把"哥德巴赫猜想"作为攻坚的目标,我国著名数学家陈景润当时也把这一被誉为"数学桂冠上的明珠"——"哥德巴赫猜想"问题作为自己的课题。正是在强烈的创新意识的鼓舞和推动下,他才投入了常人难以想像的精力和热情,并取得了丰硕的成果。

二、培养创新思维

创新思维是指发明或发现一种新方式用以处理某种事物的思维过程,它要求重新组织观念,以便产生某种新产品。所谓"改善心智模式"就是指培养创新性思维。创新性思维具有五个明显的特征,即积极的求异性、敏锐的洞察力、创造性的想像、独特的知识结构以及活跃的灵感。这种创新型思维,能保证学生顺利地解决新问题,能深刻地、高水平地掌握知识,并能把这些知识广泛地运用到学习新知识的过程中,使学习活动顺利完成。可以说,创新思维是整个创新活动职能结构的关键,是创新力的核心,创新教育与教学必须着力培养这种可贵的思维品质。

三、培养创新技能

创新技能是反映创新主体行为技巧的动作能力,是在创新智能的控制和约束下形成的,属于创新性活动的工作机制。创新性技能主要包括创新主体的心理加工能力、一般工作能力、动手能力或操作能力以及熟练掌握和运用创新技法的能力、创新成果的表达能力和表现能力及物化能力等。创新技能的培养居于十分重要的地位,在创新教育中,主要强调加强以基本技能为中心的科学能力和科学方法的训练。

四、培养创新情感和创新人格

创新过程并不仅仅是纯粹的智力活动过程,它还需要以创新情感为动力,如远大的理想、坚强的信念以及强烈的创新激情等因素。创新包含着为推进人类文明进化而选择的崇高性、独特性兼备的创新目标,包含着为提高人类美学价值而投入创新过程的高尚情操,涵盖着为增进利他精神而尽情发挥的开拓风貌,涵盖着为优化个体的创新性社会功能而认真掌握创新技巧的热情,涵盖着为追求永恒的价值目标而把自我短暂的人生化为人类文明序列的磊落胸怀。在智力和创新情感双重因素的作用下,人们的创新才能获得综合效应。除创新情感外,个性在创新力的形成和创新活动中也有着重要的作用,个性特点的差异在一定程度上决定创新成就的大小。创新个性一般来说主要包括勇敢、富有幽默感、独立性强、有恒心以及一丝不苟等良好的人格特征。可以说,教育对象具有优越的创新情感和良好的个性特征,是形成和发挥创新能力的底蕴。

五、培养创业精神

创业精神就是勇于把新的思想、新的发明成果践行到社会生产中,使之发挥出经济效益。尤其是处于困境中,这种毫不退缩、勇于进取的精神是十分需要的。我国的科学技术水平远远低于发达国家,科技成果的转化率很低,每年的专利发明数量有限,而真正能够投入到社会生产中并转化为生产力的更是寥寥甚微。这与新时期所培养的人才的创业精神不足有很大的关系,创新教育就是针对这种现状,积极发掘我国艰苦奋斗、艰苦创业的光荣传统,结合时代的新内容培养学生新时代的创业精神。

第三节　创新教育的思路和措施

一、坚持正确的办学思路是创新教育有力实施的前提

2006年，国家民委、教育部颁布的《关于进一步办好民族院校的意见》中明确指出："民族院校以培养应用型专业技术人才为主，同时要高度重视培养复合型人才和民族类等特色学科的开发型和创新型人才。"五十余年来，民族院校一直坚持为少数民族和民族地区服务，各民族院校形成了以各大学科相互支撑、协调发展的办学格局，形成了"以人为本、因材施教、特色办学"的教育理念和以"民族、创新、质量、和谐"为主要内涵，以"创新"为中心的办学特色，把培养目标定位为培养综合素质高、具有创新精神和较强实践能力的应用型人才，成功地走出了一条发展优质民族高等教育和培养少数民族创新人才的新思路。

正确的办学思路要根据社会的不断发展而规划，以大连民族学院为例，2001年，学校制定了《大连民族学院基本建设、事业发展"十五"计划和2010年规划纲要》。在规划中，学校准确审视发展所面临的形式和任务，提出要适应全面建设小康社会、构建社会主义和谐社会、建设创新型国家和推进民族地区现代化建设的需要，面对国内外日趋激烈的高等教育竞争，必须转变发展观念，创新教育模式，提高发展质量，从而在办学思路上保证了创新教育的实施。

二、强大的师资队伍建设保证了创新教育实施的基础

创新教育的实施主体是教师。民族院校全面实施人才强校战略，紧紧抓住人才引进、人才培养和人才使用三个关键环节，制定、实施

了科学规范的师资队伍建设与管理制度体系,确保了师资队伍的数量增长、结构优化同学校的发展目标相适应,形成了一支结构合理、素质较高的优秀人才队伍。以大连民族学院为例,学校每年投入1000万元用于引进高水平教师,投入50万元用于在职教师的培训,组织教师出国进修和考察。通过设立优秀教学带头人制度,建立青年教师导师制,设立青年教师奖教金,定期举办青年教师基本功大赛、精品课程建设和鼓励教师参加教学改革研究,定期组织教师到民族地区开展调研,不断探索民族高等教育规律和因材施教的途径,加强教学科研工作量考核和实施奖惩激励等办法,提高教师队伍的整体素质和学术水平,从而提高教师自身的创新能力和创新教育的能力。

民族院校坚持教学、科研和社会服务相结合,以大连民族学院为例。近年来,学校为民族地区实施科技服务,并产生了巨大的直接经济效益。在民族地区生态防治与治理方面,利用卫星遥感和地理信息技术,在内蒙古、云南等地开展了广泛的生态环境、草原退化与荒漠化调查,并利用现代高新育种技术,培养抗逆生态经济能源植物新品种,用于防治与减缓民族地区的荒漠化;在计算机应用技术方面,开发了少数民族文字的图形学处理及输入方法;在民族地区建筑方面也做了大量的工作。目前,学校的科学研究已经融入教育教学工作的各个环节,教师通过科研更新了学科专业知识,充实了教学内容,强化了创新能力,促进了教学能力和教学水平的提高。

三、教学活动的中心地位是创新教育的土壤,先进的仪器设备保证了创新教育的实施

民族院校重视教学,制度保障教学,经费优先教学,科研促进教学,管理服务教学,将教学处于高校建设的中心地位,保证了创新教育有着肥沃的土壤。同时,民族院校以先进的仪器设备保证了创新教育的实施。以大连民族学院为例,学校教学科研实验仪器设备总值1.2亿元,生均仪器设备值1.1万元,这在国家民委所属院校中居第一位,在辽宁省高校中居第三位。

大连民族学院的先进设备在基础实验和专业实验中都普遍得到应用,已经在人才培养中发挥较好作用,并得到社会的充分认可。如核

磁共振、柔性制造加工系统等代表当今先进技术水平的设备都在相关专业实验中配备；贴片技术、DSP、ARM 应用技术在相应实验中设备齐全。学生充分利用实验室，参与各种实践技能大赛，开展科研和创新活动，完成毕业论文（设计），培养了实践能力和创新能力。

为提高实践环节教学质量，促进创新教育开展，大连民族学院专门在校内建立了 8 个专业实习实训基地，分别为机电工程实习实训基地、计算机应用实习实训基地、生物化工工程实习实训基地、经济管理实习实训基地、新闻实习实训基地、法学实习实训基地、艺术设计实习实训基地、大学外语实训基地。各专业实习实训基地很好地满足了技能训练、课程设计、专业实习、毕业论文（设计）、综合设计性实验等各实践教学环节的需要。

另外，大连民族学院还建有四个校内综合教育基地，并每年拨专项经费以保证基地的正常运行。这四个综合教育基地分别为创新教育基地、文化素质教育基地、就业创业教育基地和身心健康教育基地。其中，创新教育基地下设数学建模、电子设计、机械设计、生物化学品设计、系统设计、形象策划设计、仪器设备开发设计、房地产开发设计、创业实践等 16 个工作室，创新教育基地和就业创业教育基地每年接纳学生 4000 多人次；文化素质教育基地每年接纳 5000 多人次的各种文化艺术教育和实践活动。

大连民族学院先后在大连市区、大连经济技术开发区和民族地区与地方、企业、科研院所、高等院校共建了 140 个布局合理、质量较高、相对稳定的校外实习基地。这些实习基地有明确的实践教学目的和内容，有稳定的教师与辅助指导人员队伍，有丰富的生产实践活动，有开展因材施教、开发学生潜能的实践项目，这些场地与设施，满足了实习教学的需要。基地涉及工、理、经、管、文、法等学科专业。各类基地的接纳量、设施和辅助指导人员的素质与各专业的实习内容实习、要求相适应，完全满足了因材施教的实践教学要求。

大连民族学院的校内、校外教育基地，很好地满足了因材施教、个性化培养、创新教育的需要和学生全面发展的需要。

四、健全配套软件,保证创新教育的有效开展

民族院校以培养大学生创新精神和实践能力为人才培养目标。大连民族学院自1999年开始实施创新教育改革实践,现已形成科研与基础课程融合、科研与专业课程融合以及科研与课外实践活动相融合的创新教育体系。

在基础创新教育方面,为弥补大学基础教育中创新教育的不足,大连民族学院自2003年起开设创新模块课程。创新模块课程为大学基础课的设计性实践课程,实施的办法是给所有的大学基础课配上相应的创新模块课程和相应的竞赛。课程涵盖了高等数学、计算机基础、大学英语、画法几何、基础电工电子、机械原理基础、基础化学和力学等基础课。

在专业创新教育方面,学校大力强化专业教育阶段的产学研创新实践,在各专业的课程设计、实习的内容中加大实际课题或模拟实际的课题。

综合创新教育包括本科生科研教育、学科竞赛、日常创新实践和社会实践活动。大学生"太阳鸟"科研是学校实施本科生科研教育的主要形式;科技竞赛是挖潜式培养创新能力的方式;课外科技创新活动是进行创新教育的有效途径。自2003年"太阳鸟"大学生科研立项计划启动以来,学校师生积极参与、不断创新,以"太阳鸟"为载体,开展了大量的科学研究工作,取得了丰硕的成果。与此同时,随着"太阳鸟"大学生科研主项计划的深化与改革,在管理方式方面不断完善,至今已经形成了科学的管理体系和服务体系。

在创新教育实践方面,大连民族学院现有具备"设计与转化"功能的各种创新工作室37个,在大连高新技术园区、大连经济技术开发区、金石滩国家旅游度假区等地建成各种多功能、产学研一体的创新、创业、实践等教育基地数十个,基地大都由社会的各种公司和学校的各种产学研工作室组成,基地既有教学功能,也有公司特征。

同时,大连民族学院还成立了大学生创新教育和文化素质教育领导小组,出台了《大连民族学院创新学分实施办法》、《大连民族学院科研立项管理办法》、《大连民族学院大学生文化素质教育实施方案》、

《大连民族学院课外科技文化活动管理办法》、《大连民族学院学生校外竞赛奖励办法》、《大连民族学院教师指导学生校外竞赛奖励办法》、《大连民族学院学生科研能力等级认定办法》等系列文件,设置了科技创新奖学金,以各种学生科研、创新创业、文化活动、社会调查、社会服务、各种竞赛和各种社团活动为内容;以学生处、团委、创新教育中心、创业教育中心和大学生文化素质教育中心等职能部门为课外教育的执行机构,推进学生综合素质的不断提高。

五、学生思想政治教育工作与创新教育密不可分

民族院校共青团组织是学校党委联系青年学生的桥梁,并在大学生创新教育活动中充分发挥作用,为培养高素质人才提供思想保证、智力支持和科学引导。

(一)思想是行动的指南

当代大学生大多数是独生子女,他们在成长的过程中,备受家庭和社会的呵护,部分学生的自主意识、自律能力、社会责任感与社会对他们的要求还有一定的距离,以至于有些大学生不能适应社会。为此,高校教育工作者要更新观念,在帮助大学生确立主体性上下工夫,使他们成为既具有独立人格,又能够适应社会的人。在思想政治教育中,要尊重大学生的主体地位、思维方式、认知方式和表达方式,尊重他们的个性差异和性格特点,多换位思考问题。如果学生的主体性得不到发挥,个性得不到发展,创新精神与创新能力的培养也就无从谈起。

(二)完善共青团组织形式,为大学生创新教育提供实践环境

高校共青团组织是大学生参与民主实践、投身青年事务、促进自我发展的重要载体,共青团的组织建设是开展共青团工作的基础,加强共青团组织建设的关键是共青团的组织形式要创新,要不断完善。根据新形势下大学生对班级概念淡化、渴望拓展自己的交流空间等特点,要在原有的以班级为单位建立团支部的基础上,尝试在学生公寓、学生会、学生社团中建立团组织。要鼓励大学生积极参与自我设计、自我组织、自我评价的活动;进一步推行民主竞选制,推行团员民主评议制度;团内的各项事务,都要向团员公开;进一步完善团内民主

决策，保障团员对团的工作的知情权、建议权、参与权，使学生在团内民主生活中提高思想政治修养。

（三）组织课外活动，培养创新意识

大学生开展课外科技活动是培养创新意识、提高科研能力的重要方式。学生在课堂上学到的理论知识，通过实验、实习、参与课外学术科技活动等途径，实现学与用的结合，激发他们的科研热情。共青团组织是大学生课外科技活动的组织者和倡导者，因此要高度重视，精心设计，科学规划，早作部署，使科技活动系统化、科学化，真正实现科技活动在创新教育中的核心作用。要以全国"挑战杯"大学生课外学术科技作品竞赛为切入点，吸引和鼓励学生进行科技小发明、科技小创造，撰写学术论文，在学生中掀起学科学、用科学的热潮，不断强化创新意识。

（四）依托社团组织，培养创新能力

大学生社团在培养和提高学生的综合素质方面发挥着重要作用，在学生中的影响力和号召力较大。大学生社团对于引导学生政治素质的提高、促进大学生创新能力的培养、丰富大学生课余生活以及培养大学生的组织能力、活动能力都有重要的意义。丰富多彩的社团活动为广大学生的课余活动和个人爱好提供了场所，成为大学生个性品质发展的舞台，为校园文化注入了活力，甚至已成为校园文化活动的主体。在开展校园文化活动中，要倡导科技创新主题，为培养大学生的自主创新能力搭设良好的服务平台。

第四节 创新教育的发展方向

民族院校的学生大多来自边远的民族地区，他们在创新能力方面有许多天生的不足，如何挖掘他们这方面的潜力，使他们将来在激烈的社会竞争中能有一席立足之地，这是民族高等教育的重中之重。民族院校的创新教育应在以下几个方面继续推进。

一、进一步深化教学改革

为进一步深化教学改革，民族院校应进一步优化教学计划，减少必修课，增加选修课的比例，为学生提供更多的选择机会和灵活自主的学习空间；在课程设置上，应分层次、按模块，满足不同专业、不同层次学生的需求；在加强文化素质教育方面，增加开设相关选修课程，为学生的创新活动提供深厚的文化底蕴；实施主辅修学习制度，加强复合型人才培养，鼓励学有余力的学生跨学科、跨专业修读辅修课程、辅修专业和第二学位专业；创造条件，扩大优秀学生直升硕士研究生的比例；实施第二课堂培养计划，将第二课堂开展的思想教育活动、科技创新活动、文化体育活动、社会实践活动等纳入创新人才培养体系，设立课外素质能力学分，使课内培养与课外培养相结合，全面提高学生的创新能力和综合素质；大力倡导个性教育，教育者应当把学生的个性作为一种创新的资源来开发，尤其是要摒弃"差生"概念，让学生始终保持良好的自尊和自信，挖掘每个学生的创造潜能，为每个学生的个性发展创造宽松的环境。只有这样，学生的创新素质才有可能得到全面提高。

二、教学管理制度改革

在教学管理制度上，推进学分制管理模式的改革，建立更加具有弹性、灵活、且有自身特色的教学管理制度，使学生有更大的自由度进行选专业、选课、选师、选时，在更大的广度和深度上发展个性，扩大学生学习的自主权与主动权，营造更为宽松的成才环境和空间。实行课堂全面开放，允许学生选择主讲教师；打破专业、年级界限，允许学生跨学科、跨年级选课；实行分层次教学，将必修课分成不同层次、不同模块供学生选择，在必修课中引入选修；学生可以申请免听、免修，通过自学参加考试获得学分；给予学生选择学习进程的主动权，允许学生提前毕业或延长学习期限；取消因学习成绩不及格而退学的规定。为适应学分制改革的需要，进一步完善基于校园网的综合教务管理系统，在现在学生入学分班、交费、注册、排课、选课、成绩管理、学籍管理、毕业资格审查等完全实行计算机管理的基础上，实现教材、教师教学质量评价、教师基本信息等网上管理，进一步提高高校教学管理工作的规范化、科学化和现代化。

三、全面培养具有创新教育能力的师资队伍

高校教师是实施创新教育的主导，要培养具有创新精神和创新能力的人才，必须要有一支创新型师资队伍。教师首先要具有创新素质，要保持思想观念上的超前性，不断提高实施创新教育的自觉性，在教学过程中有意识地加强学生创新精神、创新意识、创新思维、创新实践能力、创新人格的培养；要根据创新人才培养的需要，加强创新教育的研究和实践，不断深化教学内容、教学方法与手段、考试方法等方面的改革。要求学生学会创造，自己首先要练好创新本领。创新教育在对教师的要求上，不再满足于"传道、授业、解惑"的传统功能和作用，而要求教师能在学生创新教育的过程中起引导和示范作用，即教育者能以自身的创新意识、创新思维以及创新能力去感染、带动受教育者的创新能力的形成和发展。

四、建立科学的学生评价机制

民族院想要科学的学生评价机制，应从以下几方面着手。

首先，改革现行考试制度。在考试方法上，改变大部分课程闭卷、笔试的考试方法，根据不同性质的课程、不同的教学内容，采取灵活多样的考试方法，如建立试题库、开卷、闭卷、口试、动手操作、撰写论文、答辩等多种形式；改变期末一次性结课考试的方式，加强对教学过程动态的考核和评价。在考试内容上，既要考核学生对理论知识的掌握，又要注重考核学生综合运用所学知识去分析、解决问题的能力和创新能力。在评鉴方法上，不仅注重答题结果，也应注重考核学生解答问题时的思维方式及思维过程，鼓励学生大胆思考、勤于探索，对思路新颖、有独到见解、有创见、有新意的答案，要给予奖励分数。

其次，改变以掌握知识的多少来评价学生质量的知识质量观，构

建学生综合素质评价指标体系,从专业基础知识、思想道德修养、身心健康水平、文化技能特长、科技创新能力、组织活动表现等六个方面对学生进行综合评价,促进学生知识、能力、素质的协调发展。

最后,建立有利于学生创新能力培养的激励机制。民族院校积极准备在条件成熟时实行课外能力素质必修学分制度。对在创新方面成绩突出的学生进行表彰与奖励,并作为选拔优异生、免试推荐研究生和颁发奖学金的重要依据。对获得国家级或省(部)级创新成果的学生,以及在校内外创新实践活动作出成绩的学生,可申请免修与之相关的课程学分、课程设计或毕业设计(论文)学分等。

第五节　大连民族学院创新教育实践与成效

大连民族学院作为一所为民族地区经济社会发展培养高素质人才的民族高等学府,充分认识到学生全体发展、全面发展和创造性发展的重要性,高度重视大学生创新教育体系的建设,并以培养学生的创新素质为最终目标,促进学生全面发展。

早在1999年,学校就成立了创新教育中心,处级单位设置,配备专职管理人员和教师,专门负责构建全校创新创业教育平台,制定全校创新教育人才体系和实施,同时还负责校级创新教育模块课程的开设、管理和创新课程体系建设。

一、大连民族学院创新教育评价体系

大连民族学院在开展创新教育的同时,建立和实践了一套创新教育评价体系,很好地支撑和促进了创新教育的有效开展。

(一)构建创新教育评价体系的原则

1. 导向性原则。评价是教学改革取得成功的有力保障,评价的最大特点是具有导向性。以评价为切入点,从实践出发构建全面、科学的创新教育评价体系,引导高校探索全新的各具特色的创新人才培养体系和人才培养模式,引导考试由目前注重知识的记忆和传承向注重

考察创新素质转变，引导高校树立以创新为核心的全面素质质量观，促进教育教学、教育管理等各个层面与创新人才培养的要求相适应。

2. 整体性、科学性原则。创新教育是一项系统工程，创新教育的实施过程需要采取综合措施，创新教育的实施效果也表现在多个方面，评价内容的形成和评价指标体系的构建，都需要遵循整体性、科学性原则，根据系统科学原理，统筹规划科学运作、总体改革、全方位培养创新人才。

3. 主体性原则。创新教育的目的是培养创新人才，创新教育要充分体现被教育者的主体性地位。对创新教育评价不能简单地用教育资源的多少和教育条件的优劣来衡量，要以有多少资源在创新教育过程中围绕创新人才的形成发挥作用进行评价，充分体现主体性原则。

4. 实践性原则。创新教育的核心是培养创新能力，创新教育的评价内容和评价指标必须体现实践性思想。

（二）创新教育评价指标体系和评价内容

大连民族学院创新教育中心构建了《大连民族学院创新教育评估指标体系》，整个评价体系包括5项一级指标、16项二级指标、6项重要指标。5项一级指标中的创新教育指导思想包括创新教育定位、创新教育培养目标、创新教育培养模式；创新教育课程包括课堂教学环节创新、实践教学环节的创新建设、校级创新项目的设计和开展；创新教育条件包括创新教育师资队伍建设、创新教育基地与工作室建设、创新教育的经费投入；创新教育管理包括教育管理制度创新、教育质量保障体系建设、创新教育管理队伍建设；创新教育效果包括学生的创新思维与创新能力，创新氛围，创新教育效益，社会声誉（就业、创业、社会评价）。6项重要指标分别是创新教育定位、创新教育培养模式、校级创新项目的设计和开展、创新教育师资队伍建设、创新教育质量保证体系建设、学生的创新思维。

由于创新教育是学校办学功能、教育功能的重新定位，所以评价的内容涉及高等教育的全过程，重点体现在以下六个方面：

1. 教育观念评价。评价学校的办学指导思想，目的在于评价学校是否突出了创新教育的宗旨，评价校长、院（系部）负责人、教师等是否具有创新教育的思想和观念，其实施的教育方式是否适应创新教育的要求，内容包括校院（系部）创新教育的定位与规划、培养目标是否体现创新意识和创新能力的培养设计、课内外创新教育途径、方式设计与培养模式构建等。

2. 创新教育课程体系和课程设置评价。其目的在于评价如何在普通教育的基础上通过改革形成创新教育课程体系。改革课程重知识传承和知识教育的单一功能，促进学生全面发展和创新能力的形成。改革课程的结构，强化知识结构的完整性，使学生在校能够获得未来生产、生活的"活"知识，密切教育与社会生活实际的联系，为每个学生获得终身学习的能力以及生存、发展和创造的能力打好基础。改革课程内容，形成多样化、综合性课程，充分发挥学生学习的主动性、积极性和创造性。具体评价包括：创新课程数，各类创新型实践环节开展情况，实验项目的综合性、设计性比例，综合性、设计性实验的内容学科跨度等。

3. 科研能力评价。学生参与科研的人数和次数在一定程度上反映了一所高校的科研氛围，学生参加的创新课题数量、科研立项数量、取得科研成果的数量和档次，反映了创新能力的水平。创新能力是实践的产物，学生科研可以弥补书本和实验室学习的不足。评价学生承担科研课题、参加学术活动、撰写学术论文是培养创新能力的有效方法。

4. 学习方式评价。学习方式的评价目的在于评价创新性学习风气的形成，评价调动学生创造性、独立性学习的措施与效果等。创新教育是开放式的教育教学方式，评价可以引导将传统的"存储式"学习方法转变为学生"输出式"学习方式，给学生留有自我学习和自我发展的时间和空间，从知识、能力、素质、继承与创新、理论与实践等方面对学生提出具体的标准。这就要求学生不仅要对基础知识理解有所记忆，基本技能、技巧初步掌握，而且还要在观念、品质、情感、习惯、态度、个性、创造力等方面，达到较高的水平。

5. 学校管理评价。良好的学校管理有利于学生创新素质的培养，指标体系包括评价创新人才培养的培养方案建设情况，创新教育管理规定的制定情况，创新教育质量保证体系的建设、执行和效果，创新教育管理队伍的基本能力和综合素质等。

6. 教学效果评价。教学效果评价即评价以创新为核心的素质教育所取得的效果，其中包括学生的创新意识、创新素质和创新能力的发展,学生的创新教育学术成果,开展创新教育的经济和社会效益,学生的就业、创业情况及各种媒体报道。

针对上述评价内容,结合学校的实际情况,民族院校应组成创新教育评价专家组,按照具体指标,定期、不定期地对创新教育进行自评,对存在的问题随时进行纠正,保证大连民族学院创新教育健康、深入、持续的发展。

二、大连民族学院创新教育成果

(一) 学生的创新精神与实践能力显著增强

民族院校创新教育的开展,极大地提高了学生的创新精神和实践能力。几年来,学生获得7项全国一流的标志性成果,其中包括1项全国数学建模一等奖,2项国际数学建模一等奖,2项全国首届三维数字建模大赛国家一等奖,1项全国电子创新设计一等奖和1项计算机足球机器人竞赛等好成绩;在省级以上学科竞赛中,科技类获奖1131人次,国家级奖项324人次。在7项全国一流的奖项中,少数民族学生占56%。大连民族学院理学院的学生、全国数学建模一等奖获得者朱志富同学,以全省第一名的成绩在人民大会堂代表辽宁省所有获奖者接受国家领导人的颁奖。大连民族学院计算机仿真足球机器人代表队,作为全国前8强、世界32强之一,被邀请到美国参加2007"世界杯"足球机器人大赛。另外,还有学生发表论文320篇,出版专著1部,申请专利46项,设计和制作实物产品(生活、工业等用品)500余件。几年来,在学校为社会服务的实际项目中,直接经济价值达6000万元,有500余名学生参与了规划、设计与开发,创造直接经济价值6000万元。在"太阳鸟"大学生科研立项的633项中,学生每年参加各种学科竞赛近2000人。许多经过创新教育的学生,就业时已手持多项专利、产品和证书等,就业位置和起薪都很可观,充分展现了大连民族学院大与学生较强的创新实践能力。

(二) 教师的创新教育工作热情逐年提高

学校每年有近一半的教师获得学校校长基金的创新教育奖励,有几十人获得国家级、省级创新教育管理先进个人和优秀指导教师奖;学校主持省级以上创新教育科研课题4项,有一批论文,如《质量立校、加快民族高等教育发展》、《创新型民族高等教育人才培养体系的研究与实践》、《教育创新、创新教育与能力培养》、《创新教育评价体系的构建与实践》、《大学基础课程改革与创新人才培养》、《开设创新模块课程的研究实践》等，分别发表在《中国高等教育》、《中国高教研究》、《辽宁教育研究》、《教育理论研究与实践》等刊物上；一批专著，如《创新教育改革实践》、《综合电子设计教程》、《世界500强企业经营战略案例分析（全英文）》等相继出版。随着科研、创新实践、学科竞赛学生参加人数的逐年增加，许多竞赛的规定容量已经远远不能满足广大学生的报名及参加要求。

2005年，大连民族学院《构建创新创业教育平台，提升大学生创新实践能力》和《普通高校本科渗透式双语教学的研究与实践》两项教学改革成果，分别获得国家级教学成果二等奖。《中国教育报》、《中国民族报》、《大连电视台》、人民网、大连新闻网等新闻媒体曾对学校的创新教育进行了28次报道；《中国高等教育》、《中国高教研究》、《辽宁教育研究》等各大教育期刊也对学校创新教育改革实践进行了大篇幅的宣传；与创新教育相关的学校，为地方社会服务的各种媒体也报道44次。

（三）共青团在创新教育方面取得了突出成绩

学校共青团以大学生创新教育基地、大学生文化素质教育基地、大学生就业创业教育基地和大学生身心健康教育基地为主要阵地，以大学生科技学术节和大学生文化艺术节为主要载体，广泛开展课外科技文化活动。从1999年起，大连民族学院共举办了六届大学生科技文化艺术节，涵盖大型学科竞赛和活动40多项，参与的学生人数占在校学生总数的80%以上。自2003年大连民族学院实施"太阳鸟"大学生科研立项计划以来，学生科研立项633项，资助学生科研经费71万元，参与学生近2000人，其中有1045人获得科研能力等级证书。几年来，两院院士金涌、李灿、杨锦宗、沙国河等专家学者共作学术报告200多场，参与学生10多万人次。学校每年有1000多人次参与国际国内各种学科竞赛，如国际国内数学建模大赛、"挑战杯"课外学术科技作品竞赛，创业计划大赛，电子设计大赛，机械设计、艺术设计大赛等各级赛事，每年平均有500多人次在省级以上学科竞赛中获奖。

共青团还积极开展文化艺术活动，举办了俄罗斯普希金芭蕾舞团、瑞士爵士联合乐团等文化艺术活动120多场，参与的学生达10多万人次。学校大学生艺术团参加了辽宁省首届大学生春节联欢晚会，2005年参加辽宁省首届大学生艺术展演，取得2项二等奖、7项三等奖。2006年，大连民族学院大学生艺术团在辽宁省首届大学生戏剧节上获得13项大奖、2项一等奖。设计学院宫岩同学参加全国综艺节目主持人大赛，晋级16强，签约中央电视台。学校十分注重社会实践活动，在民族地区和大连等地建立社会实践基地十余个。

第十二章 民族院校大学生就业创业教育

胡锦涛总书记在党的十七届三中全会上的重要讲话中强调,要把扩大就业作为经济社会发展和经济结构调整的重要目标,并明确指出,尤其要做好困难群众的就业和高校毕业生的就业工作。党的十七大报告和2009年3月温家宝总理的政府工作报告都明确提出,要积极做好高校毕业生的就业、创业工作。中央领导同志的重要指示,为新形势下进一步做好高校毕业生就业、创业工作指明了方向。随着我国高等教育由精英化向大众化教育的转变,高校毕业生就业、创业形势发生了极大的变化,高校毕业生就业、创业工作进入了一个新的历史时期。如何按照改革发展的要求去解决发展与就业、创业的关系,建立一个以学生为本,适应社会发展要求的大学生全程就业、创业工作体系已成为新时期高等教育发展的重要任务。

第一节 大学生就业创业教育概述

一、大学生就业创业教育及其意义

就业与创业是现代社会生活中的一个非常重要的问题,关系到国民经济的发展、国家的稳定,关系到个人事业的发展、人生价值的实现和生活的保证。在社会主义市场经济体制下,要实现促进就业与创业的目标,就必须了解和掌握就业与创业的有关知识及变化发展的基本规律,充分认识大学生就业指导工作的意义,从而自觉和高质量地开展这项工作。

（一） 就业与创业指导概述

1. 就业指导及其发展历史

（1）就业指导的基本含义。劳动者为了维持生活，实现自身的价值，为社会作出贡献，就必须选择最能发挥自己才能的职业，与生产资料和工作岗位全面、迅速、有效地结合。为这种结合开展的工作就是就业指导。就业指导有狭义和广义之分，狭义的就业指导是给求职择业的劳动者传递就业信息，为其与职业的结合进行中介服务，帮助劳动者求职择业，实现就业；广义的就业指导是为劳动者选择职业、准备就业以及在职业中求发展、求进步提供知识、经验和技能。就业指导的过程是一个帮助求职者选择职业、为就业做准备和在任职中求发展的过程。就业指导包括预测就业市场，汇集、传递就业信息，开展就业政策咨询，进行思想教育，培养劳动技能，组织就业市场以及推荐、介绍和组织招聘等与就业有关的综合性社会服务活动。

（2）就业指导的产生与发展历史。在人类历史上，自从有了职业的分工，事实上的就业指导就已开始。但是，作为一种专门的社会服务工作，现代意义上的就业指导则萌芽于19世纪末期的欧美发达国家，并从20世纪前期开始得到发展和完善。在我国，1916年教育部门就提出了就业指导这一理念，并在清华大学等学校开展了各种形式的就业指导活动，成立了相关的机构。1929年5月，民国南京国民政府教育部出台了《设立职业指导及历行职业指导案》。新中国成立后，根据当时的国情，国家对劳动力的就业采取了计划调配、统包统筹的办法，就业指导一度被思想政治教育所取代。改革开放后，我国出现了一种新型的社会劳动组织，即劳动服务公司，它拥有组织、培训、输出、调节社会劳动力等职能。20世纪80年代初，各地开始出现了"人才交流中心"，为指导社会再就业人员谋求职业提供服务。

高校毕业生的就业指导是随着我国经济体制改革和教育体制改革的深入而发展起来的。1985年5月27日，中共中央颁布了《中共中央教育体制改革的决定》，在毕业生分配时实行"供需见面"，并在清华大学、上海交通大学等少数高校中进行一定范围的"双向选择"的改革试点。1988年，国家教委高校学生司出版了《大学生求职择业指导》。1989年3月2日，国务院批转了国家教委《高等学校毕业生分配制度改革方案》（即"中期改革方案"，到 1994 年，全国大部分高校都已按照"中期改革方案"的就业模式就业）。1993 年 2 月 13 日，中共中央、国务院颁发了《中国教育改革和发展纲要》，改革"统包统分"和"包当干部"的就业制度。同年 11 月，中共十四届三中全会通过了《中共中央关于建立社会主义市场经济体制若干问题的决定》，明确提出"改革劳动制度，逐步形成劳动力市场"，"发展多种就业形式，运用经济手段调节就业结构，形成用人单位和劳动者双向选择、合理流动的机制"，"发展市场中介组织"等。这些都预示着"毕业分配"将成为过去，大学毕业生将被作为一种特殊商品推向市场。毕业生就业指导，从此更加引起国家及学校的高度重视。

1995 年国家教委办公厅发出《关于在高等学校开设就业指导选修课的通知》，要求在高校开设就业指导课。进入 20 世纪 90 年代，国家教委成立了全国高等学校毕业生就业指导中心，并要求各地和各高校也要逐步建立起就业指导机构并开展工作。国家教委高校学生司和全国高校毕业生就业指导中心定期出版《大学毕业生就业指导》。

2002 年 3 月，国务院办公厅转发了教育部、公安部、人事部、劳动和社会保障部《关于进一步深化普通高校毕业生就业制度改革有关问题的意见》（国办发［2002］19 号），为今后一个时期高校毕业生的就业提出了明确的要求。

2003 年 4 月，教育部下发了《关于进一步深化教育改革，促进高校毕业生就业工作的若干意见》（教学［2003］6 号），意见中明确规定："加强毕业生就业指导，将就业指导课作为学生思想政治教育的重要组成部分，并纳入日常教学。"

2003 年 5 月，国务院办公厅下发了《关于做好 2003 年普通高等学校毕业生就业工作的通知》（国办发［2003］49 号），进一步强调要重视和加强毕业生就业指导工作。

2005 年 3 月，教育部在《关于做好 2005 年普通高校毕业生就业重点工作的通知》（教学厅［2005］4 号）中明确要求，"切实提高毕业生就业指导和服务水平"。

2007 年 4 月，国务院办公厅在《关于切实做好 2007 年普通高等学校毕业生就业工作的通知》（国办发［2007］26 号）中又重点强调："要将就业指导课程纳入教学计划，要加强对毕业生的思想教育，通过多种生动有效的教育形式，引导毕业生转变就业观念，合理调整就业预期，积极主动就业。"

这些都预示着大学毕业生就业指导工作正在进入一个新的阶段，并发挥着重要的作用。①

2. 创业及创业指导

（1）创业的基本内涵。创业，即创立事业。而事业指个人或集体为一定的目标而从事的经常性活动。对个人而言，只要从事着社会发展所需要的工作，开拓创新，在为社会的发展作出贡献，都应该称为创业。创业包含两个方面的内容：一是指个人在集体的某一岗位上，按照岗位要求并结合自己的发展目标而努力工作的创业活动，这就是通常所说的"岗位创业"，也称为广义创业；二是指个人或群体创立公司、开办企业等个体行为或群体行为较强的创业活动。

从广义创业而言，创业包括在社会各个领域开创或开拓事业，满足国家及人民的需要，并形成一定影响，为社会进步作出应有贡献。

广义创业，其形式多种多样：革命先辈为建立新的国家而奋斗，他们是在创业；发展经济，满足人们物质需求是创业；在平凡的工作岗位上开拓进取，建功立业也是创业；到艰苦的地方、到祖国最需要的地方去发挥聪明才智，推动当地经济社会的发展和进步更是创业。

在当今的中国，创业要以国家富强为目的，创业者个人价值的实现须与社会价值的实现达到高度的统一。我国作为最大的发展中国家，国力还相对较弱，人民的生活水平还相对较低。所以，大学生创业要立足于满足社会需要，提高人民的物质文化生活水平。实践证明，唯有适应社会需要，事业才能发展。随着社会经济的发展和科学技术的进步，人民的物质文化生活需求日益提高，这就为创业提供了广阔的空间，创业只有从满足社会需要出发才有可能获得发展。这是一个丰富多彩、富于变化的时代，不积极进取就要被淘汰，没有创新终将灭亡。尤其我国还比较落后，只有在创新中跨越式的发展，才能实现中华民族的伟大复兴。创业要怀着对祖国、对人民的深厚感情，没有这份感情，创业就缺少坚实的底蕴，没有这份感情，创业将失去应有的

---

① 参见何晓淳等主编、辽宁省教育厅组编：《就业与创业概论》，沈阳，辽宁大学出版社，2006。

光彩。

既提倡大学生自主创业，同时也提倡大学生在平凡的工作岗位上积极进取、岗位创业，更提倡大学生到艰苦的地区、到祖国和人民最需要的地方去创业，去建功立业。目前，从长远上来说，倡导大学生到民族地区、到祖国的西部地区建功立业；从眼前来说，鼓励大学生到辽宁的西部地区和民族自治县去开拓事业，在国家需要的工作岗位上兢兢业业，为祖国的发展、为民族地区的人民做点实事，用先进的思想和理念去影响人们，带领他们走上共同富裕的道路。所以，不要片面地理解大学生创业，要树立起在平凡的岗位上发挥自己的聪明才智，开拓创新，有所作为，有所贡献，这也是创业的大创业观。

从狭义创业的角度看，创业是一个过程，它强调各种要素和各个环节的有效集成；创业需要相关资源，资源是创业的基础；创业的直接结果是产出，产出可以是产品，也可以是服务，但两者都必须是有用的或者说是有使用价值的；创业的直接目的是增值，没有增值过程，创业就没有意义，也不可能存活；创业具有发展特性。

首先，创业是一个过程。由于创业强调创造性和创新性，创业的创意就成为关键的一环。创意常常来自于顾客、现有企业、分销渠道、政府机构以及企业的研究与开发活动。分析客户心理及市场需求，改进自己的产品或服务，以获得更大的发展机会，这也是创业过程中不可缺少的环节。同时，还要制订营销计划、组织计划、财务计划，而创业融资、各项计划的实施和企业的可持续发展才是创业的核心部分。创业，必须使这几个工作环节连接起来，相辅相成，每个环节都不可缺少，这样才可使创业取得成功。

其次，创业是一种生产活动。创业作为一种生产活动必然以产品或服务为其直接结果，要想在市场环境中生存发展，其产品或服务就必须为市场所接受。作为生产活动，创业必须增值；作为市场行为，创业必然获取利润。增值是生产的必然属性，没有增值，生产就没有意义；利润是市场法则，没有利润，企业就无法生存。在市场环境下，利润和增值是事物的现象和本质，是形式和内容的关系，但又往往不是一致的。利润必须以增值为基础才有可能长久地存在和发展，增值则必须通过利润来体现才能显现出来。

最后，创业具有发展特性。创业与一般的生产活动的区别就在于它的发展特性。就创业本身而言，它既可以是从无到有的创造，也可以是在现有基础上的革新。但不论是创造还是革新，独立地考察创业的内涵都是一个从无到有、从弱到强、从幼稚到成熟的过程，发展是创业最重要的特性，成功的创业都是快速、稳健的发展过程。

（2）创业指导的基本内涵。创业指导是指一定的社会组织对创业者实施创业教育，为其提供创业知识和培训，帮助其熟悉并掌握创业信息的采集与应用、创业计划的制订、创业的管理、创业融资以及如何控制创业风险，帮助创业者正确认识自己，发挥自己的特长，选择最佳创业领域的过程。

（二）开设大学生就业与创业指导课的意义

大学毕业生是国家宝贵的人才资源，大学毕业生的就业与创业问题一直得到党和政府的高度重视和社会各方面的关注。因为这既关系到我国经济的发展和社会的进步，又关系到高等教育体制改革目标的实现和高等学校的健康发展，同时也关系到大学生自身的发展、成才和人生价值的实现。因此，开设大学生就业与创业指导课具有重要的现实意义和深远的历史意义。

1. 有利于国家的经济建设和社会稳定。"当今世界，多极化趋势曲折发展，经济全球化不断深入，科技进步日新月异，人才资源已经成为最重要的战略资源，人才在综合国力竞争中越来越具有决定性意义。在建设中国特色社会主义伟大事业中，要把人才作为推进事业发展的关键因素。"这是党中央、国务院在充分分析了国际国内形势后所作出的科学判断和重大战略决策，对于我国经济的跨越式发展具有重要指导作用。"人力资源是第一资源"，现代世界的竞争实质是人才的竞争。大学生是国家培养的高级专门人才，是未来高素质人才的核心，是实施"科教兴国"战略、实现跨世纪宏伟目标的重要力量。我国已进入了全面建设小康社会，加快推进社会主义现代化的新阶段，培养同现代化要求相适应的数以亿计的劳动者和数以千万计的专门人才，发挥我国巨大的人才资源优势，关系到 21 世纪我国社会主义事业的全局。但是，如果大学生不能最大限度地如期就业，出现人才闲置和不合理使用，将造成人才资源的巨大浪费，也会给社会稳定带来不利的影响。因此，加强大学生就业与创业指导，帮助大学生顺利就业、成功创业，对于落实"科教兴国"的战略方针，推进社会主义现代化建设以及社会的稳定具有非常重要的意义。

2. 有助于国家对人才资源的合理配置。大学毕业生是国家新增加的高层次人力资源，这种人力资源具有思想活跃、文化素质高、有专长、懂科技等特点。将毕业生输送到合适的工作岗位，必然会调动他们的积极性，使知识转化为生产力，推动我国现代化建设。然而，时常所面临的事实是：在社会急需大量大学毕业生的同时，却存在大学毕业生大量闲置、浪费的现象。在市场经济体制条件下，如何合理地配置人力资源，已经成为政府面临的突出问题。就业与创业指导，一方面可以使用人单位适应市场机制，了解各类专业、情况和使用方向，了解择业者的心理和生活特点，以便安排得合理、科学，使用得恰当、有效；另一方面，可以帮助毕业生科学地分析主观条件和客观需要与可能，理性地定位、选择。社会是发展的，市场是变化的，今天的"热门"可能就是明天的"冷门"，相反，今天的"冷门"，可能转化为明天的"热门"。就业与创业指导将使大学毕业生以最发挥自己专长和才能的岗位为最佳职业选择。这样就可以实现人尽其才，才尽其用，达到人力资源合理配置的目的。

3. 有利于大学生顺利就业。大学毕业生能否顺利就业或自主创业，从个人层面来讲，关系到自身将来的发展成才和人生价值的体现；从社会层面来讲，关系到国民经济的发展和社会的稳定；从教育本身来讲，关系到教育目标的最终实现。当然，大学毕业生能否顺利就业或自主创业主要取决于社会的需求以及自身的素质。就业与创业指导不会扩大社会需求，但可以指导毕业生如何适应社会需求。纠正毕业生在择业时的一些不切实际的想法，达到社会需求与个人职业志向相统一。在新的就业制度下，就业与创业指导无疑会帮助大学生了解择业政策和法律规定、社会用人信息；就业与创业指导可以使大学毕业生用正确的价值观念、道德标准和行为规范参与求职择业活动，增强适应新的就业与创业形势的能力，掌握准确的社会需求信息和求职择业的基本技巧，从而为大学毕业生顺利就业或自主创业搭建桥梁，铺平道路。

4. 有利于大学生的发展与成才。择业与创业是人生的关键性问题之一，它直接影响到个人的前途和发展。因此，职业的选择，是大学生对未来发展道路的选择，是对人生幸福的选择。一般来说，大学毕业生涉世不深、经验不足、职业目标不确定，容易在千千万万的职业面前眼花缭乱、左顾右盼、无所适从。面对就业与创业的选择，究竟应该如何分析自己的主客观条件，怎样看待不同工作岗位的利弊得失，在市场经济不断发展、竞争日益加剧的环境下，如何把握机会，找到一个比较满意的工作岗位，以便心情愉快地走向社会，还是选择风险大、极富挑战性的自主创业等问题，已成为大多数毕业生思虑的焦点。而就业与创业指导正是帮助大学生对这些问题有一个正确的认识，并提供一些解决问题的途径和办法，从而为大学毕业生将来的发展与成才打下良好的基础。

5. 有利于促进教育改革和学校的发展。高校是培养人才的基地，毕业生是贴着学校"商标"的特殊"产品"。毕业生的就业状况如何、能否被社会所接受和欢迎，将直接影响到学校的声誉和地位，甚至学校的生存和发展。高校要提高毕业生的就业率，并使毕业生受到社会的欢迎，一方面，要及时了解有关社会需求及其反馈的信息；另一方面，必须提高毕业生的质量和综合实力。就业与创业指导工作是联系学校与社会的桥梁和纽带，是展示学校人才资源和办学实力的窗口，从中可以获得大量反馈信息，及时了解、掌握社会需求，以便有针对性地进行教育的深度改革，及时调整学科专业结构、课程体系、培养模式，提高教学质量和办学效益，加快学校的发展，使高校培养的人才适应和满足社会主义现代化建设的需要。同时，通过就业与创业指导，可以提高毕业生的整体素质以及适应社会的能力。

二、民族院校大学生就业创业工作的特点

随着经济全球化的进程和世界主要经济体系增长速度的减缓，大学生就业创业问题带来的挑战越来越严峻。民族院校要结合本地区、本学校的特点，整合各种资源，努力构建民族院校大学生就业创业指导的长效办法和有效机制，为民族地区培养合格的社会主义建设者和接班人，这对国家和民族地区全面实施科教兴国和人才强国战略，确保民族地区在激烈的竞争中始终立于不败之地，确保实现我国全面建设小康社会，加快推进社会主义现代化进程的宏伟目标，确保中国特色社会主义事业兴旺发达、后继有人，具有重大而深远的战略意义。

(一) 专业化指导，架构就业创业平台

专业化（professionalization）不仅是就业创业指导发展的内在要求，也是大学生自身个性化发展的必然要求，它代表着国际职业指导的发展趋势。专业性已成为衡量职业成熟性的重要指标，它既包括人员的专业化，也包括内容、方法等方面的专业化，人员专业化是就业指导专业化的关键所在。民族院校的生源主要来自民族地区的各民族学生，其中少数民族学生所占比例远远高于一般普通高等院校，其生源的多民族性决定了民族院校就业创业指导不同于其他院校，这就对指导教师提出了更高的要求。

以大连民族学院为例，少数民族学生的比例占全校学生总数的60%以上，这就要求就业创业指导教师队伍不但要专业化水平较高，而且指导教师还要深入了解各民族的宗教信仰、生活习俗等，以便为学生辅导时，与学生有良好的沟通交流。学校早在2003年就成立了就业创业指导教研室，并派出年轻教师参加职业指导师、KAB创业指导师培训。学校现有职业指导师10人、KAB创业指导师4人，并从全校教师中选拔出具有教育学、心理学或具有相应人文社会科学的硕士学位、博士学位以及高级职称的教师76人，组成了一支学术力量雄厚、工作经验丰富的就业创业指导教师队伍。学校按照专业、职级将指导教师划分到各个学院，有针对性对学生开展职业生涯设计与辅导，使学生对自我认识更准确，对自我价值的评估更合理，人格得以不断完善，从而使自我实现、自我发展的需求得以满足。大连民族学院还一直把塑造人、调适人和发展人视为就业指导理念，认为要把大学生作为能动的、具有发展性的主体来理解和信任。指导教师在指导和接受学生咨询时和学生的关系是平等的，尊重学生的自我选择和自我决定的权利；了解学生的真实想法，重视他们的内心感受；给学生创造开放、互动的氛围，在其中让学生建立起自信心，增强竞争意识。同时，学校还把就业指导看做是一种发展援助活动，随着社会的发展，人与职业的关系已越来越紧密，人的发展与职业的发展是一致的，就业指导就是要培养人的就业能力，使人积极适应职业和不断激变的环境，促进两者之间的协调发展。学校已与多家企业建立了良好的合作关系，成立了一百多家就业创业见习基地，给学生创造了锻炼、提高、展示自己的平台。

（二）技能式指导，提高大学生的实践能力

大学生缺乏实践经验，这是一个世界性的教育难题。用人单位却非常看重毕业生的实践技能，缺乏实践技能已成为大学生找工作的最大障碍。民族院校面临的形势更为严峻，面对这种态势，培养技能型人才就显得尤为重要。

以大连民族学院为例，学校很早就提出把"提高就业创业能力"作为解决民族院校学生就业创业的有效之道，并实施了"以技能促就业创业"的战略，开创了一条独具民族特色的"技能式指导"模式，使学校、用人单位和大学生实现了"三赢"，也为少数民族地区培养了大量既能动脑，又能动手，还能创新的"技能型"人才，推动了少数民族地区经济的快速发展。

1. 开展个性化培训。学校针对各民族地区少数民族分布不均匀等特点，针对每一名学生开展实践技能培训，通过培训缩短了工作适应期，也为预防失业和转换职业打下了基础。通过校企合作，聘请企业的工程师、设计师、项目主管等到校为学生授课，分析各种技术、知识的发展动态、趋势，传授实际操作技能，使学生所学的知识和技术与市场保持同步，与岗位要求实现无缝对接。另外，在培训前，学校针对每个学生进行学前评估，了解其现有的基础和知识、专业技能水平，根据需要确定培训内容，做到量体裁衣、因材施教，使培训更有个性化、针对性、目的性，增强了培训效果。

2. 开展实习指导。通过多年的培训实习，学校总结出实习除了可以训练和提升大学生的实践能力外，也已成为企业考核录用毕业生的重要渠道。因此学校非常重视实习指导，通过与企业联系、合作等形式，积极为在校大学生提供实习岗位。接受学生实习的企业对学生的素质、能力要求较高，一般在实习前都要对学生进行培训，培训合格后方能上岗，并制定一套完善、科学的考核评价制度，最后根据企业发展和实习期间的考核情况，确定是否录用实习生。为此，学校就业指导部门在安排学生到各个位置实习时，会根据有关方面的专家、教授对学生的综合素质评价意见来确定某个学生相应的实习位置，并派人到各实习基地了解企业对实习生的评价、要求等，以此来推动学校的教学改革，也使就业指导更有针对性、时效性。

3. 渗透式指导。学校认为，就业指导不是一个孤立的工作，而是

关系到学校各项发展和规划的重要依据。学校已把培养适应未来社会职业和企业对人才的需要作为工作的出发点和落脚点，在教学和管理工作中处处体现"以人为本，因材施教，合理分流，科学培养，促进就业创业"的理念。在教学过程中，帮助学生确立职业计划和发展目标，通过个体倾向性就业目标的测试，让学生了解自己的个性特点，帮助学生分析职业选择倾向，并通过指导教师的帮助，使学生能结合本民族个性特点设计学业规划和职业发展规划，将学习与未来职业发展相联系，明确自己的学业任务，强化大学生的自立、自强和竞争意识，以便在未来择业时更有针对性和目的性。

此外，学校还在教学和学生活动中重视培养大学生的职业态度、职业信念，引导大学生将自我实现需要与自我约束的要求相结合，把能力培养与人格塑造相结合，把自我发展与社会发展相结合，主动适应多元激变的社会环境，使个人能够得以正常乃至全面发展。

(三) 培养民族意识，提倡心理健康

1. 民族意识。民族院校的学生大多来自不同地区和民族，民族意识、民族感情和民族价值观、人生观都对他们有着深远的影响，加强爱国主义和马克思主义民族观、宗教观及党的宗教政策教育，培养学生的科学精神、创新意识和实践能力是民族教育的重要任务。

以大连民族学院为例。多年来，学校一直肩负着为国家和民族地区培养高素质的少数民族干部和专业技术人才的重任，学校把热爱祖国、弘扬民族精神、关注国家改革开放进程、维护祖国统一和民族团结作为品评各民族大学生素质高低的重要标志。同时也深刻认识到，民族高等院校培养的人才不仅应具有较高的科技文化知识，同时必须具有正确的价值取向，有较高的思想政治素质，只有解决好"为谁做"、"怎样做"的问题，才能成为国家和民族地区的栋梁之才。学校从新生入校的第一天起，就充分发挥政治理论课在大学生思想政治教育中主渠道、主阵地的作用，引导各民族大学生正确认识中国的民族问题，深刻理解民族问题的长期性、复杂性、国际性、重要性的特点，正确认识中华民族的一体性。

2. 健康意识。据"2003年《北京市高校大学生心理素质状况及开展心理素质教育工作的研究报告》调查结果显示：有16.5%的大学生存在中度以上心理卫生问题"。这个比例看上去似乎不大，但如果以当年北京市50万在校大学生人数为基数，绝对数量还是不小的，如果不及时解决，任其发展，其后果不堪设想。年轻的在校大学生尚且如此，已经走向工作岗位的"老大学生"也不例外。据调查，"在全球，导致员工丧失劳动能力的10大主要原因中，有5个是心理问题，中国企业中20%的员工受到心理问题的困扰"。各种社会调查和媒体报道都显示这样一个事实，心理问题已逼近高学历人群，白领的生活并不精彩。究其原因，社会竞争激烈、工作压力过大、人际关系复杂，特别是一些"老大学生"自我要求较高、争强好胜、渴望成功，但又不愿与人交流而忽视心态调节、缺乏沟通途径，更不愿借助心理咨询专家的帮助，从而导致种种心理问题的产生，影响了生活质量，甚至引发异常行为。因此，民族院校应十分重视大学生心理健康问题，并把它作为就业指导工作的重要内容之一。

总之，民族院校的大学生只有做到正确认识和评价自我，正视民族问题，正确对待成功和失败，学会帮助和交流沟通，学会协作，学会做人、做事，掌握心理调适的方法和技巧，培养坚韧的意志力、耐挫能力和适应逆境的心理品质，不断完善自我，健全人格，找准角色定位，主动融入社会，才能以良好的心理素质去获取事业上的成功。

第二节 大学生就业工作体系建设

一、大学生全过程就业指导课程体系的内涵

大学生全过程就业指导课程体系是指大学生就业指导课程要贯穿大学生从入学到毕业，根据大学生各个阶段的特点采取不同的教育方式和模块化的教学内容，进行与学生发展要求相适应的就业指导课程。该课程从大学生一年级开始，依据大学生成长阶段的特点和职业生涯的发展规律，通过职业生涯规划课、就业指导课等方式，有计划、分步骤地对大学生分年级、分阶段地进行针对性的职业教育和就业指导，帮助大学生树立正确的职业观和人生目标，科学地规划职业生涯，培

养求职择业应具备的素质和能力,了解就业政策和求职技巧,实现职业目标。

二、构建民族院校大学生全过程就业工作体系的基本理念

(一)树立"以学生为本"的思想是构建新时期民族院校就业工作体系的思想基础

随着社会主义市场经济体制的确立,民族院校的就业工作也由计划经济体制下国家包分配转变为市场经济体制下的"双向选择,自主择业"。原有的就业工作模式已经不适应就业形势发展的需要,"以学生为本"是"以人为本"理念在高等教育中一个具体体现,树立"以学生为本"的思想,就是要求在构建新时期民族院校就业工作体系时,必须要从学生的根本利益出发,采取切实有效的措施,积极加强对学生成才的教育和引导,努力为学生成才提供高效、优质的服务,将以"学生为本"的思想贯穿于高等教育培养的全过程之中。

(二)完善的保障机制是构建新时期民族院校就业工作体系的前提和条件

就业保障体系包括机构设置、队伍建设、资金配置等诸多内容,它是构建就业工作体系的前提和条件。目前,全国民族院校就业工作普遍存在的问题是就业机构不健全、人员编制少、经费保障不足、重视程度不够等,还没有从计划经济时期的工作模式中转变过来,还处于办理就业手续阶段,从一定程度上影响和制约了民族院校大学生就业工作的开展。构建符合社会需求的民族院校就业指导工作体系需要完善的保障机制,它是做好这项工作的前提和条件。

(三)就业指导必须贯穿于高等教育培养的全过程之中,必须将其与专业教学、思想教育、学生管理等有机地融合起来,这是新时期民族院校就业工作体系建设的灵魂

就业指导和心理咨询教育是支撑高等教育人才培养体系的重要内容,不是一朝一夕之间就能完成的工作,它是搭建学生与社会沟通的桥梁与纽带,是学生价值观、择业观形成的导航者,是新时期民族院校思想政治教育工作的一个重要阵地,它直接影响着学生的价值取向。

就业指导已经不再是毕业年级的事情,而是一个贯穿于本科培养全过程的一项重要工作。全国部分民族院校已经将全过程就业指导课程提上了日程,很多民族院校在教材编写、授课方式、效果评价等方面都进行了积极的尝试。从某种意义上说,从就业指导工作的普及性开展到个性化咨询辅导的逐步深入,民族院校还有很长的路要走,而这直接影响着民族院校人才培养质量。

(四)建立就业与人才培养的双重责任制是促进民族院校就业工作发展的重要手段

民族院校的人才培养必须充分注意社会需求的变化,这种变化一方面体现在供求关系上,另一方面体现在对人才质量的需求上。这就要求我们必须随时关注和研究社会人才需求的变化及对人才培养质量的要求。就业工作不是独立存在的体系,它必须和民族院校人才培养机制相结合,才能发挥出其应有的作用。因此,建立就业与人才培养的双重责任制,把就业工作和人才培养、专业设置、招生规模、评优奖励相挂钩,把就业工作作为本科教学评估的重要组成部分。

三、民族院校大学生就业工作体系构建
——以大连民族学院为例

(一)构建以"全过程抓就业,全员抓就业,全面抓就业"为核心的"三全"就业工作体系

大连民族学院作为一所年轻的民族院校,学校党委高度重视毕业生就业工作,从1999年起,学校率先提出了建立"三全"就业工作体系的目标,要求在全校建立人才培养与就业的双重责任制。学校党委提出,要把就业工作作为牵动学校的全局性的重要工作,作为本科人才培养的重要环节,要不断实现就业率与就业质量的双提高;要树立以学生为本、全面服务于学生的就业工作理念;建立以校、院两级就业工作领导小组为核心的就业工作组织保障机制,并以学生就业为主线,不断优化学科建设、专业设置和人才培养模式。学校为促进"三全"就业工作体系建设,建立了专门的就业指导和服务机构——大学生就业指导中心。中心下设就业指导教研室,形成了服务、指导、培训、市场拓展一体化的就业指导部门,全面构建了符合社会发展要

求的就业工作体系。

"三全"就业工作体系要求，要把就业工作贯穿于学校人才培养的全过程之中，要从根本上解决大学生职业生涯规划能力与就业素质培养有机结合的问题，真正形成以专业素质培养为核心，以道德人格塑造、社会实践、职业生涯规划等能力培养为重要内容的综合素质培养体系。同时，必须树立全面抓就业的思想，即就业工作非独立性存在。要把就业工作和教育教学、学生管理等教育有机地结合起来，而且就业工作不只是就业部门的事情，就业指导部门和各院系就业工作人员只是就业工作的执行者，如果只依靠这些力量，是解决不了就业工作的实质性问题的，就业工作只会停留在简单的方式创新上，其深入程度是有限的。而全员抓就业是时代所需，一方面可以依靠更多的力量实现市场拓展、就业指导、就业服务的力度与广度，另一方面也会促使更多的培养者直接深入市场、了解市场，改进培养计划，提高培养质量。

（二）建立以全过程就业指导理念为基础的就业指导工作体系是新时期就业工作体系的基础

就业指导工作是民族院校毕业生分配制度从计划向市场转变的过程中应运而生的。从对欧美发达国家民族院校人才培养的分析中可以看出，就业指导已经成为发达国家人才培养的重要组成部分，就业指导已经渗透到政策咨询、就业服务、就业培训、择业辅导等全过程之中，并且个性化咨询与指导已经普及。

从目前我国民族院校人才培养体系和社会对人才需求的现状看，建立以全过程就业指导理念为基础的就业指导工作体系已经刻不容缓。

1. 全过程就业指导课程体系贯穿于本科培养的全过程。就业指导课程体系分成三个阶段进行：一年级为专业教育与职业生涯规划基本技能培训阶段，主要进行人生观、就业观、成才观的教育及职业生涯规划的基本技能培训等；二年级、三年级为职业素养提升与就业创业指导、多渠道就业指导阶段，主要进行多种职业资格认证指导、基本应用文写作、公关礼仪、外语口语、现代办公自动化系统等基本就业技能培训以及自主创业、考研、报考公务员、参军、出国留学、大学生志愿服务西部等就业方式指导；四年级为就业形势、就业政策、就业心理及就业服务指导阶段,主要进行就业形势与对策研究、就业中常见的心理问题分析、就业案例研究、就业信息服务、就业相关法律问题指导等。把就业指导课程纳入本科教学体系,由就业指导教研室负责组织实施,教务部门负责教学监督及教学效果评价与检查。

2. 就业指导必须向专业、市场、培训等方面渗透和延伸。其一,向专业延伸,即就业指导课程内容必须与专业相结合,要根据不同专业的不同要求来设计课程体系,使学生在本科培养的不同阶段都能接受到与专业相关的就业技能训练,适时获得职业生涯规划能力和市场判断能力;其二,向市场延伸,即就业指导不能只停留在校内,就业指导的师资队伍应来自于社会各个领域,由企业负责人、人力资源管理专家、社会知名人士、政府官员、资深学者等共同组成,这对在校大学生了解社会所需、确立学习目标、明确职业生涯规划具有重要的意义;其三,向培训延伸,即就业指导不仅是简单的就业政策、就业技巧指导,还要向相关的技能培训延伸。例如,办公自动化、外语口语、基本应用文写作训练、职业资格认证、考研辅导等各种培训等。指导与培训相结合,指导将更具有说服力和生命力。

(三) 建立以"学生为本"的就业服务体系是构建新时期民族院校就业工作体系的重要内容

就业服务包括就业信息咨询、就业手续办理、就业信息网建设等。就业服务关系到每个学生的切身利益。以"学生为本",既要"急学生之所急,想学生之所想",又要处处体现为学生就业服务的思想。就业信息服务是就业服务的重中之重,建立就业信息网,利用网络的便捷和资源的广泛性,广泛开展网上信息服务,是解决就业信息服务的重要手段。除此之外,开展远程面试、开放专用机房供毕业生查询信息、加强与报刊媒体的合作、定期将报刊招聘信息提供给学生都会收到良好的效果。良好的就业服务是做好毕业生就业工作的助推器,对毕业生树立自信心,以良好的心态面对市场的压力与挑战具有重要意义。大连民族学院地处大连经济技术开发区,每次大连市举办招聘会,学校都会安排车辆送毕业生参加,各学院也派出教师与毕业生共同参加招聘会,了解市场需求,及时给毕业生提供咨询和指导。就业指导中心的网络机房对毕业生免费开放,每天收集各种信息并及时公布,就业服务成为就业体系中的润滑剂和推动剂。

（四）积极拓展就业渠道，建立相对稳定的市场网络是构建新时期就业工作体系的关键

随着市场经济体制的不断发展及完善，人才需求的格局已发生了根本的变化，计划经济体制下的以分配为基础的就业网络，已经逐步被建立在"双向选择"基础上的就业市场所取代。广开思路，从不同渠道、不同角度拓展就业市场，建立以专业为核心的相对稳定的就业市场已经成为民族院校面临的首要任务。

就业市场网络应该划分为紧密型、半紧密型和松散型。大连民族学院近年来积极开展的"百家企业就业基地化建设"，即是建立紧密型就业网络的尝试。在此基础上，大连民族学院充分发挥区域优势、专业优势、社会资源优势，积极与大连经济技术开发区劳动人事部门及企业合作，使在此就业的毕业生人数逐年增加，很多企业已经成为学校的就业基地。就业市场网络建设是一个需要长期坚持不懈的工作，它直接关系到学生的就业质量，是构建新时期就业工作体系的关键环节。

（五）建立完善的就业评估体系是构建新时期民族院校就业工作体系的保障

2003年教育部《关于进一步深化教育改革，促进民族院校毕业生就业工作的若干意见》中明确提出："地方和民族院校要把毕业生就业状况作为确立高等教育发展规模的重要依据；进一步优化调整民族院校设置及学科专业结构，加快改革人才培养模式；把毕业生就业状况纳入民族院校教学评估指标体系，使评估更加全面地反映学校的实际情况。"大连民族学院结合学校的实际情况，于2003年建立了《大连民族学院毕业生就业工作实施方案》，其中的建立和开展毕业生就业工作评估是其一项重要的内容。就业工作评估内容包括队伍建设、就业教育、就业指导、就业服务、市场拓展、工作研究、就业成果等多方面，将就业工作的开展情况与各院系发展规模、专业申报、奖励挂钩。就业工作评估方案的推出，对推动学校就业工作的深入开展起到了一定的作用，是民族院校就业工作长期发展的动力与措施保障。

构建大学生全程就业工作体系是落实"科教兴国"战略、全面建设小康社会的客观要求，是新时期民族院校思想政治教育工作的重要阵地，对推动高等教育人才培养质量，促进毕业生充分就业具有重要的意义。

第三节 大学生创业工作

一、创业教育现状

随着经济全球化和知识经济的到来,国家之间的竞争,尤其是高技术人才的竞争日趋激烈,各国政府都把构筑坚实的高技术人才阵地作为首要目标,高等教育发展是实现这种目标的重要途径。从1999年高等院校扩招以来,我国提前进入高等教育大众化阶段,与此同时,大学生就业也越来越困难。从动态的角度看,社会职位的数量不断变化,社会就需要更多的创业人才去创造就业岗位。所以,培养大学生的"创业精神和创业能力"已迫在眉睫。

(一)我国创业教育发展现状

2002年8月,教育部在北京航空航天大学召开"全国高校创业教育研讨会"。同年,教育部确定了中国人民大学等9所高校率先进行创业教育试点,并形成了课堂式创业教育、实践式创业教育、综合式创业教育三种典型的创业教育模式。2003年10月,教育部又委托北京航空航天大学举办了第一期创业教育骨干教师培训班,来自全国105所高校的180名教师参加了学习。2004年至2007年,教育部连续举办了4期创业教育骨干教师高级研修班,来自全国的300余名教师参加了学习。2005年9月,在共青团中央、中华全国青年联合会与国际劳工组织的推动下,KAB创业教育(中国)项目正式成立。2006年1月,KAB创业教育(中国)项目首期讲师培训研讨会在京举行。来自清华大学等7所高校的16名教师参加培训。同年8月,清华大学等6所大学被确立为首批"大学生KAB创业教育基地"。2007年6月,KAB创业教育(中国)研究所正式成立,这标志着我国KAB创业教育研究上了一个新台阶。[①]

---

① 参见孙长缨:《创业教育与大学生创业》,北京,高等教育出版社,2008。

（二）民族院校大学生创业现状

1. 对创业教育认识不够，创业教育意识淡薄。目前，在许多民族院校中，广大师生对创业教育的认识不统一、不到位。有些民族院校对创业教育根本就没有给予高度重视，即使做一些工作，也仅停留在就业指导层面上。

2. 创业教育的方式缺乏多样性，操作不科学。创业教育强调理论与实践互动的灵活多样的授课方式，以期学生在基于现实模拟的教学方法中逐步锻炼创业能力，但在实际工作中，整个教育过程缺乏创业思维和创新精神，如推行刚性教学计划；教学模式局限于知识传授型；教师缺乏创业体验，实战经验不足；创业教育与学科专业教育"两张皮"，没有融入学校的整体育人体系之中。

3. 社会实践较少，创业教育局限于课堂理论教学。现行的创业教育大多局限于课堂的理论教学，颇具传统色彩的教学模式，难以充分满足大学生的好奇心和求知欲。相对而言，大学生更青睐于诸如案例分析等教学模式，他们需要一个独立思考的空间，更需要培养探索、研究、归纳、总结等能力。

4. 创业氛围不浓，鼓励和帮助的力度不够。大学生创业很少能脱离校园，而真正投入到社会生活中。这些创业者仍然没有足够的勇气彻底摆脱校园，他们一方面迫切想通过社会来成功创业，另一方面又不愿真正脱离校园投入到社会中去。这样就使得大学生的创业过于零散，不能形成较为广泛的创业环境。加之大学生的创业活动至今还未得到社会的普遍重视，使得大学生创业真正与社会接轨的可能性大打折扣。

5. 教育体制不全，缺少正确的理论指导。现在的民族院校大学生创业知识不够完备，求成心理过于强烈，难免缺乏冷静的思考和理论方法的充分学习，加之很多民族院校没有系统、完善的创业知识传授体系，没有针对大学生制订科学的创业教育计划，没有比较权威的理论作为创业教育的依据，这些都使得大学生创业处处碰壁，步履维艰。

6. 大学生创业缺乏足够的社会支持。受传统教学观念的影响，大学生创业普遍被认为只是一种"冲动"、"逞能"、"瞎折腾"，是不成熟的表现，所以往往得不到足够的重视。以物质条件为例，目前，我国家庭经济收入普遍较低，特别是一些来自农村的大学生还在为衣食温饱担忧,不可能依靠家庭筹措创业资金。有些大学生又不能向金融机构或风险投资人证明自己的盈利能力,融资困难;还有些大学生不愿吸收闲散资金,缺乏融资诚意。创业资金缺乏,使许多大学生的创业计划成为泡影。①

二、创业选型和创业定位

(一) 民族院校大学生创业选型

目前,可供我国大学生选择的基本创业形式主要有三种,即自雇型创业、专业型创业和产品创新型创业。

1. 自雇型创业。所谓自雇型创业是指大学毕业生创办一个自雇型企业,成为自雇型企业主。该企业的业务与大学生所学专业没有必然联系。自雇型企业是一个国际通用概念。自雇型的基本含义就是自己雇用自己,自己给自己开资。

自雇型企业的主要特点有三个:一是微型,一般是由个人或家庭为经营主体,也可能雇用少数员工(一般不超过5人);二是社区性,自雇型企业一般创建于社区、依托于社区、服务于社区,主要面向社区居民提供产品或服务,生意半径一般较短;三是政府支持,由于自雇型企业弱小,自雇型企业群能够创造大量的就业岗位,因此各国政府给予它很多相关的扶助政策与服务,我国政府近年来也出台了一系列主要针对创建自雇型企业的相关优惠政策。

自雇型企业的主要优势是高度自主性、微型、灵活、简单、创业与经营成本低,因此,是一种适合于经验与资金不足的大学生和下岗失业等弱势群体生存型创业的模式。自雇型企业的劣势主要是单兵作战、资源有限、缺乏资源获取能力及商业信誉不足等。

2. 专业型创业。专业型创业主要包括两种:一是大学毕业生创办一个与所学专业相关的公司,进行产、供、销和服务性的商务活动,主要服务对象是专业内的相关企业或个体生产者,即为企业服务的专业型公司;二是面对最终消费者提供专业性较强的服务性业务,如心

---

① 参见杜汇良、刘宏、薛徽主编:《高校辅导员九项知能教程》,北京,高等教育出版社,2009。

理学专业的毕业生开办社区心理咨询所等。

专业型企业的主要业务类型包括：

(1) 物流供应型企业。如医科毕业生开办为医院提供医疗器械、药品等的医疗物品供应公司；工科毕业生开办为工业企业提供设备、原料、辅料、配件等的工业用品供应公司；农科毕业生开办为农民提供农机设备、种子等的农业用品供应公司，等等。

(2) 生产配套型企业。如医科毕业生开办为口腔医院加工假牙的工厂；工科毕业生开办为大工业企业提供零配件生产的小企业等各种专业型生产配套公司。

(3) 产品销售型企业。如医科毕业生开办药店；艺术专业的毕业生开办艺术品销售店等各类专业型产品销售公司。

(4) 专业服务型企业。如心理学专业毕业生开办心理咨询所；医学专业的毕业生开办医疗咨询业务；师范专业的毕业生开办各类学校。

显然，这些业务都具有一定的专业综合知识和技术门槛，未经专业训练，不具备一定的专业知识的人很难进入，即使进入，也很难达到专业水准。

3. 产品创新型创业。产品创新型创业是指大学毕业生拥有某一产品或技术的独立知识产权、专利或发掘到新的商机，以开发、生产和销售该产品的方式创办企业。产品创新型创业有两种主要类型：一是开发和生产新一代产品，如乔布斯生产苹果Ⅱ电脑；二是开发新一代营销模式，如戴尔开发"端到端"集成化电脑营销模式。产品创新型创业的低端形式是大学生以自己掌握的相对独特的专业知识与技术开办一个传统企业，例如服装设计专业的毕业生开办一个服装工作室，这一低端形式可以归并到专业型创业中。产品创新型创业主要是指它的高端形式，即开办一个拥有独立知识产权的高新技术产品的生产、制造与销售的企业。

(二) 民族院校大学生创业定位

由于大学生创业是个体行为，而创业教育是社会活动，所以既要从社会角度评价学生的创业选型，又要把可行性作为评价的必要条件。因此，上述三种创业选型的评价指标体系分为个体性可行性指标和社会性经济贡献、社会贡献和文化冲突指标。

可行性指标包括创业难易程度（发现和把握商机的技术与能力要

求），创业投入（主要是资本量），市场竞争程度（业内企业数、利润空间等）；经济贡献指标包括开拓新市场的能力、对经济增长的推动力；社会贡献指标包括：创造就业岗位的能力、对社会贫富结构的影响；文化冲突指标包括与传统文化的冲突程度、高等教育的接纳程度。

根据上述指标体系，辽宁省高等学校毕业生就业指导服务中心从1000多名毕业生中甄选出85名具有强烈创业倾向的大学生，对他们进行了调查。从调查结果来看，对于三种选型，人们对可行性三项指标评价是一致的，对社会性指标评价有相悖之处。被调查者普遍认为，从可行性角度看，自雇型创业适宜大学生，但社会性评价不理想；产品创新型创业的社会性评价非常理想，但从可行性角度看，不适宜大学生；而专业型创业被普遍看好，原因是对大学生既适宜又较理想。从社会经济需要角度该怎样评价大学生专业型创业选型呢？据《全球创业观察2003中国报告》提供的数据显示，我国参与创业活动的创业者随着受教育程度的提高，参与创业活动的人数在减少。与这一创业者分布相对应的行业分布集中程度依次为消费服务业、制造业、采掘业和企业服务业。数量较大的生存型创业者聚集在门槛较低的消费服务行业，使该行业过度竞争；而数量较少的机会型创业者向创业门槛较高的企业服务业聚集。显然，具有自雇型创业和专业型创业双重优势的自雇专业型创业，既解决了大学生缺乏创业经验和创业资金难于启动的困难，又能够充分发挥大学生个人的专业优势，满足社会对专业型创业的需要。因此，自雇专业型创业可作为一般大学生创业选型的定位。

自雇专业型创业的投资额度一般是2万～30万元之间，市场竞争强度在偏高至中等之间，创业难度在偏低至中等之间。这是一个具有一定门槛的专业性创业领域，对于那些没有经过专业训练、资金缺少的人来说，难于进入。显然，这是一个专门为那些具有专业技术和创业倾向的大学生准备的创业"领地"。

三、创业教育课程体系建设

（一）树立创业教育的办学理念，充分认识创业教育的重要意义

国外创业教育发展的历史告诉我们，一个国家、一个地区的经济

要有大的发展，必须重视对该地区学生乃至于全体公民进行创业意识和创业技能的培养。当今，人们更加清楚地认识到，创业教育不仅是培养大学生创新精神和实践能力的需要，更是一个国家、一个地区经济结构调整对人才的需要。根据目前我国高等学校的创业教育的状况，民族院校必须把创业人才培养作为高等教育改革与发展的一个重要方向，把培养具有创造力的创业人才提高到"推动民族地区经济发展的重要力量"的高度来认识。创业教育的实施是一个系统工程，只有整合力量、多方配合，才能使之顺利、有效地推行。

首先，在民族院校校内教育中，各级领导要重视创业教育，建立纵向的领导协调机制；其次，教务、学生、教学、校友等部门要支持创业教育，建立横向的协同工作机制。在校外教育中，建立教育与社会保障、工商行政管理、团组织、工商团体、基金等机构的密切联系，相互配合，形成创业人才培养和学生创业实践的支持体系。其中，重点要解决创业启动资金的来源以及如何激发大学生创业热情，引导其创业实践等问题。

（二）建立和完善创业教育课程体系和教学制度

民族院校应在创业教育方面开设的课程涉及法律、新兴企业融资、商业计划书、企业领导艺术及教育、个人计算机技术、创业管理运作、技术竞争优势管理、新设企业如何创业、成长性企业管理、家族企业的创业管理、创业营销、企业成长战略，等等。在创业教学活动内容方面，创业教育有别于常规的课堂教学，它是一种开放的、与各种创业活动密切相关的教育。创业课程类别的多样化也是民族院校创业教育培养创造性人才应着重考虑的一个问题。

以大连民族学院为例，学校开设了诸如创业管理入门、创业实务、正式文函、团队训练、拓展训练、创业市场调查、民族地区经济分析、财务分析与管理、创业者的企业家精神与现代企业意识等课程，成立了"大学生创业基地"，以便对学生的创造活动进行资助和指导。学校还提倡采用案例教学，教学方法多采用讨论式，教学组织更多地采用学生分组结合项目进行，同时鼓励学生到企业中结合实践进行学习。学校还设立了就业指导教研室，专门从事创业教学的管理工作；聘请有创业经验的教授、企业管理人员、风险投资专家等参与教学活动。

(三) 建设高素质的创业教育教师队伍

创业教育是市场经济条件下民族院校培养高素质创造性人才的必然选择。以知识、信息、能力为主要支撑的知识经济为大学生创业提供了现实的可能性。但是，民族院校开展的创业教育并不是要求每一名大学生都去创业，而是要培养具有创业意识、创业精神和创业能力的创造性人才。民族院校要充分认识创业教育，它不仅是当前解决大学生就业困难的有效途径，而且是民族院校素质教育的体现和落脚点。从长远来看，创业教育的扎实落实，必将为我国经济结构的战略性调整和经济的可持续发展注入不竭的动力。民族院校要积极适应国际化大趋势，深化以素质教育为核心的教育教学改革和深化以学分制为重点的专业教学体制改革，将创业教育贯穿于每个学生的学习和生活实践中，使学生具有终身创业的意识和能力。只要民族院校能够源源不断地为社会输送大量的、高素质的创造、创新型人才，那么，我们建立创新型国家的目标便指日可待。

根据目前国内外创业教育的成功实践，结合创业教育发展的新趋势，民族院校创业教育师资体系的构成门类应多样化：一是有相关专业的教师队伍；二是有具体实践经验的成功的企业家；三是有理论和实践经验兼备的专家型队伍，如经济管理类专家、工程技术类专家、政府经济部门的专家、孵化器的管理专家、创业投资专家等。大连民族学院每年聘请的"创业导师"大多是在创业热潮中身经百战的佼佼者，丰富的创业经历使他们的讲授贴近创业实际，生动而发人深省，深受学生欢迎；四是要有创业经历的毕业生队伍，如定期邀请一批往届毕业生回校做创业事迹报告，现身说法，传授经验，从而增强教育的说服力。

(四) 将创业教育融入职业生涯辅导

在目前的高等院校中，创业教育正在引起人们越来越多的关注，"创业"已经超越了"创办企业"的狭义概念，而更具有广义上的开创事业、开拓事业、开拓业绩等含义，其内涵体现了开办和首创的困难与艰辛，体现了过程的开拓性和创新性。而在此概念基础上的"创业教育"，则从具体的、以操作技能为主要目标的狭义教育，在向以人的创新能力和综合素质培养为核心的广义教育过渡。从这个意义上而言，创业教育无疑为学生的成长和综合素质的提高提供了新的视角和载体：创业的概念不仅仅局限在自主创业上，更意指了创业精神、创新性和综合素质的发展与提升，而这些对于在各个领域从事创业的人来说都是必不可少的。

基于对广义的创业教育概念的理解，民族院校的就业指导中心在建设大学生就业指导课程体系过程中，在原有的大学生职业生涯规划、职业能力拓展训练课程的基础上，把创业教育作为提升学生职业素质、就业竞争力的重要途径纳入了课程体系，开设了大学生职业发展与就业创业指导课程体系，创业教育成为民族院校整个就业指导体系的重要组成部分，走入了课堂。

以大连民族学院为例，学校在整个课程的开展过程中，始终围绕着三个目标：一是提升学生的创业意识，使学生能够从职业生涯规划的层面上，更加深入地了解创业的内涵，把创业作为一种可能的职业选择来看待，在作出创业选择时更加理性；二是帮助学生了解商业运作的基本规律和过程，掌握初步的创业技能，借此更加深入地理解职业环境；三是帮助学生认识并提升超越创业选择本身的创业精神和重要的职业素质，其中包括沟通能力、团队合作能力、创新能力、项目管理能力等，提高学生毕业后的职场适应能力和竞争能力。

大学生就业指导课程按照"什么是企业"、"创业人的特质"、"如何成为创业者"、"如何产生一个好企业的想法"、"如何组建和运营一家企业"、"如何准备商业计划书"这样一个知识体系，对企业、创业等职场元素进行了分析和介绍，通过心理评估和团队游戏等，帮助学生了解创业者的基本特征和应具备的素质，使学生了解了从产生商业想法、写出商业计划书、组建一个企业直到企业的运作、发展的创业过程。与传统创业课程相比，大学生就业指导课程不仅具有系统、完善的教学体系，而且在教学模式上更加强调互动性的参与式教学，它也不同于以往的传统教学模式，而是更加强调教学的互动性和实际操作性。在教学过程中，结合学生特点，通过角色扮演、头脑风暴、商业模拟游戏、创业人物访谈、团体游戏、纸笔练习、小组项目完成、案例讨论等多种形式的教学方法，使学生在开放、愉快的学习环境中，通过活动体验来发现和解决问题，并在这个过程中提升彼此沟通、团队协作等方面的能力。

第十三章 民族院校大学生心理健康教育

民族院校的大学生多数来自边远或民族地区，他们是民族地区经济发展、社会进步的新生力量。因此，在民族高等教育迅速发展的今天，规范心理健康教育、研究少数民族大学生心理健康教育模式，是民族高等教育发展的客观要求，也是提高民族院校大学生综合素质，推进少数民族地区经济、社会发展的有效途径。

第一节 心理健康教育的基本理念

民族院校探索、研究大学生心理健康教育模式，应从三个方面加以分析。

一、探索研究民族院校大学生心理健康教育模式的意义

第一，研究民族院校大学生心理健康教育模式，是培养高素质人才的需要，有利于民族高等教育以及全国教育水平的提升，具有较高的学术价值。科学的心理健康教育模式，有助于实现心理健康教育的目标，促进心理健康教育功能的发挥；可操作性的工作思路，是心理健康教育从无序向有序、从经验化向科学化发展的重要标志；一个多维度、多层次的协同整合的心理健康教育体系的创建，形成了多种教育方式的沟通与衔接，对民族院校心理健康教育的有效创新起到了促进的作用。

第二,从原理层面研究民族高等教育中的大学生心理健康教育模式,对解决心理健康教育的共性与特殊性问题,具有重大的社会意义。随着社会的快速发展,人们的生活节奏日益激烈,竞争日益加剧,这种高强度、高竞争、高压力的社会生活,使一些人,尤其是青年人感到不堪重负,心理健康问题也日益凸显。因此,在社会转型期,尤其是在建设社会主义和谐社会的大背景下,对国人,特别是青年人开展心理健康教育势在必行。高校心理健康教育,就是根据大学生心理发展的特点,有目的地培养受教育者良好的心理素质,提高心理机能,开发心理潜能,以促进他们整体素质的提高和个性和谐的发展。

第三,研究多元文化背景下的大学生心理健康教育模式,对于民族院校大学生心理健康教育具有举足轻重的作用。探寻多元文化的心理健康教育的基本理论和规律以及民族教育现代化进程的心理健康教育的特殊性和有效途径,以凸显多文化中的心理健康教育的民族性、区域性、整体性和可持续性特色,使其与其他普通院校心理健康教育模式研究形成一个整体,为构建大学和谐教育提供理论与实证的依据。

二、心理特征及其形成的原因

从文化角度定义,民族心理特征"是一个民族的社会经济、历史传统、生活方式及地理环境的特点在该民族精神面貌的反映"。

(一)少数民族大学生共同的心理特征

1. 强烈的群体意识。少数民族大学生进入大学校园后,一般会选择与自己同民族的学生一起生活和学习。这其中固然有语言、生活习惯等外在因素,但更多地反映的是少数民族学生的民族群体意识。从心理角度剖析,他们认为同民族的学生均来自同一地区,有相似的社会背景和生活环境,以民族和地域观念为基础的人际关系他们比较愿意接受。

2. 强烈的民族自尊与自我保护心理。与汉族学生相比,少数民族学生强烈的民族自尊心对人的成长有着极为重要的激励作用。但是也有一个"度"的问题,如果过"度"了,那么,这种民族自尊心则会表现为偏激、狭隘的民族心理、弱者心理,他们虽有融入大多数学生中的强烈愿望,但往往又由于自己的特殊性,从心理上产生矛盾,从而表现出所谓的民族保护意识。

3. 开放的性格与相对闭塞的心理。我国少数民族地区，尤其是西部少数民族地区的人们待人真诚热情，性格豪放。由于民族文化、民族心理的原因，少数民族大学生往往把自己封闭在一个狭隘的活动范围里，不愿与其他同学分享生活经验、学习方法及交际理念，不愿意接受新鲜事物，习惯于传统的生活习惯和学习方法，有相对闭塞的心理表现。

（二）少数民族大学生特有的心理特征形成的原因

1. 自然环境的差异。环境差异是构成民族差异的最初动因。在漫长的人类文化与自然界的互动过程中，民族文化逐渐形成，并最终在文化心理中沉淀堆积而形成特定的民族心理。

2. 人文环境的差异。人文环境的差异即传统生活方式的差异。传统的生活方式与文化习俗对学生的个性特点、认知发展有显著的影响。近年来，国外一些研究指出，在需要集体劳作的民族或在强调集体协作的环境中生活的民族，父母倾向于严厉的抚养孩子，强调服从权威，学生容易缺乏独立性，在这种环境下成长的学生形成了团结互助、服从集体的性格特征。这种心理特质在一定程度上反映了所属民族群体的民族性。

3. 经济条件的差异。纵观当今中国经济的整体局势，西部经济仍然处于相对落后的状态。经济相对落后最直接的表现是消费观念的相对滞后，部分少数民族学生传统的、保守的消费观念与大学校园里多数学生的消费实力与消费观念有较大距离，这种差异给少数民族学生的心理造成了很大的压力。

4. 教育质量的差异。教育质量相对较低一直是民族地区一个比较突出的问题。就家长而言，家长文化程度较低。有些民族还受宗教文化的影响，推崇宗教教育。就学校而言，偏远民族地区的学校教育质量低，教育管理部门对少数民族学生的特殊性认识不够。这些使少数民族学生进入高校后面临更多的困难，容易产生多种心理问题。

5. 心理特征的差异。在这里我们要分析的是民族心理研究中的"个体心理"方向。所谓个体心理就是一个民族成员在团体的制约下所表现出来的心理现象。一个民族传统的生活方式、生活习俗、宗教信仰等，都根深蒂固地影响着少数民族学生的心理。由于受传统因素与民族因素的影响，少数民族学生的人生观、世界观、价值观与普通学生相比存在一定的差异。

三、心理问题表现的主要形式

当前，少数民族大学生心理健康教育研究的成果大多数偏重于整体性的概括研究，缺乏对具体模式的微观研究。民族院校则要立足于高等院校大学生思想教育和少数民族大学生心理健康的实际，探索适合多元文化背景下的少数民族大学生心理健康教育的模式。少数民族大学生心理问题表现的主要形式：

（一）人生价值取向和人生态度的不稳定，使其心理失衡和茫然

美国社会心理学家菲斯汀格指出，一个人对自己的价值"是通过与他人的能力和条件的比较而实现的"。大多数少数民族大学生在中学是学习尖子，受到老师的表扬、家长的夸奖、同学的羡慕，常常体验的是成功的喜悦，优越感、自豪感油然而生。但到了大学，有些学生对学习方法不适应，失去了原来的"领先"地位，自尊心受到挫伤，个别学生由自傲走向自卑，信心下降，意志消沉，缺乏进取心。同时，由于有些少数民族大学生家庭经济条件差，更容易产生自卑感而畏缩不前、悲观失望，以致怀疑自己、贬斥自己，甚至认为自己没有存在的价值，容易形成抑郁型人格。

（二）人际关系障碍

民族院校的部分学生因家庭经济条件差，知识结构单一，缺乏社交的基本态度和技能，自卑感严重，不敢与人交往，担心自己不会说话而被人看不起，从而造成心理封闭，倍感孤独、寂寞，甚至形成性格分裂。有些大学生一方面不愿敞开心扉，自我封闭；另一方面，又迫切希望社交，希望得到友谊以显示自己的力量，这对于沟通不良、有性格缺陷的大学生必然产生难以消除的矛盾。环境的变化，社会思潮的影响、交往方式的变化，往往会加深这一矛盾。

（三）身心发展的特点使其心理处于不稳定期

与其他大学生相比，少数民族大学生一般来自偏远的山区，跨入大学远离熟悉的环境，走向一个竞争更为激烈的陌生环境，常常感到孤立无援，在这个过程中潜藏着大量的心理矛盾和冲突，对一些问题

的思考,容易从一个极端走到另一个极端,他们有时会过高地估计自己,有时会自我否定、自我拒绝。有的少数民族大学生来到新的环境,面临理想与现实的巨大反差,会产生失意、压抑、焦虑,甚至出现神经衰弱症等。

四、心理健康教育存在的问题及表现形式

目前,我国高等院校的心理健康教育普遍存在以下问题。

(一)形式化倾向

在我国的高校中,有部分学校错误地认为心理健康教育仅仅是形式,课堂文化学习才是根本。学校虽然按照上级教育行政部门的要求建立了心理咨询室,但是队伍的专业性不强,大多是由思想政治课教师或校医务室医生兼任。由于既无专业专职人员保障,又无经费保障,最终使学校的心理健康教育流于形式。

(二)个性化倾向

有些学校把心理健康教育的重点放在少数学生心理问题的咨询和治疗上,使学校心理健康教育的路越走越窄,大多数学生心理发展的需要得不到满足,心理健康水平无法得到提高。

(三)医学化倾向

据媒体报道,我国大学生心理问题比率占30%左右,这一统计数字使一些学校将一些心理有问题的学生视为心理疾病患者,用诊断病人的量表测量学生,还通过医疗机构开展学生心理健康教育,给学生造成很大的心理压力和消极暗示,引起他们的恐慌和压抑。其实,学生中有障碍性心理疾患的人不到总数的1%,大多数是适应不良的发展性问题,而非心理疾病。学校心理健康教育的任务是开展预防性和发展性的心理健康教育。

(四)课程化倾向

有些学校把心理健康教育理解为开设心理健康课程,向学生传授心理健康知识,要求学生机械记忆,甚至还要考试。其后果不但没有促进学生的身心健康,反而使学生承受更多的身心负担。

(五)德育化倾向

德育化即把心理健康教育视为学校德育的一部分,把心理问题与品德问题混为一谈,原因是把个体的需要片面地理解为对利益的追求,对人的要求过于强调政治和道德品质,甚至把心理疾病视为品质恶劣和思想错误。心理健康教育的任务是提高学生的心理素质和完善其人格,仅靠传统的德育教育是远远不够的。

大学生心理健康教育是高等教育的一项系统工程,重视研究民族院校大学生的心理素质,分析大学生的心理困惑并及时进行有效调解,使其心理素质得到优化,积极应对学习和生活,这是高等教育面临的一项重要使命。因此,如何优化民族院校大学生心理健康教育系统的综合模式,是我们目前要急需解决的重要课题。

目前,民族院校大学生心理健康教育与普通高等院校既有相似之处,也有不同程度的差异,如何使民族院校大学生心理健康教育突出其特点,并形成比较完善和系统的心理健康教育体系,这对民族院校来说任重而道远。

第二节　心理健康教育的必要性和理论依据

一、心理健康教育的必要性

(一) 民族院校担负着为少数民族和民族地区培养人才的使命

少数民族学生特殊的文化背景、生活环境及心理特征,决定了民族院校要更加注重加强心理健康教育。少数民族学生在大学的学习生活中难免会遇到困难和矛盾,产生一定的心理障碍和文化冲突,如果不加以调适,将会在一定程度上影响他们对大学的认知观念,影响成才效果,进而影响整个民族教育的成果。因此,加强民族院校大学生心理健康教育,不仅能够帮助他们更好地融入大学生活,更好地掌握科学文化知识,而且有利于提高民族地区人才的质量,有利于改进民族地区教育落后的现状。

(二) 加强民族院校大学生心理健康教育,是正确处理民族院校民族关系、同学关系的重要途径

和谐校园是和谐社会的一个缩影,民族院校应多关注少数民族学生特有的心理特点,提高全校教职员工对学生心理工作的重视和对民族知识的了解,帮助他们消除抵触情绪和自卑心理,使各民族之间、同学之间和谐相处,共同担负起建设祖国和捍卫民族团结的重大使命。

(三) 现代社会要求实现与之相适应的现代高等教育

现代高等教育注重素质教育和科学育人,即注重提高人的整体素质,强调人的智能的开发、心理品质的培养和社会文化水平的提高。高校大学生心理教育在现代教育发展方面具有要素地位,在人格和谐发展方面具有主体地位,在人的潜能发展方面具有主导地位。

民族院校大学生心理健康教育从深层次和发展取向上看,正面临着一个模式构建的课题。这种模式的构建是适应进一步加强和改进高校德育工作的需要,也是全面推进素质教育的需要。本章是在调查、研究和实践的基础之上,运用现代心理学、教育学的理论,提出了心理健康教育的综合模式。

二、心理健康教育的理论依据

(一) 心理环境是心理健康教育的重要基础

心理总是置于一定的环境之中,而心理的生态环境是影响心态的重要因素。心理的生态环境包含外部生态环境和个体的内部生态环境两大部分,就外部生态环境而言,其核心要素就是学校、家庭和社区(包括除学校和家庭之外的校外教育机构和自然环境、规范环境)。这些要素之间的相互影响、相互作用、相互制约,促进了教育生态系统在动态平衡中的发展。

(二) 内化法是促进心理健康的有效途径

培养学生完善、健康的人格,力图"使当事人发展成为一个健康、成熟而能自我实现之人",需要协调教育结构环境内各因素的力量。根据内化学说,个体心理健康的促进,最重要的方式就是内化。内化分为两种类型:一是有意识内化,即个体有意识地将外在影响和要求内化为自身的素质；二是无意识内化，指个体在无意识之中接纳外在影响和要求，即所谓"近朱者赤，近墨者黑"。学生的心理健康主要是经过无意识内化的方式获得的，即靠环境感染，靠场所熏陶，靠潜移默化来培养。这些素质很难通过课堂教学培养出来，即使培养出来，也是不扎实的，没有长久实效的。

（三）系统观是促进心理健康教育的必要手段

现代科学的系统论认为，任何系统只有通过互相联系，形成整体结构，才能发挥功能。如果没有整体联系，没有形成整体结构，那么，系统整体功能的发挥将是无法实现的。这一原理告诉我们，系统中的各个元素（或子系统）是密不可分的，整个系统的功能大于所有子系统功能之和，子系统间的相互关系决定了系统的整体水平。

学生的心理是一个有机整体，知、情、意、行是密切联系在一起的，心理过程、心理状态和个性心理特征交互影响、密不可分。从内外关系看，个体身心因素与外部环境，特别是社会环境、家庭环境、学校环境存在着彼此制约、互为因果的错综复杂的联系。因此，开展心理健康教育，应从个体心理的完整性和统一性，个体身心因素与外界环境的制约性、协调性出发，全面考查学生所处的教育生态环境内的各要素，把原来孤立的、分散的教育要素凝聚起来，构成有序的整体。

三、心理健康教育要解决的问题

针对民族院校大学生心理健康教育中存在的问题，我们应能从以下两方面予以解决。

第一，运用现代心理学、教育学理论探索、构建符合民族院校大学生身心发展特点的、行之有效的心理健康教育的层次网络化模式，以促进大学生的健康成长和全面发展。一方面，形势要求我们必须结合民族院校的实际，加强大学生的心理健康教育工作；另一方面，民族院校心理健康教育又面临着课堂教学薄弱、课外教育指导局限、学生自助缺乏、教育内容不系统、队伍不完善、少数民族大学生文化心理背景的差异等问题。若不及时解决这些问题，心理健康教育就难以发挥其在实施素质教育和促进大学生全面发展中的应有作用。

第二，民族院校大学生心理健康教育的综合模式，即立体化心理健康教育模式的构建。从模式构建的角度分析，可维持系统良性循环的心理健康教育必然表现为大教育形式。因为只有多样化、开放性、综合性、复杂性的大教育才可能满足心理素质的健康发展，并且多样化的教育是保持生态系统稳定的必要条件，这就启示我们，构建心理健康教育模式必须以整合化的观点考察各个要素。

第三节 心理健康教育建设模式

一、心理健康教育对象的动态化模式

健康的心理是以"生物—心理—社会"模型为指导的，并引入教育对象的动态化模式，这就要求我们必须辩证地看待学校、家庭、社会三者之间的联系和区别，辩证地认识教育的外部生态环境与教育对象的内在生态环境之间的关系（见图）1。

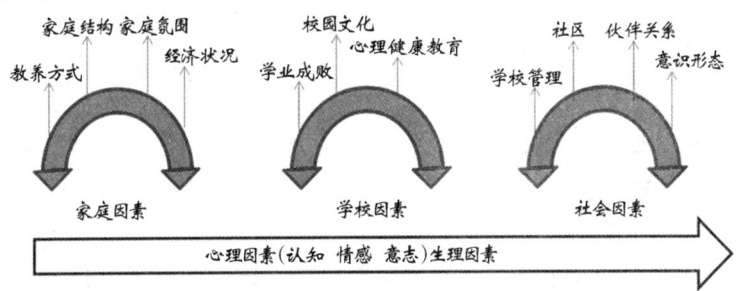

图1 心理健康教育对象的动态化模式图

从图1我们可以发现：

1. 影响心理健康的因素是一个整体，由大小不同的因子构成，它们相互作用、相互制约，对心理健康的促进起着积极的影响。为此，应多管齐下，注意整体的平衡和发展。

2. 影响心理健康的各个因子从组织上讲又各自独立存在，影响了整个系统的发展进度，中间需要更为有力的联结，联结就是一种整合。

3. 在影响心理发展的众多因素中，个体是最核心的因素，是联结

各因子的主导因素。这样的模式构建启示我们，开展大学生心理健康教育应抓住三个关键：

一是要充分利用学校自身的优势，设立心理咨询中心，建立网络化、立体化的工作模式，全方位地促进大学生心理素质的提高。

二是在开展实际工作中，要通过对影响因素的分析，找出对个体影响最大的因素，对其施加有力的影响以促进心理健康水平的提高，即通过横向联结，优化各因子内的可控要素，完善小系统的内部环境。

三是通过活动和体验，在教育的外部生态环境和教育对象的内在生态环境之间建立一种共生、互动的联结，促进学生心理发展。这种联结的过程，从某种意义上讲就是教育的过程。

二、心理健康教育机构网络化模式

组织是一个有共同目标和一定边界的社会实体和活动过程及活动系统，有组织才能有保障。为保证大学生心理健康教育工作能有计划、系统而科学地展开，首先应当构建一个立体化、专兼结合、多元化组合的网络体系。具体而言，就是从校领导到学生管理部门、教学管理部门、学院（系部），再到专兼职心理健康教师、学生辅导员、任课教师，按一定的方式组织起来，建立一个立体化、专兼结合、多元化组合的工作机构，从不同层面、不同角度、不同渠道开展工作，通过协同努力，实现大学生心理卫生工作整体优化的目的。学校心理教育对学生心理发展起着重要的作用，但是并不能机械地、简单地"移植"到学生的身上，而应该研究如何借助于优化了的教育环境，运用适宜的教育途径和策略，激起学生积极主动的回应，从而促进学生心理素质优化发展。

要树立预防、咨询与治疗三者相结合的思想理念，既要注意对正常大学生人群的心理素质提高，又注意对有心理问题与心理障碍的大学生的咨询与治疗。它还融合了教育、心理、社会、医学等多种模式的统一，体现了全员参与的心理健康教育理念，将专职与兼职、专业化与非专业化结合起来。这一模式还将现阶段我国心理健康教育的现有发展水平与未来的专业化发展趋势结合起来。因为就目前中国高校心理健康教育的现实而言，还处于起步和探索阶段，专业人员少，业务水平低,纯粹走专业化道路的条件尚未成熟。为此,只有全员参与,形成"大咨询"的氛围,才能有效地开展心理健康教育工作。与此同时,注意建立常规的工作联系,建立班级心理保健员制度,由班级心理保健员和班主任及时将心理问题学生介绍到心理咨询中心,或由学生主动预约,通过个别咨询、心理素质拓展训练等,对大学生心理问题人群进行干预,对有较为严重心理障碍的大学生需要及时转介到医疗机构的心理门诊进行心理治疗。但是,专业化是我国心理健康教育的必然趋势,在建构模式时,应着眼于发展。从专业化水平较低向专业化水平较高的发展过程是分阶段的,而不是一步到位,中间需要有一个过渡阶段。根据我国现阶段高校心理健康教育的实际状况,应突出以第一层次的工作为主,第二层次的工作为辅,即目前应以面向全体大学生,发展大学生健全人格和预防各种心理疾患发生为主,辅以个别心理咨询和治疗,最终发展到两者并重。也可以根据自身的专业化实际水平,在工作中有所侧重,因而该模式又具有较大的灵活性。

三、心理健康教育途径立体化模式

对心理健康教育工作模式的研究,不同的流派有不同的观点,人本主义心理学代表人物马斯洛认为,实现自我是人的自然倾向。为此,心理健康教育只要通过团体辅导或宣传普及来营造良好的校园心理环境,就可以达到心理健康的目的。精神分析心理学派代表人物弗洛伊德则认为,压抑及早期创伤是导致心理问题的根源。应加强心理咨询与辅导,建立学生心理档案,了解早期的家庭环境及成长背景,防患于未然。此外,行为主义心理学派也提出了相应的心理健康教育措施,认为心理健康的促进是在实践活动中,在外部的客观条件和教育的影响、制约下,由内在因素和外在因素交互作用所促成的,而非单纯的内在或外在因素所能决定。

因此,民族院校的心理健康教育应是面向全体,以发展和教育为主。发展性心理咨询以健康人群为对象,重视心理发展任务,以促进健康、促进快乐,使人更有价值感、成就感,更好地开发心理潜能。高校应构建一个在有组织保障的前提下,以课堂教学、课外教育指导、个别团体咨询、校园心理文化建设和课题研究五个方面有机结合的健康教育模式，以课堂教学、课外教育指导为主要渠道，形成课内与课外、教育与指导、咨询与自助紧密结合的心理健康教育的网络和体系。

心理健康教育的具体途径可针对大学生不同的人群分三个层次。第一个层次，即通过采用一定的心理测试工具，对新入校的大学生进行心理普查，建立心理档案，及早发现心理问题学生和学生中存在的主要问题。同时，注意建立常规的工作联系，建立三级工作网络，由学生骨干、班主任（导师）、二级学院心理辅导室及时将心理问题学生介绍到心理咨询中心。第二个层次，对个别学生进行心理咨询。心理咨询是增进大学生心理健康、防治心理疾病、提高心理素质的重要途径。心理咨询人员可以运用专业知识对大学生进行心理辅导，帮助他们消除或缓解心理问题和心理障碍，促使其向健康人格的方向发展。第三个层次，针对全校大多数人群，开办心理健康教育讲座，开设心理健康教育课程，利用报纸、广播等，宣传有关心理健康的知识，使大学生掌握一般心理问题的调适方法，促进其全面发展和健康成长。

针对特殊人群，要建立三级危机干预系统。一级系统是以预防为主，由辅导员及班干部充当心理健康"保健员"和"信息员"；二级系统是以咨询为主，要针对那些长期陷入困境的个体进行干预，由心理咨询中心主动帮助他们解决心理冲突；三级系统是以治疗为主，对于曾经有过自杀经历或正面临重大挫折的学生采取紧急约谈的方式进行干预，将所有可能出现的问题消除在萌芽状态（见图2）。

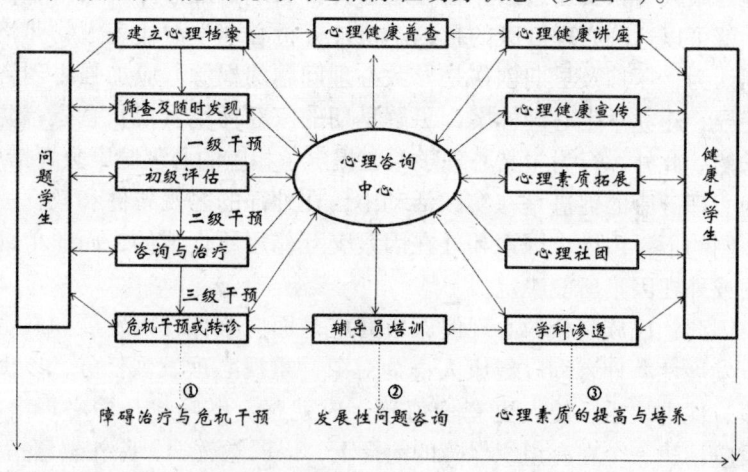

图2　心理健康教育途径立体化模式构建

以上模式图提示我们，在开展工作时要采用大学生喜闻乐见的教育形式，充分调动大学生主动参与的积极性，提高心理健康教育的质量和效果，真正做到面向大多数、宣传大多数、教育大多数，把心理素质的提高作为培养高素质人才、实现高等教育培养的目标。

四、心理健康教育工作管理模式

高等院校心理健康教育的工作体制、途径和方式、方法等，也是构建规范的心理健康教育管理模式需要研究和解决的重要课题。

(一) 领导机构模式

针对我国高等教育领导体制、内部管理体制及其运行实效的特点，结合民族院校大学生心理发展的实际需要和我国德育工作体系的运行机制，我们认为，高校心理健康教育领导机构的建设必须注意以下几个问题。

1. 主管学生工作的副校（院）长或党委副书记挂帅，兼任领导机构的负责人，以便在管理工作中发挥政治核心作用、行政保障作用，营造政策环境，排除工作阻力。

2. 主管学生工作的职能部门领导兼任领导机构的第一副主任或副组长，具体指导全校心理健康教育工作，以便在管理工作中发挥上下纽带作用、左右协调作用、行政指导作用和业务保障作用。

3. 学校党政有关职能部门（如宣传部、团委、教务处等）领导，相关业务部门（医院、德育部等）领导，各院（系部）党总支学生工作领导参与领导机构，以保障业务工作的行政支持和高效运行。

4. 工作机构负责人参与领导机构，便于加强与领导机构成员的联系，了解和熟悉领导机构成员的工作意图和要求，同时也便于争取学校各级领导和部门对学校心理健康教育工作的关心和支持。业务负责人必须积极开展工作，充分发挥机构的领导优势和政策优势，防止领导机构变成空架子。领导机构名称可以是学校心理健康教育指导委员会或领导小组。

(二) 工作机构模式和师资结构模式

学校心理健康教育指导委员会下设心理咨询中心，作为具体工作机构，可挂靠文法学院大学生文化素质教育中心。工作机构负责人由业务人员担任。工作机构成员由热心于心理健康教育事业的心理学工作者、医务工作者、德育工作者、学工、团委、班主任代表等组成，专兼职相结合、多学科相结合。设立专职咨询人员，并视工作需要，下设咨询接待部、心理档案管理与服务部、大学生心理健康社团工作部、教学部等。

（三）管理机制模式

为了保障心理健康教育工作的顺利开展和高效运行，学校应就机构设置、经费来源、人力配置、办公设施、机构工作关系、保密工作制度、业务教师工作量考核等有关问题，以相应的文件方式作出规定，下发有关职能部门、各有关业务部（处）及各院（系部）党总支并遵照执行。要建立健全学校心理健康教育工作管理条例、心理咨询保密工作条例、重大心理问题管理办法、心理咨询预报和信息反馈管理办法、心理咨询业务人员工作量考核办法、文化素质教育课程公共选修管理办法等一系列有关制度和规定，在领导机构和工作机构的有效运作下，为学校心理健康教育工作的全面开展，在人力、物力、财力、人事管理环境、教学工作条件、社会实践条件、科研开发利用等方面提供有力的政策保障。

（四）业务（教学）工作模式

学校管理模式相对容易建立，但业务工作模式的建立则需要较长时间的实践积累和磨合。

1. 心理健康教育的教学工作纳入学校教务处（部）教学管理模式，按学校教学管理要求进行严格管理。心理健康教育面向全校学生开设《大学生心理健康教育》、《社会心理学》、《青年心理学》、《素质心理学》、《发展心理学》、《健康教育》等公共选修课，由学生自愿选择，学习成绩载入学籍档案。

2. 心理健康档案的开发和管理由心理学专业人员专人负责。在保障学生合法权益的前提下，向学校有关职能部门及各院（系部）学生工作提供信息服务，心理健康档案明确筛选出"问题学生"供咨询室预约咨询，同时直接为其他前来咨询的学生提供信息参考。心理健康档案管理工作必须实行严格的制度管理，强化制度的严肃性，增强咨询教师的道德和法律责任感。

3. 心理咨询接待。各高校可根据来访人员的数量、宣传工作的力度、学校学生的规模、咨询教师的时效等,确定每周值班次数、每班教师数量、白晚班时间。心理咨询工作是一项专业技术性很强的工作,咨询教师在起步阶段,宜慢勿快、宜慎勿躁、宜精勿滥、边学边干,摸索进行,并积极申请进修和培训。

4. 与各院(系部)党总支、班主任共同建立"问题学生"预报系统和信息反馈系统。这两个系统的建设需要咨询工作机构(咨询中心)与咨询领导机构(心理健康教育指导委员会)之间加强沟通和磨合,需要学校党委和行政的大力支持。预报系统由各院(系部)辅导员、班主任(导师)定期或不定期直接填写"问题学生情况摸底调查表",直接递交学校心理咨询中心,把咨询中心建设成为学校"问题学生"信息的"神经中枢"。反馈系统由辅导员、班主任(导师)填报咨询中心定期下发的"咨询学生情况反馈表"。预报系统和反馈系统的"涉案"人员必须严格遵守学校心理咨询保密工作条例。

5. 将大学生心理健康社团工作纳入学校社团管理,咨询中心派出指导教师进行具体的工作指导。学生社团主办大学生《心理健康教育报》等宣传普及刊物,其经费由学校党委宣传部、团校委支持及咨询中心贴补构成。大学生心理健康教育类社团属于学生自愿参加的学生社团组织,通过开展各种心连心、心帮心、手拉手、唱心曲等有益活动来开展学生自助、互助心理健康教育。

6. 对各院(系部)学生的群众性心理健康教育工作、班级心理健康教育工作实行网络化工作模式,即每年培训全校辅导员、班主任(导师),由辅导员、班主任(导师)亲临教室、宿舍,结合班务日常工作开展心理健康教育活动。通过强大的心理教育媒体宣传,包括校内的《心理健康教育报》、宣传栏、宣传月活动、日常广播、日常文体活动等方式和途径,唤起任课教师和学生的心理健康意识,将知识传播与实际活动相结合,广泛、深入地开展心理健康教育工作。

7. 建立严重心理问题高效处理机制,对容易产生社会危害和自身伤害的患有严重心理疾病的学生,采用综合处理模式。由咨询中心、党总支、辅导员、班主任(导师)和同班同学共同参与,运用心理咨询工作的原理,积极调适和帮助。实践证明,这种运用心理咨询原理所进行的中国化调处咨询方式效果显著,有效地预防了不稳定事件的发生及其心理倾向,最大限度地保护和爱护了学生的前途和利益。

8. 将心理健康教育科研工作以及相关学术讲座和报告，纳入学校科研管理模式和激励机制，与晋升专业职务挂钩。

五、心理健康教育的优化途径

（一）继续完善心理咨询和心理辅导机构，开展大学生心理健康问题专业咨询工作

针对目前民族院校心理健康教育机构设置分散的现状，将各心理健康教育机构应协同整合，使其有序、有效地发挥作用。在心理健康教育机构的设置上，心理健康教育指导中心下设二级学院心理咨询、年级心理教育和班级心理辅导三个分支性的专业职能部门，从而形成层次化的民族院校心理健康教育组织管理系统，在这种层次性的组织管理机制中，学校将依据学生心理问题的不同性质，实行分层次的心理健康教育管理。其中，大量共性的、一般的心理健康问题将放到基层（班级或年级中）去解决，而少数的、严重的心理健康问题则由学校专业的心理咨询员（或称学校心理学家）进行处理，这种层次性的协同合作的组织管理机制，使学校的心理健康教育资源得以系统优化，它既提高了民族院校心理健康教育的效率，又保证了处理特殊问题时的针对性和有效性。同时，这样的管理机制还为心理健康教育工作的全员参与提供了有力的组织保障，使心理健康教育真正成为民族院校实施素质教育的基础。

（二）巩固和加强民族院校心理健康教育规范化、课程化建设

心理健康教育的规范化、课程化，要求民族院校在心理健康教育方面要创建具有民族特色的课程体系，完善教学内容，要求心理健康教育教师掌握民族院校大学生的心理健康状况，编写有民族特色的心理健康教育教材，制定统一教学大纲、统一测评标准。心理健康教育的规范化和课程化，是一个由多样化向统一化发展的过程，在这一发展过程中，既规范和提高了民族院校心理健康教育队伍的专业化水平，又促使大学生心理健康教育朝着规范化、系统化、科学化的方向发展，这是我国民族院校心理健康教育与世界先进教育水平接轨并同步发展的保证。在教学方面，心理健康教育应与学科教学有机结合，根据少数民族大学生的实际，充分挖掘并利用学科课程及其在教学中潜在的

心理健康教育因素，从多方面影响大学生的心理发展，加强大学生心理意识的正确引导和人格教育，传授心理卫生知识，使大学生学会运用心理学知识进行自我调适，保持心理平衡，促进心理健康，使大学生丰富心理健康方面的知识，正确地认识自己，增强自我心理调剂能力。

（三）创建良好的校园文化环境，营造一种团结、向上、文明、创新的学习氛围

校园文化是大学生实现自我管理、自我教育、自我服务的重要阵地，它对大学生具有多重的教育功能，其中心理教育功能是校园文化的重要功能之一。在新的世纪，加强高校校园文化建设，丰富校园文化内涵，提高校园文化品位，增强校园文化心理教育功能，是当前高校面临的新任务。

校园精神氛围对学生具有很强的感染力，对学生心理的健康发展具有不可低估的作用。有科学家认为，环境对人的心理影响很大，优美的环境可以使人赏心悦目，因此，培养积极向上、乐观、和睦、轻松的群体气氛，有利于学生形成积极的心理品质。丰富多彩的校园文化，可以让朝气蓬勃、精力旺盛的少数民族大学生在广阔的生活空间中尽情地施展自己的才华，增强竞争意识，奋发进取；在广泛的结伴、交际和合作中，建立和睦、融洽的人际关系，培养健全的人格、健全的心理，从而全面提高民族院校大学生的素质。

（四）立足学校宣传阵地，开展多种形式的健康教育

民族院校可以把宣传栏、黑板报、广播站、校园网等作为宣传各种卫生保健知识的阵地，积极宣传心理健康教育方面的知识，还可以举办专题讲座，请有关专家针对大学生的个性心理特征进行心理健康指导。同时，学校还应该经常性地组织一些集体形式的社会活动和社会实践，创造机会让学生多接触社会，增强各民族学生对社会的认知能力，了解国情，了解社会，锻炼学生的心理承受能力。

（五）结合民族院校教学实际，帮助大学新生挖掘潜能，学会学习

帮助大学新生挖掘潜能，学会学习，这是对新生进行心理健康教育的又一重要内容。教师要明确告诉新生，与中学相比，大学阶段的学习至少发生了三大变化：一是在学习任务上，由为了继续升学或就业变为培养有独立工作能力的专门人才；二是在学习内容上，由多科性的普遍教育变为有一定方向的专业教育；三是在学习方法上，由靠老师讲授变为靠自己学习。为此，教师必须激发学生的学习需要，端正学习动机，提高成就欲望，了解自己的认知特点，科学安排学习计划和生活作息，掌握适合自己的学习方法。同时，教师要帮助大学生学会调控情绪，做情绪的主人，学会交往，建立良好的人际关系。

六、大连民族学院心理健康教育的实施与成果

大连民族学院在实施民族院校大学生心理健康教育综合模式（见图3）多年来，运转良好。2005年大连民族学院成立了以主管学生工作的副校长为主任的大连民族学院心理健康教育指导委员会，专门下发了《大连民族学院大学生心理健康教育实施方案》等有关文件，各二级学院相继成立了心理与生活指导办公室，运行效果良好。

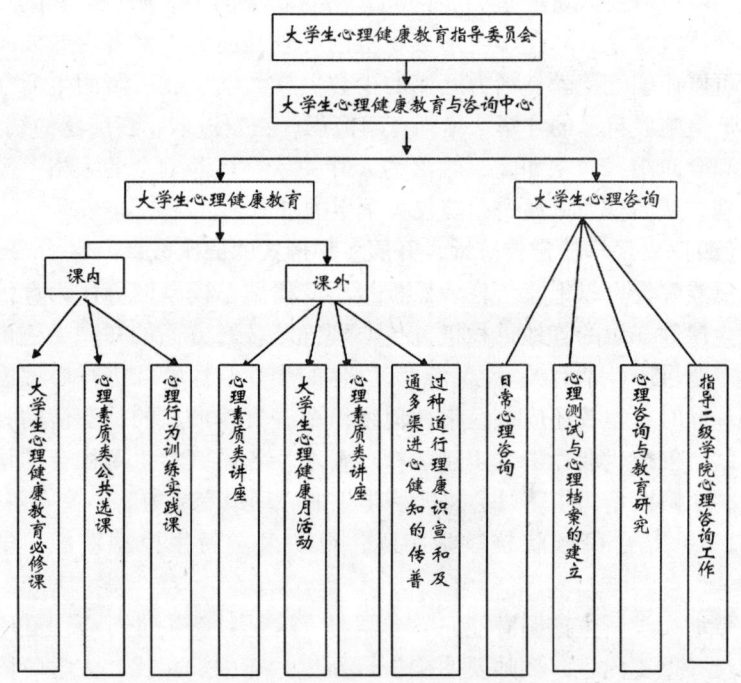

图3　大连民族学院心理健康教育与心理咨询工作体系

大连民族学院自实施大学生心理健康教育以来，取得了不少的成绩，主要有：2007年获全国大学生心理健康教育先进单位，2007年、2008年连续两年被评为辽宁省大学生心理健康教育先进单位，2009年被评为全国优秀心理健康服务教育机构；多篇相关论文获辽宁省大学生心理健康教育学会一等奖、二等奖；学校经过十年的教学实践，已经把大学生心理健康教育课程建设成为校级优秀课，两名心理健康教育专职教师在2009年分别被评为全国优秀心理学工作者和被授予辽宁省骨干教师荣誉称号；已经出版的《大学生心理健康教育》教材于2009年修订时，增加了转换式外语教学的内容，被清华大学出版社列为特色教材在全国发行。

第十四章 民族院校校园文化建设

民族院校是我国多民族国家在促进民族团结和各民族共同发展、共同进步、共同繁荣的战略思考之下设置的一种特殊形式的高等院校，是培养少数民族高素质人才、研究民族理论和民族政策、传承和弘扬各民族优秀文化的重要基地，是展示我国民族政策和对外交往的重要窗口。在此大前提下，我们所要论及的民族院校校园文化则必有其特殊性或差异性，并且以此成为民族院校创建和赖以持续发展的内在动因。民族院校的校园文化建设也必然遵循和反映民族院校发展的规律性。

众所周知，校园文化作为一种特殊的文化现象，早已存在于我国的古代教育之中。然而，作为一种文化概念正式提出并形成一股文化热潮，则始于20世纪80年代中期。当时，高等教育秩序的恢复和社会主义现代化建设对科技人才的旺盛需求，急速地使高校这个人才摇篮成为全社会瞩目的焦点，大学校园文化的辐射功能也随之开始显现出来。随着改革开放的日益深入和高等教育的迅猛发展，大学校园文化迅速发展为自觉、稳定而有组织的文化载体和文化阵地。大学校园文化的丰富实践又普遍地引发了教育界、文化界乃至理论界的高度关注，对校园文化的价值判定、功能阐释与建设机理都作了相当广泛的探索，可以说，这种探索既有中国气派，同时兼具国际视界。

可以这样讲，中国的大学校园文化，无论是在科学学术引领、人才质量的提升上，还是在传播国家主流文化价值、弘扬民族精神上，正以其独特的光彩耀目于世界大学之林。

第一节　校园文化的本质界定

一、关于文化和大学校园文化内涵的阐释

　　文化是一个历久弥新、内涵非常丰富的范畴,人们对它的理解与界说纷纭复杂。据不完全统计,关于"文化"的定义达数百种之多。但是,其中第一次给文化作出一个整体性概念的是英国文化人类学家爱德华·泰勒。他在《原始文化》一书中,把文化表述为:"文化是一种复杂体,它包括知识、信仰、艺术、道德、法律、风俗,以及其余从社会上学得的能力与习惯。"① 而荷兰哲学家 C. A. 冯·皮尔森在其《文化战略》一书中指出:"文化"不是一个名词,而是一个动词;文化必须变得更有动态性,更注重未来取向。将这两个定义结合起来探究大学校园文化,不难看出文化与大学校园文化的内涵关联。从功能上讲,校园文化就是"化人"、"育人",它体现的本质是教化人、塑造人、熏陶人,正所谓:"蓬生麻中,不扶而直;白沙在涅,与之俱黑。"② 由此可以看出校园文化对培育人才所起到的巨大作用。

　　从广义上讲,文化是人类在社会历史发展过程中所创造的一切物质财富和精神财富的总和,而大学校园文化则是高校师生在社会这一大的人文环境和文化背景下,在高校长期的教学、科研、管理、社会服务实践中所承传、创造,以反映师生共同信念和追求,具有高校校园特色的一切物质成果、精神财富及其行为方式的总和。它既具有文化的内在规定性,同时又具有高校自身的规律性和独特性。

　　同其文化母体一样,大学校园文化通过大学校园这个特定的文化氛围和精神环境潜移默化地使大学生在思想观念、心理素质、行为方式、价值取向等方面对现有的文化价值产生认同,从而实现对其精神、

---

① 司马云杰:《文化社会学》,9 页,济南,山东人民出版社,1987。
② 《荀子·劝学》。

心灵及性格的塑造。从这个意义上讲，高校校园文化建设就不只是一般意义上的物质与精神文化的建设，而是要在相应的物质文化建设中凸显其精神文化的意义。换言之，不但要把校园文化建设当做高校学生思想政治教育和管理的重要途径和手段，更要把校园文化建设放在高校人才培养目标的大背景下来建设。

当前，高校校园文化在中华民族建设先进文化的进程中，在社会主义精神文明建设的实践中，在构建社会主义核心价值体系的探索中，占有极其重要的位置。中央16号文件，首次以党和政府的高度对校园文化，特别是大学校园文化给以明确的界定，指出"校园文化具有重要的育人功能，要建设体现社会主义特点、时代特征和学校特色的校园文化，形成优良的校风、教风和学风。大力加强大学生文化素质教育，开展丰富多彩、积极向上的学术、科技、体育、艺术和娱乐活动，把德育、体育、美育有机集合起来，寓教育于文化活动之中。要善于结合传统节庆日、重大事件和开学典礼、毕业典礼等，开展特色鲜明、吸引力强的主题教育活动。重视校园人文环境和自然环境建设，完善校园文化设施，建设好大学生活动中心。加强校报、校刊、校内广播电视和学校出版社的建设，加强哲学社会科学研讨会、报告会、讲座的管理，绝不给错误观点和言论提供传播渠道。坚决抵制各种有害文化和腐蚀生活方式对大学生的侵蚀和影响。禁止在学校传播宗教"，这就为大学校园文化建设确定了明确的发展方向和丰富的建设内涵。

由此可见，民族院校校园文化的建设和发展所遵循的规律是，高等教育的一般规律和民族教育的特殊规律的相互统一，这从本质上也体现了普遍性与特殊性相统一的规律。

二、大学校园文化的主要特点

毫无疑问，作为一个教育大国，学校级别、类别多样，地域分布遍及全国，这就不难看出，虽然是同一称谓的校园文化概念，其内涵与侧重点都有相当大的差异，涵盖也非常宽泛。但就校园文化对社会的影响力来说，集大成者，即能以其自身鲜明的发展特点对社会文化环境形成特定影响的，应当是大学校园文化。随着终身教育理念的逐渐确立，大学校园文化的影响将通过一代代学子流布于整个社会。可以说,当大学校园文化成为主导社会的主流文化时,社会整体的繁荣与进步也就不言而喻了。

(一) 大学校园文化是以培育人才为本质目的的教育文化

文化需要教育来引导和传承,两者与学校有着天然的联系。高等学校是从事人才培养和科学研究的教育单位,高校校园文化反映的必然是这一教育机构的价值观、人才观、办学目标、办学宗旨、教育思想、人文道德和行为规范。学校本身就是文化传统的产物,它以传递文化传统为己任,是经过历史的积淀、选择、凝聚发展而成的,它负载着深厚的文化,在一定程度上是文化精神和文化要求的集中表现。校园文化的这一特征,突出地表现在它的中心工作——教学活动及其所使用的主要工具——教材上。学校的教学及其相关活动,生成具有校园特征的文化现象。特别是当今世界范围内兴起的新技术革命,使得大学校园文化的教育特征更加鲜明,已成为国际人力资源培育和相关新技术孵化的唯一重要基地。世界各主要国家均确立了教育立国、科技兴国等国家发展的战略,人才争夺已成为又一场看不见硝烟的战争。未来的竞争更多的是人才的竞争,这已经成为国际共识,由此足见大学教育与大学校园文化之重要。

(二) 大学校园文化是反映社会时代发展路径的前瞻性文化

高校是知识、文化传承和创造的重要前沿阵地,它具有与社会一切文化,包括与外来文化接触、激荡的先决优越条件。校园文化的主体相对于社会其他阶层群体来说,处于较高的文化层次,表现出了思想活跃、勇于开拓、富于创新的特点,总是能走在时代的前列,引领时代文化的最新潮流。高校学生的特定年龄阶段,使他们富有青春活力,富有激情,充满着探索世界、探求知识的强烈欲望,对新思想、新观念异常敏感,反应迅速而强烈,对新生事物接受较快。而学校的学科体系教育能够迅速反映科技、社会变革,映射出学术研究、社会思潮的最新动态,体现出各领域出现的新发展和新成果。因此,各式各样的思想观念、文化热点、科技潮流、行为方式、生活信息等都快捷地以理性或直观的形式在校园出现、展示、兴起和快速交流。校园文化的一切内容、一切设施、一切途径和方法等,都鲜明地凸显了社会的时代意义,并预示着未来社会的发展方向,具有文化发展的前瞻性。从这种意义上讲,大学校园文化对社会的最终影响力往往是衡量社会文明进步的一个重要标尺。

（三）大学校园文化是系统、复杂的特殊组织管理文化

在社会行业分工序列中，学校无疑是一种重要的社会组织，这种社会组织虽然是更为广大的社会文化系统中的一个子系统，并受制于多样性的社会需求，受到社会所确定的总的意识形态和价值形态的支配，但是由于学校的内在环境、历史传统、价值观念、构成因素、活动内容及其行为规范等的不同，因而经由自身的运作、嬗变，形成了自身独特的校园文化模式，使它在表现形态上区别于城市文化、乡村文化、社区文化等。学校文化的教育对象是人，教育者、管理者及服务者也是人，因此学校一切工作的中心都是人。学校组织目标的实现，要靠管理来实施和完成，要依赖计划、组织、协调、控制、激励和领导等各种管理措施来协调人、财、物及信息等各种资源，要采用一系列的管理思想、手段和方法，其核心是调动人的积极性，这种系统复杂的特殊组织管理文化，对学生的团队意识、合作意识影响至远。

（四）校园文化是体现社会主义核心价值的政治主导的文化

校园文化作为社会亚文化现象，是学校物质财富和精神财富的总称，它包括精神文化、物质文化和制度文化，是学校师生在长期的教育实践过程中所创造的反映人们在价值取向、思维方式和行为规范上有别于其他社会群体，并且有校园特色的一种团体意识和精神氛围，是维系学校团体的一种精神力量。因此，校园文化对培养学生的人生观、道德观、价值观和审美观有着至关重要的作用。校园文化是社会主义精神文明在学校的具体体现，是一所学校独特的精神风貌。作为一种环境教育力量，优良的校园文化不但有利于陶冶学生的情操，构建学生的健康人格，还有利于发挥学生的特长，增长才干，促进学生全面发展。在社会主义市场经济条件下，受市场经济求利原则、等价交换原则和自由原则的影响，拜金主义、享乐主义、极端个人主义冲击着大学生的思想观念。面对来自西方的政治文化思潮的冲击和渗透，高校文化必须体现出鲜明的政治性，以抵御腐朽思想和西方分化图谋的侵蚀与破坏。唯其如此，才能实现为中国特色社会主义事业培养合格建设者和可靠接班人的历史重任。

总之，大学校园文化关系到一代又一代青年的成长，关系到我国能否培养出数以万计、亿计的合格的社会主义事业的建设者和接班人，

关系到民族文化的现在和未来能否始终朝着中国先进文化前进的方向发展。大学校园文化的建设又面临着十分急迫的形势，因为随着经济全球化浪潮而来的各种腐朽思想也汹涌而至，干扰着以人与人之间和谐共济、追求崇高精神为追求价值的先进民族文化建设。而首先受到影响和伤害的，则是作为社会未来的栋梁、中华新文化的创造者与传承者的大学莘莘学子。对此，我们要以高度的政治觉悟保持清醒的认识。

三、民族院校校园文化的独特内涵

民族院校作为我国高等教育的重要组成部分，其校园文化有其独特的内涵。也正是在校园文化中所体现出的这种独特性，使得我们在建构民族院校校园文化时，需要牢牢把握其特点，考虑其差异，突出其重点，并形成风格。民族院校校园文化的独特的内涵主要有：

（一）民族院校校园文化的多样性特点

毫无疑问，文化的主体是人，民族院校校园文化的主体，也即创造、传承和浸润于文化其中的必然是校园中各民族莘莘学子。到2009年，全国15所民族院校在校生总数接近22万人。其中，国家民委所属的6所院校全日制在校生总数已经达到10万人。民族院校的招生范围扩大到全国31个省（区、市），其中少数民族学生比例占65%左右。在民族院校中，包括汉族在内的56个民族汇聚于此，形成了文化多样性的特点。

这要得益于我国制定的民族政策的基本原则，即坚持民族平等团结。《中华人民共和国宪法》明确规定："中华人民共和国各民族一律平等。国家保障各少数民族的合法权利和利益，维护和发展各民族的平等、团结、互助关系。禁止对任何民族的歧视和压迫。"在中国，民族平等是指各民族不论人口多少、经济社会发展程度高低、风俗习惯和宗教信仰异同，都是中华民族大家庭的平等一员，具有同等的地位，在国家社会生活中，依法享有相同的权利，履行相同的义务，反对一切形式的民族压迫和民族歧视。民族团结是指各民族在社会生活和交往中平等相待、友好相处、互相尊重、互相帮助。民族平等是民族团结的前提和基础，没有民族平等，就不会实现民族团结；民族团结则是民族平等的必然结果,是促进各民族真正平等的保障。长期以来的实践表明,民族平等和民族团结已经成为我国解决民族问题的政策,具有鲜明的政治性和现实意义。

在民族院校,从学校创立之初,到如今步入新的发展时期,各个学校都高扬民族团结的大旗,在校园文化建设上,突出民族团结、民族平等的主旨,各民族学生充分享受着党的民族政策的光辉,体会到了民族团结、民族平等的主人翁自豪感。

(二)民族院校校园文化开放、融合的特点

从培养对象看,民族院校最大的特点就是多民族汇聚在同一个校园里,少数民族学生所占比例较大,这就使得具有不同语言、不同文化背景、不同风俗习惯的学子生活在同一个特定的空间里,校园文化由此呈现出开放、融合的姿态。

大学教育的公共性对校园文化的融合提出了客观的要求,在同一个专业、同一个学科平台之下的学习以及自然班级、宿舍、学生社团等的组合与划分,都使各民族学生之间、师生之间的接触、交流乃至影响成为必然。而国家政策对民族团结的高度倡导,也使民族院校校园文化必然营造开放、融合的氛围。国家历来十分重视少数民族地区的教育事业,投入的力度也不断加大。国家为了充分保障少数民族平等的政治、经济和文化权利,有效提高少数民族的素质,加快少数民族地区现代化的进程,制定了一系列特殊的民族教育政策,特别是国家通过中等学校和高等院校招生采取单独命题、单划分数线、降低分数线和同等条件优先录取的办法,在内地中、高等学校设立民族班、预科班等优惠政策,大大提高了少数民族学生的入学率。仅以新疆为例,截至2009年,新疆各级、各类学校在校学生人数,在每万人中的比例已跃居全国各省、市、自治区的前列。这就使少数民族地区的学生充分享受到了党的民族政策的温暖,校园文化的向心力由此增强。少数民族学生成为校园文化建设的主体,同时又可获得广泛接触社会的机会,并积极参与各项社会活动,使得开放、融合的校园文化自然地与社会文化相融合,从而形成和谐的社会文化氛围。

(三)民族院校校园文化和谐的特点

对于民族院校,校园和谐至关重要,它是学校内涵发展的外在体现,是一个指向明确的、动态的发展变化过程。几十年来,和谐一直是民族院校校园文化建设的本质要求和不懈追求,也取得了明显成就。到今天,在促进民族团结进步、促进和谐社会建设的历史进程中,民族院校建设和谐的校园文化已成为共识,具有时代意义。

在社会主义市场经济条件下,民族院校校园文化建设的和谐要求发生了深刻变化,只有适应这种变化,与时俱进,才能真正建立起融时代特点和民族特点为一体的和谐校园文化。建设民族院校校园和谐文化的关键,在于以机制建设作保证,要通过公正合理的利益调整机制、创新活力的激发机制、矛盾纠纷的消解机制、平安稳定的维护机制,实现学校的协调运转和有机统一,要从整体上统筹规模、结构、质量和效益的关系,统筹改革、发展和稳定的关系,统筹特色发展和全面发展的关系,统筹跨越式发展和可持续发展的关系;与此同时,要特别注意协调好民族关系、师生关系、学术关系。只有以和谐的校园文化氛围为前提,校园文化建设的质量才会有保障。

第二节 校园文化建设的作用

民族院校的校园文化建设必然要反映民族院校所肩负的"两为"办学宗旨,即坚持为少数民族和民族地区服务。这就要求我们在进行校园文化建设的全过程中,必须始终立足这个着眼点,通过软硬件建设,创造出一个能够使少数民族学生适应外界环境的校园文化环境,真正使校园文化浸润和内化于每一名师生内心,成为一种永恒的内在动力。

一、校园文化对学校发展的导向和保证作用

在长期的办学实践中,校园文化凝结为校园精神,各民族师生员工在从事各种校园文化活动时,总是在特有的生活方式中体现出特定的思维活动和共同的心理状态。校园文化是在长期的教与学、工作与生活等多方面实践中逐步形成和发展起来的,并为广大师生员工所认

同的一种群体意识，同时也是师生员工在一定的历史条件下，为谋求生存和发展所要达到的既定的教育目标。

坚持为少数民族和民族地区服务，为中国特色社会主义事业培养合格建设者和可靠接班人，是社会主义民族大学的根本任务和教育理想，也是我国高等学校发展的重要目标和民族院校校园文化的精神内核。民族院校只有借助这一精神内核，才能激发各民族师生对学校的真挚感情，团结校内所有成员，坚持社会主义办学方向，才能对全面贯彻党的教育方针起到保证作用。

当前，民族院校成为国外敌对势力和民族分裂势力进行渗透和争夺的前沿阵地。鉴于此，灌输和培养"我是中国人"，"国家兴亡、匹夫有责"的民族精神和国家意识，以热爱祖国、效忠国家作为德育目标，仍然是当前我国民族院校德育工作中的重中之重。我们必须从战略高度来认识这项工作的重要意义。在学校，不仅重视向各民族学生传授科学文化知识，培养他们在专业技术领域具有创造性，而且更重要的是教育他们富有爱国心、责任感和使命感。面对各种思想文化的相互激荡，必须把弘扬和培育民族精神作为文化建设极为重要的任务，纳入教育全过程，坚定不移、坚持不懈地唱响中华民族精神和爱国主义的主旋律恒久不变，这对于凝聚各族学生的国家意识起着决定性的作用。因此，如何为各民族青年营造一个高扬爱国主义传统、坚持民族团结、自觉反对分裂、维护祖国的统一和安全稳定、健康成长的政治氛围，仍是一项长期而艰巨的重要任务。

二、校园文化活动对学生素质发展的激发作用

随着知识经济的到来和我国社会主义经济建设的高速发展，社会对人才提出了新的素质要求。它不仅要求各民族大学生努力掌握专业知识，还要求具备较强的人际交往、创新实践、管理协调、互助合作、语言表达等多方面的综合能力。这就要求民族院校要以开展丰富的校园文化活动为有效载体，来满足师生员工的精神文化的需求，激发师生学习与工作的积极性，锻炼和培养各民族大学生的综合素质。

与其他普通高等学校相比，民族院校开展校园文化活动也有其特

殊意义：一是传承民族文化，激发学生的自信心和自豪感；二是促进民族团结，使各民族学生在参与校园文化活动中，形成平等、团结、互助、和谐的民族关系，强化民族团结意识；三是感受多民族文化的多姿多彩，品味民族大家庭的幸福感；四是形成优良的校风。校风建设是校园文化建设的核心，校风建设实际上就是校园精神的塑造，好的校风能激发和凝聚学校成员的内在动力，催人奋进，也可对学校成员的心理发展起到保护作用，能够形成集体成员心理特性最协调的心理相容状态。而民族院校的校风建设不能等同于一般的院校，在做好常规性建设的同时，要着重考虑民族特点。在教学过程中，要充分考虑到少数民族学生原先的民族语言授课的特点，采取循序渐进的教学方法，耐心辅导和提高；在生活上，要细致入微地关心他们的饮食起居，为他们送去家庭般的温暖和关爱；在校园文化活动中，要充分发挥他们的文体特长，为他们搭建展示才艺的舞台，增强他们的自信心。

三、校园环境对师生成才的促进作用

校园环境有软、硬之分，软环境指学校内部人员的生活行为方式、组织形式、培养目标、校园舆论、学生心态和校园精神等；硬环境即物质环境，包括学校的自然环境、各种硬件设施等。校园环境对师生员工的发展有着以下重要的影响：一是高等学校物质文化的好坏直接关系到学生的学习效果和教师教学、科研的成效；二是校园精神氛围具有陶冶情操和规范行为的作用，对师生的成才与发展具有促进作用；三是高等学校的制度体系对师生具有双向作用；四是校园物化环境具有潜在的育人功能。

这里尤其需要引起重视的是校园物化环境，校园物化环境主要包含校容校貌、建筑设施、园林绿化、雕刻雕塑、文化装饰实物等物化形态。这些物化形态是一所高校办学理念、文化建设内容的外在表现形式。比如，开展修建校门方案的评选活动，要经过全校广大师生的投票，选出大家公认的、最能体现民族院校特色和具有时代风格的设计方案，就是因为大学校门是一所大学的重要物化标志，它不仅体现出高校的办学理念、校风传统等方面的内容，而且更能体现出育人特色以及独具特色的文化内涵。理想的校园物化环境不仅是学校精神面貌和审美情趣的直接反映,而且还是学校教育科研活动的延伸地。因此,从环境育人的角度讲,民族院校为学生创造优美的环境,提供现代化的教育设施是必需的。现在,民族院校在进行新校区建设方面已经把这作为一个重要的因素。

环境育人之所以在学校教育中不可或缺,不仅因为它同其他教育形式在教育目的上有内在的一致性,更为重要的是,环境育人以它独特的陶冶作用对学生的思想修养、道德情操、人格健全等多方面的美育影响,其潜在的全面性是其他教育形式所难以企及的。因此,校园环境对学生的美育疏导作用赋予了更多的理性内容,它以其渗透性的特殊教育效果形成对学生影响的持久性、深刻性,是"春风化雨、润物无声"的教育。校园环境不仅可以训练和培养学生的创造能力,而且还能提高学生的道德、品质素养。

第三节 校园文化建设的主要内容、思路和做法

校园文化是学校的灵魂,是学校的精神所在。它对师生的道德人格、伦理规范、思维方式等产生深刻影响,同时对于学校事业的全面、协调发展,增强学校的创新能力,实现校园的安定有序运行,起到了积极的促进作用。

一、校园文化建设的主要内容

(一)校园物质文化

校园物质文化通常是外显的,它以某种文字符号为载体,将大学精神显现于校园的各种标记物之中,如以标志化的外化形态表达办学理念和精神的校牌、校徽、校服、校歌、校刊、校报、橱窗、板报、雕塑、学校各种建筑、教学科研设备设施等。在民族院校中,就是要通过这种特定的符号化的暗示和提醒,引导各民族师生不断强化对学校、对国家、对民族的高度认同。这实际是环境育人的基本体现,前

文已经做了论述。这里需要特别提及的是,同社会其他区域相比,大学校园有其独特之美,尤其表现在大学校园自然环境的整洁、清爽,人文环境的青春、乐观、向上,这些是保持和维系大学校园环境之美的内在驱动力,这就是道德的力量。可以说在大学校园里,道德与美体现得最为突出。大学校园文化建设就是要使德育这种内驱力得到长久的强化,并且把它保持到大学生未来将要步入的社会中去。从保护环境这一社会公德角度讲,实际上就是为了保护环境的和谐之美,从而达到人与自然的和谐发展。

(二) 校园制度文化

校园制度文化是高校为了有效地进行管理而制定的各种规章制度,校园制度文化是大学校园文化的重要组成部分,也叫"规范文化",它是大学校园一切文化活动的准则,其中包括校规校纪、群体行为规范、习俗、文化娱乐方式、教学、科研、生活模式等,是沟通物质文化和精神文化的中介。制度文化是大学文化建设的基础,包括与高等教育相关的法律和法规、管理制度等,如学生守则、教学管理制度、文明行为准则、岗位职责、学风校风建设等。制度文化的建立,应坚持以人为本,大学管理者所制定的规章制度与行为条例,不只是为了建立和维持学校的正常秩序,更应在此基础上,把规章制度转化并内化为学生自觉自愿的行为规范和习惯,真正提高大学生自身的思想意识和品德修养。

(三) 校园精神文化

校园精神文化是大学的内隐文化,是校园文化的深层内涵,它是在长期的校园物质文化、校园制度文化和校园行为文化的创造过程中积淀、整合、提炼出来的。校园精神文化包括学校所有成员的群体意识、精神风貌、舆论氛围、心理素质、人生态度、人际关系、价值取向、思维方式、教风学风等。一所大学在长期的教育实践中积淀的最富典型意义的校园精神文化,体现在校园生活的各个细节中,是一所大学整体面貌、水平、特色及凝聚力、感召力和生命力的体现。

(四) 校园行为文化

校园行为文化是指学校在创造物质文化和精神文化的实践过程中体现出来的文化行为,它包括学校的组织管理工作、教师的教学科研活动、学生的课外文化活动以及后勤保障工作等。大学行为,包括教师、管理人员和学生的行为；大学行为文化是指师生员工在教学、科研、学术交流、生活娱乐等活动中产生的文化。它包括办学精神、活动宣传、文体活动中产生的文化现象，是学校办学理念、精神状态的动态体现，也是大学精神和价值观的折射。在优秀的大学文化中，最受人敬重的是那些集中体现大学传统精神、具有独立的思想、学术成就斐然的学者、教授，他们以其为人、为教、为学的品格和气质以及惊人的创造力潜移默化地影响着一代又一代师生员工。学生受到特定的校风、学风、班风、教师人格、师生关系等因素的作用，通过感染、暗示、模仿等心理方式，内化为自己特定的思想品德和个性特征。在民族院校新的发展时期，各个院校都提出了人才兴校战略，积极引进大师级名师，这必将提升学校行为文化的层次。

近年来，民族院校纷纷以校园科技文化艺术节为载体，在开展传统教育活动的同时，以少数民族传统节日为契机，如壮族的"三月三"、藏族的"藏历新年"、维吾尔族的"肉孜节"和"开斋节"等重大少数民族节日，开展相关的庆祝活动，组织各民族学生之间的互动活动。另外，还进行少数民族体育运动会、少数民族知识竞赛、民族风情摄影展、民族团结进步月、少数民族风采大赛、少数民族服饰表演等形式多样的娱乐性、知识性较强的特色活动，把科学的世界观、人生观、价值观和爱国主义精神渗透到活动中去。这些活动的开展，不仅丰富了学生的课余生活，净化了校园的精神环境，而且使学生在接受民族教育、增长民族知识的同时，加强了民族团结，提高了综合素质。

二、构建民族院校校园文化的思路和做法

当前，随着改革开放的逐步深化和高等教育发展的新形势，民族院校校园文化呈现出立体化、开放性。校园文化包括诸多的因素，如硬件建设的物的因素，教师、学生的人的因素，以及人与物、教师与学生的相互关系等。它是一种环境，也是一种氛围，是一种需要长期培育、苦心经营的教育氛围，需要多层次、多渠道进行建设，更需要学校各方面的共同努力。我们在构建校园文化时，必须以坚持巩固和发展平等、团结、互助、和谐的社会主义民族关系为重要前提，大力

弘扬爱国主义精神，使各族学生牢固树立"汉族离不开少数民族、少数民族离不开汉族、各少数民族之间也相互离不开"的思想观念，促进各民族学生和睦相处、和衷共济、和谐发展，为将来报效祖国打下坚实的思想基础和情感基础。因此，这就要求我们必须坚持用中国特色社会主义的共同理想和社会主义核心价值体系引领校园文化思潮，深入开展党和国家民族理论、民族政策、民族法律法规和民族基本知识的教育，引导各民族学生树立正确的世界观、人生观、价值观和荣辱观，全面加强马克思主义祖国观、民族观、宗教观和文化观教育，推进民族团结进步活动，为维护祖国统一、加强民族团结、反对民族分裂、保持社会稳定，为培养政治合格、具有创新精神和实践能力的大学生开展卓有成效的工作。

（一）坚持以科学发展观统领全局，构建民族院校校园文化建设的长效机制

加强民族院校校园文化建设是贯彻落实党的教育方针、党的民族政策，不断加强和改进少数民族大学生思想政治教育工作，优化育人环境，促进大学生健康成长的有效途径，是培养社会主义合格建设者和可靠接班人的重要手段。校园文化建设拓宽了教育的阵地，从第一课堂延伸到第二课堂，从"三点一线"扩展到整个校园以至社会，同时也突出了校园文化建设中广大师生，特别是学生的主体地位。民族院校要把校园文化建设列入学校的议事日程，讨论和制定校园文化建设总体规划并纳入学校发展总的规划中，要充分重视学校领导层的决策和导向，强化执行层的引领和落实，切实做到党政齐抓，系部共管，师生共建，相互支持，相互配合，使校园文化健康发展，使学生在校园文化的熏染和浸润中，形成健全的人格素质，把体现大学精神的科学态度、文明风范、价值观念等带到社会，影响和感染其他人，从而实现民族院校的精神、价值、作风和理想的追求。近年来，民族院校的优良校风对毕业生形成了积极的导引，积极引导毕业生到民族地区就业，在每年招募西部计划志愿者工作中，民族院校毕业生积极响应号召，主动报名要求到民族地区、到西部、到基层、到祖国和人民最需要的地方去，报名和参加计划的毕业生人数均超过普通高校。

（二）在继承传统中不断创新，精心营造良好的人文环境

校园文化建设既要改革、创新，又要形成稳定的传统。这就要求

民族院校要以现有的校园文化状态为基础，根据时代发展的需要规划校园文化发展的前景，可以把各种有意义的校园文化活动、文化设施、观念、制度，如典礼、仪式、节庆、校徽、校歌、校训、校风、规章制度、塑像、典型建筑物等保护起来；在适当的场所设计一些名人的题词、警句、格言，尤其是那些为祖国统一、为民族团结作出不朽贡献的历史人物的事迹及名言警句，给人影响至深，往往能激起学生情感的认同；塑造与学校办学定位和特色密切相关的教育名人的形象；设置校园文化墙、文化长廊、文化石、大型雕塑等；整体规划学校的文化节、艺术节、科技学术节和社团活动，适度开展对外文化和学术交流，营造浓厚的学术氛围；整体优化、美化校园环境，实现环境的教育功能。

（三）珍视民族院校发展史，加强校史校情教育，不断升华大学精神

由于历史的原因，民族院校的发展经历了一个从小到大、从弱到强的过程，而这个过程凝聚着一代代办学人的智慧和心血，在学校的建设和发展过程中，逐渐形成广大师生以校为家、以校为荣的责任感和自豪感。正是一代又一代师生的不懈努力，才铸就了民族院校的大学精神，并使之不断发扬光大。

从1941年延安民族学院的诞生开始，民族院校的发展历经了为中国革命的胜利做人才准备，新中国成立后培养少数民族干部，"文化大革命"时期的停办、复办和改革开放以来的大发展等几个历史阶段。新中国成立后，在毛泽东、周恩来等老一辈领导人的直接关怀下，中央民族学院（今中央民族大学）、西北民族学院（今西北民族大学）、西南民族学院（今西南民族大学）、云南民族学院（今云南民族大学）、中南民族学院（今中南民族大学）、广西民族学院（今广西民族大学）、青海民族学院（今青海民族大学）、广东民族学院、贵州民族学院、西藏民族学院等陆续成立。党的十一届三中全会以后，我国进入了改革开放和社会主义现代化建设的新时期，民族院校的发展适逢重要机遇和重大转折，又陆续建立了湖北民族学院、西北第二民族学院、大连民族学院、内蒙古民族大学、四川民族学院和呼和浩特民族学院。至此，我国已有15所普通本科民族院校，其中包括国家民委直属高校6所、地方高校9所，形成了比较完备的办学体系。经过30

年的变迁,民族院校已成为我国少数民族高素质人才培养、民族理论民族政策研究以及传承和弘扬各民族优秀文化的重要基地,成为展示我国民族政策和对外交往的重要窗口,也成为我国高等教育整体格局中的重要组成部分。纵观新中国成立后我国民族院校的发展轨迹,我们应当加强校史校情教育,大力宣传学校发展所代表的民族教育的成就,形成师生的高度认同感。

(四)与时俱进,追踪科技前沿,加强网络环境下的校园文化建设的有效性

互联网的普及,使网络用户呈几何级增长,网络覆盖面扩大,社会生活的各个角落都开始渗透进了网络,这对民族院校校园文化建设提出了全新的挑战。目前,我国80%以上的网络受众是35岁以下的青少年,其中大学生比例很大。由于技术上的滞后,我们目前还无法有效控制网络的负面信息,使得鄙俗信息大行其道,主要有四种负面表现:一是赤裸露骨的网上色情;二是格调低下的不洁网名;三是藏污纳垢的网上聊天;四是封建迷信的算命、占卜。大学生对新奇事物有着本能的冲动和接触欲望,由此容易被一些"垃圾文化"诱导而迷失方向,进而导致心理发生畸变,甚至走上犯罪道路。从文化的视角看,正如后现代的社会文化思潮对现代主义进行了反逻辑、反基础、反本质、反真理等的颠覆一样,网络信息从一开始就对传统信息产生了消解,使得网络多表现出"双刃剑"之"伤人"的一面。由于网络比其他交流工具在交流中所表现的文化内容更加丰富,而使信息文化成为新的消费热点。由此可以看出,原本以经济利益为目的而出现的互联网已经转变为以文化为依托的信息传播手段,文化则成为网络抢占信息传播市场的内在驱动力。因此,增强网络的文化内涵建设已迫在眉睫。

增强网络的民族文化内涵建设应从以下三方面做起。

第一,要加大中华优秀传统文化典籍超文本链接阅读的载体建设,当务之急是通过互联网电子文本建设,实现受众广泛而快速的浏览,并通过系统翻译工程建设,解决网上文白对译、中外对译的问题,使我们的文化真正从传统转生出来,以新面目面向世界,面向各族学生。

第二,加大民俗民间文化网站的建设,增强民族文化内涵的丰富性。作为文明古国,我国的民俗民间文化可谓丰富多彩,形态各异。

在现代化、全球化的时代背景下,这些标志着民族"族群"特征的文化形态愈加显得弥足珍贵。在实际工作中,可以结合各民族的习俗文化设置专门的网页和网络论坛,以吸引各族学生参与其中,从而使这些传统文化习俗在今天发扬光大,别具特色。

第三,大力宣传改革开放以来的巨大成就,弘扬振兴中华的奋斗精神,增强民族自信力。改革开放 30 年来,中华民族所取得的伟大成就和所形成的奋斗精神正是在中国共产党领导下取得的,我们要在网络建设中加大弘扬主旋律的力度,推出类似"强国论坛"、"民族复兴"等具有鲜明导向性的网页和论坛,激发学生的民族自信心和自豪感。

总之,校园文化不仅是一所大学的发展目标、办学理念、办学方针、专业特色和人文精神的反映,也是一所大学群体意识、价值观念和行为规范的反映;它既是了解社会文明程度的一个窗口,又是先进文化的生长点。良好的校园文化不仅可以促进教学、科研及管理活动,而且可以丰富校园生活、振奋师生的精神;良好的校园文化具有强大的凝聚力和吸引力,能调节和激励师生员工的思想行为,培养和激发师生员工的群体意识和集体精神,促进师生员工自我约束、自我管理和自我完善,保持学校的长期稳定和发展。此外,良好的校园文化还可通过学校所培养的人才渗透到社会的各个领域,必将对社会主义文化乃至整个社会发挥巨大的作用和影响。在高等教育快速发展的今天,校园文化建设已成为衡量学校竞争力的重要条件。

当今世界,随着科技的进步和经济的变革,国际竞争越来越体现在文化的软实力竞争上,文化已成为国家发展最重要的推动力量。加强校园文化建设,建设葆有民族特色的大学文化已成为民族院校的当务之急。民族院校在实施长期而复杂的校园文化建设过程中,应立足于本院校的特点,充分考虑少数民族大学生各方面的实际情况,了解他们的思想动态,将各民族学生的文化意愿和审美诉求纳入校园文化建设之中,构筑全新的校园文化体系。

第十五章 民族院校学生日常管理工作

第一节 学生管理工作概述

民族院校学生管理工作是高校思想政治教育工作的重要组成部分,正确认识新时期民族院校学生管理工作面临的形势和任务,积极探索民族院校学生管理工作的重要内容和方法,是贯彻执行党的教育方针,保证民族院校坚持社会主义办学方向,创建和谐稳定校园的必然要求,是培养合格的建设者和可靠的接班人的重要保障和基础。

一、学生管理工作的内涵

(一)学生管理的概念界定

国内外对于高校学生管理这一概念没有统一的界定。美国的学生管理主要是学生事务管理,指学生非学术性活动或课外活动的组织、指导和管理。[1]

迄今为止,我国学术界尚没有一个关于高校学生管理的统一定义,有学者认为,"学生管理工作是指那些直接作用于学生,由专门机构和人员从事的,有目的、有计划、有组织地发展、培养、提高学生政治、思想、品德、心理、性格素质和指导学生正确的行为的教育、管

---

[1] 参见赵平等编著:《美国高校学生工作》,46页,北京,北京航空航天大学出版社,1996。

理和服务工作"。①

鉴于民族院校是中国高等教育的一个重要组成部分，综合学生管理的主体、内容、客体、手段和目的等要素，我们认为，民族院校学生管理是指民族院校以促进学生成长成才，维护校园和谐稳定为中心，按照国家教育方针，遵守教育规律，通过对大学生校内外的学习、生活、日常行为等方面有目的、有计划、有组织地管理、教育和服务等活动，促进大学生全面发展，确保学校的安全稳定。理解这一概念，关键把握以下三个问题。

第一，民族院校学生管理的目标包括显性目标和隐性目标。促进学生成长成才是隐性目标，维护校园和谐稳定是显性目标。一般的教科书往往只规定了促进学生成长成才这一目标，大体源于素质教育的核心在于"培养什么人，如何培养人"这一根本要求。我们认为，在经济全球化、文化多元化、教育国际化的时代背景下，中国传统的精英式教育已嬗变为大众化教育，高等院校特别是民族院校正经历着前所未有的挑战，如何保持高校大学生的和谐稳定，不仅是新时期对高等教育提出的新任务，也是构建社会主义和谐社会，维护国家统一、民族团结的应有之义。

第二，民族院校学生管理，包括专门机构、专职人员和特定条件下由高校授权或聘任的参与学校管理的人员。学生管理是一个全方位、多层次、全过程的系统工程，需要全体教职员工、各个部门的统一协调，共同参与。其中，必须明确的是学生管理的骨干队伍是以辅导员为主体的全体学生工作者，学生管理的对象是全体在校大学生。这也是本章研究的重点。

第三，民族院校学生管理的内容和途径具有广泛性和综合性。关于学生管理的内容，本章在后面有详细的阐述。学生管理归根结底是高校实施德育的一个重要途径，学生管理工作与德育工作既有联系又有区别，它是在加强教育、管理和服务的基础上，通过依法治校、完善制度、规范管理、提高服务等形式对大学生施加影响，实现既定的教育目标。

（二）民族院校学生管理的基本内容

民族院校学生管理的内容十分丰富，凡与学生有关的学习、生活、

---

① 尹晓敏：《高等学校学生管理法治化研究》，杭州，浙江大学出版社，2008。

日常行为等方面的教育管理均可视为学生管理。

第一，学生学籍管理。学籍管理是指对具有入学资格的学生，在入学注册、成绩考核、升级、降级、转学、休学、停学、复学、退学、奖励、处分、毕业等环节实施的管理。学籍管理是高校学生管理的重要内容，是对学生在校学习全过程的管理。

第二，学生奖惩管理。学生奖惩管理是高校根据关规定，运用激励惩罚的原则，通过对学生或学生集体进行奖励或惩罚，实现对学生的教育、管理的活动。奖惩管理关系学生的切身利益，随着学生维权意识的增强，建立健全规范科学、公正透明的奖惩管理工作，成为促进学生全面发展、维护校园稳定和谐的重要要求。

第三，学生助学管理。学生助学管理是指高校依据国家资助贫困大学生的相关政策，为保证贫困学生正常完成学业而采取的一系列资助政策和措施的总和。它主要包括国家助学贷款、奖助学金、困难补助、勤工助学等形式。近年来，由于我国高等教育形势的变化发展，高校贫困生问题日益突出，据统计，2007年在全国近2000所高校中有2300多万在校生，其中贫困生约占20%，特别是民族院校的生源主要来自老、少、边、穷地区，贫困生比例普遍高于一般院校，达到30%，特困生比例达12%~15%。助学管理工作成为民族院校学生管理工作的一项重要内容。

第四，学生就业管理。学生就业管理是指高校为保证学生顺利就业所进行的各项管理和服务工作。主要包括毕业生就业指导、毕业生思想教育、毕业生派遣、毕业生遗留问题的处理等。

第五，学生身心健康管理。学生身心健康管理是指高校为培育身心和谐的大学生，结合大学生身心发展的特点，对大学生进行的有目的、有计划的教育管理活动。少数民族大学生由于其独特的生活环境、成长经历、文化背景、经济条件等特点，决定了其不同的心理需要和人格发展规律。民族院校学生心理健康问题比较突出，主要有人际适应、学业障碍、生活困难、自卑心理较严重等问题。

第六，学生行为管理。学生行为管理是指高校为规范大学生的日常行为以及为应对各类突发事件所进行的管理活动。该项管理主要通过制定、执行有关规章制度达到规范学生的日常行为，养成良好的学习、生活习惯，制止突发事件，维护学校及社会秩序的目的。

第七,学生活动管理。学生活动管理是指高校在教学计划和教学大纲范围要求之外,利用课余时间,对学生实施的各种有目的、有计划、有组织的教育活动,如思想教育活动、科技活动、文娱活动、体育活动、社会公益活动、社会实践活动等。

二、学生管理工作的要求和挑战

与普通高校相比,民族院校学生管理工作具有与普通高校相同的一面,也有其特殊的一面。科学认识、准确把握学生管理工作的共性和特性,是做好新时期民族院校学生管理工作的前提和基础。

(一)信息技术发展,高校学生管理面临着愈加开放而复杂的外部环境

网络具有信息容量大、传播速度快、全球性、开放性、交互性等特点,使人们能实现信息共享,克服时间、地域的限制,迅速地进行相互交流与协作。同时,网络文化对社会主流意识形态、民族文化、价值观念的挑战与冲击日益显现。在网络中,一些不良的思想意识和价值观念侵蚀、渗透着当代大学生的心灵,使一些大学生沉迷于网恋和网络游戏而荒废了学业。如2001—2002年,北京某高校共有312人因成绩不合格而招致试读甚至退学的命运,其中80%以上的学生因为沉迷于网络游戏或网恋而导致学业荒废,这一现象的发生促使高校学生管理必须从"封闭式"的传统管理中大胆地走向"开放式"管理。①

(二)高校规模的扩大与学生管理队伍的相对不足的矛盾日益严重,难以适应学生管理工作的新要求

自1998年以来,我国高等教育发展实现了历史性跨越,到2005年,我国高等教育在校生规模超过2000万人(其中在校研究生规模达到60万人),居世界第一,毛入学率超过19%。②而高校管理人员数量却严重不足。一些学校的辅导员与学生的比例达到1∶400甚至更

---

① 参见程玉红:《新环境下高校学生管理工作转型探索》,载《扬州大学学报》(高教研究版),2004(4)。

② 参见教育部部长周济在第二次全国普通高等学校本科教学工作会议上的《大力加强教学工作,切实提高教学质量》的讲话。

多，辅导员整日忙于日常学生事务，在时间和精力上无法及时和学生沟通。加之由于学历层次和年龄结构等的限制，对工作规律、经验教训以及学生的思想动态等深层次问题难以进行梳理和总结，难以对学生进行高效、规范、科学的管理，严重影响着学生综合素质的提高。

与此同时，学分制条件下学生成才成长的需求日益多元化，学业、恋爱、人际交往、就业择业等现实问题使得学生的思想、心理变化日益复杂多变，其思想观念、价值取向趋于多元化，重知识轻信仰、重个人轻集体、重享受轻奉献的倾向进一步突出。这些都对学生管理工作提出了新的挑战。

（三）现有的学生管理体制难以适应高等教育体制改革的新形势

完全学分制、弹性学制、自主选课制、主辅修制等新的教学管理体制的实施，为学生提供了更为广阔的学习自主权和选择权，有利于调动学生学习的积极性和主动性。但不容忽视的是，它对传统的学生管理工作也带来了诸多挑战：一是新的教学管理制度。允许学生自主选择课程、任课教师、修业年限，同一班级学生可以不同期选修同一门课，淡化了班级和年级概念，学生管理工作正在失去传统的班级工作载体，高校基层党团组织的战斗堡垒作用也受到了一定程度的削弱。二是学生工作的对象呈现出新特点。新的教学管理制度的实施，为学生提供了较大的自主学习空间，增强了学生的个性化倾向和竞争、进取意识，而集体观念、团队精神在一定程度上有所削弱。

（四）高校后勤社会化带来的挑战

高校后勤社会化的推进，给学生管理工作带来了新情况、新特点：一是从居住群体来看，不同年级、不同专业、不同班级，甚至不同院系的学生共同居住在同一公寓，学生群体规模大，管理工作相对薄弱；二是改革后的学生公寓按成本收费，大学生的学习、生活条件都得到了改善，但原本作为培养大学生劳动观念、团队意识重要阵地的宿舍的育人功能有所弱化；三是由于公寓社会化，主要由外来管理人员组成的、单纯依靠强制性和处罚性的管理措施不适应高校学生的管理现状，弱化了管理效果，甚至诱发了很多突发事件。

（五）学生的权利意识和自主意识进一步觉醒和提高

随着我国依法治国方略的深入实行以及高等教育法治化进程的不断推进，大学生的权利意识和自主意识进一步觉醒和提高，其主要表现有两点：一是注重自身主体地位的实现，关心学校的教学管理工作，特别是对关乎自身利益和发展的问题表现出较高的参与度和强烈的主体意识；二是对涉及评优入党、奖助学金、学生处分、学籍管理等实际问题更加注重公平性、公开性和公正性，通过多种途径自觉维护自身合法权益。大学生权益意识的提高给高校现有的学生管理模式也带来了严峻的挑战。

三、学生管理工作的基本原则及方法

（一）学生管理工作的基本原则

1. 以人为本的原则。以人为本就是要把尊重人、相信人、依靠人、培养人、发展人作为学生教育管理工作的主线。学生管理工作归根结底是大学生德育工作的一部分，坚持以人为本对民族院校来讲尤为重要。具体涵盖三个层面的内容：一是树立学生是主体的服务理念，从学生的内在需要出发，帮助学生形成正确的需要层次和需要结构，"一切为了学生，为了学生一切"，在管理中鼓励并提供学生参与选择、参与创造、参与管理、参与决策的途径和渠道。二是在管理的途径和方法上要改变以往的压制学生个性、追求整齐划一的方法，实现制度"先知后行"，给予学生充分的知情权和民主参与权，制度执行"宽严适度"，处理结果"导堵结合"，注重疏导，善于引导，增加学生管理工作的实效性。三是要高度重视学生管理队伍的培养提高，真正"把大学生思想政治教育摆在学校各项工作的首位"落到实处，为学生管理工作提供有力的物质保障和精神支持。

2. 依法管理的原则。依法管理的原则包括三方面的内容：一是切实保障学生的合法权利。要充分保障学生的受教育权、正当选择权、公平评价权、合理知情权等基本权利。民族院校要充分考虑少数民族大学生的心理特点和价值观的特殊需要，尊重少数民族大学生的宗教信仰和风俗习惯以及其他合法权益。要从国家稳定、共同利益、国际形势等方面加以引导，增强少数民族大学生对国家法律和民族政策的信心，增强对民族和国家的认同感。二是增强大学生法律观念、纪律观念、诚信意识、义务观念等的培养和教育，坚持依法办事。民族院校特别要加强学生法律知识的教育，增强少数民族大学生法律意识，引导他们通过合法途径解决纠纷,在保证民族团结和遵守国家法律的基础上开展活动。三是规范依法管理的程序,积极拓展利益纠纷解决的渠道。畅通学生利益表达的合理机制,通过座谈会、接待日、学生社团等载体积极听取学生意见。民族院校要建立解决民族问题的工作机制,畅通少数民族学生利益表达渠道,应在班级和学生社团保证一定比例的少数民族学生骨干,激发他们的工作热情,及时防止化解各类风险。

3. 改革创新的原则。为适应新世纪、新形势对学生管理工作的要求,高校学生管理要解放思想,勇于创新。一是改变忽视学生个性、强调组织管理性的控制型管理模式,建立以人为本和依法管理相结合的管理模式,建立平权式的管理关系,把学生个性发展和社会需求、学校管理和学生自我管理有机融合的管理模式。二是管理内容的创新。要把管理的目标设定在促进学生全面发展和学校和谐稳定的双重目标框架内,民族院校要自觉加强对民族院校独特的学生管理规律的研究和把握,充分运用民族院校学科的特点和优势,自觉加强马克思祖国观、民族观、宗教观和文化观教育,增强管理的实效性;要紧密结合国内外形势变化,建立民族院校应对突发事件的应急处理机制,防止可能诱发民族矛盾的重大事件发生。三是载体创新。民族院校要以具有民族特色的校园文化活动和社会实践活动为载体,丰富思想政治工作内容,增加各民族学生的文化交流和情感融合;要充分体现与网络化社会相适应的时代特点,拓展学生管理的途径。

(二)学生管理工作的方法

1. 坚持教育、管理、服务相结合。教育是学生管理工作的前提,民族院校的教育要结合社会发展的总体要求和各民族学生的特点有针对性地开展工作,引导学生树立正确的世界观、人生观、价值观和马克思主义祖国观、民族观、宗教观、文化观。管理是学生管理工作的保证,面对学生管理工作面临的新问题,民族院校要切实树立起依法管理、民主管理的理念,自觉加强对学生法纪观念、义务观念的教育,充分调动学生自我管理的积极性,对严重违反校规校纪或其他违法行为,要从严管理,并耐心、细致地做好引导和转化工作。服务是学生管理工作的关键,民族院校应紧紧抓住为广大学生成长成才服务的主线不放松,针对民族院校的实际,切实做好学生的人生规划、学业指导、就业指导和资助服务等工作，增强各民族学生对学校的认同感和归属感，切实把外部管理内化为发展自我、规范自我的自觉行为。

2. 坚持常态管理和重点环节管理相结合。学生公寓、课堂、自习、寝室等日常行为的管理是民族院校管理工作的难点和重点，也是关系学风建设成效和学校安全稳定的大事。要树立常态管理的理念，既要勇于投精力、防止"不抓就乱"，又要善于想办法，防止"一抓就死"。重点环节的管理主要体现在：一是特殊人群的管理，主要是留级学生、延期毕业学生、校外住宿学生以及由于经济原因、心理困惑、学业困难、人际交往而产生的学生群体的管理；二是特殊时期的管理，主要是寒暑假期间以及特殊敏感期的管理；三是特殊事件的管理，主要为国内外、校内外发生的各类紧急突发事件的管理。对于重点环节的管理工作要建立家长、学生、学校三位一体的管理模式，建立处置校园民族冲突事件的工作机制，充分发挥教学、管理、后勤、心理健康教育中心等各部门的优势，形成合力，增强管理的科学性和有效性。

3. 坚持基础性、层次性和前瞻性相结合。学生日常行为的管理既是常态管理也是基础性环节的管理，这就要求广大学生工作者要切实实现工作重心的"下移"，深入学生中间，及时听取学生意见，准确把握学生信息；要主动听取学生意见，加强与学生的沟通、交流，不断修正自己的管理观念和管理模式。层次性就是针对不同的学生群体，学生管理工作要分层次开展。对于积极上进、表现良好的学生要在个性发挥、能力培养方面多加引导；对于学习刻苦，但文化基础较差的少数民族大学生，一方面注重挖掘其特长和优势，增强其信心，另一方面重点关注和帮扶，切实解决其实际问题。前瞻性就是管理工作的重心要自觉做到"前移"，学校要深刻认识学生管理面临的新挑战，转变观念，创新思路，规范管理。学生管理者要自觉加强学习和研究，掌握学生管理的规律和特点，有针对性地开展工作。

4. 坚持学校管理和大学生自我管理相结合。在学生管理过程中，必须坚持"有所为，有所不为"的原则。具体来说，在学生的日常事务管理中，给予学生充分的自我管理权利，比如班干部的选拔、日常考勤、卫生检查、学生公寓的管理、第二课堂的开展，学校可在政策制定和制度设计上给予科学指导。鼓励学生成立宿舍管理委员会、伙食管理委员会、卫生管理委员会、纪律管理委员会等学生自治性机构，积极吸收学生代表进入奖助学金评定委员会，给予学生充分的话语权。要充分发挥党团、学生会、学生干部在学生自我管理、自我教育、自我服务方面的作用，消除学生对学校管理的抵触心理。民族院校学生管理工作的重点则应放在学生制度管理、学业管理以及重点环节、突发事件应对处理的管理中来。

第二节 学生管理工作的特点

民族院校是我国高等教育的一个组成部分，既有高校工作的共性，又在办学宗旨、指导思想、培养对象等方面有着自身的特殊性，准确把握民族特殊性，是做好民族院校各项工作的前提，也正是由于民族院校的特殊性，才决定了学生管理工作的特殊性。

一、把培养对象的特殊性作为工作和研究的出发点

民族院校特殊的办学宗旨决定了学生来源和民族构成等方面与其他高校的不同。以国家民委所属的民族院校为例，在校生中少数民族学生占65%以上，且大多来自民族地区、边疆地区和西部地区。从民族构成看，民族院校是一个典型的多民族大家庭，在校生的民族成分一般都在40个以上，同一寝室的学生常常分别来自不同的民族。除此表面现象以外，民族院校的大学生还在心理特征、思维（认识）方式、行为习惯、生活方式等方面存在着明显的差异，表现出以下主要特征。

（一）独特的文化心理特征

各民族都有本民族特有的历史文化传统、心理素质和风土人情等，并得到不断传承，影响着本民族的心理、性格、生活和行为习惯等。因此，在民族院校的学生中，少数民族与汉族之间，各少数民族之间，均存在着一定的差异。即使是同一民族的学生，也会因来自不同的地

区而存在着一定的差别。如在民族意识方面,内地散居的少数民族学生与来自民族聚居地的学生相比显得淡薄一些。这种差异不仅决定了学生的个人心理特征和生活、行为习惯,而且还影响着学生间的交往和相处。一方面,他们渴望得到其他民族学生的认同,也会主动与同学来往、交朋友;另一方面,因习惯和心理等方面的原因,将自己局限在本民族的小圈子内,形成民族性的非正式群体,限制了同学间的相处和沟通。

(二) 受民族宗教信仰和传统观念影响较深

我国的少数民族大多信仰宗教,宗教在民族地区和少数民族中有着比较广泛的社会基础和群众性,一些宗教意识和宗教习惯已渗透到人们生活的各个方面,并演化为民族性的生活习惯,影响着人们的意识和行为。在入学前,许多少数民族学生因受生活环境和家庭的影响,形成了严格的民族生活习惯和行为习惯,他们需要得到认同和尊重,否则将会影响对学生的教育。由于民族地区大都处在边远地区和山区,交通不便、信息闭塞、居住分散,传统观念和习惯保留得相对比较完善。其中有值得继承和弘扬的优秀传统,也有需要辩证接受的一面,还有一些则是要舍弃的陈规陋习。这些根深蒂固的传统观念和习惯交织在一起,影响着民族院校的学生,其中既有积极的影响,也会有一些消极的影响。

(三) 文化基础参差不齐

由于民族地区大多处于边远地区,那里的基础教育相对比较落后,无论是办学条件,还是师资力量,都无法与内地的中小学相比。民族地区基础教育水平的差别,造成了民族院校新生录取分数悬殊。由于学生入学时的文化起点参差不齐,使得一部分少数民族学生入学后感到学习压力很大,甚至惧怕同学间的竞争,这在一定程度上影响了他们学习的自信心和积极性。

(四) 家庭经济条件普遍较差

在民族院校的学生中,经济困难的学生人数远远高于其他高校,而且特困生较多。一般院校的贫困生和特困生比例大约分别为25%和15%,而民族院校则分别高达40%和25%,严重地影响着他们的学习和生活。虽然政府和学校采取了多种资助措施和减免措施,但受财力所限,并不能使所有贫困生走出困境。对于申请国家助学贷款,一些学生则因观念或家庭的经济状况等原因，担心今后的偿还压力而选择了放弃申请。贫困使许多学生将自己的生活费用压到最低水平，不敢多花一分钱。更有少数学生因家庭贫困而回避与同学交往，甚至产生自卑心理，变得内向、孤独。

因此，民族院校的学生管理工作具有复杂性、多样性、多层次性的特征，切实做好新时期民族院校大学生管理工作，任务艰巨，责任重大。

二、把民族团结教育作为民族院校学生管理工作的首要任务

民族院校作为社会主义高校的重要组成部分，其思想政治教育和学生管理工作必须体现高校的统一要求，即用邓小平理论、"三个代表"重要思想和科学发展观去武装学生。同时，还应从民族院校学生的思想实际和行为特点出发，以加强民族团结教育为重要内容，增强思想政治教育工作和学生管理工作的针对性。

（一）民族团结教育的主要内容

1. 马克思主义民族观和党的民族政策的教育。民族院校的学生多来自民族地区，他们毕业后还将回到民族地区就业。他们在今后的工作中，也可能会遇到民族问题。因此，对大学生进行马克思主义民族观和党的民族政策教育是民族院校的一项特殊的政治任务。它的根本目标是引导民族大学生热爱党、热爱社会主义祖国，正确看待不同的民族，在彼此尊重的基础上加强团结与合作，真正树立起各民族共同发展、共同进步、共同繁荣的思想和观念，在实际工作中能自觉、灵活地运用党和国家的有关方针、政策，处理好民族地区的各项事务。

2. 民族工作和现代化建设成就的教育。熟知民族工作和现代化建设的成就，有利于增强民族团结教育的效果，有利于增强大学生对我国现行民族政策的认同和支持。党和政府给予少数民族的优惠政策，以及民族地区的发展前景和深刻变化等方面的教育，引导学生热爱家乡，立志建设家乡，增强成才的紧迫感和时代责任感。通过民族工作的成就教育，能更好地帮助学生站稳立场，坚定民族团结信念，同民族分裂主义作坚决的斗争。

3. 少数民族伦理道德中的团结、爱国思想的教育。在少数民族社会伦理道德中，有许多维护团结和爱国的思想，如关于民族团结、互助的社会道德，许多民族都用自己的古歌、传说等加以传扬，这使民族内部贯穿着谦让和谐与友谊至上的道德思想。少数民族传统道德中的爱国思想也十分丰富，如维护祖国统一，反对民族分裂；反对民族压迫，抵御外敌入侵；共同创造中华文明，推动人类社会进步等。进行少数民族伦理道德中的团结、爱国思想教育，可使民族院校的学生深刻认识到我国各民族在历史上形成的互相依存、团结互助的关系是一笔宝贵的财富，是中华民族精神在现实生活中的体现。自觉维护中华民族多元一体、互相依存、团结友爱的关系，自觉维护民族团结和祖国统一是民族院校学生的光荣责任和义务。

（二）民族团结教育的主要途径

1. 课堂教学途径。民族团结教育要取得实效，必须有相应的教学内容作保证。民族院校普遍开设的"马克思主义民族理论与党的民族政策"课是开展民族团结教育的重要途径。认真学习马克思主义民族理论和中国共产党的民族政策，特别是学习邓小平中国特色社会主义民族理论，对于正确理解当代国际、国内民族问题，促进各民族平等、团结和共同发展、共同繁荣具有十分重要的现实意义。民族院校通过马克思主义民族理论和党的民族政策教育，可以使学生牢固树立马克思主义民族观，把握"民族平等、团结和共同繁荣"的基本原则，指导民族团结的实践。

2. 理论宣传途径。要结合各种重大节日或者活动，充分利用板报、报刊、广播、互联网等媒体，大力营造民族院校各族师生团结和谐、开拓奋进的浓郁氛围。宣传民族团结先进事迹，特别是身边的典型事迹，引导人、影响人、鼓舞人。

3. 校园活动途径。除课堂教学外，开展丰富多彩的、以民族团结教育为主题的活动，如组织专题讲座、演讲、知识竞赛、社会实践、征文比赛等，均有助于增强民族团结教育的实效。我国少数民族有着丰富、独特的文化和艺术财富，学生管理工作者应充分发挥这一优势，在各种校园文化活动中突出这一特色，使各民族的文化和艺术相互交融，相互影响，形成民族大团结的文化氛围，让少数民族大学生真正体会到祖国大家庭的温暖。

三、把适应教育作为少数民族大学生教育管理的重要内容

民族院校的学生分布范围非常广泛,学生差异性非常大,既有来自大城市的学生,也有来自边远山区的学生,既有在内地杂居的少数民族学生,也有在民族地区聚居的少数民族学生。适应教育既是引导这些大学生尽早融入大学生活的开始,也是缩小不同地区、不同民族大学生之间差异的重要过程。民族院校需要结合学生自身的特点和时代、社会发展的要求,有针对性地开展大学生,特别是少数民族大学生的教育工作,探索少数民族大学生融入高校学生群体的途径,加快高校少数民族大学生锻炼、成长、成才的进程,使其更快、更好地融入高校学生群体中来。

(一) 少数民族大学生融入教育的意义、原则

民族院校的少数民族学生是民族地区未来建设、繁荣、富强的生力军,是加强祖国和谐与团结的中坚力量。因此,民族院校需要正确把握少数民族大学生教育工作的指导思想,使少数民族大学生更快、更好地融入高校学生群体。少数民族大学生融入高校群体还必须坚持以下两个原则。①

1. 平等、公平的原则。坚持平等、公平的原则即把少数民族大学生教育管理纳入与汉族学生的日常教育管理中。少数民族大学生首先是作为学校的学生,与汉族学生一起学习、生活,共同构成了学校的大学生群体,他们同样需要遵守学校的规章制度,同样受到学校、老师的关心教育,有着同样的权利和义务。在教育管理工作中,应当客观、平等、公平地对待少数民族大学生,将他们融入高校学生群体之中。

2. 适当照顾的原则。在坚持平等、公平原则的同时,还应当坚持适当照顾的原则,既要做好融入高校学生群体工作,同时应当从实际出发,又要准确把握少数民族学生的特点,高校少数民族学生,除了

---

① 参见田建国:《论以人为本的大学德育》,载《山东理工大学学报》(社会科学版),2005 (2)。

具有一般大学生所具有的共性特征外,他们在特定的环境中成长,在特定的环境中学习、生活,在具体问题上应区别对待,从而提高工作的针对性和有效性。

(二) 少数民族大学生融入教育的途径

第一,开设多种形式的大学生第二课堂活动,为少数民族大学生成长成才营造丰富多彩、健康向上的育人环境。大学不同于中学,学生有了更多可以自由支配的时间,大部分学生远离家乡,过多的业余时间会令其感到无所事事而引发事端。开设第二课堂,搞好丰富多彩的业余文化生活,能把少数民族大学生引入知识和娱乐的殿堂。这样不仅发挥了少数民族大学生在文艺上的天赋,丰富了大学生活,更有利于加强少数民族大学生的管理,调动其积极性,使其更加主动地融入高校学生群体中来。

第二,通过一对一服务、集体教育等方式,加强对少数民族大学生的鼓励、引导和帮助,帮助少数民族大学生树立成才信心,树立进取心。崇尚知识,渴望成才的愿望是少数民族大学生融入高校学生群体的关键措施。

第三,加强政治教育,帮助少数民族大学生准确把握人生的政治方向。少数民族大学生融入高校学生群体最关键的是加强少数民族大学生政治教育,帮助他们准确把握人生的政治方向。通过多种形式的教育,使少数民族大学生与高校大学生思想上保持一致,最终更快、更好地融入高校学生群体。通过学生座谈、辅导培训,不断加强少数民族大学生在政治、思想、道德上的认识和水平。[①]

第四,需要强化少数民族大学生心理素质的教育和训练。针对部分少数民族大学生心理素质较差的特点,着重强化他们心理素质的教育和训练,使其以积极的态度增强自我约束力,树立在激烈的竞争中战胜困难的勇气和信心。[②]

---

① 参见刘晓东、曹玉霞:《少数民族大学生融入高校学生群体的途径探析》,载《山东省青年管理干部学院学报》,2007(1)。

② 参见叶春桥:《新时期高校学生管理工作探索与思考》,载《宁波大学学报》(教育科学版),2006(2)。

四、把少数民族非正式群体的引导作为工作的突破点

民族院校的大学生中存在着大量的非正式群体。很多学生，特别是少数民族大学生中间存在着城乡之别，民族之异。由于我国幅员辽阔，而历史上社会平面流动不大，因而不同地域、不同民族之间的文化差异较大，从而形成了多种多样的"由人们共同生活环境所形成一定社会的、语言的、风俗的、道德的、宗教的等共同文化机制—文化圈"。① 在新的环境中，文化圈的差异及时空上的因素助长了来自同一地域或相同民族的学生对自己文化圈的归宿感和认同感。而这些情感往往具有强烈的情绪和高度的心理相容，成为某些非正式群体原生凝聚力的基础。所以，民族院校中的非正式群体往往比其他院校体现得更加明显。

非正式群体内部成员之间具有需求和兴趣的互补、利益和观念的相同性。非正式群体是正式群体各项工作及活动的重要补充，对于正式组织有积极的作用，也有负面的作用。对于非正式群体，要具体分析，区别对待，做好教育和引导工作。

（一）尊重、了解非正式群体的成员，主动和他们交朋友

作为民族院校的思想政治工作者，首先，要正确认识学生非正式群体存在的合理性，从正反两方面认识它的作用。其次，要善于和非正式群体的成员交朋友，以平等的身份介入他们的活动中，通过相互接触可以增进彼此的信任和理解，成为他们的良师益友。由于非正式群体有较大的影响力和吸引力，青年学生的思想和情绪往往会从非正式群体中表现出来，所以，要善于利用它作为观察学生思想变化的媒介。非正式群体有自己的习惯、兴趣和爱好，要和他们深交，就必须"入乡随俗"，在"随"中了解他们的一些不成文的规范，在"入"中掌握其成员的思想倾向，并作出正确的判断，然后有针对性地开展教育和引导。

（二）利用非正式群体来开展工作

民族院校学生非正式群体的成员往往具有某一方面的爱好和特长，

---

① 杨胜才：《少数民族大学生非正式群体研究》，载《民族教育研究》，1998（2）。

是校园中一支异常活跃的队伍,充分发挥他们的作用,有助于学校教育目标的实现。所以,要注意调动非正式群体成员的积极性,利用其一技之长,为开展校园文化活动服务。如组织体育爱好者代表正式群体参加各种比赛、组织文艺爱好者代表正式群体参加演出、组织书法或美术爱好者搞好宣传板报等,这些活动既能满足他们"自我展示"的需要,又能促进校园文化建设。

(三) 把握好核心人物,提高非正式群体成员的素质

非正式群体的核心人物大都热情肯干、协调能力强,加强对他们的教育、引导是有效控制非正式群体的重要手段。要充分发扬民主,注意吸收和采纳非正式群体核心人物的合理建议,要从关心、爱护的角度出发,宽严结合,注意保护他们的自尊心,使他们在学生集体中具有一定的正式地位,充分利用其号召力和活动组织能力,把他们培养成为正式群体的潜在骨干力量。另外,对一些作为正式群体领导人的非正式群体核心人物,要借助他们的特殊身份,更好地做好非正式群体的引导工作,促进它发挥好的影响作用。

(四) 通过正式群体开展丰富多彩的活动,吸引非正式群体的成员,增强集体凝聚力

民族院校的正式群体在组建时,就应该制定一个先进目标,吸收非正式群体参加,并为这个目标的实现而努力。当目标实现时,非正式群体的成员便可分享集体荣誉。另外,正式群体开展的各项活动,一定要考虑非正式群体成员的需要,使他们在正式群体内也能获得心理上的平衡,增强对正式群体的信任感,自觉维护正式群体的利益。

第三节 学生管理工作的思路和做法

一、学业规划,帮助学生科学设计人生

大学生的学业是指大学生在高等教育阶段所进行的以学为主的一切活动,是广义的学习阶段,它不仅包括科学文化知识的学习,还包

括思想、政治、道德、业务、组织管理能力、科研及创新能力等的学习。

大学生的学业规划,是指大学生对其将来的事业(职业)目标相关的学业所进行的安排和筹划。具体来讲,是指大学生通过对自身的性格特点、能力特点和社会未来需要的深入分析和正确认识,确定自己的事业(职业)目标,进而确定学业发展方向,然后结合自己的学习现状、家庭经济情况等制订学业发展计划。换言之,学业规划就是大学生通过解决学什么、怎么学、用什么学、什么时候学等问题,以确保自身顺利完成学业,为成功实现就业或开辟事业打好基础。[①] 对于大学生的学业规划指导,可以按照"项目化管理、具体化落实、过程化监督"[②] 的原则,引导大学生认识自身的个性特质、现有的和潜在的资源优势,帮助他们认识自身的价值并使其持续增值;引导他们对自己的综合优势与劣势进行对比分析;引导他们树立明确的学习发展目标与未来职业理想;引导他们评估个人目标与现状间的距离;引导他们学会如何运用科学、有效的方法和怎样采取切实可行的步骤和措施。

指导学生根据社会的需要和自身的性格、气质、兴趣、特点等实际情况来正确定位,科学、合理地规划学业生涯,是学生规划的重要内容。引导大学生应该做什么,并激励他们努力去做,使大学生在校期间有明确而具体的学习目标、素质拓展目标以及实现目标的分计划路径设计。指导学生对入学以来的学习情况进行全面的总结和梳理,对学生的学业生涯规划提出具体可行的要求,在学业生涯中,人生的学业目标有短期目标和长期目标,而且在一定时期还有可能对学业目标提出一定调整。有针对性地了解学生的不同情况,建立起相应的目标调整和检验机制。对学生制定的目标进行检验,看其完成度和实际发挥的效果,及时对下一学期的目标进行修正,变更实施措施与计划。同时进一步加强与家长的沟通和互动,让家长和教师一起关心学生的

---

① 参见唐瓷、高晓玲:《有效开展大学生学业规划指导的途径》,载《中国校外教育》,2008(1)。

② 廖智君、余小英:《辅导员指导大学生开展学业生涯规划的探索》,载《高教论坛》,2009(7)。

学业和成长，对每位学生的自我剖析和自我发展规划，提出符合学生实际发展的指导性意见，帮助大学生真正做好学业生涯规划。

二、网络引导，拓宽学生管理工作新途径

在网络时代，大学生不仅意识到网络的巨大发展潜力，而且主动地接近网络、了解网络、掌握网络，从网络的关注者迅速成为网络的使用者。他们的思想在网络世界的碰撞中变得更加活跃、完整和成熟。但是，网络是一把"双刃剑"，当一部分大学生过分沉迷于网络，把网络作为逃避学习和生活等一切来自现实社会压力的处所，导致不能进行正常的学习和人际交往，进而产生其他危机、违法和违背社会道德的行为，带来消极的后果，甚至出现病理性问题，譬如网络依赖。因此，对于民族院校的大学生管理，网络行为引导是在新形势下出现的新课题，具有很大的现实意义。

（一）占领网络教育阵地，加强网络文化建设

针对网络信息鱼龙混杂的现实，民族院校要主动把德育和管理展开到网上，形成德育教育、学生管理和网络载体同步发展的新格局。民族院校要积极建设适应学校特点、符合民族特色的思想教育网站，引导学生关注主流网络文化，努力营造一个健康向上的网络思想文化氛围，尽量为各民族大学生提供一个良好的网上生活空间。

（二）充分利用网络工作，拓宽网络沟通交流

民族院校的学生管理工作者要学会利用现代信息传播理论和技术，建立适应新形势的工作管理网络、信息网络，及时、主动地了解各民族学生的思想状况，传播和输送积极、健康的信息，抵制不良信息的影响。特别是一线学生思想政治教育辅导员，可以通过网络，建立与学生交流的新平台，与学生进行跨空间的沟通和交流，使他们能够敞开心扉，表达出自己的真实意愿。这样，管理者可以通过网上、网下的无缝沟通，使学生管理工作朝着更有针对性的方向变化。

（三）加强网络使用管理，强化网络论坛监管力度

大学生的认识能力和控制能力都比较欠缺，极有可能在网上丧失自我而作出触犯法律、违背道德的事情。学校应该制定规范学生上网的条例和守则，告知每一位大学生，对学生上网的机房、图书馆、实

验室要配有专职的网络管理人员进行监督管理,发现问题及时制止。至于寝室和学校附近的网吧,也要经常去巡视。同时,强化校园论坛(BBS 站)的监管力度,用正确的思想舆论引导学生。目前,许多高校都建立了自己的 BBS 站,上面往往粘贴一些学生在现实中不愿说、不敢说的意见,甚至还出现人身攻击或某些内容不健康的文章,对此,除了加强对 BBS 的监管外,还需要思想政治教育工作者的密切关注,及时发现,正确引导。①

三、济困助学,排除学生发展的后顾之忧

自高校扩招和收费制度实施以来,在全国的高校中普遍存在着一批因家庭经济困难而拖欠学费的学生。而民族院校特有的学生生源结构决定了其大部分学生的经济状况和其家庭经济困难学生比例要远远高于平均水平。面对这种情况,家庭经济困难学生的资助和教育管理工作不仅关系到人才的培养,而且还牵动着这些学生家庭的神经,因此,济困助学是一项具有重要社会意义和影响的工作。

(一)做好家庭经济困难学生的认定工作,保证资助工作发挥最大功效

近年来,随着国家、社会和学校对家庭经济困难学生的关心和重视的不断加强、资助力度的不断加大,有些学生的家庭经济虽然不困难或者不是特别困难,但是他们也想通过贫困证明能分得资助的"一杯羹",希望通过这样改善自己的生活。因此,做好家庭经济困难学生的认定工作是保证国家助学政策落实的第一步。

要做好家庭经济困难学生的认定工作,应建立科学、合理的认证程序。通过本人自述、班级评议、量化考核、集体公示和动态管理等步骤,完成对家庭经济困难学生的认定工作。本人自行提交的家庭条件的相关佐证材料,需在班级、专业或者年级范围内自述,然后由同学对该学生是否达到经济困难标准和困难程度进行评议,同时,对该同学上学年的综合表现,如学习态度、个人行为、集体观念等进行量

---

① 参见杨军丽:《浅谈大学生网络行为的引导与管理》,载《中国科教创新导刊》,2009(4)。

化考核,根据同学评议和量化考核结果决定该学生的资助等级并进行公示。之后,逐年对家庭经济困难学生的情况进行动态考察和管理。通过考核,保证最需要得到帮助的学生能够得到最大的帮助,使资助工作发挥最大作用。

(二)健全"奖、贷、勤、助、补、保"的资助体系,帮助经济困难学生顺利完成学业

建立以国家奖学金、国家励志奖学金、学校奖学金和社会奖学金的"四位一体"的奖励体系,鼓励学生勤奋学习,以成绩补生活。加强国家助学贷款的审核、发放、催缴和还款体系建设,鼓励学生参加生源地贷款,培养学生信用观念;做好国家助学贷款代偿资助工作的宣传,鼓励学生到祖国最需要的地方去,到艰苦地区基层单位建功立业。按照国家勤工助学新政策规定,完善学校学生勤工助学管理办法,拓宽学生勤工助学的岗位数量,立足校园,利用社会资源,使学生通过自己的劳动获益,培养学生自立自强精神,弥补生活开支的不足,保证所有经济困难学生的基本生活。积极争取社会资助,借助社会力量为经济困难学生提供更多的帮助。规范执行校、院两级临时困难补助政策,给有重大困难的学生及时有效的救助。充分利用好医疗保险补贴政策,引导每个学生都能自愿参加保险,借助公众的力量,以减轻发生重大事故和疾病学生的困难程度。

第四节 危机事件的处理和应对

一、危机事件的界定

(一)危机与高校危机事件

关于危机(crisis)的含义,美国著名管理学家劳伦斯·巴顿(Laurence Barton)认为,危机是一种会引起潜在负面影响的、具有不确定性的大事件，这种事件及其后果可能对组织……造成巨大损害。①根据《现代汉语词典》里的解释："危机"是指危险的根由或者严重困难的关头。从字面上理解，这个定义有两层意思：一是危机是一种潜在的危险，它是尚未发生的，如可能会发生的地震、海啸；二是指正在发生的对社会和环境产生严重威胁的紧急情况。②

高校危机是各种危机中的一种特殊类型，它是由高校内外的某种非常性因素所引发的非常事态。可以这样认为，凡是发生在高校校园内或与高校成员有关的，在事先未预警的情况下突然爆发的，可能严重影响高校和师生的自身利益，影响学校的正常教育秩序和师生的人身财产安全以及正常的生活、学习状态的，并可能带来破坏性后果的紧急事件，均可称之为高校危机。

大学生群体作为高校的重要主体，一方面，处于身心发展日趋成熟的阶段，使得他们既满怀青春激情，又蕴含文化理性；另一方面，由于受到内外环境的影响，容易陷入各种人生观、价值观与世界观的矛盾与冲突之中，这些矛盾与冲突，往往使大学生成为高校危机事件的主体。③

（二）高校危机事件的类型

对于任何事物的认识，从不同角度、不同侧面进行分类会有不同的结论，对于危机也不例外。就危机事件本身而言，按发生的本源可分为自然危机和人为危机；按影响范围可分为全球性和区域性危机、国内危机和组织内危机；按性质可分为政治危机、经济危机、民族宗教危机和生态危机等等。根据突发公共事件的发生过程、性质和机理，我国目前将公共危机大致分为自然灾害事件、事故灾难事件、突发公共卫生事件和社会安全事件四大类。

综合危机事件的来源、性质以及对高校影响范围等综合因素的考虑，高校危机事件的类型可以归纳为以下5个类别。

---

① 参见［美］劳伦斯·巴顿：《组织危机管理》，第二版，符彩霞译，26页，北京，清华大学出版社，2002。

② 参见秦琴：《浅析高等学校危机管理中的党建与思想政治工作》，载《重庆工学院学报》，2005（4）。

③ 参见马韵：《试论高校学生危机事件的干预与处理》，载《中小企业管理与科技》，2008（18）。

1. 公共卫生突发事件。主要指有爆发倾向的传染性疾病、食物（饮水）中毒等。例如，2003年的"非典"、2009年的甲型H1N1流感等事件。

2. 影响校园稳定的政治敏锐性事件。主要是面对国际、国内政治性事件或校内的突发事件作出的特殊反应，出现标语性口号、群体性聚集或游行示威等。如1999年美国轰炸我驻南联盟大使馆后的学生抗议事件、2008年由于达赖从事分裂祖国阻挠奥运会火炬传递从而引发的学生爱国系列活动。

3. 影响校园稳定的治安事件。主要是指学生之间或校园周边及校外人员发生争斗而引起的校内学生参与的重大群体性伤害事件。

4. 自然灾害事件。主要是指地震、洪水、台风等自然灾害。

5. 由学生个体危机引发的群体事件。大学生的个体危机通常表现为大学生某种心理上的严重困境。当大学生遭遇超过其承受能力的重大问题，如学习负担过重、亲人离世、受到学校处分、失恋、就业困难等问题时，既不能回避，又无法用常规的办法解决，内心的稳定和平衡被打破，从而产生紧张、烦躁和焦虑，如果没有及时得到缓解，将会导致情感、认知和行为方面的功能失调。[①]

二、高校危机事件的特征和处理原则

（一）高校危机事件的特征

高校危机既具有突发性、危害性、不可控制性等一般危机的共同特性，又具有高校群体特点赋予的公众关注性、社会辐射性等特征。

1. 突发性。高校危机虽然存在发生征兆和预警的可能，但是如果要准确定位其发生的时间和地点却是很困难的，从而具有突发性。由于高校学生众多且年轻，易受外界因素的影响，他们的动向不易掌握，因此高校危机从表象上看常常是突如其来的。危机的出现会威胁到高校教职工、大学生的基本价值和目标。

2. 危害性。无论何种类型的高校危机事件，都必然会对高校和广

---

① 参见马韵：《试论高校学生危机事件的干预与处理》，载《中小企业管理与科技》，2008（18）。

大师生产生不同程度的危害。严重的高校危机事件，不仅扰乱正常的公共秩序、破坏社会稳定、产生不良的影响，而且也超过了正常的高校运行秩序和教职工、大学生习惯性的心理承受能力。

3. 不可控制性。高校中大部分为青年知识分子，他们的思维较为活跃，情绪容易冲动，行动较为迅速，而且容易形成统一的行为倾向，所以高校危机事件一旦发生，较之其他危机事件，其发展趋势更难把握。

4. 公众关注性。高校危机事件涉及的主体大多数是学生，教育部门、政府、学生所在的家庭、用人单位，乃至媒体，对高校的关注度都较高，如果对高校危机事件处理不好，可能会演变成社会危机，对社会产生极大的影响。所以"与其他领域的危机事件相比，高校危机事件具有更强烈的公众性，其影响范围更大、影响程度更深刻"。[①]

5. 社会辐射性。高校作为高科技人才与高级知识分子聚集与输出基地，一直以来在公众心目中占有较为神圣的位置，如果高校危机事件一旦发生，其社会辐射性是其他危机事件所不能比拟的。

（二）危机事件处理的原则

一般来说，在处理高校危机事件的过程中要掌握以下原则：

1. 快速反应原则。大学校园突发危机事件的特征决定了危机应对的快速反应性。面对可能导致重大人员伤亡或财产损失的突发事件，如果不立即采取有力措施妥善处理，其影响会迅速扩散。因此，在危机事件发生后，要快速上报、快速反应、迅速处理，才能防止扩散，才能减少生命和财物的损失。

2. 以人为本原则。对于高校危机事件的管理，其根本目标在于保障师生的生命安全。当危机事件发生时，人的生命应放在首位，这是以人为本的客观要求，是校园危机事件管理必须把握的基本理念。

3. 依法处理原则。依法处理包括两层意思，即"有法可依"和"有法必依"：一是依法制定校园应急预案，有效、合法地建立危机事件处理程序和步骤，形成科学、合理的危机事件处理机制；二是依法处置各类危机事件，即预案中对校园危机事件的处置要合法。除此之

---

① 李永贤：《高校危机管理与和谐校园建设》，载《国家教育行政学院学报》，2006(7)。

外，学校对其制定的行为准则和各种规章制度，要通过多种渠道进行宣传教育，使学生了解学校的规章制度。

4. 科学性原则。各种事物都有其自身的规律性，在应对危机事件时，且不可盲目蛮干，必须注重科学性、技术性，要多方征求专家的意见。正例：唐家山堰塞湖的处置充分发挥了水利专家的作用。反例：苏联切尔诺贝利电站核泄漏事故，因为隐瞒真相，造成重大人员伤亡。

5. 真实性原则。在危机事件中，尤其是事件的初发阶段，相关信息极容易被误传，危机事件处理人员应真诚对待相关人员，甚至媒介，坚持事件的真实性与保持诚意，能促进彼此的沟通与理解，消除疑虑与不安。

三、学生工作危机管理机制

（一）危机预防阶段

1. 健全组织机构，整合危机事件管理资源和职责。危机事件发生的不确定性和突变性，决定了危机事件需要由一个反应灵敏、指挥有力的组织决策机构来处置。所以要在学校层面成立学生工作危机管理领导组织，来作为学校的一个常态机构，这个机构的专职人员作为常设机构的固定工作人员，承担机构日常的运行及危机期间校内外信息传递、资源优化整合的工作。兼职人员由学校领导及相关二级单位负责人构成，他们构成高校危机管理的决策中心，负责对高校安全与稳定工作的重大问题和危机事件及时作出决策并进行干预。[①] 院系要在学生管理队伍的基础上，建立以院长（主任）为第一负责人的二级组织，配合学校完成危机事件的处理工作。同时，组建法律、卫生、心理、信息与宣传等专门委员会，作为应急决策的咨询参谋系统，统一协调后勤、校医、车队等作为支持保障系统。

2. 建立信息预警系统和制订应急预案，将危机管理规范化、制度化。危机的预警是指在已经发现可能引发危机事件的某些征兆，但危机事件仍未爆发前所采取的危机管理措施，如信息搜集、信息传递、

---

① 参见朱春晖：《当代高校危机管理的对策研究》，人民论坛，2009年7月。

信息处理和信息识别以及信息发布等。① 完善、可靠、灵敏和准确的预警机制，会对危机事件的处置产生积极、有效的影响和作用。高校中，数万名学生的信息沟通顺畅是保证稳定和预防危机事件发生的重要手段，除了正常渠道的"学生干部→辅导员→院系→学校"的信息传递系统外，还应该建立好公寓安全员、心理委员等非正式渠道的沟通和信息传递，将信息的传递触角延伸至学生活动的所有空间。制定和完善应急预案和处置流程；建立起节假日学生去向登记制、学生安全稳定检查制、心理健康普查制、重大突发事件报告等系列制度，及时采集相关信息，使学生各方面的情况及信息能比较完整、快速地传递到学校决策层，避免因信息错误或滞后而影响对危机事件的处置。

3. 开展危机意识教育，提高师生应对能力。针对目前各高校普遍缺乏危机教育，学校经常性地开展危机意识教育和"危机事件模拟"，有助于培养广大师生的危机意识。学校可以在新生入学教育中增加大学生安全法制教育，开设危机教育相关选修课程，提高学生对危机的正确认识，做到寓应急管理于日常工作之中。

4. 加强对青年学生思想动态的分析、研究、预测和监控。一是要掌握青年学生的思想动态，特别是特殊群体的思想动态，如学业困惑群体、网络成瘾群体、情感困惑群体、毕业生群体、特困生群体、其他心理问题群体等；二是密切关注特殊时期学生的思想动态；三是认真研究各种思想动态和倾向对学校或学生的影响，如"80后"学生的思想倾向、大学生无直接利益冲突现象等；四是加强大学生的心理咨询，心理咨询的有效开展不仅能够干预大学生的危险行为，更重要的是可以积累大量有价值的第一手资料。

（二）危机处理阶段

危机处理是危机管理的现场工作和核心工作。危机具有突发性、难测性、潜变性、辐射性、紧迫性、破坏性等特点，对其处理刻不容缓。危机有潜伏期、爆发期、扩散期、消失期四个阶段，除潜伏期要做好预警工作外，其他三个环节的危机处理则贯彻始终。

1. 启动预案，人员到位。群体性危机事件发生后，要立即启动应

---

① 参见黄顺康：《公共危机预警机制研究》，载《西南师范大学学报》（社科版），2006（6）。

急预案,一线人员要第一时间赶赴现场,各部门各就各位,并及时报告上级。要迅速判明危机性质,找出原因,果断采取措施,控制局面,进行危机隔离,防止事态扩大,避免危机爆发和扩散。

2. 坚持原则,讲究方法。坚持"动之以情,晓之以理,可散不可聚,可顺不可激,可解不可结"的工作原则,注意危机处理的方式方法,有理、有据、有节,做好说服、疏导工作。对于有爱国主义倾向等积极因素的学生运动,应尽量规劝学生在校园中进行,必要时要主动联系当地公安部门引导学生按法定程序表达诉求,要搞好秩序,注意引导和克制,避免破坏公共秩序和防止过激行为的出现。对于学生的集体维权活动,要迅速在复杂的动因中找出症结,甄别善恶,适当怀柔,分化处理,帮助学生稳定情绪,分清是非,明确纪律,摒除法不责众的错误心理,采取合理、正当的诉求方式,等待上级部门给予公正处理。如果学生群情激动不宜马上安排跟领导直接接触。对于已经出行的要及时制止、劝返。对于学生之间矛盾对抗的,先控制当事人和骨干分子,制止冲突,强制疏散。对于性质和危害严重的,要旗帜鲜明地制止和取缔,如果学校难以控制,则要寻求公安部门的援助。

3. 引导舆论,注意取证。要迅速控制校园信息发布渠道和论坛,如 BBS、QQ 群、百度吧、广播站等,占据舆论导向的有利位置,把这些最容易混淆视听、激发情绪、引发混乱的地带,变成迅速澄清事实、教育引导和化解危机的阵地。同时要注意危机公关,加强与新闻媒体的沟通,减少负面影响。要注意保护现场,做好勘查取证工作,并对当事人或目击者详细问话,尽可能准确了解相关信息、数据并作记录,以利事后分析定性。

4. 善后处理,平息危机。学生群体性事件平息后,要做好矛盾的后续调解、责任认定、快速理赔或心理援助等善后工作,并彻底解决问题、化解危机,维护安定的局面,切忌工作流于表面出现反复。要依法办事,本着"惩前毖后,治病救人"的原则,相关责任的认定要准确,处理要适当。由学校与学生之间的矛盾冲突引发危机的,确实伤害学生合法权益的,校方要深刻反思,勇于承担责任,以理服人,并着手弥补工作不足,不能让学生认为学校以势压人,防止不必要的危机反弹。根据事件的性质和结果,对于幕后策划、带头闹事、态度恶劣的,要迅速从严、从重处理,触犯法律的要移交司法机关依法处理。对于情节较轻、危害不大的人员,宜从缓、从宽处理,本着一颗爱心,尽量挽救。①

---

① 参见林银焕:《论高校学生群体性事件的危机管理》,载《内蒙古师范大学学报》(教育科学版),2009(1)。

第十六章 少数民族预科学生教育管理工作

民族高等教育的办学层次比一般高等教育的层次要多，主要包括专科教育、本科教育、研究生教育和预科教育及干部培训等。民族预科是指对当年参加普通高等学校招生统一考试、适当降分、择优录取的少数民族学生，实施高等学校本、专科预备性教育的一种办学形式，其主要任务是加强学生的道德素质教育、强化文化基础知识和基本技能，帮助学生在德、智、体、美等方面得到进一步的发展，为本科、专科阶段的学习打下良好的基础。民族高等教育设置预科是党和政府从民族地区特点和少数民族特点出发，为培养少数民族人才而采取的一项特殊措施，是各民族院校特色办学的一个组成部分。

第一节 我国少数民族预科教育概况

一、少数民族预科教育的回顾与现状

在我国教育史上，预科教育是从 20 世纪初开始的。据有关资料记载，1908 年清政府在北京建立满蒙高等学堂时，就专门设立了满蒙文预科和藏文预科。1941 年，中国共产党在延安创立了延安民族学院，并设立了与民族预科教育性质相似的普通班。新中国成立后，预科逐渐成为我国民族高等教育，特别是中国特色社会主义教育体系的重要组成部分，各院校纷纷创办民族预科教育。几十年来，民族预科教育大体经历了三个发展阶段。

第十六章　少数民族预科学生教育管理工作

第一，文化补习班阶段。新中国成立初期，为了适应民族地区政权建立的需要，各民族院校和民族地区部分高校以开办短期干部培训班为主，面向少数民族地区招收农牧民参加学习。由于这些学员来自不同的民族和地域，他们在语言、风俗习惯、宗教信仰等方面各不相同，接受教育程度上更是参差不齐，使教学工作甚为复杂。为了确保教学任务的完成，对文化程度较低的学员开展文化补习，后来逐渐发展成为文化补习班，并要求这部分学员在3~4年内完成小学的主要课程，在两年内完成初中的课程，这种文化补习班为后来发展成为预科班奠定了基础。

第二，预科班阶段。1954年前后，各民族院校将原文化补习班改为预科班，预科开始正式建制，设立教研组，配备专职教师和管理人员，课程设置与普通中学一致。通过学习，学生的文化水平提高到高中文化程度，结业后转入本科各专业继续学习。除民族院校外，我国还在民族地区部分高校设置了专门招收少数民族预科生的民族班。

第三，大学预科部阶段。1977年，我国高考制度的恢复给预科教育带来了新的契机。少数民族预科的生源发生了新变化，改为从全国高考统一招生中适当降分、择优录取的新生，学制1~2年，预科班改为大学预科部。经过一年或两年的适应性学习，如果学生在德、智、体、美诸方面合格，分别进入本、专科专业继续深造。1980年6月，教育部颁发了《关于在部分重点高等学校试办少数民族班的通知》，并从当年开始，按照具体的招生办法有计划、有重点的在部分高等学校举办民族班。1984年3月，教育部和国家民族事务委员会在联合发出的《关于加强领导和进一步办好少数民族班的意见》中指出："高等院校民族班分预科、专科和本科三种，预科阶段的任务是根据少数民族学生的特点，采取特殊措施，着重提高文化基础知识，加强基本技能的训练，使学生在德智体几个方面都得到进一步发展与提高，为在高等院校本、专科进行专业学习打下较好的基础。"至此，民族预科教育的性质、任务和培养目标发生了重大变化。民族预科教育由原来单纯的文化补习转变为为全国民族院校和重点高等院校培养、输送合格少数民族人才。2002年7月，国务院下发《关于深化改革加快发展民族教育的决定》，要求加快少数民族预科基地的建设。2005年6月，教育部出台《普通高等学校少数民族预科班、民族班管理办法》

等文件，对少数民族预科教育的办学机构、招生录取、教学与学生管理、师资队伍建设、办学经费与办学条件等做了进一步明确的规定，使民族预科教育走上了正规化、科学化和制度化的办学道路。①

党和国家制定的一系列有关民族预科教育的政策措施，有力地促进了民族预科教育的改革与发展。我国高等学校，特别是民族院校，通过这一特殊的办学形式，为各少数民族培养了一大批少数民族干部和专业技术人才。目前，我国民族地区的许多党政领导干部几乎是经过预科进入高等院校学习培养出来的。他们当中的绝大多数人已经成为民族地区各个行业、各条战线的骨干力量，有的已成长为少数民族的代表人物或党和国家的领导人。特别是进入21世纪以来，随着我国高等教育的发展，具有中国特色的少数民族预科教育也得到了快速发展。据不完全统计，目前我国高等院校中，招收民族预科班的学校已达到300所，民族预科在校生人数已超过3万人，累计招生达到26.5万人。民族预科教育不仅在规模上实现了跳跃式发展，而且从2007年开始实施的培养少数民族高层次骨干人才计划，招收硕士、博士层次的民族预科班，实现了办学层次上的跨越式发展，为民族预科教育的发展开辟了更加广阔的前景。民族预科教育为广大少数民族学生进入高等学校继续深造，架起了金色的桥梁。

大连民族学院于1999年3月创立预科部，这是继大连民族学院建校后根据我国少数民族地区加快发展的需要采取的一项特殊的人才培养措施，是大连民族学院贯彻党的民族教育政策的具体体现。在十年的办学过程中，预科部与理学院合署办公，探索出了一条融预科教育于本科教育之中的办学模式。在学校党委的高度重视下，预科部在教育管理、教学改革、师资队伍建设，特别是少数民族人才培养方面取得了显著成绩。目前，预科部已培养了来自全国17个省、市、自治区，涵盖40多个民族成分的学生2700余名。很多预科生升入本科后有的成为各院系的骨干，在班级或学生会担任学生干部，有的光荣地加入中国共产党，本科毕业后部分学生考取了硕士研究生，大部分学生自愿回到民族地区，成为"下得去、留得住、用得上"的可靠人才。预科部不仅帮助少数民族学生顺利实现了上大学的梦想，而且还

---

① 参见欧以克：《民族高等教育学概论》，237~243页，北京，民族出版社，2005。

为民族地区的经济和社会发展输送了宝贵人才。

二、少数民族预科教育的重要地位和特殊作用

民族预科教育是我国民族高等教育的重要组成部分，在为民族地区培养少数民族人才方面起着不可低估的作用，是贯彻落实党的民族政策和科学发展观的重要体现。

（一）民族预科教育是加速民族高等教育改革和发展，使之适应民族地区经济和社会发展的重要措施

民族预科教育是我国民族教育的特殊层次，通过发展民族预科教育进一步促进民族高等教育的发展，从而加快培养民族地区少数民族人才的步伐。如果没有民族预科这个特殊层次，根据目前我国民族地区基础教育的现状，就会有许多少数民族学生，特别是边远贫困民族地区的少数民族学生无法步入大学之门，这就难以完成加快培养少数民族地区经济、社会发展急需人才的重任。由于民族预科降低分数录取，这就为边远、贫困地区的少数民族学生创造了机遇和条件，从而使更多的少数民族学生得以真正享受到接受教育的平等权利。这对发展民族高等教育，更多、更快、更好地培养少数民族建设人才，发挥了极其重要的作用。

（二）民族预科教育为民族高等教育的健康发展提供了质和量的双重保障

民族预科教育是我国民族高等教育的一大办学特色，是基于少数民族地区普通教育条件和质量相对较差的实际情况，为提高少数民族学生知识水平所实行的特殊办学形式。民族预科学生的录取分数一般低于标准录取线几十分，甚至一二百分，这样大的差距，如果不在预科阶段努力缩短，就难以保证大学新生的质量，从而影响民族高等教育的质量。实施民族预科教育是保证民族高等教育质量的有效措施。从大连民族学院历届民族预科生的情况看，大多数学生在预科阶段进步很大，因为大学校园丰富的图书资料、完善的教学设备和较强的师资力量，为他们提供了优越的学习条件；沿海开放城市众多的信息和现代化设施有利于开阔他们的视野、开发他们的智力；丰富多彩的校园文化活动有利于培养和锻炼他们的能力。通过预科一年的学习，有

利于帮助学生树立科学的人生观,打牢思想学习基础,适应大学环境,为新生的生源质量提供基础保证。

(三) 民族预科教育是保证民族地区多出人才、快出人才、出好人才的有效途径

少数民族地区的人才匮乏,已经成为民族地区经济和社会进一步发展的瓶颈。为此,国家出台了一系列资助政策,鼓励毕业生面向基层、面向边疆少数民族地区就业。民族预科生来自民族地区,他们对家乡怀有深厚的感情,绝大多数人志愿回到家乡,服务家乡,为家乡建设作贡献。我国部分省区还规定,民族预科生升入本科、专科学习毕业后,要回到原户口所在地工作。因此,民族预科教育就成了为民族地区经济和社会发展培养人才的有效途径。

三、少数民族预科教育的鲜明特色

民族预科教育是我国高等教育的一个特殊办学层次,它不同于其他类型教育的明显特点,主要体现在"民族"和"预科"以及两者的有机结合上。

首先,民族特色鲜明。民族预科招收的学生全部是少数民族,而且大多来自边疆贫困民族地区,他们的文化背景、风俗习惯、宗教信仰等具有鲜明的民族特点。党和政府设置预科教育是从民族地区特点和少数民族特点出发,为培养少数民族人才而采取的一项特殊措施,是党的民族政策在高等教育中的重要体现。我国的民族院校和部分重点院校等,多年来就是通过民族预科这一特殊办学层次,为各少数民族培养了一大批本民族的干部和专业技术人才。

其次,办学形式特殊。民族预科教育既不同于一般的中学补习教育,也有别于普通高等教育。由于历史的原因,民族地区的办学条件仍然较为落后,基础教育和中等教育与发达地区相比存在较大的差距,虽然国家在本科、专科的招生中实行优惠、照顾政策,但绝大多数少数民族学生依旧达不到录取标准。民族预科教育则专门招收少数民族学生,采取降分、择优录取的办法,通过一至两年的学习,着重提高他们的文化基础和基本技能,使他们在德、智、体、美方面得到进一步的发展和提升,成为合格的本科生或专科生。因此,民族预科教育

是对民族基础教育的补充和提高,是向高等教育过渡的特殊阶段和预备形式。

最后,培养目标明确。民族预科教育的培养目标,是提高民族预科生的思想政治觉悟和文化水平,使他们成为高等学校合格的本科生或专科生,而不是学历教育。民族预科教育主要有两种培养模式:一种是针对新疆等少数民族聚居地区的汉语及英语用本民族语言文字考试,称为学习汉语及英语打好基础的培养模式,简称零起点班或民考民班,一般学制为2年;另一种是民考汉,学制为1年,是以补习高中文化知识为主、补预结合的培养模式。根据不同的培养模式,分别制定不同的培养方案和教学计划。如以1年制预科为例,在预科教学中,既不能照搬大学一年级的教学计划,也不能简单重复高中课程的教学内容,而是要根据学生的特点,系统而又有重点地复习和巩固高中阶段的知识,特别要强化与大学学习有密切关联的内容,使学生掌握得更加熟练,更加扎实,并在此基础上有所提高。在民族预科学生的教育管理上,要引导学生确立科学的人生观、价值观和马克思主义祖国观、民族观、宗教观、文化观,帮助学生学会自理、自制,养成良好的学习和生活习惯,使民族预科生在预科阶段的综合素质得到全面提升,为进入专业学习奠定坚实的基础。

民族预科教育这一特殊办学形式,时间短,经费投入少,对少数民族贡献大,所以,深受民族地区和广大少数民族青年学生的欢迎。

第二节 少数民族预科学生思想政治教育工作的特点

一、少数民族预科学生的特点

在民族高等教育中,最具特殊性和突出特点的要数少数民族预科教育,原因之一是招收的学生都是少数民族。他们大多来自边疆贫困民族地区,经济困难,家庭负担重;他们拥有自己的语言文字、民族风俗和生活习惯。由于当地办学条件和教育水平的落后,大部分预科生学习基础薄弱,其文化背景、宗教习俗和成长环境与内地汉族学生有很大差异,具有明显的特殊性,其主要表现在以下三个方面。

(一) 文化基础普遍薄弱且相差悬殊

少数民族预科生文化基础普遍薄弱且参差不齐,是不容回避的客观现实。多年来,通过对历届预科生的调查、分析、归类,大约有70%以上的学生存在学习困难的情况。我们认为,造成这一现状的原因主要有三个:

1. 少数民族历史悠久,有本民族的语言、文字,居住地区相对偏远、集中,多数地区的学校用本民族语言授课,学生对汉语的掌握程度参差不齐,预科生中还有部分是"民考民"考生,英语也几乎是零起点,他们进校后对于使用汉语授课的教学方式一时很难适应,极易产生因语言障碍而引起的文化层次差别。

2. 大部分少数民族预科生来自老、少、边、穷地区,这些地区一直生活在贫困线上,温饱问题尚未得到根本解决,基础教育自然相对薄弱。特别是来自新疆、西藏等地区的民族预科生,他们的基础教育普遍较差,甚至有的只能达到内地学生的初中三年级或高中一年级的水平,文化层次差别巨大。

3. 高校民族预科采取降分录取的办法招收少数民族学生,在偏远少数民族地区录取分数线比高考提档分数线低几十分,甚至上百分,而部分内地基础教育较好地区的民族预科学生录取的分数线往往能达到甚至超出当地本科分数线水平,在客观上造成了预科生文化层次相差悬殊。

(二) 贫困生、特困生较多

在少数民族预科生中,来自经济欠发达地区的学生较多,那里交通闭塞、信息不畅、环境恶劣、资源匮乏,加之自然灾害、病残、意外事故等天灾人祸时有发生,个别学生存在父母双亡或单亲情况,家庭贫困,给孩子提供教育资源的能力十分有限。通过享受国家对少数民族的优惠政策,才有机会被录取到预科学习的这部分学生,在预科生招生比例中占有相当比重。还有一部分预科生,虽然生活在城镇,但随着我国城镇经济结构的调整及国有企业改革的纵深推进,少数民族地区国有企业由于缺乏竞争力而纷纷破产,很多原来有固定收入的国有企业职工因为下岗而失去了生活来源,个别家庭甚至父母双双下岗,家中正常的生活难以维持,经济困难可想而知。据了解,在历届预科生中,特困生约占10%,贫困生占35%以上。

(三) 民族特征和心理特征鲜明

少数民族预科生多数来自民族地区或少数民族聚居地,由于他们长期受到本民族经济文化的熏陶和地理环境的影响,自然而然地形成了本民族的思想意识。进入大学以后,新的学习、生活环境使他们一时难以适应,与本科学生相比,其思想和心理具有明显的特殊性,表现最典型的特征有以下三种。

1. 自卑心理。自卑心理是少数民族预科生最突出的心理特征。首先,因贫富差距而产生的自卑心理。少数民族预科学生大多数来自偏远山区和农村,经济落后,家庭人口多,医疗条件差,生活环境艰苦困难,加之根据有关规定,预科学生不能申请国家助学贷款,这使得很多贫困学生在完成学业的同时伴随着很大的经济压力。有些新生除去路费,生活费所剩无几。进入大学后,多彩的生活让他们既新鲜又恐惧,一部分来自富裕家庭的学生身着名牌服装,出手大方,让他们感到了前所未有的挫败感和自卑情绪。其次,因成长环境不同而产生的自卑心理。经过一段时间的学习,部分学生发现自己由于来自贫穷落后的少数民族地区,没有受到过良好的基础教育和缺少接触社会的机会,与周围的同学,尤其是与来自大城市的同学相比,在知识、能力和见识上缺乏应有的自信而产生自卑心理。再次,因生活习惯不同而产生的自卑心理。少数民族预科学生在艰苦的环境中长大,家庭贫困,生活空间狭窄,他们具有吃苦耐劳和适应能力强的特点,但也会养成一些不良的习惯,如不太注重个人卫生、纪律性和自制能力弱等,在进入大学与其他同学的交往过程中,会因为这些不良习惯与人发生摩擦或争执,在受到批评或指责时,也会产生自卑心理。最后,因对家人的愧疚而产生的自卑心理。少数民族预科贫困学生多有相似的家庭背景,地处偏远山区,家境贫寒,父母体弱多病,家中兄弟姐妹多,为供养一个大学生,其他兄弟姐妹不得不外出打工,以挣取足够的学费与生活费。可以说,来自少数民族地区,尤其是来自贫困少数民族地区的大学生,多是在全家节衣缩食和极度倾斜的保护状态下上学的,他们被全家人寄予厚望，其心理负担沉重，他们也会因此而产生自卑感。

2. 封闭心理。少数民族预科生与其他大学生一样，正处于青春叛逆期，由于自我意识的发展和生理、心理的不成熟，加之部分学生自尊心和自卑感较强，思想情感不愿与外人分享，越来越表现出自我世界的封闭性。部分学生有自己的民族风俗与生活习惯，担心因自己的某些不同被周围同学嘲笑而不愿与别人交流。这种封闭心理有些是因环境改变所致，有些是自卑怀旧，也有因为生活、学习受挫而产生的，这在女生中更为普遍。

3. 民族意识强烈，不同少数民族地区学生特点鲜明。少数民族预科生生源地域差别很大，不同生源地学生的特点非常鲜明，如来自朝鲜族聚居地的学生比较热情好客，来自新疆维吾尔自治区的学生能歌善舞，来自内蒙古大草原的学生则比较开朗奔放等。

少数民族预科生除以上三种特点外，还在一定程度上存在着失落心理、逆反心理、困惑与求知的矛盾心理等。作为思想政治教育工作者，在具体工作的实践中，一定要尽可能地贴近预科阶段少数民族学生的思想实际，把握重点、难点，找准切入点，提高思想政治教育的针对性和实效性。

二、少数民族预科生思想政治教育工作的重点和难点

随着我国民族高等教育的迅速发展，少数民族预科生的数量也在逐年增加。少数民族大学生肩负着发展民族地区社会、经济、文化，促进祖国边疆巩固和民族团结的特殊重任，对他们的思想政治教育成功与否，直接关系到民族地区的稳定和社会的和谐发展。因此，少数民族预科生思想政治教育工作是高校德育工作的重要组成部分，极具特殊性。作为培养少数民族合格大学生的预科阶段，我们要通过思想政治教育引导他们树立热爱祖国、热爱民族、热爱家乡，积极投身祖国边疆建设的荣誉感与使命感。结合少数民族预科生的特点，应从以下三个方面着重加强思想政治教育工作。

（一）祖国观教育

祖国观的核心是爱国主义，爱国主义是长期生活在一定疆域里的

人民，在深刻理解祖国所代表的各种价值对人类进步所具有的重要作用的基础上所形成的神圣信念。爱国主义思想是各民族学生为祖国、为人民，为少数民族和民族地区贡献智慧和力量的重要思想基础。对少数民族预科生进行爱国主义教育的目的，就是引导他们树立正确的祖国观，让他们了解祖国的悠久历史和灿烂文化，了解各民族共同缔造中华人民共和国的历史事实，了解新中国成立后少数民族和民族地区发展的历史变化和取得的巨大成就，增强各民族学生的中华民族自尊心和自豪感，坚定走中国特色社会主义道路的信心和决心。

通过开展爱国主义教育，使广大预科生深深懂得中华人民共和国是由各民族构成的统一的、多民族国家，中国是各民族人民共有的家园，只有在社会主义祖国大家庭里，各民族才能拥有平等、尊严和荣誉，才会有光明、美好的未来。作为一名少数民族预科生，应当把自觉维护祖国的统一与稳定、促进祖国的繁荣与发展、捍卫祖国的利益和荣誉作为自己的神圣职责。开展爱国主义教育，应与课堂教学、社会实践、党团活动等有机地结合起来，不但上好文化上的预科，更要上好思想政治上的预科。中华人民共和国成立 60 年的庆典，主题突出，特色鲜明，隆重热烈，气势磅礴，是对少数民族预科生进行爱国主义和民族大团结教育非常好的教材。通过阅兵和群众游行，展示出来的国威军威，激发出来的爱国热情和民族精神，令海内外中华儿女为之骄傲和自豪。我们要把这种爱国热情及时引导到学生的日常学习和生活中，激励和鞭策预科生倍加珍惜来之不易的和平环境，刻苦学习，将来为少数民族和民族地区的建设、发展贡献力量。

（二）民族观教育

马克思主义民族观是马克思主义对民族和民族问题的总的看法，是解决民族问题的基本方针和政策。民族观教育不是单纯的民族观念教育，而是民族理论和民族政策、民族法律法规和民族基本知识的教育，民族观教育也是爱国主义教育的重要内容之一。中共中央《爱国主义教育实施纲要》中指出，要进行民族团结教育，中华民族是一个多民族的大家庭，无论在内地，还是在边疆，无论在汉族地区，还是在少数民族地区，都要加强马克思主义民族观、宗教观和党的民族政策、宗教政策的教育，大力宣传各民族人民为维护民族团结和祖国统一作出的不懈努力和历史贡献。少数民族预科教育作为民族高等教育的重要组成部分，肩负着为党和国家培养少数民族干部和各种专业技术人才的历史使命，也是敌对势力争夺的一个重要阵地。它所培养的学生的素质，尤其是思想政治素质，关系到民族地区今后的社会稳定和经济发展。同时，少数民族预科生中一般有几十个民族成分，他们在生活习惯、文化风俗、宗教信仰、价值观等方面存在较大差异，同学之间的社会关系与普通院校相比较为复杂，除了处理一般的同学关系、人际关系外，还要处理好民族关系。因此，对少数民族预科生加强民族理论与民族政策教育，帮助他们树立马克思主义民族观、宗教观，自觉维护祖国统一，加强民族团结，反对敌对势力的分裂，具有十分重要的意义。

马克思主义民族理论和党的民族政策教育，是我国民族高等院校政治理论必修课之一，在大连民族学院同时也是预科教学的必修课，是对各民族学生全面、系统地进行马克思主义民族理论和党的民族政策教育的主渠道和重要阵地。

首先，民族理论与民族政策的教学应站在时代的高度，以宽广的视角，介绍我国民族和民族问题，并把我国的民族问题放在世界民族问题大环境里进行比较研究，从中认识和把握我国的民族问题和处理民族问题的政策，如中国为什么实行民族区域自治而不实行联邦制、中国的西部大开发政策与西方国家的种族歧视、中国的"反恐怖"政策与西方的民族分裂主义等。通过比较，使学生了解我国是世界上正确处理民族问题的典范，从而倍加珍惜和平的学习环境。

其次，在重点讲清基础理论和根本政策外，还要结合人们普遍关注的民族及热点问题进行教学。如西藏"3·14"和乌鲁木齐新疆"7·5"打砸抢烧暴力事件，新疆、西藏地区民族分裂主义和境外分裂主义、恐怖主义势力相勾结，对国家的安全和社会的稳定构成了极大的威胁。在教学中就应补充这方面的内容，强调我国是统一的、多民族的国家，新疆、西藏是祖国不可分割的一部分，要正确处理好民族和国家的关系，让同学们认识到，没有国家，民族的独立和发展就没有保障，同时民族是组成国家的一个基本要素，不存在一个没有民族的国家；教育和引导学生要客观评价本民族和异民族的历史和现状，牢固树立中华民族是一个大家庭的思想，牢固树立"汉族离不开少数民族、少数民族离不开汉族、各少数民族之间也相互离不开"的思想，不断增强各民族学生对中华民族、中华文化和对中国特色社会主义道路的高度认同感；加深学生对反对民族分裂主义、宗教极端主义和暴力恐怖主义的认识，树立国家利益至上的信念，激发他们强烈的爱国热情，从而更真挚地热爱自己的祖国，做一名坚定的社会主义爱国者。

民族院校在充分发挥课堂教学主导作用的同时，要把民族观教育贯穿于少数民族预科生学习、生活的各个方面；如开展主题党日、主题团日和主题班会活动；定期举办民族团结教育专题形势报告会；抓住重要纪念日、民族传统节日，特别是少数民族节日等契机，组织开展民族歌舞表演、少数民族特色文化展示等形式多样的文体活动。通过课堂教学和课外活动，把民族观教育覆盖到每一个学生。

(三) 刻苦学习，勤奋自强教育

在前面的章节中我们已经谈到，少数民族预科生是享受党和国家民族政策、绝大多数来自边远贫困民族地区，所以，少数民族预科生中贫困生和学习有困难的学生居多，这部分学生的思想压力较大，自卑心理较强。如何使这部分预科生摆脱生活、学习的困境，顺利完成预科阶段的学习任务，是摆在我们面前的重要工作任务。

首先，在现有贫困生资助体系上应对少数民族预科生中的贫困生给予优先照顾。我国高校主要从奖学金、助学贷款、勤工俭学、社会资助和学校补助、学杂费减免等几个方面来资助贫困生，建立了比较完善的、多方位的扶贫帮困体系，使高校的贫困生暂时摆脱经济困扰。但按照国家规定，少数民族预科生还没有取得正式的大学学籍，不具备申请国家助学贷款的条件，所以他们在预科阶段将面临筹集学费和生活费的双重压力。针对这一特点，民族院校在现有贫困生资助政策的基础上，应对少数民族预科生中的贫困生给予优先照顾。大连民族学院在这方面的做法是：设立预科专项奖学金，缩短奖学金评选时间，由原来的一学年一评，缩短为一学期一评，扩大奖励比例，奖励金额不变；为预科生中的贫困生设立专门的勤工助学岗；建立长期的临时困难补助制度；对特别困难的预科生的学杂费实行一次性减免制度。通过上述途径和措施，基本解决了民族预科生中的贫困生问题。我们要认识到，在帮助贫困生的过程中，要把助学帮困与成才教育结合起来，让学生在受到资助的过程中受到教育，获得动力，做到扶贫先扶志,帮困先育人。

其次,教育和引导少数民族预科生,特别是少数民族贫困预科生珍惜来之不易的大学深造机会,刻苦学习,勤奋自强。艰苦奋斗、自强不息是中华民族的优良传统。民族贫困预科生比一般大学生更多地感受到生活的艰辛,我们要帮助他们正确认识和对待暂时的贫困问题,使他们懂得贫困不是罪恶,不是耻辱,贫困是可以通过努力改变的,使他们认识到只有自己勇敢、乐观地面对家庭经济贫困问题,从积极意义上去体会自己对家庭、对社会的责任感,才能有抗争命运的勇气,才能变压力为动力,增强自信心,放弃自卑感,发奋学习,以优异的成绩回馈家人,以实际行动回馈社会,改变家乡贫困落后的面貌。

三、少数民族预科学生日常教育与管理工作

根据少数民族预科阶段培养目标的要求,结合少数民族预科生自身的特点,在日常教育和管理工作中,我们积极探索符合少数民族预科生成长规律的教育管理模式。

(一)打破民族地域限制,混合编班分寝,促进民族团结

少数民族预科生民族成分多,生源地域广,将不同民族、不同地域的学生混合编班分寝,有利于相互交流,增进民族团结。

第一,不同民族在发展过程中都留下了本民族悠久、灿烂的文化,将不同民族、不同地域的学生混合编班分寝,有利于不同少数民族学生间的交流,可以取长补短,促进民族融合。

第二,少数民族预科生的文化层次相差悬殊,混合编班分寝可以将不同文化基础的学生放在一起,在学习上可以互相帮助,有利于基础薄弱的学生尽快弥补不足。

第三,混合编班分寝有意识地打破了不同民族间的界限,让民族感与班级意识融为一体,可以有效减少不同民族学生之间的摩擦。

第四,在混合编制的班级和寝室中,少数民族聚居地的学生要想与其他地区的学生进行交流,唯一可以使用的语言只有汉语,这样可以有意识地锻炼与提高他们的汉语水平,为他们将来进入本科阶段的学习打下良好的汉语基础。

(二)结合学生德育操行评定,科学管理,严格要求,培养良好

第十六章 少数民族预科学生教育管理工作

习惯

教育是通过内在的思想来管理人,管理是通过外在的约束来教育人。在对少数民族预科生进行思想教育的同时,还必须辅之以强有力的管理手段,在日常教育管理中,用科学、合理的行为规范约束学生,让学生懂得只有养成良好的生活、学习习惯,才能顺利完成预科阶段的学习任务并进入本科阶段继续学习。结合少数民族预科生的特点,我们制定的学生综合素质操行评定细则,大致包括以下六个方面的内容。

一是对学生综合素质的评价按照德育、智育和体育三个方面进行量化,总分为100分,其中,德育15分、智育80分、体育5分。从评价体系分数的分配上不难看出,学习成绩在综合评定中起到决定性的作用,突出了预科阶段学习的重要性。

二是明确德育成绩的基础分、加分项与减分项,学生可以针对不同的内容对自身进行评定,让学生明确什么是正确的,什么是错误的,并按照这一标准逐渐完善自己。

三是将"优良学风班"、"学风进步班"的评选写进德育成绩加分项中,引导学生不但为个人,更为班级争取荣誉而努力,一方面可以带动良好学风的养成,另一方面可以培养集体荣誉感,增强班级凝聚力。

四是将参与班级管理、参与学校各级学生会组织和学生社团组织、参与学校各类活动写进德育成绩加分项中,有利于促进少数民族预科生提早融入大学丰富多彩的生活,有效减少自卑、自闭及困惑逆反心理,使学生在参与中逐渐发现自我,建立自信,并健康发展。

五是将早操出勤、寝室卫生评定、晚自习出勤、违反校规校纪及不参加集体活动等日常行为表现写入减分项中,督促学生严格要求自己,养成良好的学习、生活习惯,为今后的学习打下良好的基础。

六是将期末考试成绩不及格写入减分项并且占有较大分值,督促学生明确预科阶段的学习是最根本的任务,是打基础的关键时期,考试成绩不及格不但不能结业,同时影响本科专业的选择,进一步突出预科阶段学习的重要地位。

我们在制定学生综合素质操行评定细则的过程中,主要遵循了三条原则：一是制定的管理规定切实可行；二是规定确定下来后要坚决遵照执行，执行纪律不分民族，一律平等；三是操行规定要细致，措辞要严密，切不可笼统含糊。学生综合素质操行评定细则经过几次修改并逐渐完善，在学生日常教育管理中发挥了重要作用。操行评定细则明确告诉学生在预科阶段应该干什么、不应该干什么、什么是提倡的、什么是禁止的，什么是正确的、什么是错误的，并用这些规定去规范他们的行为，从而把他们培养成为德、智、体、美全面发展，符合大学本科要求的合格大学生。

同时，在学生综合素质操行评定细则中有效引入了竞争机制。人类社会发展的动力是竞争，培养学生的竞争意识与竞争能力，是提高学生综合素质、克服心理障碍的有效途径。少数民族预科生缺乏的就是竞争意识和竞争能力，将公平竞争的原则贯穿于学生评优、评奖、升学以及选择专业的全过程，使学生懂得只有通过竞争才能实现人生的目标，为今后发展奠定坚实的基础。①

（三）针对民族预科生阶段性心理特征，分阶段调试心理压力，促进少数民族预科生从中学生到大学生的过渡

少数民族预科生是我国高等教育的一个特殊群体，他们的特点是贫困生多、贫困程度重，有学习困难的学生多、文化基础薄弱，民族成分多、民族意识强。由于预科教育的特殊性，他们在一年的时间内要完成高中毕业生—预科新生—预科结业生—大学本科生多个角色的转换，承受的心理压力大，面对专业选择等问题时容易产生心理波动。在日常工作中，我们结合预科生的心理特点和预科教育的自身特点，分三个阶段对预科生进行心理调试，使预科生顺利完成从一名中学生到一名真正大学生的过渡。

1. 入学适应阶段。每年新生入学后，由于新的学习生活的要求与学生心理素质存在矛盾冲突，有相当一部分新生处理不好此时的心理过渡，其原因是：自尊与自卑的冲突，物质需求变化的冲突，独立与依赖的冲突。在此阶段，最重要的是用爱和真诚赢得他们的信任，减少他们的思乡情绪，让他们感受到民族大家庭的温暖，从而尽快适应

---

① 参见李世光：《少数民族预科生的心理特征与教育管理》，载《西昌学院学报》（社会科学版），2005（2）。

第十六章 少数民族预科学生教育管理工作

大学生活，努力投入到学习当中。针对新生入学适应阶段的心理特点，我们从抓好入学教育入手，从迎接他们的那一天起，就把学生中可能出现的心理不适应现象摆在重要的工作位置，充分利用讲座、班会等入学教育的机会，向他们介绍大学预科的性质、国家创办民族预科教育的目的以及预科生活中学生要完成的学习任务。既要使他们认识到自己是党的民族政策的直接受益者，又要使他们懂得肩负的历史使命；既要使他们认识到自己是幸运者，又要使他们懂得在大学期间还有一个预备性学习阶段；既要使他们认识到大学生活的丰富多彩，又要使他们懂得大学里的竞争环境，培养自己面对挫折的勇气和心理承受能力。只有让他们对自己的角色、任务在入学之初就有清醒的认识，才能防患于未然，才能走出心理困境，尽快融入集体，找到归属感。① 针对民族预科生中贫困生多、贫困程度重的问题，要通过多渠道的资助体系对他们进行帮助，让他们在学校的关怀、同学的友爱中获得前行的力量和信心。

2. 期中调整阶段。经历了第一次期中考试的洗礼，大部分学生都已开始适应新的环境，这时主要存在的问题表现在目标和动力的缺失、学习内容和方法的变化、人际交往的矛盾。在此阶段，一方面，通过丰富多彩的校园活动，开展爱国主义、集体主义和民族团结教育，加深同学间的了解和友谊，建立互相关心、互相爱护、互相帮助的良好人际关系；另一方面，通过严格、有序的管理，使他们养成良好的学习习惯和自主学习能力，从预科生综合素质操行评定入手，在日常管理中严格要求，比如，要求学生提前十分钟到课堂、上好晚自习、邀请往届预科生介绍学习经验等，引导学生确立学习目标，订立学习计划，把他们的注意力引导到学习上来，从内在激发起他们的学习动力。

3. 结业总结阶段。预科生在上半年还是新生，下半年就要面临结业。进入结业总结阶段，预科生要受到结业考试、专业选择等的冲击。这一阶段主要问题表现在学业带来的压力和动力、前途带来的希望和困惑。通过一年的预科学习，同学们都希望自己能选择一个理想的专业。因此，此阶段的重点是做好服务工作，在专业报告会的基础上，尽可能地对每个学生关心的专业问题进行耐心、细致的解答，提供可

---

① 参见李大纪：《民族预科生的心理障碍》，载《学校党建与思想教育》，1995（4）。

参考的相关信息,使每名学生都能在了解专业的前提下,通过自己的主观努力进行最终选择。通过评奖评优、结业典礼等形式,帮助学生对一年来的收获和教训进行总结,以使他们更加轻松、充满斗志的投入本科学习生活中。

预科生经过一年的预科学习,综合素质和能力显著提高,既打好了文化基础,又提前掌握了大学的学习方法,适应了大学的生活,顺利实现了从高中到大学的"软着陆",为本科专业的学习打下了良好的基础。

第三节 少数民族预科教育的队伍建设

一、少数民族预科教育的师资队伍建设

(一)预科教育师资队伍建设的重要性

提高民族预科教育教学质量,教师起关键作用。因为教师在整个教学过程中始终起主导作用,特别对于少数民族预科生来说,他们是民族院校中的一个特殊群体,他们既是合格的高中生(会考通过),又是不合格的大学生(高考降分录取);既在大学校园中,又需要通过一年的学习成绩合格才能升入本科,通过排名次来选择专业,在一年的时间内完成高中生到真正大学生的角色转换。在这个转折点上,教师对少数民族预科生的影响作用无疑是巨大的。高校民族预科教育教学水平的高低,在很大程度上取决于教师本身的素质、科学文化水平、创新能力以及敬业精神。因此,要办好民族预科教育,必须要有一支结构合理、事业心强,且相对稳定、富有活力的高素质的师资队伍。但是,民族预科教育的性质、特点及其在高等院校中的地位,使得预科教育师资队伍建设的难度增大。首先,长期从事预科教育的教师,必然在学术水平和专业水平的提高及学术研究等方面上受到很大的限制,因而晋升高级职称成了一大难题。其次,很多高水平人才认为预科教育层次低而不愿从事预科教学工作。最后,民族预科教育只

有为本科、专科培养和输送合格的少数民族学生的功能，缺乏其他的社会服务功能，因而福利待遇长期得不到改善和提高。上述种种原因，极大地影响着预科教师的教学积极性。其结果导致民族预科教师队伍不稳定，教师队伍后继乏人，出现严重的断层现象。[1]

（二）大连民族学院预科教育师资队伍建设的模式

大连民族学院在十年的办学过程中，预科部与理学院合署办公，探索出一条融预科教育于本科教育之中的办学模式，较好地解决了目前民族预科教育中师资队伍建设存在的问题。

第一，担任预科教学工作的教师全部在各二级学院中选聘。在预科部设立预科教学研究中心，负责统一组织预科部的日常教学活动、进行教学研究和教学改革。每学期预科部根据教学计划和课程设置的需要，从各二级学院选聘优秀的教师担任预科的任课教师，定期组织教研活动，商讨、总结有共性的问题，及时调整教学进度，改进教学方法，以达到教学效果的最大化实现。这种设立方式，一方面保证了预科教学研究活动的顺利开展和教学质量的不断提高，另一方面也有助于教师在各二级学院进行学术研究和专业水平的提升，从而从整体上提高预科师资队伍的教学能力和教学水平。

第二，保证相对稳定的预科教师队伍。掌握预科生的特点、因人施教，是任课教师开展有效教学的出发点，特别是对于学习基础薄弱、民族特征鲜明的少数民族预科生，有针对性地开展教学活动更为必要。因此，学校虽然没有设立专门的预科教研室，但是从事预科教学的都是相对固定的教师。预科部注重教师的选择和培养，在广泛调研、考察的基础上，从各二级学院选聘业务水平高、责任心强的教师担任预科的教学研究工作，并且保证这支队伍的相对稳定性和延续性，以有助于他们在长期的教学活动中对预科教学规律的理解和把握。

第三，预科教师普遍具有丰富的教学和管理经验。学校非常重视预科这个民族院校中的特殊群体，在师资队伍建设方面给予大力的支持。选聘的预科教师都具有中高级以上职称或硕士以上学历，他们除了有丰富的教学经验和专业水平之外，更重要的是对预科学生有着深入的了解，这些教师不但善于因材施教，在课堂上对预科学生进行传

---

[1] 参见欧以克：《民族高等教育学概论》，249页，北京，民族出版社，2005。

道授业，而且还有极大的奉献精神，他们常常利用课下时间为学生耐心的解惑答疑，帮助学生补齐差距。同时，在与预科学生长期交往的过程中，这些专业教师也积累了很多的管理经验，能够细心地发现学生在学习、生活、心理等方面存在的问题，主动协助学生工作者开展深入、细致的思想教育工作。

这种预科教育师资队伍建设的模式，不仅使教师的学术水平和专业水平得到了提升，而且还有助于教师把握预科教学与本科教学知识点的衔接，有助于提高预科教学质量，最终获益的是广大学生。

二、少数民族预科教育的辅导员和其他队伍的建设

（一）设置预科辅导员的特殊意义

政治辅导员是学校党组织委派的从事学生思想政治教育工作的专职工作者，是基层学生思想政治教育工作和管理工作的具体组织者和实施者。这项工作关系到每个学生的思想素质和道德水平的培养，也关系到每个学生的人格与价值的取向，是培养德、智、体、美全面发展的社会主义建设者和接班人不可缺少的力量。党中央高度重视高等院校辅导员队伍的建设工作，2006年4月召开的全国首次高等院校辅导员队伍建设工作会议，出台了《普通院校辅导员队伍建设规定》，在辅导员队伍建设的结构、选聘标准、工作职责、管理考核、队伍培训、政策措施、工作研究等方面作出了明确规定，这次会议在我国加强高校辅导员队伍建设、加强和改进大学生思想政治教育工作的历程中，留下了具有历史意义的一笔。国家民委高度重视民族院校辅导员队伍的建设工作，于2007年7月在北京举办了首次全国民族院校辅导员培训班，并规定辅导员培训班今后每两年举办一次，目的是总结经验，加强交流，进一步加强民族院校大学生思想政治教育工作的针对性和实效性。

少数民族预科教育是一种政治性、民族性、针对性很强的教育形式，它学制短、任务重，学生本身又有其独特的民族和心理特征，民族预科的特殊性决定了民族预科思想政治教育工作的特殊性。因此，在民族预科设置专职辅导员，对于加强民族团结、维护校园稳定有着

特殊的意义，对选派和做好预科辅导员工作也提出了更高的要求。学校党委高度重视民族预科辅导员配置工作，把综合素质高、责任心强和具有奉献精神的教师选派到预科从事少数民族预科学生的辅导员工作。

在加强民族预科辅导员队伍建设的基础上，学校选派承担预科学生教学工作的优秀教师担任班主任，根据需要，学校还为预科学生配备了思想政治教育指导教师、安全指导教师、身心健康指导教师等，各支队伍职责明确，各尽其能，通过不同的育人途径，发挥全员育人的作用。

（二）民族预科辅导员的主要工作职责

民族预科教育的学制一般为一年，预科辅导员在一年中，既要迎接新生，又要送走结业生。因此，民族预科辅导员在认真履行高等院校辅导员工作职责的基础上，针对少数民族预科生的特殊性，要重点做好以下工作：一是在开展思想政治教育工作中，重点加强爱国主义和民族团结教育，引导学生树立正确的祖国观、民族观、宗教观、价值观；二是做好贫困生工作，引导学生自立自强，刻苦学习，奋发向上，培育优良学风；三是加强心理健康教育，使学生学会尊重，互相帮助，团结友爱，共同进步；四是严格日常行为管理，加强考核，培养学生竞争意识和良好习惯；五是加强专业选择指导，提供专业咨询信息，帮助预科生自主选择理想专业。

要做好上述工作，不但要求预科辅导员要有责任心、有爱心、有工作能力，还要与预科生生活在一起，从宿舍就寝、起床，到上课点名、课堂纪律，从学生违纪、违规，到与家长沟通联系等，都需要预科辅导员做深入、细致的思想工作，以诚心换真情。通过开展上述工作，帮助预科生把这些内化为大学生坚定的政治信仰、正确的思想方法和行为准则，构建大学生内心世界的健康和谐。

（三）少数民族预科教育发展前景的思考

我国创办少数民族预科教育，是为了加快培养少数民族各类专门人才，以适应少数民族和民族地区经济、社会快速发展的需要。预科教育的存在，缩小和弥补了各民族地区因经济、文化发展的不平衡所造成的教育水平的差距。因此，各少数民族地区经济、文化发展的不平衡，促使预科教育有了存在的可能和发展的必要。随着我国西部大开发和少数民族地区现代化建设进程的加快,少数民族地区与东部发达地区经济、文化差距的逐步缩小,教育水平的逐渐拉平,预科教育的需求就会逐渐减小。全国各民族实现共同繁荣之时,预科教育就真正完成了它的历史使命。

目前,我国还处在社会主义初级阶段,发展民族地区的经济,实施各民族的共同繁荣,还需要相当长的时间,缩小东、西部的经济、文化差距还需要一个长期的过程。可以说,在这段时期内,预科教育作为民族教育的重要组成部分,还具有广阔的发展空间和相当长的生命力。我们必须把办好预科教育当做发展民族教育的战略任务来完成,必须清醒地认识到预科教育在民族教育中不可替代的作用。①

纵观近年来有关民族预科教育方面的研究成果,我们发现,其在总体上还处于初级阶段,理论方面的研究较为薄弱,实践方面的研究还有待于进一步提高。目前,我们要开展民族预科教育领域诸方面重要问题的深入研究,以便进一步提高人才培养质量,为民族地区的经济腾飞作出应有的贡献。

目前,在民族预科教育领域较为重要和值得探讨的问题为:(1)民族预科教育在民族教育体系中的战略地位;(2)民族预科教育的培养目标、任务和要求;(3)民族预科教育的社会需求、适宜规模、发展前景与整体规划;(4)民族预科教育的办学形式、筹资机制、管理体制;(5)民族预科教育的性质、特点与规律性;(6)民族预科教育的师资队伍建设;(7)民族预科教育与基础教育和高等教育的衔接;(8)民族预科教育的办学效益;(9)民族预科教育的招生及相关问题;(10)民族预科教育的学制;(11)民族预科教育的课程设置、教学过程、教学管理制度;(12)民族预科教育的教学质量、教育质量评估;(13)民族预科教育的教材建设;(14)民族预科教育中的学生教育与管理;(15)民族预科教育中学生的心理特点、心理健康教育;(16)民族预科教育的结业生跟踪;(17)民族预科教育的设施、设备

---

① 参见郑婕:《中央民族大学预科教育的现状与前瞻》,载《民族教育研究》,2003(1)。

第十六章　少数民族预科学生教育管理工作

建设等等。①

随着少数民族预科教育的快速发展，民族预科教育研究工作将不断深入，形成富有鲜明特色的民族教育理论，我们将在理论与实践的紧密结合中，把我国的民族预科教育事业推向新的高度。

---

① 参见张广君：《民族预科教育的基本定位、基本属性及其研究》，载《宁夏大学学报》（人文社会科学版），2004（5）。

附录1

在全国民族院校大学生思想政治教育工作会议上的讲话

(2009年1月14日)

杨传堂

同志们：

新年伊始，国家民委、教育部联合召开全国民族院校大学生思想政治教育工作会议，具有特别重要的意义。首先，我代表国家民委，向全国民族院校的广大教职员工表示诚挚的问候！向辛勤耕耘在民族院校思想政治工作园地上的同志们表示崇高的敬意！

这次会议的主要任务是：坚持以邓小平理论和"三个代表"重要思想为指导，深入贯彻落实科学发展观，紧密结合民族院校实际，认真落实《中共中央国务院关于进一步加强和改进大学生思想政治教育的意见》，学习贯彻中央领导同志的有关重要指示精神，交流经验，分析形势，明确要求，进一步做好新形势下的民族院校大学生思想政治教育工作。

下面，我讲三点意见。

第一，统一思想，提高认识，切实增强做好民族院校大学生思想政治教育工作的责任感和使命感。

我国是多民族、多宗教和多元文化的国家。创办民族院校，是我党把马克思主义民族理论同我国实际相结合的伟大创举，是解决我国民族问题和发展少数民族教育事业的重大举措。在党和国家的重视和关怀下，经过近60年的发展，民族院校已经成为培养少数民族人才的基地，成为研究民族理论和民族政策的基地，成为传承和弘扬各民族优秀文化的基地。实践证明，民族院校在我国高等教育体系中占有特殊地位，在我国民族团结进步事业中发挥着重要作用。这就决定了做好民族院校的思想政治工作，事关全局，意义重大，影响深远。

我们必须深刻认识：做好民族院校大学生思想政治教育工作，是关系国家长治久安、社会和谐稳定的大事。民族院校大学生思想政治教育工作，历来是我党的意识形态工作的重要组成部分。胡锦涛总书记强调，经济工作搞不好要出大问题，意识形态工作搞不好同样也要出大问题。青年寄托着国家的希望、民族的未来，只有赢得青年，才能赢得希望、赢得未来。高校是人才的摇篮，大学生是青年中的佼佼者，高校思想政治教育工作的影响尤其深远，责任尤其重大。民族院校培养的学生，是党和人民事业的接班人和建设者，是少数民族和民族地区社会主义事业的接班人和建设者，是党和国家民族政策的重要执行者。搞好民族院校大学生的思想政治教育工作，就是在巩固我党的执政地位，就是在夯实民族团结的基础，就是在强化维护统一的基础。同时，做好民族院校大学生的思想政治教育工作，对于维护当前社会的和谐、稳定也有重要意义。民族院校目前拥有56个民族的全日制在校学生近20万人，拥有许多少数民族的知名专家学者，往往还是所在城市的民族联谊活动的中心，民族地区的稳定与民族院校的稳定是紧密联系在一起的。特别是大学生群体，思想开放活跃、关心国家大事，但社会阅历少、各方面还不够成熟，容易出现一些过激行为，必须加强对他们的教育、引导和帮助，使他们自觉担负起维护国家长治久安和社会和谐稳定的历史责任。

我们必须深刻认识：做好民族院校大学生思想政治教育工作，是关系少数民族和民族地区繁荣发展的大事。人才是国家发展、民族振兴、事业兴旺的关键。几十年来，民族院校已经为国家培养了约87万名各类人才，他们中绝大多数回到民族地区工作，并成长为民族地区和民族工作各条战线的骨干和中坚。据统计，民族院校仅占全国高校总数的1%，但是，在全国具有大专以上学历的少数民族干部和专业技术人员中，有1/5毕业于民族院校。很多民族的第一位大学生、第一位硕士生、第一位博士生、第一位教授都毕业于民族院校，大批少数民族高级干部、知名人士、代表人物也毕业于民族院校。可以说，民族院校的莘莘学子，是少数民族的栋梁之材，是少数民族干部的重要来源，是民族地区发展的希望所在，也是做好民族工作的宝贵人才资源。他们的思想政治素质，直接影响着民族地区的繁荣与稳定，直接影响着少数民族的发展与进步,直接影响着中华民族整体素质的提高。

我们必须深刻认识:做好民族院校大学生思想政治教育工作,是关系民族院校立校之本和办学方向的大事。培养什么人、怎样培养人,是办好民族院校的首要问题,也是根本问题。在这个问题上,从民族院校创始之日起,党和国家就已经明确地向我们提出了要求。民族院校近60年的发展历程表明,坚持社会主义办学方向,坚持为少数民族和民族地区服务的办学宗旨,是民族院校的立校之本,无论在任何时候、任何情况下都不能有丝毫的动摇。高校的基本职能是培养人才,学生的思想政治教育最为集中、最为鲜明地体现了办学方向;坚持正确的办学方向,就必须坚持育人为本、德育为先,切实加强和改进思想政治教育。一所思想政治教育工作涣散的学校,不可能坚持正确的办学方向,也不可能为党和人民培养出合格的人才。可以说,学生的思想政治素质是否合格,已经成为衡量民族院校办学成果的第一标准,成为决定民族院校发展前景的关键因素。

我们必须深刻认识:做好民族院校大学生思想政治教育工作,是关系各族学生未来、各族群众切身利益的大事。民族院校的办学质量,最终体现在学生身上。各族学生能否在明天担当历史的重任、实现自身的价值,取决于今天的教育。只有促进大学生思想道德素质、科学文化素质和健康素质的全面发展、协调发展,才能培养社会所需要的合格人才,才是真正对学生负责、对事业负责、对未来负责。同时,青年大学生的成长,牵动无数家长的心,涉及千家万户的幸福,关系广大人民群众的切身利益。各族群众把子女送到民族院校,就是殷切期望学校能够把他们的子女培养成对祖国、对人民、对社会的有用之才。因此,加强和改进民族院校大学生思想政治教育工作,是我们实现好、维护好、发展好最广大人民群众根本利益的重要体现,是我们为各族群众解决最直接、最现实、最关心的利益问题的"民心工程"。

总之,做好民族院校大学生思想政治教育工作,既是党和国家对我们提出的重大要求,是少数民族和民族地区对我们提出的重大要求,也是民族院校自身发展的必然要求,是各族学生成长、成才的必然要求。2008年10月,胡锦涛总书记致信祝贺西藏民族学院建校50周年,对民族院校寄予了殷切期望,也对大学生思想政治教育工作提出了新的、更高的要求。我们要深入学习贯彻胡锦涛总书记的贺信精神，切实增强责任感和使命感，齐心协力，锐意进取，不断把民族院校大学生思想政治教育工作提高到新的水平。

第二，把握机遇，正视挑战，深刻认识民族院校大学生思想政治教育工作面临的总体形势。

欲应天下之务，必先审天下之势。密切关注形势的发展变化，正确认识面临的机遇和挑战，历来是我们科学决策的依据，也是统一思想和行动的前提。当前，国际、国内形势的深刻变化，使民族院校大学生思想政治教育工作既面临有利条件，也面临严峻挑战；既有普通院校大学生思想政治教育工作的规律，又有民族院校大学生思想政治教育工作的特点。

我们要看到，我国社会主义现代化建设事业的欣欣向荣，民族团结进步事业的蓬勃发展，民族院校多年来打下的坚实基础，为我们进一步做好大学生思想政治教育工作提供了可靠的保证。新中国成立近60年来，特别是改革开放30年来的巨大成就，充分证明了中国特色社会主义的巨大优越性和旺盛生命力，为我党赢得了各族人民的衷心拥护。近年来，党和国家制定并实施了一系列加快少数民族和民族地区经济、社会发展的重大政策，成功举办了五个自治区成立"逢十"周年庆祝活动，进一步形成了各民族和睦相处、和衷共济、和谐发展的良好局面。民族院校坚持社会主义办学方向，坚决贯彻党的教育方针，牢牢把握"两个共同"的民族工作主题，思想政治工作形成了优良传统，取得了显著的成效。从总体上看，当前民族院校大学生的思想主流是积极、健康、向上的，他们对中国共产党和伟大祖国真诚热爱，对以胡锦涛同志为总书记的党中央高度信任，对中国特色社会主义理论体系十分认同，对实现全面建设小康社会奋斗目标充满信心。在2008年抗击重大自然灾害、举办北京奥运会和残奥会等一系列重大事件中，民族院校的各族师生表现出强烈的爱国主义精神与中华民族自信心，体现了良好的精神风貌和高度的社会责任感，经受住了严峻的考验。

与此同时，我们也要清醒地看到，当前影响各族学生思想状况的因素越来越复杂，民族院校大学生思想政治教育工作仍然存在一些不容忽视的问题，并面临许多新的严峻挑战。比如去年西藏"3·14"

打砸抢烧事件后，由于对事实真相缺乏了解和被一些小道消息蛊惑，部分民族院校出现了少数学生静坐的情况，虽然都得到了及时、妥善的处理，但是也暴露出我们工作中存在的薄弱环节。在2008年全国民族院校大学生思想政治状况调查问卷中，也发现了一些值得高度关注的问题，比如生活难、学习难和就业难问题对大学生带来较大压力、思想政治教育工作人员作用发挥不够充分、学生群体信仰宗教比例较高、学生心理问题日益凸显等。对这些情况和问题，我们要高度重视、冷静分析，要看到表象之下的本质，看到问题背后的原因，准确掌握影响民族院校大学生思想状况的主要因素。概括起来，主要有以下五个方面。

一是各种社会思潮的影响日益增多。当前，我国正处于社会转型的过程中，经济体制的深刻变革，社会结构的深刻变动，利益格局的深刻调整，导致人们的思想观念深刻变化，社会意识呈现出多元、多样、多变的发展态势。在高校与社会联系日益紧密的情况下，各种思想文化在大学校园相互激荡、激烈碰撞，大学生思想活动的独立性、选择性、多变性、差异性明显增强。近年来，虚无主义、拜金主义、享乐主义、极端个人主义等思潮渗入民族院校，特别是一些涉及民族问题的错误理论和观点在民族院校传播，对学生的思想产生了一定的影响。

二是少数民族传统文化，特别是宗教文化的影响不容忽视。在民族院校中，不同的民族文化背景对师生的思想观念和行为方式有着深刻的影响。如何实现社会主义核心价值体系与传统价值体系的协调，始终是思想政治教育工作中的重大课题。由于宗教在一些少数民族文化中占有一定的地位，许多民族院校的学生也不同形式、不同程度地受到宗教的影响，客观上增加了思想政治教育的复杂性和艰巨性。

三是民族院校深化改革带来了新的课题。随着高等教育改革的不断深化，民族院校的学分制改革、就业市场化改革、后勤社会化改革逐步推进，传统的教育体制和管理体制发生变化，学生行为、思想更加分散和独立，班级和院系的教育功能有所弱化。由于贫困比例相对较高、学习基础相对较差、适应新的生活环境的能力相对较弱，近年来，民族院校大学生的心理问题明显呈上升趋势。

四是民族院校大学生思想政治教育工作与社会的发展变化不相适

应。目前，民族院校大学生思想政治教育工作的针对性和时效性还存在不足，对学生思想动态的把握还不够及时，对学生的引导作用仍有待加强。思想政治教育工作队伍还存在素质有待提高、数量有待增加的问题，特别是许多新加入思想政治教育工作队伍的教师没有深入过民族地区，不了解或不熟悉少数民族的历史和文化特点，工作难以做到有的放矢。同时，互联网已经成为各族师生获取信息和进行交流的重要平台，但我们的网络监管和网络舆论引导能力还不能很好地适应需要。

五是敌对势力的渗透、破坏活动形成严峻挑战。长期以来，西方敌对势力和境内外民族分裂势力不断对民族院校进行渗透，企图与我争夺下一代。他们向民族院校寄送反动政治刊物，利用互联网进行反动政治宣传，或者以捐资助学为手段，以提供到国外留学机会为诱饵，物色和培养"代理人"、"接班人"。在敌对势力的诱导下，一些学生对历史产生错误的认识，参与非法活动，有的甚至沦为民族分裂组织的成员，走上了与祖国、与人民为敌的邪路。

总之，我们必须全面分析和准确判断面临的形势，进一步明确工作方向和工作目标，切实把加强和改进民族院校大学生思想政治教育工作摆到重要位置，锲而不舍地抓紧抓好，抓出成效。

第三，把握重点，强化措施，奋力开创民族院校大学生思想政治教育工作新局面。

加强和改进新形势下的民族院校大学生思想政治教育工作，要求我们把教育工作规律和民族工作规律有机结合起来，把高校大学生思想政治教育工作的统一要求与民族院校的具体实际有机结合起来，把弘扬优良传统与不断开拓创新有机结合起来，切实把握工作的重点，努力突破工作的难点，为民族高等教育事业的发展提供有力支撑。当前和今后一个时期，要着力抓好以下六个方面。

其一，突出爱国主义教育，紧紧把握主线索。民族院校的特殊校情决定，必须把爱国主义教育作为思想政治教育工作的重中之重和贯穿始终的主线。只有把握了这条主线，民族院校大学生的理想信念教育才有坚实的基础，思想道德建设才有根本的前提，全面发展才有可靠的保障。围绕加强爱国主义教育这个核心，必须把马克思主义世界观、人生观、价值观教育和马克思主义祖国观、民族观、宗教观、文化观教育有机结合起来,进一步形成具有民族院校特色的大学生思想政治教育体系。要使各族学生深刻认识我们这个统一的、多民族国家形成的历史必然性,深入了解少数民族和民族地区的巨大发展成就,不断增强对中华民族的认同感和归属感,牢固树立"三个离不开"的思想观念。要始终坚持"教育与宗教相分离"的原则,结合实际开展科学思想、科学精神、科学素质的教育,积极引导各族学生正确认识和对待宗教问题。要始终坚持用马克思主义中国化最新成果武装各族师生的头脑,在中国特色社会主义理论体系指导下,带领各族师生坚定不移地走中国特色社会主义道路。

其二,抓好课堂教学,努力拓宽主渠道。要充分发挥课堂教育教学的主导作用和思想政治理论课的主渠道作用,理直气壮地讲授马克思主义、宣传民族平等团结。要全面加强思想政治理论课的学科建设、课程建设、教材建设和教师队伍建设,切实改革教学内容、改进教学方法、改善教学手段,努力增强思想政治理论课的吸引力、感染力、说服力。要切实加强民族理论与民族政策课程建设,使民族理论与民族政策课程成为民族院校在全国叫得响的权威课程,成为各族学生真心喜爱、终身受益的特色课程。要发挥哲学社会科学学科课程在思想政治教育中的重要作用,深入发掘其中的思想政治教育资源,使学生在学习专业知识的过程中自觉加强思想道德修养。要坚持"学术研究无禁区,课堂讲授有纪律",确保民族院校哲学社会科学课堂教学的正确导向。

其三,探索有效途径,切实巩固主阵地。要坚持全方位育人,不断丰富开展思想政治教育的方式方法,努力实现思想政治教育对学生生活的全覆盖。要大力加强学生社会实践工作,积极探索和建立与专业学习、服务社会、勤工助学、择业就业、创新创业相结合的社会实践机制,引导学生到基层去,到民族地区去,到少数民族群众中去,在社会实践中陶冶情操、充实精神生活、提高道德境界、增长知识才干。要大力建设体现社会主义特点、时代特征和民族特色的校园文化,广泛开展丰富多彩、积极向上的学术、科技、体育、艺术和娱乐活动,把德育与智育、体育、美育有机结合起来,寓教育于校园文化活动之中。要把弘扬少数民族优秀传统文化与开展校园文化活动结合起来,使各民族学生在相互交流中加深了解、增进包容,学会尊重和欣赏其其四，贴近学生实际，不断奏响主旋律。要坚持全过程育人，树立以人为本的理念，多为各族学生办实事、做好事、解难事，把思想政治教育渗透到学生生活的各个环节，在关心、帮助中教育人，在管理服务中感化人。要做好家庭经济困难学生的资助工作，做好毕业生就业指导服务工作，做好后勤管理服务工作，做好学生的心理健康教育和咨询工作，使思想政治教育工作的主旋律奏响在大学生活的每一个阶段，同时又春风化雨、润物无声。要特别关心来自边远民族地区的学生，尤其特别关心汉语基础比较差的学生，帮助他们解决实际困难，使他们融入校园生活。对于民族成分比较单一的院系，要帮助学生扩大交往圈，克服自我封闭的心理，在与其他民族师生交流的过程中扩大视野、丰富知识。另外，在当前国际金融危机深化的情况下，民族地区的经济下行压力较大，农民工大量失业返乡，一些来自贫困家庭的学生可能会受到影响，我们要注意了解情况，给予及时、必要的思想引导和力所能及的物质帮助。

其五，建好思想政治教育工作队伍，充分练就主力军。要坚持全员育人，使广大教职工人人成为思想政治教育工作者。特别是要按照胡锦涛总书记2007年8月31日在全国优秀教师代表座谈会上的要求，加强师德师风建设，推动民族院校广大教职员工爱岗敬业、关爱学生，自觉履行教书育人的神圣职责。与此同时，要着力加强院校党政领导和共青团干部、思想政治理论课和哲学社会科学课教师、辅导员和班主任这三支队伍的建设，练就一支能征善战的思想政治教育工作主力军。思想政治教育工作者要努力做到使学生感到可信、可亲、可敬。要把建设高素质的领导班子作为民族院校思想政治教育工作的关键，坚持和完善党委领导下的校长负责制，按照大学负责人应是"社会主义政治家、教育家"的要求，不断提高领导干部的思想政治素质和办学治校水平。当前，民族院校领导班子要以开展深入学习实践科学发展观活动为契机，加强理论武装，深入调查研究，切实推进工作。要把团干部作为思想政治教育工作队伍的重要组成部分，做好培养、锻炼和输送工作，形成流动有序、新人辈出的团干部队伍。要认真贯彻落实《中共中央宣传部、教育部关于进一步加强高等学校思想政治理论课教师队伍建设的意见》，采取有效措施，不断提高思想政治理论课教师的理论素养、科研能力和教学水平。要大力加强辅导员、班主任队伍建设，特别是要按照"政治强、业务精、纪律严、作风正"的要求，着力建设一支高素质、高质量、高水平的辅导员队伍。学校要关心辅导员的成长，在政策和待遇方面应给予适当倾斜，鼓励辅导员走专业化、职业化的路子，保证基本队伍的稳定。在民族成分比较单一的院系，要注意思想政治教育工作队伍中不同民族教师的合理搭配，既要充分发挥本民族教师的优势，也要注意选拔其他民族的教师到这些院系工作。

其六，构建长效机制，牢牢掌握主动权。做好民族院校思想政治教育工作，必须加强领导、落实责任、完善机制。要建立完善党委统一领导、党政群齐抓共管、专兼职队伍结合、各部门密切配合、师生自我教育的领导体制和工作机制，把思想政治教育工作融入教学、科研、管理、服务之中。要建立健全信息反馈机制，抓好院校情报信息网络和预警系统的建设，构建多渠道、立体化的信息搜集、反馈体系，制定处理各种突发事件的紧急处理预案。要加强对学生思想动态的调查和研究，在科研立项、经费投入等方面适当予以倾斜。要严格执行学生管理的各项规章制度，妥善处理不同民族学生之间的矛盾纠纷，坚决防止随意把一般纠纷与民族问题联系起来的倾向。要建立健全加强和改进民族院校大学生思想政治教育工作的评价机制，定期检查、考核和评估，做好总结、交流和先进表彰工作。国家民委的有关职能部门要配合地方党委和相关部门，争取中宣部、教育部加强对民族院校思想政治教育工作的指导，促进民族院校思想政治教育工作不断上水平、出经验。总之，加强和改进思想政治教育工作，必须紧紧抓住制度建设这个更具根本性、全局性、长期性的重要环节，建立起一整套既立足当前、有效解决突出问题，又着眼长远、保证工作持续推进的工作制度。

同志们，加强和改进民族院校大学生思想政治教育工作，任务艰巨，责任重大，使命光荣，功在当代，利在千秋。我们一定要抓住机遇、坚定信心、团结进取、扎实工作，不断开创民族院校大学生思想政治教育工作新局面，以优异的成绩迎接新中国成立60周年，为党和国家教育事业的发展,为促进民族团结,实现共同进步,作出新的、更大的贡献!

附录2

国家民委 教育部
关于进一步加强和改进民族院校大学生思想政治教育工作的若干意见

(2009年3月4日)

各民族院校：

为全面贯彻党的教育方针和民族政策，深入落实十七大精神，培养造就中国特色社会主义事业的合格建设者和可靠接班人，现就进一步加强和改进民族院校大学生思想政治教育工作，提出如下意见。

第一，坚持民族院校大学生思想政治教育的正确方向。

党中央、国务院对做好大学生思想政治教育工作高度重视，2004年制定印发了关于进一步加强和改进大学生思想政治教育工作的意见，指出了加强和改进大学生思想政治教育工作是一项重大而紧迫的战略任务，明确了加强和改进大学生思想政治教育工作的指导思想、基本原则和主要任务，要求充分发挥课堂教学，特别是高校思想政治理论课在大学生思想政治教育工作中的主渠道作用，努力拓展新形势下大学生思想政治教育工作的有效途径，充分发挥党团组织在大学生思想政治教育中的重要作用，大力加强大学生思想政治教育工作队伍建设，努力营造大学生思想政治教育工作的良好社会环境，切实加强对大学生思想政治教育工作的领导。

民族院校要高举中国特色社会主义伟大旗帜，以马克思列宁主义、毛泽东思想、邓小平理论和"三个代表"重要思想为指导，深入贯彻落实科学发展观，牢牢把握社会主义办学方向和为少数民族、为民族地区服务的办学宗旨，高度重视大学生思想政治教育，将社会主义核心价值体系融入教育全过程，坚持不懈地用中国特色社会主义理论体系武装大学生头脑,把培养政治坚定、德才兼备的各民族优秀人才作为责无旁贷的历史使命,努力把学校建设成为维护祖国统一和社会稳定的模范和促进民族平等、团结、互助、和谐的模范,努力把各民族学生培养成为德、智、体、美全面发展的、中国特色社会主义事业的合格建设者和可靠接班人,为维护祖国统一和民族团结,实现国家长治久安作出贡献。

第二,切实加强爱国主义教育。

爱国主义思想,是各民族学生为祖国、为人民,为少数民族和民族地区贡献智慧和力量的重要思想基础。中国特色社会主义事业的合格建设者和可靠接班人,必须具有强烈的爱国主义精神。民族院校要对广大学生进行爱国主义教育,让学生了解祖国的悠久历史和灿烂文化,了解各民族共同缔造中华人民共和国的历史事实,了解新中国成立后少数民族和民族地区发生的历史变化及取得的巨大成就,增强各民族学生的中华民族自尊心和自豪感,坚定走中国特色社会主义道路的信心和决心。

要使各民族学生深深懂得:中国是各民族人民共有的家园,国家是各民族意志和利益的体现者。只有在社会主义祖国大家庭里,各民族才能拥有平等、尊严和荣誉,才会有光明美好的未来。每一个学生都应当把维护国家的统一与稳定、促进国家的繁荣与发展、捍卫国家的利益和荣誉作为自己的神圣职责。要对各民族学生进行公民意识教育,明确公民的权利和义务,做合格的公民。教育形式要生动,方法要多样,讲求实效,应与课堂教学、社会实践、社团活动等有机地结合起来。

第三,加强马克思主义民族观教育。

我国民族众多,坚持马克思主义的民族观是民族团结、进步的理论基础。要把马克思主义民族观、党和国家民族政策的宣传教育同加强和改进民族院校学生思想政治教育结合起来,贯穿到课堂教学、日常管理、课外活动等各个方面、各个环节。

要根据民族院校学生的特点,加强思想政治理论课,特别是马克思主义民族理论与民族政策课教育教学,创新教学模式和方法,强化实践环节,提高教学质量,增强教学的针对性和实效性。加强精品课程建设,建立教学实践基地和理论培训基地。加强思想政治理论课,特别是民族理论与民族政策课教师队伍建设,培养在全国有影响的学科带头人。教育、引导学生正确认识和处理民族问题,用马克思主义中国化最新成果武装头脑,在思想和行动上与党中央保持高度一致,使各民族学生互相团结、互相尊重,取长补短、共同进步。

以丰富多彩的活动形式,加深学生对少数民族和民族地区的认识和了解,增进民族感情,增强民族团结。使各民族学生牢固树立"少数民族离不开汉族、汉族离不开少数民族、各少数民族之间也相互离不开"的思想,坚持开展民族团结教育创建活动,激励先进,弘扬正气,形成维护民族团结的良好氛围。

第四,加强马克思主义宗教观教育。

要认真贯彻党的宗教政策,旗帜鲜明地坚持教育与宗教相分离的原则。以理论武装为首要任务、以宣传引导为有效途径、以依法管理为必要手段、以健全机制为重要保证,进一步加强对各民族学生的马克思主义宗教观教育,加强唯物主义教育,加强无神论教育,引导学生运用马克思主义的立场、观点和方法,牢固树立中国特色社会主义共同理想,正确认识和对待宗教问题;自觉树立唯物主义的思想,正确区分民族文化与宗教信仰。

要坚持依法对宗教事务进行管理的要求,任何人不得在校内传播宗教,防范境内外宗教组织以及外籍教师在民族院校进行宗教渗透、发展教徒。任何人不得在教育教学活动中传播宗教,不得在校园举行宗教活动,严禁在学校成立宗教团体和组织,严禁学生参加非法的宗教组织和宗教聚会活动。

第五,进行马克思主义文化观教育。

我国是具有多民族文化的大家园,多姿多彩的各民族文化构成了祖国的优秀文化宝库。民族院校是多民族文化共生共存的地方,多民族优秀文化是人才培养的重要资源。要通过开设民族文化课,举办民族关系、民族历史和民族文化讲座,开展丰富多彩的民族文化活动等,使学生了解马克思主义文化观的基本内涵,了解由各民族文化构成的中华文化的多姿多彩与博大精深,从而更加热爱中华文化,强化中华意识,同时又珍爱和弘扬各民族的优秀文化,增强学生自尊自信、互尊互信、相依相助、共同进步的意识。要使各民族学生懂得,中国特色社会主义文化,渊源于中华民族五千年文明史,又植根于中国特色社会主义的伟大实践，具有鲜明的时代特点，它反映了我国社会主义政治、经济的基本特征。要坚持先进文化的方向，做先进文化的建设者。

第六，要警惕和防范境内外敌对势力对民族院校的渗透。

要高度警惕和坚决抵制西方敌对势力和境外"三股势力"对民族院校的渗透。严格民族院校思想文化阵地管理，切实对各类报告会、论坛、讲座履行严格的审核管理制度，绝不给错误思想和观点提供传播渠道。要严格民族院校对外合作交流项目的审查和审批，切断境外通过合作交流形式进行渗透的渠道。要加强民族院校学生社团涉外活动管理，防止境外通过学生社团实施渗透。要始终有防范的意识、防范的办法。要重视学校内部的工作，还要重视同有关部门的合作配合；要重视平时的工作，还要重视敏感日期和发生重大事件时的工作，把工作做扎实，不给敌对势力以可乘之机。把反分裂斗争教育作为民族院校大学生思想政治教育的重要内容常抓不懈。把各民族学生培养成中国特色社会主义事业的可靠接班人，成为民族团结和祖国统一的坚定捍卫者。

第七，把思想政治教育与解决学生实际问题相结合。

对学生进行思想政治教育，既要严格管理，又要关心爱护学生。要按照校规校纪的要求对学生严格管理，重点抓好上课和住宿两个环节的管理工作，确保学生把主要精力用在学习上。同时要切实帮助各民族学生解决实际问题，有效缓解少数民族学生的生活、学习、就业等压力，增强思想政治教育的实际效果。要满怀深情地开展教书育人、管理育人和服务育人的工作，把党和政府对各民族学生的关怀和温暖落到实处。

要加强对家庭经济困难学生的资助工作，不断完善家庭经济困难学生资助政策体系，采取奖、贷、助、补、减、免、捐等多种形式解决学生困难，确保国家有关资助政策真正得到贯彻落实，确保国家奖学金和助学金按时足额发放到学生手中。

对学习困难的学生要建立帮扶机制，注重因材施教，通过分级教学、分班教学或教师单独辅导、结对子等形式，千方百计地帮助他们完成学业。

加强就业指导和服务工作，将就业指导课程纳入教学计划，贯穿学生培养的整个过程。要注重各种就业能力的培养,帮助学生树立正确的就业观念,引导毕业生到基层、到西部、到民族地区、到祖国最需要的地方建功立业。

第八,进一步加强民族院校学生心理健康教育。

结合民族院校大学生的实际,建立健全心理健康教育机制。要及时掌握学生思想动态,有针对性地帮助学生处理好学习成才、择业交友、健康生活等方面的具体问题。根据少数民族学生的特点和教育规律,注重培养学生良好的心理品质和自尊、自爱、自律、自强的优良品格,增强少数民族学生克服困难、经受考验、承受挫折的能力。要建立健全心理健康教育和咨询的专门机构,配备一定数量的心理咨询专职教师,做好对少数民族学生心理危机事件的预防和干预。

第九,充分发挥党团组织在民族院校学生思想政治教育中的作用。

民族院校要高度重视基层党团组织建设,进一步发挥党团组织在教育和团结广大师生中的政治核心作用。积极做好少数民族学生的组织发展工作。要坚持把培养教育贯穿于发展党员工作的全过程,在坚持入党要求的同时,把工作做细、做实,使在校学生党员数占学生总数的比例在整体上有较大幅度的提高,逐步实现低年级有党员、高年级有党支部的目标,并做到每个班级、每个年级有一定比例的少数民族学生党员。充分发挥共青团和学生组织在教育、团结和联系青年教师和学生方面的优势,引领优秀青年团结在党的周围。

第十,加强民族院校大学生思想政治教育阵地的建设。

校报、校刊、校内广播电视和出版社、网络、报栏等都是进行思想政治教育的重要阵地。要充分利用这些资源和载体,用学生喜闻乐见的形式和方法进行宣传教育。要善于利用网络,使网络成为弘扬主旋律、开展思想政治教育的重要阵地。要建设好融思想性、知识性、趣味性、服务性于一体的主题教育网站或网页,积极开展生动活泼的网络思想政治教育活动,形成网上网下思想政治教育的合力。要密切关注网上动态,了解师生思想状况,加强同青年教师、学生的沟通与交流,及时回答和解决他们关注的热点问题。

要切实加强校内网站和网络用户的统一归口管理,尤其是校园网BBS的管理,严防各种有害信息在网上传播,牢牢把握思想政治教育阵地建设的主动权。

第十一,大力加强校园文化建设,促进各民族文化的相互交流。

优良的校风、教风和学风是学校办学积累的宝贵财富,对学生具有潜移默化的影响。要大力建设体现社会主义特点、时代特征和民族院校特色的校园文化。开展丰富多彩、积极向上的学术、科技、体育、艺术、娱乐活动和特色鲜明、吸引力强的主题教育活动。即使各民族学生积极参与,又使他们陶冶情操、提高素养。民族院校是多民族文化共生共存的地方,要把各民族优秀文化作为人才培养的重要资源,寓教育于文化活动之中,增强各民族学生相依相助、共同进步的意识和追求。充分发挥多民族文化资源在育人中的独特作用,加强多民族文化的交流,使各民族师生相互认同、相互欣赏、相互学习,大力倡导"各美其美、美人之美、美美与共"的人文精神,搭建各民族优秀文化有效传承、弘扬、借鉴和发展的良好平台。培养学生爱国的情感、包容的胸怀、开阔的视野、担当的精神和成才的志向。进一步完善校园文化活动设施,建设好大学生活动中心。坚决抵制各种有害文化和腐朽生活方式对大学生的侵蚀和影响。

第十二,进一步加强民族院校学生思想政治教育工作队伍建设。

大学生思想政治教育工作队伍的主体是学校党政工团干部、思想政治理论课和哲学社会科学课教师、辅导员和班主任(导师)。民族院校要按照政治强、业务精、纪律严、作风正的要求,按照专职为主、专兼结合、优势互补的原则,研究和制定加强民族院校思想政治教育工作队伍建设的具体措施,吸引更多的优秀教师从事大学生思想政治教育工作。要按师生1∶350~400的比例配备思想政治理论课专任教师的名额,要按照师生1∶350~400的比例配备,并严格按照有关规定,实行任职资格准入制度,新任教师应是中共党员,具备相关专业硕士以上学位,工作期间应兼职从事班主任或辅导员工作。另外,还可以邀请校外的优秀人士担任兼职辅导员或向学生作报告。

民族院校专职辅导员,要按照教育部关于高等学校专职辅导员1∶200的比例规定配备,同时每个班级都要选派优秀教师担任班主任(导师)。建立起一支富有责任感、使命感,能主动工作、深入学生中间的辅导员队伍,发挥平时引导学生健康成长、关键时刻能够维护学校团结稳定的骨干作用。对表现突出的先进个人和先进集体,国家民委每两年进行一次表彰奖励。

广大教师对大学生思想政治教育负有重要的责任，要明确职责和考核办法。所有新上岗的青年教师都要进行党的民族、宗教理论和政策的专题培训。

第十三，进一步完善民族院校大学生思想政治教育的保障机制。

民族院校每年要按不低于应收学费总额3%左右的标准设立大学生思想政治教育专项经费，用于师资培养、课程建设、社会实践、社会调查等，为开展大学生思想政治教育工作提供必要的场所与设备，以保证大学生思想政治教育工作各项措施得到落实。要加强对民族院校大学生思想政治教育的研究与指导，围绕民族院校大学生思想政治教育的重大问题开展研究。要不断创新民族院校大学生思想政治教育的方法、手段、内容、形式。民族院校思想政治教育研究会等学术研究机构和团体，要加强自身建设，发挥在大学生思想政治教育科学研究、决策咨询、工作指导等方面的作用。

民族院校还要主动与党政机关、社会团体、企事业单位以及街道、社区、村镇等配合做好大学生思想政治教育工作。探索建立与大学生家庭联系沟通的机制，相互配合对学生进行思想政治教育工作。要善于利用各种机遇和条件，针对学生的特点，聘请科学家、英雄模范人物等到校园做讲座、搞交流，适时地对大学生进行教育。

第十四，切实加强对民族院校大学生思想政治教育的领导。

教育部、国家民委要对民族院校大学生思想政治教育加强组织协调、宏观指导和督促检查，把大学生思想政治教育作为对民族院校办学质量和水平评估考核的重要指标。国家民委定期听取民族院校大学生思想政治教育情况汇报，在民族院校中开展大学生思想政治状况调查，及时研究和解决学校思想政治教育工作中存在的问题。

加强学校领导班子建设，把握办学方向，牢记办学宗旨，使领导班子成为自觉贯彻落实科学发展观，加强和改进大学生思想政治教育工作的坚强领导集体。民族院校党委要从战略和全局的高度重视大学生思想政治教育，充分认识加强和改进民族院校学生思想政治教育工作的重大意义，把"培养什么人、怎样培养人"这一重大课题摆在首要位置，切实加强对大学生思想政治教育的领导。建立和完善党委统一领导、党政齐抓共管、专兼职队伍相结合、全校紧密配合、学生自我教育的领导体制和工作机制。要建立校党委书记给大学生讲党课、做思想政治工作的制度。要定期研究、解决大学生思想政治教育中存在的问题,尽量把问题解决在当时、当地,解决在萌芽状态。重视校园的安全稳定工作,建立健全突发事件和群体性事件的应急机制,完善应急预案,及时、果断地处理好各种突发事件,确保民族院校的安全与稳定。

附录3

大连民族学院班导师制暂行规定

(2005年11月9日)

为加强对学生的教育与引导，发挥教师在学生培养中的主导作用和学生的主体作用，倡导高水平教师更多地参与学生成长、成才的指导工作，建立新型师生关系，以提高学生培养质量和学校办学水平，学校决定本科教育实行班导师制。现对班导师制作出以下规定。

一、班导师的任职要求及选派

1. 具有较强的责任心，严于律己，为人师表，热爱学生，关心学生的成长和成才。

2. 各学院中、高级专业职称教师或具有博士学位的青年教师原则上均应担任班导师。

3. 不具备上述条件，或受过学校处分的教师当年不能选派为班导师。

4. 以自然班为单位设置班导师，每班配备一名，班导师原则上由专任教师担任，各学院也可以根据本专业特点和班级实际情况，酌情确定人员名额，但须保证至少两个班配备一名班导师，由各学院根据任职要求执行并报学生工作部备案。

二、班导师的主要工作职责

班导师要关心学生综合素质的提高，围绕学生的学风建设，对学生进行科学、有效地指导，主要职责有：

1. 关心学生的思想进步，引导学生明确学习目的和成才目标，端正专业思想和学习态度,促进学生知识、能力、素质协调发展。

2. 言传身教,以自己严谨的治学态度、优良的职业道德影响学生;注重学生的个性健康发展和科学精神、人文精神的培养。

3. 针对学生个体差异,对学生选课、专业发展方向选择、学习方法、职业生涯设计等方面进行指导。

4. 根据专业、班级和学生特点,指导学生开展素质拓展和科技创新等活动,培养学生的团队意识和协作精神,提高学生的综合素质和创新思维能力,对相关的学生教育管理工作提出意见和建议。

三、班导师的工作考核

1. 班导师工作考核纳入学校教职工的年度考核,每学年进行一次,班导师的考核由各学院负责,考核细则由各学院制定。

2. 班导师工作的考核结果,作为教师工作年度考核、专业技术职务晋升和岗位聘任的重要条件。班导师工作考核不合格的教师,视为当年度考核不合格,取消当年职务晋升资格,低聘或暂缓岗位聘任。

3. 学校设立优秀班导师荣誉称号和优秀班导师称号,对工作表现突出的教师给予表彰奖励,比例一般不超过班导师总数的10%,对其中工作业绩特别突出者,按不超过受表彰人数1/3的比例,直接授予当年"学校先进工作者"称号。对工作不负责任或因工作失职造成严重后果者,学校将给予相应的纪律处分,并根据实际情况予以调整。

四、组织领导和管理

1. 为保证班导师制的顺利实施,学校成立班导师制实施工作领导小组。由学校分管学生工作的副书记任组长,校党委学生工作部、教务处及各学院分管学生工作的党总支书记(副书记)和分管教学的副院长为成员。

2. 校党委学生工作部、教务处为班导师制实施的主管部门,共同组成工作班子,负责班导师的岗位审核,定期开展班导师岗位培训,负责组织开展优秀班导师评选工作。

3. 学校和二级学院要为班导师工作创造条件,提供支持,减轻事务性负担，在涉及学生入党、奖励、处分、学生干部改选等问题时，要征求并尊重班导师的意见。

4. 各学院要组成相应的领导机构和工作班子，根据本单位的实际情况，制定相应的管理规定和实施细则，抓好班导师制的工作落实，勇于实践，积极探索，大胆创新，积累经验，不断完善。

五、附则

本规定由党委学生工作部、教务处负责解释。
主题词：学生工作　班导师△　规定　通知
大连民族学院办公室 2005 年 11 月 9 日印发
（共印 25 份）

附录4

大连民族学院本科生班导师（班主任）工作条例

（2003年8月26日）

为了贯彻以人为本的教育理念，深化学分制教学改革，完善我院人才培养机制，充分发挥教师在培养学生成长过程中的主导作用，提高教学质量，从工作实际需要出发，学院决定，将班主任工作与本科生学业导师工作结合起来，建立本科生班导师（班主任）工作制，全面负责学生的学习指导和思想政治工作。为作好这项工作，根据《大连民族学院本科生学分制学籍管理条例》的有关规定，特修订本条例。

一、班导师（班主任）的设置与管理

1. 学院以自然班为单位设置班导师（班主任），每班配备一名，各系（部）也可根据专业和教学实际，至少两个班配备一名。

2. 担任班导师（班主任）的教师应具有较高的思想政治素质和业务水平，具有良好的职业道德和积极负责的工作态度，能自觉维护民族团结，为人师表，教书育人，在学生中有较高威信。

3. 班导师（班主任）应熟悉教育规律，掌握学分制各项管理规程，熟悉学生所学专业的培养目标、教学计划、课程设置等主要内容，具有专业学习指导能力。班导师（班主任）一般应具有硕士研究生以上学历（含硕士学历）或具有讲师以上职称（含讲师）。

4. 班导师（班主任）由所在系（部）直接聘任，报教务处备案，任期一般为四年，不少于两年，更换时，应做好交接工作。在聘任时向应聘教师颁发证书，明确任期及所指导的学生名单。

5. 班导师（班主任）的管理实行院教务处、学生处宏观指导，各系（部）具体负责的管理体制，各系（部）确定一名领导为负责领导。

二、班导师（班主任）的职责与任务

1. 作好班级学生的成才指导工作。全面关心和帮助学生在德、智、体诸方面的发展，积极开展优良学风班的建设，教育和引导学生树立正确的人生观、世界观、价值观和民族观，激励学生刻苦学习、发奋成才。

2. 向学生介绍学院概况和学生所在系（部）的情况，讲解学分制教学的特点，宣传、贯彻学分制教学的各项管理规定；向学生介绍学科专业的特点、发展动态及其适应社会需求所必备的知识结构，结合专业培养目标，帮助学生端正学习态度，树立正确的学习观念。

3. 依据学校有关要求和专业课程计划，指导学生制定科学、合理的学习计划，合理安排好学习进度，进行学习方法的指导，并对每个学生的选课、免修、免听、辅修等事宜给予指导和帮助；根据学生的特长和志趣，激励学生积极参加社会实践活动，指导学生开展科技创新活动，使学生构建出反映人才培养目标与规格的要求、符合自身特点、比较完整的知识结构。

4. 班导师（班主任）在每学期开学初必须与学生见面，并保持一定频度的接触，对学生学业的指导可以采取个别与集体辅导相结合的方法，每位班导师（班主任）应将自己所做的工作记入《大连民族学院本科生班导师（班主任）工作手册》。

5. 班导师（班主任）负责协助系（部）有关人员作好学生思想教育、综合测评等工作，参与学院对学生的评优、奖励、处分、推荐、操行评定、就业指导等工作。

三、班导师（班主任）的考核与评价

1. 班导师（班主任）的工作业绩作为教师考核、提职晋级、评优奖励、进修学习的重要依据。

2. 班导师（班主任）在受聘期间享受每月100元的津贴，每半年发放一次。

3. 学院设立优秀班导师（班主任）称号，对工作表现突出的教师给予表彰和奖励，其比例一般不超过班导师（班主任）总数的15%（对其中工作业绩特别突出者，按不超过受表彰人数的1/3的比例，直接授予当年"院先进工作者"称号）。

4. 对工作不负责任或因工作失职造成严重后果者，学校将给予相应的纪律处分，并根据实际情况予以调整。

5. 各系（部）要加强对班导师（班主任）的考核与管理，并相应制定出符合本系（部）实际的考核、评价办法。

四、附则

本条例由教务处、学生处负责解释，自颁布之日起实施。

附录5

大连民族学院关于进一步加强辅导员队伍建设的办法

(2007年9月6日)

第一章 总 则

第一条 为了深入贯彻《中共中央国务院关于进一步加强和改进大学生思想政治教育的意见》（中发[2004]16号）精神和教育部《普通高等学校辅导员队伍建设规定》（教育部令第24号）要求，切实加强辅导员队伍建设，特制定本办法。

第二条 学校把辅导员队伍建设作为教师和管理队伍建设的重要内容。加强辅导员队伍建设，要坚持育人为本、德育为先，促进学校改革、发展和稳定，促进培养造就有理想、有道德、有文化、有纪律的社会主义建设者和接班人。

第三条 辅导员是教师队伍和管理队伍的重要组成部分，具有教师和干部的双重身份。辅导员是开展大学生思想政治教育的骨干力量，是高校学生日常思想政治教育和管理工作的组织者、实施者和指导者。辅导员应当努力成为学生的人生导师和健康成长的知心朋友。

第二章 任职条件与选聘

第四条 辅导员任职条件

（一）具有坚定正确的政治方向，坚持党的基本路线，具有一定的马克思主义理论基础和政策水平，有较强的政治辨别能力，在重大政治问题上立场坚定，旗帜鲜明，与党中央保持高度一致，坚决维护党和国家的利益及学校的稳定。专职辅导员应是中共党员或者预备党员。

（二）掌握从事高校学生思想政治教育工作必备的专业知识和技

能,能运用相关知识分析解决学生思想教育和管理中的实际问题,指导学生的全面发展,了解高等教育的基本规律,具有较宽的知识面和良好的文化素养。

(三)具有较强的工作能力,具备相关专业背景和一定的组织管理、沟通协调和调研的能力,善于培养典型、调查研究、总结经验,有良好的写作能力、口头表达能力、分析问题和解决问题的能力。有学生工作经验和担任学生骨干经历的优先考虑。

(四)热爱辅导员工作,有强烈的事业心和责任感,具有奉献精神。热爱学生,品行端正,团结同志,以身作则,为人师表。

第五条 辅导员的选聘

(一)专职辅导员的选聘工作,组织人事部根据学校的编制和实际需要设立岗位,公开发布招聘信息,由组织人事部、学生工作部、纪委办公室和相关二级学院联合组成的选聘小组负责,按照辅导员的任职条件,经相关考核程序,报学校党委审批后录用。

(二)专职辅导员的选拔渠道为:(1)在校内外招聘本科全日制起点具有硕士学位的毕业研究生;(2)从本校选聘特别优秀的本科毕业生。

(三)兼职辅导员的选聘要根据实际需要,从优秀青年教师、机关干部、学生工作部门以及高年级优秀学生中选聘。

第三章 工作要求和工作职责

第六条 辅导员的基本要求

(一)遵循大学生思想政治教育规律,坚持继承与创新相结合,创造性地开展工作,促进学生健康成长与成才。

(二)主动学习和掌握大学生思想政治教育方面的理论与方法,不断提高工作技能和水平。

(三)定期开展相关工作的调查和研究,分析工作对象和工作条件的变化,及时调整工作思路和方法。

(四)注重运用各种新的工作载体,特别是网络等现代科学技术和手段,努力拓展工作途径,贴近实际、贴近生活、贴近学生,提高工作的针对性和实效性,增强工作的吸引力和感染力。每年至少公开发表论文一篇或提交调研报告一份。

第七条　辅导员的主要工作职责

（一）帮助学生树立正确的世界观、人生观、价值观，确立中国共产党领导下走中国特色社会主义道路、实现中华民族伟大复兴的共同理想、坚定信念和责任意识。积极引导学生不断追求更高的目标，使他们中的先进分子树立共产主义的远大理想，确立马克思主义的坚定信念。

（二）帮助高校学生养成良好的道德品质，经常性地开展谈心活动，引导学生养成良好的心理品质和自尊、自爱、自律、自强的优良品格，增强学生克服困难、经受考验、承受挫折的能力，有针对性地帮助学生处理好学习成才、择业交友、健康生活等方面的具体问题，提高思想认识和精神境界。

（三）了解和掌握高校学生思想政治状况，针对学生关心的热点、焦点问题，及时进行教育和引导，化解矛盾冲突，参与处理有关突发事件，维护好校园安全和稳定。

（四）做好学生日常管理工作，认真执行教育部和学校有关学生管理规定，严格管理，依法行政，认真做好学生综合素质评价、奖学金评定、各类先进评选和学生违纪处分等工作。

（五）做好学生党建工作，加强学生党支部建设，注重做好学生党员发展工作，加强过程教育管理；做好学生干部的选拔、培养、管理和考核工作，充分发挥学生党员和骨干在自我管理、自我教育中的作用。

（六）落实好对经济困难学生资助的有关工作，组织好助学贷款、勤工助学和困难补助等工作，积极争取社会和校友捐赠，尽最大努力帮助经济困难学生解决经济困难，树立信心，完成学业。

（七）积极开展就业指导和服务工作，加强毕业教育，开展职业生涯规划，帮助学生树立正确的就业观，为学生提供高效、优质的就业指导和信息服务。

（八）加强学生寝室、班级的建设和管理，经常性地深入学生寝室、班级、课堂了解情况，开展工作；根据学院安排，指导共青团、学生会及社团开展工作。

（九）协调班导师、任课教师和兼职思想政治教育指导教师，共同做好经常性的思想政治教育工作，在学生中开展形式多样的教育活动。

（十）开展优良学风建设，对学生进行学习指导，组织学生开展社会实践和科技创新活动，培养学生的科学精神和诚信意识，提高学生的创新能力和实践能力，引导学生勤奋学习、勇于创新。

（十一）专职辅导员可兼任学生党支部书记、院（系）团委书记和学工办主任等职务，并可承担思想道德修养与法律基础、形势政策教育、心理健康教育、就业指导等相关课程的教学工作，并纳入思想政治理论课程体系中，通过授课不断提高理论水平。

第四章　培养与发展

第八条　辅导员的培养纳入学校师资培训规划和人才培养计划，享受专任教师培养同等待遇；学校把辅导员队伍作为青年干部、管理干部培养和选拔的重要来源，根据工作需要，向校内管理工作岗位选派或向地方组织部门推荐。

第九条　加强辅导员队伍的业务培训。通过辅导员岗前培训、日常培训和骨干培训，加强辅导员思想政治教育、时事政策、管理学、教育学、社会学、心理学和民族理论、民族政策以及就业指导、学生事务管理等方面的专业化辅导与培训，使辅导员尽快走上职业化、专业化的轨道。辅导员培训由学校组织人事部、学工部负责组织实施。

第十条　加强辅导员队伍的职业规划，建立合理的流动机制。根据辅导员的学历结构、能力水平、个人志趣和工作需要，有计划和有针对性地做好辅导员的培养发展工作，使辅导员队伍既能相对稳定又能合理流动。辅导员的发展要实现多向流动，部分可转为专业教师，部分可从事其他管理工作岗位，部分走专业化、职业化道路，可长期从事学生工作。

第十一条　学校鼓励、支持辅导员结合大学生思想政治教育的工作实践和思想政治教育学科的发展开展研究。学校设立专项学生思想政治教育工作研究课题，定期组织成果交流与评奖活动。

学校积极选拔优秀辅导员参加国内、国际交流、考察和进修深造，支持辅导员在做好大学生思想政治教育工作的基础上攻读相关专业学位，鼓励和支持辅导员成为思想政治教育工作方面的专门人才。

第十二条　辅导员除享受正常的岗位津贴外，同时根据所带学生的多少按月享受 200~300 元的工作补贴。住在学生公寓的辅导员每月还享受 200 元的生活补贴。

第五章 管理与考核

第十三条 辅导员实行学校和学院双重领导。学校把辅导员队伍建设放在与教学、科研队伍建设同等重要位置，统筹规划，统一领导。学生工作部是学校管理辅导员队伍的职能部门，要与各学院共同做好辅导员的管理工作。大学生就业指导中心和团校委等学生工作部门参与辅导员管理。

第十四条 制定辅导员工作考核的具体办法，健全辅导员队伍的考核体系。对辅导员的考核，要在组织人事部的指导下，在纪委办公室的监督下，由学生工作部组织实施。考核结果与辅导员的职务聘任、奖惩、晋级等挂钩。

第十五条 专职辅导员可选择教师职务或其他专业技术职务申报，但要按照所选择的系列进行评审，辅导员评聘教师职务应坚持工作实绩、科学研究能力和研究成果相结合的原则，突出其学生工作的特点，选择教师系列，可减少对教学工作量的要求。

第十六条 学校设立"大连民族学院优秀辅导员"和"大连民族学院优秀学生思想政治教育先进个人"称号，每年组织评选表彰。

第十七条 全校总体上以 1∶200 的比例配备辅导员，辅导员配备坚持专职为主、专兼结合以及相对稳定与合理流动相结合的原则，其中专职辅导员占 80%，兼职辅导员占 20%。

第六章 附 则

第十八条 本规定自颁布之日起施行。其他有关文件与本规定不一致的，以本规定为准。

第十九条 本规定由学生工作部负责解释。

附录6

大连民族学院关于进一步加强和改进大学生思想政治教育的实施意见

(2005年11月7日)

为贯彻落实《中共中央国务院关于进一步加强和改进大学生思想政治教育的意见》精神,适应新形势、新任务的要求,不断提高我校思想政治教育工作水平,促进各民族学生全面和谐发展,现就我校进一步加强和改进大学生思想政治教育提出如下实施意见:

一、进一步提高认识,明确加强和改进大学生思想政治教育面临的形势与任务

1. 加强大学生思想政治教育工作是事关国家前途和命运的战略工程,是加强人才培养、推进素质教育的基础工程,是全面建设小康社会,实现中华民族伟大复兴的希望工程。为此,我们要始终坚持把大学生思想政治教育工作摆在全校各项工作的首要位置。

2. 长期以来,学校党委全面贯彻党的教育方针和民族政策,不断加强和改进大学生思想政治工作,取得了许多成绩,积累了一定的经验,有些成功的经验还具有很强的推广价值,形成了教师爱岗敬业、学生笃学尚德的良好氛围,学生的主流积极、健康、向上。同时,我们也必须清醒地认识到国内外形势的发展变化对大学生思想状况的深刻影响,在一些学生中不同程度地存在着理想信念、价值取向、诚信意识、学习目的和动力等方面不正确的认识和问题。我校的思想政治教育工作还存在着一些不适应形势发展的薄弱环节,思想政治教育工作的方式、方法、途径还不能满足学生成才多样化的需求,针对性和实效性不高;教书育人、管理育人、服务育人的意识有待于进一步提高;学生管理和成才指导还存在着不适应形势发展的情况;优良校风

和学风建设的任务还很艰巨。因此,加强和改进大学生思想政治教育工作是当前一项极为紧迫的重要任务。

二、加强和改进大学生思想政治教育的指导思想和基本原则

3. 指导思想。坚持马克思列宁主义、毛泽东思想、邓小平理论和"三个代表"重要思想为指导,深入贯彻党的十六大精神,全面落实党的教育方针,坚持以理想信念教育为核心,深入进行正确的世界观、人生观、价值观以及马克思主义民族观、宗教观教育;以爱国主义教育为重点,深入进行弘扬和培育民族精神、促进民族团结教育;以基本道德规范为基础,深入进行传统道德、职业道德、家庭美德教育;以大学生全面发展为目标,解放思想,实事求是,与时俱进,深入进行素质教育;坚持以人为本,贴近实际,贴近生活,贴近学生,努力提高思想政治教育的针对性、实效性和吸引力、感染力。

4. 基本原则。坚持教书与育人相结合、教育与自我教育相结合、理论教育与社会实践相结合、解决思想问题与解决实际问题相结合、继承优良传统与改革创新相结合的原则,维护民族团结稳定大局原则,各民族平等原则,各民族相互尊重、共同进步原则。坚持育人为本,德育为先,始终把思想政治教育工作摆在学校工作的首要位置。

三、加强主渠道建设,充分发挥课堂教学在大学生思想政治教育中的主导作用

5. 进一步加强马克思主义学科建设。从促进大学生全面发展的角度理解高校的思想政治理论课,全面而深入地理解"主渠道"的含义。通过教育和自我教育,使学生建立起一个思想和行为的理论基础、人生观的信念体系,从而能够学会在复杂和变化的社会生活中准确把握价值观问题。在这个"主渠道"中,教师要充分发挥主导作用,把马克思主义的理论和方法,特别是当代马克思主义最新成果教给学生。努力寻找党的教育方针与学生实际需要的结合点,提高教育内容的针对性和教学效果的实效性。要看到当代大学生与社会进步方向一致的

主流，着力发掘学生的潜在素质。充分尊重学生在思想政治教育过程中的主体地位，努力创造条件、激发和保护学生自我教育的积极性和主动性，引导和帮助学生提高思想政治理论方面自我教育的水平，使他们掌握正确的立场、观点和方法，提高分析和处理复杂问题的能力。

6. 全体教职员工都要承担对学生的教育引导责任，承担教书育人、管理育人、服务育人的神圣职责，要把思想政治教育渗透到教育教学的全过程，积极开展职业生涯规划教育、人生发展教育，帮助学生规划人生、规划未来。始终保持全员育人、全过程育人、全方位育人的良好局面。要树立教书育人、管理育人、服务育人的典范，不断挖掘校内外资源，形成党政工团齐抓共管，全员推进的有效机制，善于利用国内外时事热点问题，对学生进行正确的世界观、价值观、人生观和马克思主义民族观、宗教观的教育。

四、着力解决大学生发展面临的实际问题，为大学生全面发展提供有效服务

7. 进一步完善经济困难学生的资助体系，帮助经济困难学生顺利完成学业。继续完善我校"奖、贷、勤、助、补"的经济困难资助体系，每年要从学费中提取10%，专项用于资助经济困难大学生。切实解决学生学习、生活的实际问题。通过实施国家助学贷款、国家助学奖学金、拓展勤工助学岗位等，确保不使一个经济困难学生因经济困难辍学。

8. 建立和完善学生心理健康教育与咨询工作体系。对有关资源统一领导、建设和管理；建立和完善课程、咨询、活动、网络等大学生心理健康教育工作载体，组织心理健康教育联络员和专职心理咨询员队伍，形成有效的心理健康教育的工作网络。建立一个宿舍、年级、学校、家庭和社会的网络管理体系。做到对学生心理问题的早期发现、及时干预和有效控制，提高干预和控制工作的科学性和针对性。建立学生心理互助机制，调动学生自我教育的能动性，营造良好的心理健康教育环境。

9. 加强创新精神与实践能力的培养，加强大学生创新教育教学研究中心、大学生素质教育教学研究中心、双语教学研究中心、大学英

语教学研究中心建设，为学生的创新实践能力培养提供智力支持和训练舞台，以大学生社会实践、大学生科技学术节、社团节等为有效载体，不仅在课堂教学中确立学生的主体地位，鼓励学生独立思考、敢于争辩，激发其创造潜力，培养其创新精神，而且在课外培养体系中要为学生创新实践能力的培养提供条件和机遇。不断完善大学生科研立项资助制。同时，通过校园文化与学术氛围的营造，使学生在崇尚真知、追求真理的环境中塑造其鲜明个性。

10. 进一步完善生涯规划和发展指导体系建设。健全贯穿于本科四年的就业指导体系，加强生涯规划、就业技能、职业素养等的教育与培训，努力使就业指导工作向专业延伸、向培训延伸、向市场延伸，提高就业指导工作的实效性。积极拓展就业渠道，加快就业信息网络化建设步伐，逐步形成以大连市高新技术产业为核心的、贯穿于东部沿海经济带的就业市场网络。进一步完善鼓励毕业生到民族地区、到西部地区、到基层就业的支持政策，鼓励学生自主创业，并提供一定的资金支持。

11. 建好学生事务服务与发展指导中心，坚持"以人为本"的教育理念。学生事务服务与发展指导中心以学生的需求信息作为工作的第一信号，以满足学生的需要作为工作的第一标准，以维护学生的权益作为工作的第一职责，以促进学生的全面发展作为工作的第一理念，建立方便、快捷、公正的"一站式"服务大厅，全面开展对学生的教育、管理和服务工作，为学生的全面发展提供良好的服务环境和成才指导。

12. 坚持依法治校、从严管理和因材施教、教书育人的原则。通过加强对学生的生活、学习和行为习惯的管理，使学生养成遵章守纪、自主学习的良好习惯。强化学生对学习压力的感受，帮助学生养成健康的生活习惯，树立客观、正确的学习目标，形成良好的学习态度，找到适合自己的学习方法。切实加强对少数民族学生学习状况的分析与调研，积极探索因材施教的新方法、新途径，真正帮助学习有困难的同学掌握学习方法，顺利完成学业。

五、拓宽思想政治教育途径，不断增强思想政治教育的针对性、实效性

13. 制定《大连民族学院关于加强大学生党建工作的实施意见》，坚持和完善基层党建带团建，共青团组织推荐优秀团员为入党积极分子等制度。加强大学生党团基层组织建设，实现本科生低年级有党员、高年级有党支部。加强学生党建工作的阵地建设。

14. 充分发挥共青团、学生会组织在大学生思想政治教育中的作用。要加强共青团、学生会的组织建设和队伍建设，选拔优秀青年党员干部（教师）做团的工作，保证共青团组织机构设置和人员配备。要引导学生会发挥自我教育、自我管理、自我服务的作用，加强对大学生社团的领导和管理，充分发挥他们在大学生思想政治教育工作中的积极作用。

15. 加强网络思想政治教育的研究与探索，主动占领网络思想政治教育新阵地，使网络成为弘扬主旋律、开展思想政治教育的重要手段。积极开展生动活泼的网络思想政治教育活动，努力丰富教育内容、活跃教育形式，不断增强校园网的吸引力和影响力。注意加强网上交流互动，及时回答和解决学生提出的问题。

16. 加强校园文化建设，研究制定我校校园文化建设的总体规划，进一步明确校园文化的建设方向、建设思路和具体措施。结合我校的具体情况，要建设一批具有民族特色、民族风格，体现民族精神的校园人文景观。积极组织有助于促进校风、学风建设，有助于促进学生素质发展能力提高，同时具有我校人才培养特色的校园文化活动。

六、建立和完善加强思想政治教育的长效机制，为思想政治教育提供有效保障

17. 进一步加强专兼职结合、党政工团齐抓共管，全员育人的有效机制建设。加强辅导员队伍和班导师队伍建设，择优选聘机关党政干部作学生公寓指导教师、政治理论课教师担任学生政治理论指导教师、体育教师担任学生身心素质指导教师的工作体制，努力形成教书

育人、管理育人、服务育人的全方位、全过程、全员思想政治教育的育人格局。

18. 加强辅导员队伍建设。加强辅导员队伍选配,按照教育部专职辅导员与学生1:200的配备比例规定,逐步配齐专职辅导员,制定辅导员岗位职责和考核办法。实施辅导员在职攻读学位计划,鼓励辅导员报考职业指导师、心理咨询师,要把专职辅导员队伍作为党政后备干部培养和选拔的重要来源。加强队伍的培训,建立轮训制度和专题培训制度。建立辅导员队伍建设的长效机制,进一步完善辅导员联系家长制度、辅导员听课制度、辅导员深入学生公寓制度、辅导员联系困难学生制度等各项制度,全面提高辅导员队伍的素质和工作水平。

根据辅导员岗位职责要求,进一步完善相应的专业技术职务评聘制度,评审中要充分考虑辅导员工作的特点,注重考核其思想政治教育工作的实绩,特别是在关键时刻的表现。提高专职辅导员的待遇,辅导员的岗位津贴纳入学校内部分配体系筹考虑。

19. 加强班导师队伍建设,充分发挥班导师的作用。以自然班为单位设置班导师,每班配备一名,班导师原则上由专任教师担任,各学院也可以根据本专业特点和班级实际情况,酌情确定人员名额,但须保证至少两个班配备一名班导师。制定班导师制暂行规定,明确职责,充分发挥班导师在学生成才指导和职业生涯规划设计中的作用。

组织班导师参加社会实践和学习考察,加强培训和与各自学院辅导员的交流,增加工作针对性。加强对班导师的考核奖惩制度建设。班导师的工作业绩作为考核教师、提职晋级、评优奖励、进修学习的重要依据。

20. 加强对大学生思想政治教育工作的组织领导。成立"大学生思想政治教育工作领导小组",对我校的大学生思想政治教育作出全面规划和安排。学校党委要经常分析研究大学生的思想状况和思想政治教育工作情况,做到每学期专题研究学生思想政治教育一至两次。领导要经常深入基层、深入学生,倾听学生的意见和呼声,作到掌握情况,及时加强和改进工作。

各学院、各部门都要从培养高素质人才和学校长远发展的战略高度,认识加强和改进大学生思想政治教育的重要性,切实落实各项措施,尤其是各学院党政一把手要作为学生思想政治教育工作的第一责任人，并对大学生思想政治教育工作进行指导、督促和检查，切实加强和改进大学生思想政治教育，全体教职员工都要承担育人的职责，为民族高等教育作出我们不懈的努力。

附录7

大连民族学院学生工作辅导员岗位职责及考核办法

(2005年11月9日)

根据《中共中央国务院关于进一步加强和改进大学生思想政治教育的意见》和教育部党组《关于进一步加强高等学校学生思想政治工作队伍建设的若干意见》的有关精神,为切实加强我校学生思想政治教育工作队伍建设,建立健全工作制度,特制定本办法。

一、学生工作辅导员岗位职责

(一)负责思想政治教育工作,由学校党委学生工作部统一管理。

学生工作辅导员要紧紧围绕学校的中心工作,在本学院党总支的直接领导下,做好所负责年级学生思想教育和管理工作,为学院学生工作的计划提出意见和建议。

1. 对学生进行马克思列宁主义、毛泽东思想、邓小平理论、"三个代表"重要思想和党的基本路线教育,帮助学生分析国内外政治形势,明辨是非,坚持正确的政治方向。

2. 结合社会发展和学生的实际,积极进行理想信念教育、爱国主义教育、民族团结教育、公民道德规范教育、心理健康教育和生涯规划教育,帮助学生树立正确的世界观、人生观、价值观,刻苦学习,发奋成才。

(二)负责分管年级学生党建工作,做好学生干部的选拔、培养和教育工作。

1. 对分管年级学生开展党的基本知识教育,协助学院党总支做好入党积极分子的培训和组织考核工作,协助学院团委做好推荐优秀团员入党工作。

2. 指导分管年级的班风建设工作，负责班委会、团支部学生干部的培养、选拔、任用及考核等工作。

3. 围绕素质教育，组织、指导学生开展素质拓展、创新教育等第二课堂建设活动，促进学生全面发展。

（三）负责分管年级学风建设工作，努力形成良好班风、学风。

1. 负责分管年级学生学风建设的日常管理和监督检查工作。

2. 负责分管年级学生日常教育和优良学风班、文明寝室的创建工作。

（四）负责分管年级学生的就业指导工作。

1. 做好分管年级学生的职业生涯规划指导、就业指导、职业道德教育等工作。

2. 协助学校大学生就业指导中心制定分管年级学生就业方案，做好毕业生鉴定、归档和离校教育等工作。

3. 协助学校大学生就业指导中心做好分管年级学生毕业后的定期跟踪与调研工作。

（五）负责学生管理的日常工作。

1. 做好分管年级经济困难学生调查摸底、经济困难学生资助、勤工助学及国家助学贷款工作，收集整理经济困难学生档案。

2. 教育学生按时缴纳学费，履行缴费义务，做好欠费学生的学费催缴工作。

3. 深入学生当中，随时了解和掌握学生的思想动态，发现问题，并及时处理。

4. 完成学校或学院交办的其他工作。

二、专职辅导员津贴

将辅导员的岗位津贴纳入学校内部分配体系统筹考虑，以辅导250名学生为基点，辅导250~300人每月给予每位辅导员250元的津贴，专职辅导员带班不少于150人，带班150~200人的，每月按200元发放，带班300~400人的，每月按300元发放，辅导员带班最多不能超过400人。受聘担任班导师、思想政治指导教师、体育指导教师和公寓指导教师者，每月按 100 元/人补贴。

三、学生工作辅导员管理考核办法

辅导员由学生工作部和所在二级学院双重管理，学工部负责辅导员的队伍建设、培训和考核，二级学院负责具体工作安排、布置、检查指导。

（一）学校每年对各学院从事学生思想教育和管理工作的专职学生工作辅导员进行考核。

（二）考核内容。

1. 政治思想素质、组织观念、敬业精神和工作态度，深入学生、深入课堂、深入学生公寓等情况。

2. 政治理论学习和理论水平提高情况，业务学习和工作能力进步情况，工作总结及论文发表情况。

3. 日常学生管理工作（综合测评和评优、经济困难学生资助和发放奖贷学金、文明宿舍建设等）情况及其成效；班级的学风状况等。

4. 其他有关工作。

（三）考核办法、考核结果及处理。

1. 根据考核内容制定详细的考核量表，增强可操作性。

2. 各学院组成由党总支书记、副书记、主管教学的副院长、学生工作办公室主任参加的考核小组，负责对辅导员的工作进行考核。

3. 考核分为自评（占20%）、学生评议（占30%）、学院考核（占30%）、学校考核（占20%），最后将四方面考核结果进行汇总。

4. 各学院在尊重学生对学生工作辅导员工作的综合测评的基础上，对考核结果作出初步意见，报党委学生工作部。

5. 学校组成由学生处、就业指导中心、团委为主的考评小组，充分听取各方面的意见，对各学院的考核结果进行综合考查和评议，决定最终考核结果。

6. 考核结果分：优秀、良好、合格、不合格。

7. 学生工作辅导员工作补贴实行与本人年度考核结果挂钩的办法发放。考核合格以上者，发放岗位津贴；考核不合格者，扣发20%的工作补贴。学生工作辅导员工作补贴每年年终一次性发放。

8. 年终考核不合格者,要求其制定措施,限期整改;连续两年考核不合格者,调离专职学生工作辅导员岗位,按学校人事管理有关规定办理。

四、附则

本办法自公布之日起实施,由党委学生工作部负责解释。

附录8

强化"育人为本,德育为先"观念,构建全员育人有效机制,努力开创我校大学生思想政治教育工作新局面

——在大连民族学院大学生思想政治教育工作会议上的工作报告

赵 铸

(2006年4月24日)

同志们:

　　加强和改进大学生思想政治教育是一项重大而紧迫的战略任务,2004年,中共中央、国务院下发了《中共中央国务院关于进一步加强和改进大学生思想政治教育的意见》,即中央16号文件。国家和辽宁省召开了加强大学生思想政治教育工作会议,出台了国家配套文件和省委、省政府18号文件。民族院校深入贯彻中央和各级党委的文件精神,切实加强大学生思想政治教育,有着更深远的战略意义。学校党委一直高度重视大学生思想政治教育工作,去年11月7日制定下发了《关于进一步加强和改进大学生思想政治教育的实施意见》。当前,学校发展正处在一个新的历史起点,党委提出了"二次创业"的号召,就是要按照抢抓机遇,科学发展,内涵为主,积极拓展的思路,实施质量立校、科技兴校和人才强校三大战略,全面提高学校的综合实力、办学水平和人才培养质量,这对大学生思想政治教育工作又提出了新的更高的要求。为了深入贯彻落实上级和学校党委的有关文件精神,使全校党员干部和师生员工牢固树立"育人为本,德育为先"的观念,全面提高大学生思想政治教育工作水平,学校党委决定召开此次专门会议。下面,我代表党委做工作报告,报告分三个部分。

一、大学生思想政治教育工作的回顾

"十五"以来,在党委的高度重视和正确领导下,我校紧紧围绕各民族大学生的成长和全面发展,开展了丰富多彩的具有针对性和实效性的思想政治教育,取得了多方面的成绩。

(一)加强队伍建设,建设了一支专兼结合、精干高效的学生工作队伍

学校党委把加强以辅导员为主体的专职学生工作队伍建设和以班导师为主体的兼职学生工作队伍建设作为提高大学生思想政治教育工作水平的切入点和着力点。

一是配齐配强二级学院党总支正副书记,选拔本校优秀毕业生、招聘应届硕士生充实专职学生工作队伍。近两年,新增学生辅导员不仅全部实现了硕士化,而且是层层考核,优中选优。目前,我校有专职学生辅导员37名,其中具有硕士学位的24名,占辅导员总数64%。专职学生工作者,尤其是广大辅导员同志常年辛苦在学生工作的第一线,起早贪黑,节假日很少休息,做了大量深入细致的思想政治教育工作,在学校防控"非典"等关键时期,这支队伍以过硬的政治素质和实际行动,表现出了特别能吃苦、特别能战斗、特别能奉献的精神,为校园的安全稳定,为人才培养,作出了重要贡献。

二是从建校起,为每个自然班配备了由专业教师担任的班主任。2003年将班主任制改为班导师制,实现了协助学生管理到指导学生学习成才的角色转换。目前,我校有264位专业教师担任班导师,其中博士学位46人,硕士学位182人,具有硕士以上学位的占78.9%、副教授以上职称占45%。广大班导师在学生学业指导、成才引导和职业生涯规划等方面发挥了不可替代的作用,培养出了以黄大岸、李玉琴等同学为代表的一大批优秀学子。多年来,这支专业教师为主体的班导师队伍为人师表,爱岗敬业,关爱学生,默默奉献,涌现出了以鲍永刚、李春斌为代表的一大批优秀班导师典型,我校班导师工作的经验在省市相关会议上都做过经验介绍,还被中央电视台、《光明日报》、辽宁电视台等多家媒体报道,在各高校中产生了一定的示范作用。

经过几年的实践与探索，学校逐步建立起了以专职为主、专兼结合、精干高效的学生工作队伍，基本形成了党委统一领导，党政工团齐抓共管，师生员工共同参与的全员育人工作格局。

（二）重视师资建设，加强教学研究，发挥思想政治理论课主渠道作用

学校多次召开专题会议，专门研究思想政治理论课的教学工作，制定了一系列有关师资建设、学时安排、经费投入等加强思想政治理论课教学的措施。

目前，我校有思想政治理论课专职教师15人，兼职教师4人，具有高级职称的教师占60%，具有硕士以上学位的教师占80%。这支队伍的职称、年龄和学历结构合理，具有较高的理论水平和强烈的政治责任感，思想政治理论课受到了大学生的普遍欢迎。2004年，《思想道德修养》课被评为省级精品课，《"两课"实践教学的理论与实践》获得了辽宁省优秀教学成果二等奖。2002年、2005年我校思想政治理论课教改项目两度获得了教育部哲学社会科学重大攻关项目的立项。2005年，我校作为大连市两所高校之一成为辽宁省高校思想政治理论课教学研究中心。

（三）加强管理，建立机制，推进学风建设，努力营造良好的育人环境

学校把学风建设作为大学生思想政治教育的重要内容和组成部分，常抓不懈。这几年，学校党委颁发的《关于进一步加强学风建设的若干意见》，作为我校学风建设的指导性文件，建立了优良学风先进班集体申报制，加强了学风的日常建设和管理；制定了《大连民族学院教师评价学生学风工作办法》，评价结果与学生先进班集体评选挂钩、与学生奖学金评定和荣誉称号授予挂钩，促进了教风与学风的良好互动；加强考试管理和考风考纪教育，严肃处理考试违纪作弊学生，考风明显好转；构建了"服务社会化、管理一体化"的后勤社会化运行机制，成功地将思想政治教育植根于学生生活园区；2003年起实施了"太阳鸟"大学生科研立项计划，至今，共立项500余项，参与指导教师500余人次，参加的学生近2000人次，共发表科研论文300多篇，"太阳鸟"大学生科研立项已成为学风建设和第二课堂创新实践教育的有效载体，为国家教学成果奖的取得

作出了结构性贡献。

（四）加强服务，解决学生成才发展面临的实际问题，思想政治教育的实效性明显增强

学生最关心的就是成才和就业问题。学校党委高度重视毕业生就业工作，2003年设置了大学生就业指导中心，2006年将就业指导中心完全独立设置为正处级单位。就业指导中心通过加强学生职业生涯规划和就业指导课程建设，开展就业技能、职业素养教育和培训，积极拓展就业渠道，使就业指导工作不断向专业延伸、向培训延伸、向市场延伸，建立了"三全"就业指导体系，增强了就业指导的实效性，就业指导成为展示我校人才培养质量的重要窗口。最近几年，我校毕业生就业率连续保持在90%以上，位居委属院校第一位和辽宁省高校前列。2003年、2004年，委属高校和辽宁省高校就业工作现场会在我校召开。

学校非常重视经济困难学生资助工作，逐步建立了"奖、贷、勤、助、补"的资助体系。最近三年，学生贷款和国家、学校用于学生困难资助的资金共计2045.61万元，为1561名经济困难学生申请了国家助学贷款。2005年为学生提供的校内勤工助学岗位达到了800个。资助工作解除了学生和家长的后顾之忧，确保了我校无一名学生因经济困难而辍学，实现了对家长和社会的承诺。

（五）严格选拔，精心培养，突出质量，大学生党建工作取得可喜成绩

在大学生中发展党员是一项严肃的政治任务，是关系到培养社会主义事业接班人的一件大事。学校党委提出了"一年级积极培养、二年级成熟发展、三年级大力发展、四年级稳妥发展"的党员发展思路，遵循"坚持标准，保证质量，改善结构，慎重发展"的"十六字"方针，坚持团组织推优制度、联系人培养制度、考察纪实制度、公示制度、党校培训制度、履行入党程序制度等"六项制度"，保证了党员发展质量。目前，全校学生党员总数为649名，占学生总数的6.7%。

（六）注重发挥共青团组织的育人功能，不断提高大学生的综合素质

学校党委经常听取共青团工作汇报，加强对共青团工作的领导。

1999年，为各系部按正科级配备了团委书记。团委创造性地开展工作，建立了团校，举办了6期培训班，培训学生骨干近千名；先后三次被中宣部、教育部、团中央、中央精神文明办、全国学联授予全国暑期"三下乡"先进单位荣誉称号；在被誉为当代大学生科技奥林匹克的"挑战杯"课外学术科技作品竞赛上取得优异成绩，获重大历史性突破；进行星级社团评比，举办社团文化节，建设了国旗护卫队、法学研究会、阳光英语协会、民族建筑社团等多个省市优秀示范社团；举办了七届文化艺术节，单独举办了两届科技学术节，进一步积淀了校园文化；加强大学生志愿者工作，涌现出了南丁、康圣杰等一批优秀大学生志愿者。

（七）主要经验和体会

第一，学校党委和各级党政领导的高度重视是做好大学生思想政治教育工作的前提。大学生思想政治教育是一项全局性工作，学校在这项工作上取得的任何成绩，都和党委的高度重视和正确领导密不可分。党委和校领导经常听取学生思想政治教育工作汇报，专题研究大学生思想政治教育工作，加强队伍建设，保证经费投入，作出了一系列的科学决策。二级学院的党政领导、各部门负责同志和学生公寓管理中心负责同志高度重视大学生思想政治教育工作，这些都是做好大学生思想政治教育工作的重要前提。

第二，建设一支素质过硬、作风优良的专兼职工作队伍是做好大学生思想政治教育工作的关键。学校党委一直把加强队伍建设作为提高大学生思想政治教育工作水平的切入点和着力点。实践证明，以专职学生工作者和班导师这两支队伍为主体的大学生思想政治教育工作队伍没有辜负党委的期望，这支队伍爱岗敬业，乐于奉献，开拓进取，招之即来，来之能战，战则能胜，为维护校园的安全与稳定，保证人才培养的质量作出了重要贡献。在此向全体大学生思想政治教育工作者，尤其是辛勤工作在学生工作第一线的辅导员、班导师致以诚挚的问候和衷心的感谢！

第三，制度机制建设是做好大学生思想政治教育工作的保证。这些年来，学校党委采取了一系列加强和保证思想政治教育工作的措施和激励机制，建立了辅导员工作条例、学生工作者听课制度、辅导员联系家长制度、单身辅导员住公寓制度、辅导员津贴制度，各二级学院都设立了学工办、团委;建立了班导师工作条例、工作规程、津贴制度和优秀班导师荣誉评比制度,一些班导师被直接授予当年学校"先进工作者"称号,并且加强了班导师的学习培训工作。此外,还实行了学风先进班集体申报、经济困难学生资助等制度。这些都为大学生思想政治教育工作取得实效提供了制度和机制保证。

第四,良好的校风是做好大学生思想政治教育工作的有力支撑。班导师热爱大学生思想政治教育工作,这是我校思想政治教育工作的一个突出特点。有着繁重教学、科研任务的专业教师,能够积极投身学生思想政治教育第一线,承担班导师工作,更多的原因是出于一种育人的责任感、使命感和荣誉感,是爱校荣校、乐于奉献的主人翁精神的支撑。在大连民族学院,做班导师已成为一种传统,已成为教师生涯的重要组成部分,已成为一种荣耀,只有优秀的教师才有资格做班导师。在今年初全省大学生思想政治教育工作总结表彰大会上,省委高校工委副书记曲建武同志对我校班导师工作取得的成绩和良好的校风给予了高度评价。

二、当前我校学生思想实际和大学生思想政治教育工作的现状

(一)当前我校大学生的思想状况

当代大学生是伴随着改革开放的进程成长起来的新一代,他们思想政治状况的主流是好的,但也不同程度地存在各种各样的问题。为了更准确地把握我校学生的思想政治状况,近期学校领导和有关部门负责同志深入到各二级学院和学生课堂、宿舍调研,组织了三次问卷调查,一次是大学生思想状况问卷调查,调查范围涉及全校不同专业和不同年级的大学生5000人,其他两次分别是学生对辅导员工作的调查和教师对辅导员工作的调查。

调查表明,当前我校大学生思想状况的主流是积极、健康、向上的。他们拥护中国共产党的领导,政治上积极要求进步,渴望入党,对全面建设小康社会、实现中华民族的伟大复兴充满信心。他们非常关心自身的成长和发展,渴望成才的愿望强烈。在所有被调查的学生中,把自我规划发展、实践能力提高、专业学习、就业等问题作为

时考虑最多事情的学生占89%，把课余时间的主要精力用在专业学习、外语电脑知识和技能学习、科技创新活动上的学生占半数以上。

调查同时也反映出我校一些大学生存在政治信仰迷茫、理想信念模糊、学习动力不足、成才发展意识不强等令人担忧的问题，这其中，学风问题最为严峻。调查显示，部分学生由于各种原因还未递交入党申请书，一些学生不是因为对党的坚定信仰才申请入党；一部分学生把课余时间更多地用在了上网、谈恋爱等与学习无关的事情上，尤其把上网作为花费时间最多的三件事的学生占36%；一些学生有课不上或上课迟到，甚至在课堂上做与上课内容无关的事情；一些寝室比较脏乱，部分学生晚归，还有个别学生夜不归宿；校园内还存在一些不文明行为和现象；酗酒打架的事情也偶有发生；学习目的不明确，缺乏大学生涯合理设计规划，盲目、被动、消极、涣散的现象在一些学生中还很突出，勤奋、严谨、积极向上的优良学风尚未在全校真正形成；大学生心理健康方面存在的问题还较普遍。在调研中也深刻反映出了由于各民族学生文化层次差异所带来的问题。由于各民族的生活习惯、宗教信仰、语言文化和思维方式都有各自的特点，文化课的基础也层次不一，因此一些学生在短期内不能适应汉语授课教学，导致学习跟不上，丧失学习信心和兴趣。上述情况表明，我校大学生思想政治教育面临的形势仍比较复杂，要完成的任务还很艰巨，如何开展有针对性、有特点、切合我校学生思想实际的大学生思想政治教育工作，是当前亟待需要解决的重点和难点问题。

（二）大学生思想政治教育工作现状

就整体来说，目前我校大学生思想政治教育工作状态良好。广大班导师能够发挥自身优势，关爱学生，指导学生；专职学生工作者经常深入到课堂、宿舍第一线，做学生思想政治教育和日常管理工作；二级学院的党政主要领导高度重视大学生思想政治教育工作，把学生工作作为人才培养的重要工作统一规划、统一管理。但是也存在一些薄弱环节和迫切需要解决的问题。

一是思想政治教育工作做得还不够细致、不够扎实，仍然存在着辅导员不十分了解学生思想状况和实际困难的问题。调查中，学生在回答"学习生活中遇到困难最愿意找的倾诉对象或寻求帮助解决的人是谁"时，多数学生把辅导员排在了朋友、同学、父母的后边。这显示，辅导员还需要做过细的思想政治教育工作，才能真正走进学生的心灵，成为更多学生最信赖的良师益友。

二是部分班导师没有很好地履行班导师职责，没能满足学生学习指导、成才引导上的实际需要，甚至有些班导师，学生很少看到。

三是激发学生自觉成才的强烈愿望和加强学风建设的力度不够，方法手段不多，不够有效。

四是全员、全方位、全过程的育人机制还需要进一步构建和完善。

通过学生思想状况的调查和学校当前大学生思想政治教育工作的现状表明，我们面临的新困难和新问题还很多，思想政治教育任重而道远。

三、今后的工作思路和主要任务、措施

工作思路和主要任务是：以邓小平理论、"三个代表"重要思想为指导，全面贯彻落实科学发展观，深入贯彻中央16号文件和省委18号文件精神，牢固树立"育人为本，德育为先"的思想观念，把学校党委关于加强和改进大学生思想政治教育工作的各项要求贯彻到位，落实到位。把握新机遇，迎接新挑战，把大学生思想政治教育工作作为人才培养的基础性工作抓细抓实，把平等、关爱和温暖送到每个学生中去；创新思想政治教育思路，把大学生思想政治教育作为人才培养的牵动性工作，增强针对性和实效性，满足学生日益增长的成才发展新需求。全校教职员工，尤其是专兼职的大学生思想政治教育工作者，要坚持以人为本，坚持严格管理，狠抓学风；将理想信念教育、爱国主义教育、民族团结教育、基本道德教育贯穿于思想政治教育各项工作中，促进各民族大学生全面和谐发展，开创我校大学生思想政治教育工作的新局面。

（一）统一思想，提高认识，进一步明确大学生思想政治教育工作的地位和作用

中央16号文件特别强调"加强和改进大学生思想政治教育是一项重大而紧迫的战略任务"，而且明确指出："高等学校要把大学生思想政治教育工作摆在学校各项工作的首位，贯穿于教育教学全过程。"学校党委一贯高度重视大学生思想政治教育工作，始终把"培养什么

人，如何培养人"这一重大课题摆在重要位置，做到了经常研究、领导有方、保障有力。学校党政工团各部门、各级领导干部、全体教职工一定要统一思想，提高认识，明确责任，密切协作，切实把思想政治教育工作贯穿到教育教学的全过程，体现在学习生活的各个环节之中。全体教职工要自觉担负起育人的职责，进一步形成全员育人的强大合力，努力把大学生思想政治教育工作提高到一个新的水平。

为了从机制上保证大学生思想政治教育工作的地位和作用，以评促建，从今年起，学校要建立学生工作质量保证和评价体系，对学校的学生思想政治教育工作进行自我评价，对二级学院学生工作进行检查评价。评价体系分学生工作指导思想与思路、工作条件建设、队伍建设、学生工作管理建设改革、以学风为主要内容的实际工作效果、学生工作创新与特色六个一级指标。一级指标体系下设有更为具体的20个二级指标。

（二）加强队伍建设，进一步完善全员育人有效机制

加强以辅导员为主的专职学生工作队伍建设，确保学生工作的重点放在思想政治教育和学生管理上，确保辅导员的主要精力用在学生经常性的思想政治教育和日常行为管理上，建设一支让学生信赖、家长满意、学校放心的专职学生工作者队伍。新增学生工作者必须严格遵照今年开始实行的过"五关"制度，把好入口；加强对专职学生工作者的考核，制定并实施《大连民族学院专职学生工作者考核实施办法》，实行学生评价辅导员、班导师评价辅导员、任课教师评价辅导员和辅导员评价机关学生工作干部、专职学生工作者互相评价以及末位警示制度；加强对专职学生工作者的业务培训，以辅导员工作为重点，以"如何做好辅导员"为切入点，以培养辅导员扎实的基本功为着力点，以此来全面提高专职学生工作者的思想政治素质、人格魅力和工作水平。

加强班导师队伍建设，把班导师制度作为我校的一项基本育人机制，不断加以完善。要进一步明确工作职责，细化考评奖惩，将班导师的工作经历和业绩情况纳入到年终考核，作为考核教师、提职晋级、评优奖励、进修学习的重要依据。认真选拔班导师，把经验丰富、责任心强的专任教师充实到班导师队伍中来。健全班导师学习培训和外出考察制度，系统地进行业务培训。结合实际，探索适应专业特点的

班导师工作的新形式和新方法。

在加强辅导员和班导师队伍建设的基础上，从今年起，学校选派优秀机关干部担任学生公寓指导教师，选派优秀机关专职学生工作者到二级学院兼任学生辅导员；选派优秀思想政治理论课教师担任二级学院学生思想政治教育指导教师，选派优秀体育教师担任二级学院学生身体健康指导教师，选派优秀保卫干部和部队转业干部担任二级学院学生安全指导教师，选派优秀高年级学生担任低年级学生辅导员，坚持校领导联系二级学院制度，建立校领导联系班级制度和接待日制度。

年初开始，新选派的各支思想政治教育工作队伍已陆续按要求开展了工作，他们边实践、边探索、边提高，在大学生思想政治教育和学生成长成才过程中正逐步发挥着各自特有的作用。要进一步明确专兼结合的八支思想政治教育工作队伍的各自职责，使之各司其职、协调合作、各尽其能、优势互补，构建和完善党委统一领导、党政工团齐抓共管、专兼职队伍相结合、教职员工共同参与和学生自我教育的立体化全员育人有效机制。

（三）严格管理，完善机制，营造氛围，打造优良学风

学风的好坏是衡量学校教育教学水平的重要标准之一，关系着学生的成长成才。当前我校的学风状况与高水平民族大学的要求还有较大的差距，尤其是明年上半年学校就要接受教育部本科教学水平评估，优良学风建设的任务更加艰巨。

一是全校师生员工齐抓共管，确保学生把主要精力放在学习上。要增强对学生思想教育的实效性，走进学生心灵，使学生充满渴望成才、刻苦学习的内在动力；狠抓学生日常管理，规范学生行为，常抓不懈，保证学生上课出勤，按时就寝；加强对教师的管理和师德建设，确保教师的主要精力用在教书育人上，以良好的教风带动学风，以良好的课堂秩序塑造学风；深入开展"三育人"工作，尤其是专兼结合的八支思想政治教育工作队伍，要从不同的角度抓学风，促学风；把抓学风作为学生会、班委会、团支部发挥自我教育、自我管理、自我服务的主要形式。

二是定制度，建机制，确保狠抓学风出成效。加大上课考勤力度，定期向有关领导和部门公布考勤结果；将学风情况作为二级学院学生工作评价的主要指标,作为辅导员工作考核的主要内容;把建设优良学风作为加强基层共青团建设的重点,作为"百个精品团活"竞评和"五四"评比表彰的主要指标,作为充分发挥团组织教育、引领青年成长成才作用的主渠道;把学习情况作为发展学生党员、任用学生干部和发挥学生党员、干部模范带头作用的主要标准;把培养造就学风建设的排头兵、优良校风的引领者作为学生干部培训的主要目标;注重激励实效,科学完善奖学金的评定办法和优良学风先进班集体申报制;完善大学生管理手册和学籍管理办法,加大宣传,注重过程管理,及时处理问题;完善"文明寝室"评比制度,将学风建设根植于学生公寓;加强考风教育,严肃考试纪律,以考风促进学风。

三是营造学风氛围,确保勤奋好学在各民族学生中蔚然成风,届届相传。把"学习文明、寝室文明"作为践行"八荣八耻"社会主义荣辱观,深入开展"知荣辱,树新风,争做文明大学生"主题教育活动的主要切入点和落脚点;把专业学术社团作为社团建设的扶持重点;把评选教师先进、树立学生典型、学风建设总结表彰作为营造学风氛围的牵动;把"打造优良学风,争做文明大学生"作为大学生科技学术节和文化艺术节的主线,作为校园文化建设的灵魂。努力形成人人抓学风,人人话学风的良好氛围。

四是针对少数民族学生的实际情况,因材施教,加强对基础差和学习效果不佳学生的教育和帮助。班导师要经常了解、询问这部分学生的学习状况,给予切实有效的指导;辅导员对这部分学生要格外重视,投入精力,专题研究,帮助他们解决困难,重树信心;教师在教学计划制定以及教学方法上要充分考虑这些少数民族学生的实际困难,因材施教,投入更多的关怀,确保他们顺利完成学业。

用严格管理建学风,用制度管理立学风,用文化环境树学风,坚决打造勤奋好学、严谨向上的民院优良学风。

(四)加强主渠道建设,充分发挥课堂教学在大学生思想政治教育中的主导作用

思想政治理论课是大学生思想政治教育的主渠道,我们要认真贯彻中宣部、教育部联合下发的《关于进一步加强和改进高等学校思想政治理论课的意见》,把师资队伍建设和课程建设作为着力点,深入开展马克思主义民族理论、党的民族政策和民族团结教育,把传授知识与思想教育结合起来，把理论武装与实践育人结合起来，使我校思想政治理论课的教学水平和教学效果再上一个新台阶。

全体教师都要履行育人的职责，充分发挥课堂的育人功能。广大教师要以高度负责的精神，率先垂范，言传身教，以良好的思想、道德、品质和人格给学生以潜移默化的影响，在传播专业知识过程中提高学生的思想道德修养和政治觉悟。

（五）着力解决学生最关心、最直接、最现实的问题，为大学生全面发展提供有效指导与服务

构建适应社会发展需要的新时期就业指导体系，全面提高大学生的就业和创业能力，确保就业率和就业质量的双促进、双提高。加强课程体系建设，使就业素质能力培养和创业能力培养有机地融入整个人才培养体系并贯穿大学四年；积极探索校企合作，密切与各地人事部门及用人单位的联系，建立就业市场网络，拓展就业渠道；加强职业生涯规划、就业技能、职业素养教育与培训；帮助学生掌握就业形势政策、就业程序、就业途径、择业技巧，鼓励毕业生到民族地区、西部地区就业创业；加强大学生就业创业教育基地建设，同时加强校外就业实习基地建设，为广大学生提供良好的就业创业教育和实践的舞台。

完善以"奖、贷、勤、助、补"为一体的资助体系，积极争取社会力量，建立社会捐资助学基金；增加奖学金种类，鼓励学生发展特长；做好国家助学贷款工作，增加贷款额度，同时加强诚信教育，确保学生按约还款；挖掘更多的岗位，使勤工助学成为校内资助的主渠道。

建立和完善心理健康教育与咨询体系，成立学校心理健康教育工作领导小组，加强队伍建设，保证经费投入，建立心理测试系统和大学生心理档案，有计划地开设心理健康教育课程，向学生提供有效及时的心理咨询与心理指导，培养学生良好的心理品质。

（六）创新工作方法，拓宽教育途径，不断增强大学生思想政治教育的针对性和实效性

为适应大学生思想状况多样化和日益注重个人成才发展的需求，必须创新思想政治教育工作方法，不断增强思想政治教育的针对性和实效性。

下大力气建设好大学生创新实践教育、大学生就业创业教育、大学生文化素质教育和大学生身心健康教育四大教育基地,把四大基地建设成为大学生素质教育的重要阵地,成为展示学校人才培养质量的重要窗口。

进一步加强实践教学改革,加大思想政治理论课实践教学力度,积极开展好暑期"三下乡"社会实践和大学生到附近企事业单位、街道社区挂职锻炼活动,要探索实践育人的长效机制,扩大社会实践的覆盖面,充分发挥社会实践的育人功能。

积极占领网络思想政治教育阵地,积极开展内容丰富、生动活泼的网络思想政治教育活动,了解学生思想动态,及时解决学生存在的问题,不断增强校园网的吸引力和影响力。

(七)加强校园文化建设,坚持正确的舆论导向,进一步营造良好的育人环境

大学文化和大学精神是体现高等学校教育功能的重要内涵。要积极弘扬"民族、创新、质量、和谐"的办学理念与特色,加强学术文化氛围的软硬件建设,明确校训、校歌,凝练民院精神,发挥校园网、广播站、校报、宣传栏等宣传阵地弘扬主旋律的作用;要充分发挥四大教育基地,尤其是大学生文化素质教育基地在校园文化建设中的重要作用,开展丰富多彩的科技、文化、艺术、体育活动,进一步办好科技学术节和文化艺术节;要提高层次,打造精品,增强感染力,影响教育更多的学生。学校各部门要形成合力,全面建设以健康、科学、文明、向上、和谐为主流的,具有浓郁学府氛围、现代气息、民族特色的校园文化。

同志们,加强和改进大学生思想政治教育,事关广大青年学生的成长成才,事关国家和民族的前途命运,是时代的使命、历史的重托,也是学校教育事业发展的内在要求,是一项基础工程、核心工程,其影响深远、意义重大。我们要以这次会议为契机,切实贯彻"育人为本,德育为先"的办学原则,把大学生思想政治教育工作始终摆在各项工作的首要位置,在校党委的统一领导下,齐心协力,把握规律,增强实效,开拓创新,努力开创我校大学生思想政治教育工作新局面,为建设特色鲜明的高水平现代化民族大学生出更大的贡献!

附录9

大连民族学院近年来大学生思想政治教育主要成果

一、教育教学成果

1. 2009年辽宁省第六届高等教育教学成果二等奖:《推进班导师制,创新人才培养模式,促进大学生的全面发展》,项目主持人:赵铸。

2. 2008年度辽宁高校思想政治教育优秀论文:

一等奖:《坚持科学发展观,建设一支高素质的辅导员队伍》,作者:赵铸。

二等奖:《民族院校学风建设问题探析》,作者:袁传军。

三等奖:《高校实施班导师制的理论探索》,作者:王喜春;《哲学解释学对大学生思想教育的启示》,作者:王洪友。

3. 2008年辽宁省大学生思想政治教育专项成果奖:

二等奖:《创建和谐校园　营造学生全面发展的良好环境》、《民族高校大学生心理健康教育模式的优化与实践》、《建立社会实践育人长效机制　夯实大学生思想政治教育承载平台》、《建好网络阵地　引领大学文化　推进思想政治教育工作》、《建设一支乐于立德树人的班导师队伍,构建全员育人机制》。

三等奖:《关于思想政治理论课教学优化的思考与实践》、《扶贫与励志携手　助困与育人并行》。

4. 2008年辽宁省加强和改进大学生思想政治教育优秀工作案例:

一等奖:《让理性爱国热情倾注各民族学子》,作者:袁传军、王金萍。

二等奖：《新疆少数民族学生思想政治教育工作有效途径探析》，作者：袁传军、张利国。

三等奖：《心理行为训练——大学新生心理健康教育的新途径》，作者：李贞；《双语科普宣传队赴延边朝鲜族自治州进行双语科普暑期社会实践活动》，作者：史明涛。

5. 2008年辽宁省"树立和落实科学发展观，指导新时期辅导员工作"征文获奖：

一等奖：《民族院校学风建设问题探析》，作者：袁传军；《人本理念的大学生思想政治教育载体建设分析》，作者：朴晶。

二等奖：《以科学发展观塑造大学生健全人格》，作者：田野；《高校实施班导师制的理论探索》，作者：王喜春。

三等奖：《民族院校新生心理状态的分析和调整》，作者：徐绍文；《法律视阈下贫困生资助权利冲突解决的路径思考》，作者：张利国。

6. 2008年"震惊与震撼——爱国·责任·信念系列教育活动"获得第三批辽宁省大学生思想政治教育精品活动奖。

7. 2007年"知荣辱，树新风，争做文明大学生"主题教育活动被评为辽宁省思想政治教育A类精品活动。

8. 2005年国家教学成果二等奖、辽宁省教学成果二等奖：《构建创新创业教育平台　提升大学生创新实践能力》。

二、课题立项、论文发表情况

（一）课题立项

1. 省部级课题

（1）2009年国家民委项目：《民族院校构建以人为本的大学生思想政治教育体系的研究与实践》，主持人：赵铸。

（2）2008年国家民委教育教学质量工程项目：《实施研究性教学、开展研究性学习、推进创新教育》。

（3）2007年国家民委重点课题：《民族院校班导师制及质量保障体系》，主持人：赵铸。

（4）2009年教育部人文社会科学研究专项任务项目辅导员专项：

《以竞赛为平台、项目制团队为载体,培养大学生应用创新能力的研究与实践》,主持人:马国艳。

(5) 中国高等教育学会 2008 年度重点专项规划课题:《中国高校创新创业教育的实践教学体系研究》。

(6) 2006 年中国高等教育学会"十一五"教育科学研究规划课题:《少数民族大学生的认知规律、创新思维特征及创新人才培养的实验研究》。

(7) 辽宁省 2009 年度高校党建研究重点课题:《宗教向高校进行渗透情况调查及对策研究》,主持人:王永正。

(8) 辽宁省 2009 年度高校党建研究一般项目

《关于加强民族高校党的基层组织建设的研究》,主持人:朱静娜;

《高校艺术专业学生党建管理机制与方法研究》,主持人:王永强;

《新时期民族高校大学生党员质量保障体系的研究与实践》,主持人:王喜春;

《科学发展观与民族高校党建工作创新研究》,主持人:陈宪章。

(9) 辽宁省 2008 年度高校党建研究一般项目

《普通高校党的领导班子思想建设研究》,主持人:江远;

《新时期中国高校党的作风建设研究》,主持人:刘国军。

(10) 2008 年辽宁省高等学校科研项目计划:《高校社团育人功能最大化研究》,主持人:赵铸。

(11) 2006 年辽宁省教育科学"十一五"规划课题:《高校就业创业教育体系及基地建设的模式与实践》。

(12) 2006 年辽宁省教育厅社会科学课题:《大学生荣辱观教育研究》

(13) 2006 年度辽宁省社科联课题:《面向新世纪辽宁散杂居少数民族的认知规律及创新思维形成机制的研究》。

(14) 2006 年辽宁省教育科学"十一五"规划课题:《本科创新人才的素质结构及其培养的实验研究》。

(15) 2005 年辽宁省教育厅社会科学课题:《高校班导师队伍建设研究》。

(16) 2005 辽宁省教育厅高等学校科研项目（2005092）：《本科创新人才的素质结构及其培养的实验研究》。

2. 大连市课题

（1）2008 年大连市高校党建和大学生思想政治教育研究立项

课题名称	主持人	项目类型
民族院校大学生党建工作理论和实践研究	徐绍文	专项研究课题
民族院校大学生爱国主义教育探析	王金萍	重点课题
大连市高校毕业生择业心态调查研究	姜雪凤	一般课题

（2）2007 年大连市高校党建和大学生思想政治教育研究立项

课题名称	主持人	课题类型
高等学校学生工作网络管理模式的探索与实践	高娃	参考课题
民族院校工科大学生学风建设问题研究与对策	袁传军	参考课题
大连高校数学专业毕业生就业状况调查与研究	王翔	参考课题
构建和谐社会与民族院校思想政治教育研究	张桂珍	参考课题
大学生就业对策研究	梁学忠	一般课题
贫困大学生心理健康教育的比较研究	张成山	一般课题
民族高校学风建设载体的探索与创新研究	马国艳	一般课题
大学生创新精神和实践能力培养研究	初永泽	辅助课题
大学生思想政治教育典型案例研究	王喜春	辅助课题
新生入学教育模式的探讨与研究	韩争艳	辅助课题

（二）论文发表

1. 黎树斌：《增强民族院校大学生思想工作的针对性实效性》，载《中国高等教育》，2003 年第 7 期。

2. 黎树斌：《创新型民族高等教育人才培养体系的研究与探索——大连民族学院创新型人才培养纪实》，载《辽宁教育研究》，2005 年第 12 期。

3. 黎树斌：《教育创新、创新教育与能力培养》，载《大连民族学院学报》，2005 年第 9 期。

4. 黎树斌：《深入贯彻落实十七大精神 努力办好各族人民满意

的民族高等教育》，载《大连民族学院学报》，2007年第11期。

5. 黎树斌：《加强和改进学生思想政治工作 努力培养高素质的各民族优秀人才》，载《大连民族学院学报》，2008年第11期。

6. 蔡明德：《新时期民族大学的使命和自身的发展》，载《大连民族学院学报》，2005年第9期。

7. 赵铸：《发挥本科生班导师的立德树人功用》，载《中国高等教育》，2008年第17期。

8. 赵铸：《建设让学生信赖的高素质辅导员队伍》，载《中国高等教育》，2009年第7期。

9. 赵铸：《美国高校创新教育给我们的启示》，载《西南民族大学学报》，2008年第2期。

10. 赵铸：《美国高校办学对办好民族院校的启示》，载《中国民族》，2007年第2期。

11. 赵铸：《民族院校班导师工作制度实践》，载《中国民族》，2008年第10期。

12. 赵铸：《解决大学生就业难的对策——大连民族学院个案研究》，载《中国民族》，2009年第4期。

13. 赵铸：《招生制度改革对高校学生工作的影响及对策》，载《大连民族学院学报》，2001年第12期。

14. 王晓华：《浅论高校思想政治教育进网络与创新》，载《思想教育研究》，2002年第6期。

15. 刘锐：《民族院校大学生思想状况调查分析》，载《云南民族大学学报》，2006年第4期。

16. 刘锐：《高校实施班导师制的实践探索》，载《辽宁教育研究》，2006年第7期。

17. 白日霞：《大学基础课程改革与创新人才培养》，载《辽宁教育研究》，2006年第5期。

18. 白日霞：《创新教育评价体系的构建与实践》，载《中国高教研究》，2006年第6期。

19. 白日霞：《教学型本科院校创新人才培养的有效实践》，载《高等工程教育研究》，2007年第7期。

20. 李鸿：《高校思想政治工作面临的新课题》，载《辽宁教育研究》，2001 年第 9 期。

21. 李鸿：《教育创新与高等学校学风建设》，载《辽宁教育研究》，2003 年第 10 期。

22. 江远：《心理素质对大学毕业生就业的影响》，载《大连民族学院学报》，2003 年第 10 期。

23. 王永强：《全程就业指导课程体系的创建》，载《中国大学生就业》，2004 年第 1 期。

24. 梁利：《论高校教师思想政治工作的主要任务和着力点》，载《理论观察》，2005 年第 6 期。

25. 张成山：《关于民族高校大学生政治社会化基本问题的思考》，载《长春师范学院学报》，2005 年第 7 期。

26. 王永强：《解析少数民族大学生就业中遇到的几个突出问题》，载《中国大学生就业》，2005 年第 7 期。

27. 李铁莉：《当前高校就业指导中心工作的几点思考》，载《黑龙江高教研究》，2005 年第 11 期。

28. 张成山：《和谐社会进程中的大学生心理健康教育探讨》，载《大连民族学院学报》，2006 年第 7 期。

29. 张桂珍：《关于民族高校加强民族精神教育的几点思考》，载《大连民族学院学报》，2006 年第 11 期。

30. 王金萍：《主体性思想政治教育刍议》，载《前沿》，2007 年第 2 期。

31. 史明涛：《关于高校学生社团建设的思考》，载《大连民族学院学报》，2007 年第 7 期。

32. 梁利：《道德与法治教育相结合共创和谐校园》，载《大连民族学院学报》，2007 年第 7 期。

33. 李铁莉：《高校就业指导课程体系建设的思考》，载《科技咨询导报》2007 年第 9 期。

34. 江远：《论教师在高校文化素质教育中的人格化作用》，载《大连民族学院学报》，2007 年第 11 期。

35. 王永强、孙晶：《建立以专业为基础的"个人发展与规划"课程体系的研究与实践》，载《辽宁教育研究》，2008 年第 1 期。

36. 李铁莉：《以专业教育为依托点的大学生人格塑造研究》，载

《黑龙江高教研究》，2008年第2期。

37. 张成山：《对高校学风建设的理性思考》，载《长春工业大学学报（高教研究版）》，2008年第6期。

38. 张成山：《对民族院校实施大学生文化素质教育的思考》，载《长春师范学院学报》，2008年第7期。

39. 江远：《民族院校开展文化素质教育的探索——以大连民族学院为例》，载《大连民族学院学报》，2008年第7期。

40. 徐绍文：《民族院校少数民族大学生党员培养的思考》，载《成功（教育）》，2008年第11期。

41. 霍苗：《高校学生思想政治工作中的创新教育》，载《辽宁工程技术大学学报（社会科学版）》2008年第11期。

42. 韩争艳：《与时俱进地创新新生入学教育的内容与形式》，载《科学大众（科学教育）》，2009年第9期。

43. 霍苗：《大学生"网络成瘾"现象的成因及对策研究》，载《黑龙江科技信息》，2009年第9期。

44. 朱静娜：《关于积极发展民族高校学生入党的方法问题的研究》，载《黑龙江史志》，2009年第10期。

三、荣誉

（一）集体荣誉

1. 大连民族学院于2002年、2004年、2005年、2006年、2007年、2008年先后6次被中宣部、共青团中央、教育部、中央精神文明办公室、中华全国学生联合会联合授予"全国大中专生暑期'三下乡'社会实践先进单位"荣誉称号，使学校成为大连地区获此殊荣次数最多的高校。

2. "挑战杯"获奖

（1）2006年，在第四届"挑战杯"辽宁省大学生创业计划大赛中，学校以2项金奖、6项银奖、23项铜奖、22项优秀奖，总分第一的优异成绩力捧辽宁省"挑战杯"。

（2）2007年，在第八届"挑战杯"辽宁省大学生课外学术科技作品竞赛中学校获得金奖4项、银奖10项、铜奖18项、优秀奖7项，总分第 7 名，获优秀组织奖。

（3）2008 年，在第五届"挑战杯"辽宁省大学生创业计划大赛中学校获特等奖 3 项、一等奖 5 项、二等奖 11 项、三等奖 12 项，总分第 2 名，223 名同学获得省级表彰。在同年第六届"挑战杯"全国大学生创业计划大赛中，学校获得优秀组织奖，辽宁省有 4 所高校获得此项荣誉。

（4）2009 年，在第八届"挑战杯"辽宁省大学生课外学术科技作品竞赛中，学校获特等奖 3 项、一等奖 8 项、二等奖 12 项、三等奖 58 项，总分位列辽宁省第一名，并在全国决赛中荣获两项铜奖。

3. 2006 年，共青团中央、教育部、财政部、人事部联合授予学校"全国大学生志愿服务西部计划示范高校"称号，辽宁团省委、省委组织部、省委宣传部、省教育厅、省财政厅、省人事厅联合授予学校"大学生志愿服务辽西北计划先进单位"称号。

4. 2009 年，学校被评为首届全国优秀心理健康服务（教育）机构。

5. 2009 年，学校被评为"全国民族团结进步模范集体"。

6. 2007 年，学校被评为"全国心理健康教育先进单位"。

7. 2009 年，学校被评为辽宁省高校"千名辅导员万家行"活动优秀组织单位。

8. 2004—2005 年、2006—2007 年，学校连续两年被评为辽宁省普通高校毕业生就业工作先进集体。

9. 2007 年、2008 年，学校连续两年被评为辽宁省心理健康教育先进单位。

10. 社团获奖

（1）2005 年，大学生国旗护卫队被评为辽宁省示范社团，法学研究会和阳光英语协会被评为大连市明星社团。同年，晨读活动还当选为"大连市大学生明星社团活动"。

（2）2006 年，邓小平理论与"三个代表"重要思想研究会被评为大连市优秀社团。

（3）2007 年，阳光英语协会被评为辽宁省第二批优秀示范社团，志愿者协会被评为大连市青年志愿者行动优秀集体。

（4）2009 年，青年志愿者协会被评为辽宁省大学生志愿服务先进单位。

11. 学校团委于 2005 年、2006 年、2007 年、2008 年连续四次荣获大连市"五四红旗团委"荣誉称号，并于 2007 年度作为大连地区唯一一所高校获得辽宁省先进团委称号。

12. 2006—2007 年度，荣获"大连高校优秀学生工作部"称号。

13. 2007—2008 年度，荣获"大连市优秀学生处"称号。

14. 2008 年、2009 年学生工作部、就业指导中心党支部连续两年获得"大连市先进党支部"称号。

15. 2006—2008 年度，学生工作部、就业指导中心党支部被评"大连高校系统特色基层党组织优秀单位"称号。

（二）个人荣誉

1. 辽宁省高校骨干辅导员：王喜春；辽宁省高校班主任（导师）名师：王庆春；辽宁省高校班主任（导师）骨干：李敏。

2. 2009 年辽宁省高校"千名辅导员万家行"活动先进个人：玉明慧、龚涛。

3. 2008 年辽宁省"千名辅导员访千家"活动先进个人：李贞、南丁。

4. 2009 年辽宁省大学生思想政治教育优秀博客二等奖：敖承勇。

5. 2008 年辽宁省教育厅关于高校辅导员思想政治教育经典文章征集一等奖：敖承勇；三等奖：南丁、谭惠敏、王言。

6. 辽宁高校辅导员谈心活动先进个人荣誉称号：南丁、邱志武。

7. 在 2006 年辽宁省共青团五四表彰中，我校设计学院 2002 级李玉琴同学获得共青团系统个人最高荣誉——"辽宁青年五四奖章"。

8. 2007 年辽宁省心理健康教育先进个人：张成山。

9. 2009 年首届全国优秀心理学工作者：张成山。

10. 2007 年辽宁省高等学校思想政治教育先进工作者：张延松；辽宁省高等学校优秀辅导员：王利民、王翔；辽宁省高等学校优秀班主任（导师）：王庆春。

11. 2006 年大连市优秀思想政治教育工作者：陈宝祥、刘国军、马国艳、任红、史明涛、王庆春、王喜春、王惠、王金萍、徐绍文、张艳秋。

12. 2007 年大连市优秀辅导员：王利民；2007 年大连市优秀学生

思想政治教育工作者：袁飞、张友、谭会萍、谭舒、袁传军、高娃、赵靓、王洪友、祁锴、仲天宝；2007年大连市优秀学生工作领导干部：王永强、马国艳。

13. 2008年大连市优秀辅导员：梁利；2008年大连市优秀学生思想政治教育工作者：王庆春、李敏、白屯、高伟、王喜春、王洪友、国策、龚涛、敖承勇、任红；2008年大连市优秀学生工作领导干部：于泽勇、李力。

14. 2005年，霍苗、邹雷被评为大连市优秀团干部。

15. 2008年，刘兴耀、欣蕾被评为大连市优秀团干部。

16. 2008年，大连市优秀共产党员：梁利。

17. 2008年，大连市优秀党务工作者：袁传军、王永强。

18. 2004—2005年度辽宁省普通高等学校毕业生就业工作优秀工作者：王永强、梁学忠、周春明、玉明慧、朴晶、徐绍文、李鸿志、张丽影、刘兴耀、孙丽巍。

19. 2006—2007年度辽宁省普通高等学校毕业生就业工作优秀工作者：于泽勇、戴向平、玉明慧、刘岩川、李鸿志、敖承勇、王喜春、于淼、梁利、王翔、司云飞。

参考文献

1. 中共中央国务院关于进一步加强和改进大学生思想政治教育的意见（中发［2004］16号），2004年8月26日
2. 中国普通高等学校德育大纲（试行），1995年11月23日
3. 国家民委党组书记、副主任杨传堂在全国民族院校大学生思想政治教育工作会议上的讲话，2009年1月14日
4. 吴仕民主编．民族问题概论．成都：四川人民出版社，1997
5. 吴仕民．中国民族政策概览．北京：人民出版社，1995
6. 国家民委，教育部．关于进一步加强和改进民族院校大学生思想政治教育的若干意见，2009年3月4日
7. 李卫红．深入学习实践科学发展观　开创大学生思想政治教育新局面．中国高等教育，2008（23）
8. 李卫红．深入贯彻落实科学发展观　以改革创新精神推进高校哲学社会科学繁荣发展．中国高等教育，2009（2）
9. 赵沁平．要把学风建设作为高校的基础建设来抓．中国高等教育，2002（13）
10. 俸兰、李步海主编．民族院校大学生思想政治工作理论与实践．武汉：武汉大学出版社，2006
11. 黎树斌．增强民族院校大学生思想工作的针对性、实效性．中国高等教育，2003（7）
12. 黎树斌．加强和改进学生思想政治工作　努力培养高素质的各民族优秀人才．大连民族学院学报，2008（6）
13. 教育部思想政治工作司，教育部社会科学司，教育部高等学校社会科学发展研究中心组织编写．聚焦：大学生关注的思想理论问题．北京：中国人民大学出版社，2008
14. 曲建武、姜德学、张伯威主编．高校辅导员队伍建设的理论

与实践．大连：大连理工大学出版社，2008

15. 杨叔子、余东升．关于高等教育中两个根本性问题的思考．中国高教研究，2009（9）

16. 赵铸．建设让学生信赖的高素质辅导员队伍．中国高等教育，2009（7）

17. 赵铸．发挥本科生班导师的立德树人功用．中国高等教育，2008（17）

18. 赵铸．美国高校创新教育给我们的启示．西南民族大学学报（人文社科版），2008（2）

19. 胡勇华．探索特色鲜明的大学和谐文化建设路径．中国高等教育，2008（18）

20. 何会宁．论大学生思想政治教育保障机制的构建．西南农业大学学报（社会科学版），2008（6）

21. 周卫．对我国少数民族地区大学生思想道德教育特殊性的思考．中国高教研究，2009（8）

22. 马东祥．坚持"四个创新"积极推动大学生思想政治教育工作．党史博采，2006（5）

23. 张耀灿，陈万柏主编．思想政治教育学原理．北京：高等教育出版社，2001

24. 王康．大学生认识和对待宗教问题的调查分析．中国高等教育，2009（15、16）

25. 刘建平．高水平大学建设中全员育人理念的思考与实践．中国高等教育，2009（17）

26. 裴学进等．改革开放以来大学生心理健康教育的发展脉络与启迪．中国高教研究，2009（9）

27. 蒋永华．人文关怀：高等教育的核心理念．江苏大学学报（高教研究版），2002（9）

28. 袁本新、王丽荣等．人本德育论：大学生思想政治教育的人文关怀与人才资源开发研究．北京：人民出版社，2007

29. 刘沧山主编．中外高校思想教育研究．北京：人民出版社，2008

30. 广东省高校学生工作专业委员会编写．辅导员的考核与管理．

广州：中山大学出版社，2008

31. 王亚惠，上官辉．构建科学评价体系与创新人才培养的探讨．热带医学杂志，2008（7）

32. 曹静．浅谈高等教育创新与人才培养．中国成人教育，2009（9）

33. 王世德．试论新形势下图书馆的人才培养．图书馆建设，1993（3）

34. 俞云平．发达国家如何使人才培养适应经济建设需要．教育发展研究，1993（3）

35. 邱卫红．论构建和谐社会与高职人才培养．中国成人教育，2007（6）

36. 张重远．国防现代化与院校人才培养．中国人才，1987（8）

37. 何源．从大学生素质教育看有关教育问题．科学大众，2008（6）

38. 江鑫．我国大学生素质状况及加强素质教育的重要性．内蒙古医学院学报，2007（1）

39. 边志雄．如何加强大学生素质教育．中国成人教育，2008（10）

40. 赵春红．基于就业导向的大学生创新能力培养．中国成人教育，2009（6）

41. 沈侃．素质教育下大学生消费理性的透视与引导．黑龙江高教研究，2009（2）

42. 李萍．论高校图书馆在大学生素质教育中的作用．科技情报开发与经济，2008（1）

43. 于连姿．大学生素质与大学生就业刍议．科技创新导报，2009（10）

44. 艾进伟、娄元俊、职俊红．多方面合作培养大学生创新能力．中国科教创新导刊，2009（13）

45. 张文秀．加强大学生素质教育的思考．内蒙古电大学刊，2008（6）

46. 静毅昕．新时期大学生素质教育的思考．科技信息，2009（1）

47. 白日霞．创新教育评价体系的构建与实践．中国高教研究，2006（6）

48. 刘献文．大学生就业指导课程．沈阳：辽宁大学出版社，2004

49. 吴志云等．高校辅导员素质与能力建设对策研究．高校理论战线，2008（1）

50. 司马云杰．文化社会学．济南：山东人民出版社，1987

51. 张兴华．高校专职辅导员队伍建设任重道远．中国教育报，2007（6）

52. 翁铁慧主编．思考中的前行：大学生思想政治教育工作探索．上海：复旦大学出版社，2007

53. 高向东、张艳虹．高校辅导员系列专业技术职务评聘实践与探索．思想理论教育，2007（6）

54. 张泉．高校辅导员队伍专业化建设的实证分析．河北农业大学学报（农林教育版），2008（3）

55. 刘积高．按照"三个代表"的要求，增强党的阶级基础和扩大党的群众基础．中共四川省委省级机关党校学报，2002（2）

56. 刘月娥．浅论加强高校学生党员发展的意义．学校党建与思想教育，2005（7）

57. 丁建伟、连玉新．论民族关系在中国西北边疆安全中的地位和作用．西北第二民族学院学报，2004（3）

58. 吴明新．认真做好高校学生党员发展工作．武汉商业服务学院学报，2006（9）

59. 阮新邦．批判诠释与知识重建：哈伯马斯视野下的社会研究．北京：社会科学文献出版社，1999

60. 冯清平．论高校学生党员的培养和发展．重庆大学学报，2002（5）

61. 潘志光．发展大学生党员的问题与思考．观察思考，2006（9）

62. 沈文通．高校学生党建工作面临的问题及对策．江西蓝天学院学报，2006（6）

63. 李光明．民族院校学风建设管见．云南民族大学学报（哲学社会科学版），2008（1）

64. 谢明．大学生日常思想政治教育实效性的长效机制研究．北京：中国地质大学硕士学位论文，2009。

65. 陈勇．新形势下民族院校加强和改进学风建设的思考．湖北民族学院学报（哲学社会科学版），2003（6）

66. 马麒麟主编．中国民族高等教育的改革与发展．北京：教育科学出版社，2000

67. 冉先福．"三个代表"与民族高等教育的发展．湖北民族学院学报（哲学社会科学版），2002（2）

68. 薛天祥．积极医治"学术道德"疾病．中国高教研究，2002（4）

69. 王晓燕．高校辅导员在学风建设中的作用探讨．北京电子科技学院学报，2006（3）

70. 杨建．高校学风建设现状分析与对策．湖南商学院学报，2006（3）

71. 陈玫．论高校学风建设的策略选择．济南职业学院学报，2006（3）

72. 陈志绯．浅谈新形势下高校学风建设．德育与学生工作，2006（3）

73. 刘同利．加强高校学风建设的意义与方法．山东省团校学报，2006（4）

74. 杜丽娟．高校班级学风建设的探索与实践．科学教育创新，2006（13）

75. 李炜．关于大学生优良学风建设的思考．江苏高教，2006（4）

76. 杨圣才．论民族院校独特的文化功能．高等教育研究，2006（10）

77. 何晓淳等主编，辽宁省教育厅组编．就业与创业概论．沈阳：辽宁大学出版社，2006

78. 黄才华主编．大学生就业与创业指导．北京：教育科学出版社，2005

79. 刘俊彦主编．大学生职业生涯设计．北京：中国实言出版社，2004

80. 瞿振元．大学生就业指导．北京：高等教育出版社，2001
81. 顾明远．大学生就业指导．北京：中国科学文化出版社，2002
82. 人事部工资福利司组织编写．职业道德．北京：中国人事出版社，1997
83. 刘晓波．大学毕业生就业指导．武汉：华中科技大学出版社，2002
84. 杨广耀、李建宁主编．大学生就业指导实用教程．北京：机械工业出版社，2002
85. 赵居礼主编．大学生就业与创业指导教程．北京：机械工业出版社，2001
86. 彭薇、王旭东．就业概论．北京：经济管理出版社，2002
87. 杜汇良、刘宏、薛徽主编．高校辅导员九项知能教程．北京：高等教育出版社，2009
88. 孙长缨主编．当代大学生就业研究．北京：高等教育出版社，2008
89. 钱贵江主编．当代大学生管理新论．苏州：苏州大学出版社，2006
90. 赵平等编著．美国高校学生工作．北京：北京航空航天大学出版社，1996
91. 尹晓敏等编著．高等学校学生管理法治化研究．杭州：浙江大学出版社，2008
92. 康春英．对民族院校开展民族团结教育的认识和思考．思想理论教育导刊，2005（1）
93. 徐魁峰．民族院校学生非正式群体问题的研究．理论观察，2005（1）
94. 大连民族学院自我评估总结报告，2006
95. 杨洪泽．民族院校学风建设研究与探讨．新西部（下半月），2008（6）

后　记

《民族院校大学生思想政治教育工作研究与实践》的编辑出版，是大连民族学院从事大学生思想政治教育工作的同志们集体智慧的结晶，是国家民委2009年课题《民族院校构建以人为本的大学生思想政治教育体系的研究与实践》的阶段性研究成果，同时也是各方面共同努力的结果。

赵铸撰写第一章、第二章、第三章；袁传军、仲天宝撰写第四章；袁传军、王金萍撰写第五章；王喜春撰写第六章、第十章、第十一章；张延松、崔杰撰写第七章；史明涛撰写第八章；张宬山撰写第九章、第十三章；王慧撰写第十二章；高伟撰写第十四章；敖承勇撰写第十五章；王利民撰写第十六章。附录一、附录二由丁文杰、史明涛整理，附录三、附录四由袁传军、王金萍整理。赵铸制定了书稿提纲，并对全书进行了修改和统稿、定稿。袁传军参与了部分组织工作。

国家民委副主任吴仕民同志在百忙之中审阅了书稿，并亲自为本书作序，充分体现了国家民委领导对大学生思想政治教育工作的高度重视，也体现了对基层大学生思想政治教育工作者的厚爱，其鼓励与鞭策之辞为本书作者注入了莫大的动力。国家民委教育科技司司长俸兰同志、副司长张京泽同志和副司长王平同志亲自审阅书稿。民族出版社党委书记、社长禹宾熙同志，大连民族学院党委书记黎树斌教授、校长刘玉彬教授和北方民族大学学委副书记李晓宁教授等，对本书的编写和出版都给予了极大的关注和悉心的指导。国家民委教育科技司高教处处长夏彦芳同志，大连民族学院图书馆馆长包和平教授、组织人事部部长刘锐教授、教务处处长白日霞教授等对本书的编写提出了许多修改意见，使书稿的内容更加丰富。在此，我们对所有为本书的编写、出版、发行等工作给予关心、帮助和支持的各位领导、专家学者和朋友表示诚挚的谢意！

在书的编写过程中，受组织安排本人到中央党校中青二班学习一年，这不仅使我政治理论水平和业务能力有所提高，还使我能够有机会沉下心来思考点问题、搞点研究。但由于水平有限，书中难免会有疏漏和不妥之处，有的问题考虑不周、研究不深，有的操作性还不够强，敬请读者批评指正。

赵　铸

2009 年 11 月 28 日

于中央党校 15 号楼 422 室